근대 한국의 자본가들

― 민영휘에서 안희제까지, 부산에서 평양까지

일러두기

이 책에 실린 글 가운데 일부는 학술지에 발표된 논문을 수정·보완하여 재구성한 것이다. 각 글의 출처는 다음과 같다.

1장 〈관료에서 기업가로 전환한 민영휘 일가〉는 《역사와경계》 68(2008)의 〈관료에서 기업가로—20세기 전반 閔泳徽一家의 기업 투자와 자본축적〉.

2장 〈경성직뉴주식회사 사장에서 지주 경영으로 복귀한 윤치소〉는 《한국사학보》 47(2012)의 〈근대 한국인 대지주층의 자본축적 경로와 그 양상—尹致昭一家의 기업투자와 농업 경영〉.

3장 〈관부물자 조달과 수세 청부로 자본축적한 백남신·백인기 부자〉는 《역사와 경계》 57(2005)의 〈한국 자본주의 발전에서 政商의 길—白南信·白寅基의 자본축적과 정치사회 활동〉.

4장 〈호남은행장, 그러나 간척과 증미계획에 몰두한 현준호〉는 《한국민족문화》 35(2009)의 〈일제시기 호남재벌 玄俊鎬의 鶴坡農場과 자본축적 시스템〉.

5장 〈금은세공업자에서 화신백화점 창업주로 성공한 신태화〉는 《역사와경계》 51(2004)의 〈수공업자에서 기업가로: 金銀細工業界의 '覇王' 申泰和〉.

6장 〈'민족자본가'의 전형, 안희제〉는 《국학연구》 5(2000)의 〈일제시기 안희제의 기업 활동과 경제운동〉과 《영남학》 26(2014)의 〈일제시기 白山商會의 창립과 변천〉.

7장 〈평양자기제조주식회사와 그 경영진〉은 《동방학지》 123(2004)의 〈1908~1919년 平壤磁器製造株式會社의 설립과 경영〉.

8장 〈공업도시 평양의 발달 배경과 조합 조직〉은 《한국사연구》 137(2007)의 〈평양지역 조선인자본가들의 조합 조직과 공업 발달〉.

푸른역사
학술총서
15

근대 한국의 자본가들

민영휘에서 안희제까지, 부산에서 평양까지

오미일
지음

The Capitalists in Modern Korea

From Min Yeong-hwi to Ahn Hee-je,
From Busan to Pyongyang

푸른역사

책을 내며

* * *

오늘날 지구상에 발을 딛고 사는 인류 대부분의 삶은 자본주의에 포획되어 있다. 국가와 민족, 인종의 경계를 초월한 자본주의는 보편적이면서도, 또한 그 이면에는 여러 공간과 시간 경계로 구별되는 다양성과 특징을 지닌다. 따라서 자본주의 앞에는 수많은 수식어가 붙고 그에 따른 많은 파생어가 생겨났다. 예컨대 고전적으로 사용되는 개념어로 농업자본주의, 상업자본주의, 산업자본주의, 관료자본주의, 금융자본주의 등이 있다. 그러나 이것만으로는 미흡하여 학자에 따라서는 각기 다양한 새로운 접두어나 수식어를 붙이기도 했다. 대표적으로 베네딕트 앤더슨Benedict R. Anderson은《상상의 공동체》에서 근대 민족주의의 출현을 설명하기 위해 '인쇄 자본주의'라는 개념을 사용했으며,《영국의 제국주의》를 쓴 케인P. J. Cain과 홉킨스A. G. Hopkins는 '신사적 자본주의', '서비스 자본주의', '지대 자본주의', '가족 자본주의' 등 다양한 접두어의 자본주의를 개발(?)했다. 이렇듯 다양한 접두어로 자본주의를 수식하는 이유는 자본주의의 여러 얼굴과 속성을 표현하기 위해서일 것이다.

마찬가지로 1980년대 사회구성체 논쟁에서 회자되었듯이, 자본가들 앞에
도 '민족', '예속' 혹은 '매판'이라는 수식어를 붙여 자본가를 구분하여 개
념화하려 했다. 역사를 조금 깊이 있게 들여다보면 근대화나 자본주의화 과
정에서 정작 주목해야 할 것은 유형의 물질문명 즉 기술이나 기계보다, 그것
을 고안하고 만들어낸 경제주체 즉 국가나 기업, 인간과 가계家系의 무형의
경제적 사고와 실천, 혹은 정치적 결정과 행동임을 알게 될 것이다.

* * *

예전에 어느 짧은 글에서, "거짓말에는 세 가지 종류 즉 거짓말, 환장할
거짓말damn lies, 그리고 통계가 있다"고 한 영국 총리 벤저민 디즈레일리
Benjamin Disraeli(1804~1881)와 "경제학자나 경제학자 출신의 정치가들이
자신의 설을 입증하기보다 지지하기 위해 통계분석을 이용한다"며 정치적
윤색이 가해진 통계의 속임수를 경계한 프린스턴대학 교수 폴 크루그먼
Paul Krugman을 인용하여 통계수치로 구성하는 역사상歷史像이 자칫 실제
의 역사 상황과 동떨어진 허상일 수 있다고 지적한 바 있다. 통계분석 방법
은 역사 연구의 한 수단이 될 수는 있으나, 그 통계 자체로 역사를 서술할
수는 없다. 통계수치로는 역사 공간의 다양한 주체들의 사고와 실천을 충
분히 서술하기 어렵기 때문이다.

이러한 문제의식의 연장선에서 이 책은 한국 자본주의를 구명하기 위해
공장과 기업을 설립하고 경영한 자본가들의 경제적 실천과 사회정치적 행
동들에 대한 분석 방법을 취했다. 《한국근대자본가연구》(2002)를 출간한
이후 근대의 다양한 자본가 군상을 그들의 사회적 신분이나 배경, 자본축
적 토대와 경로 등의 몇 가지 기준에 의해 분류하여 각 유형의 대표적인 자

본가들을 분석하는 작업을 진행해왔다.

초기 자본가들의 사회적 배경을 추적해보면, 대개 문벌양반가, 혹은 무반 출신이나 문벌양반가의 후손이 관료로 진출하지 못하고 쇠퇴하면서 호구지책을 위해 변신한 관부조달영업자, 실무 하급관료와 시전상인, 객주 등이 근대적 기업가로 성장하는 사례를 많이 발견할 수 있다. 이는 지주적 배경을 토대로 한 일부 관료 출신이 상업적 농업을 통해 자본을 축적하여 기업가로 변신하거나, 상인층이 개항과 정변·전쟁의 정치적 격변 속에서 자본축적의 기회를 포착하여 기업가로 성장하는 경우가 한국 자본주의의 일반적 경로였음을 보여준다. 그러나 한말 식산흥업운동이 전개되면서 활발하게 설립되었던 근대적 기업은 기술이나 판로 확보 등의 경영 문제로 인해 오래 지속되지 못했는데, 특히 일제 강점과 함께 발포된 회사령으로 대부분 해체되었다. 식산흥업운동은 관료, 상인 등의 부르주아적 개혁노선의 일환이기도 했으나, 좌절된 셈이다.

이후 근대적 기업 설립이 활발하게 전개된 시기는 1차 세계대전 호황기인 1910년대 후반이었다. 그럼에도 이 시기의 의미와 시대성에 대해 학계에서 크게 주목하고 있지 않은 이유는 무엇일까? 종래 1930년대 후반 중일전쟁으로 인한 '군수공업화'가 해방 이후 한국 자본주의의 '연속성' 문제와 관련하여 쟁점화되면서 다양한 관점에서 부각된 반면, 이 시기의 공장과 기업 설립에 대해서 주목하는 연구자는 많지 않다. 한국의 초기 자본주의발달사를 기업 설립이라는 관점에서 시기 구분한다면 1910년대 후반은 한말 식산흥업운동 시기, 1930년대 후반 '군수공업화' 시기와 함께 주목해야 할 시기라고 생각한다. 해방 후 한국 자본주의의 급속한 성장이 1930년대 '군수공업화'의 유산과 연결되어 논쟁이 되었다면, 1910년대 중후반의 기업 설립은 한말 식산흥업운동에서 대한제국·관료·상인·수공업자 등 다양한 주체들이 뿌린 경제적 실천의 씨앗들이 1차 세계대전의 전쟁 호황 속에 어떻게 싹을 틔울 수 있었는가라는 논점이 제기될 수도 있을 것이다.

* * *

이 책에서는 일제 시기 최대 부호로 꼽혔던 민영휘·민대식·민규식 일가, 제4대 대통령 윤보선의 아버지인 윤치소, 전북 지역 최대 지주였던 백남신·백인기 부자, 목포·광주의 대표적인 대지주이자 기업가였던 현기봉·현준호 부자(현대그룹 정주영의 사돈가), 화신백화점 창업주 신태화, 부산의 민족자본가 안희제, 그리고 평양의 민족자본가 이승훈·이덕환뿐만 아니라 이들의 동업자와 경쟁자 등 많은 자본가가 거론되고 있다. 이들은 신분과 사회적 배경, 또한 자본가로의 성장 경로가 달랐기 때문에 자본주의 생산방식이나 자본주의 사회에 대한 생각에서도 차이를 보였다. 따라서 자본축적 방식이나 그 과정에서도 다양한 궤적을 나타냈다.

가장 먼저 시작한 신태화 연구는 자료가 남아 있지 않아 조사하고 구성하는 데에 거의 1년 6개월이 걸렸다. 지금이야 《매일신보》를 비롯한 각종 신문 잡지자료가 데이터베이스화되어 있지만, 당시에는 《매일신보》 축쇄판과 잡지를 한 장 한 장 넘기며 광고란을 훑을 수밖에 없었기 때문이다. 2006년 츠쿠바 국립공문서관 분관에 소장된 동양척식주식회사 대출장부(거의 대부분 1930~1940년대 자료임)의 발견은 이 연구에 박차를 가하는 계기가 되었다. 이 자료는 1917년 10월 이후 동양척식주식회사 본사가 도쿄로 이전하면서 조선 내 각 지점에서 보고한 자료들이다. 이 장부를 발견하면서 조선식산은행 대출 자료가 존재할 수도 있겠다는 생각으로 한동안 추적하기도 했으나, 본사가 조선에 있었던 식산은행 자료는 찾을 수 없었다. 만약 식산은행 대출장부가 남아 있다면, 이 책은 훨씬 더 풍부하고 구체적인 내용으로 채워질 수 있었을 것이다.

* * *

생각보다 빨리 개정판을 내게 된 것은 내내 못다 한 숙제로 걸렸던 백산상회에 대해 부산 지역에서 발간된 일본어신문 《조선시보》와 《부산일보》의 광고 면을 뒤져서 일부 새로운 사실을 밝혀서이다. 그러나 개인상점 백산상회의 창립 시기와 합자회사백산상회의 영업 상황은 여전히 숙제로 남아 있다.

아주 오래 전, 역사연구자는 국가정보원 요원이기도 하고 일면 무당이기도 하다고 했던, 나름 진지했던 누군가의 우스갯소리가 생각난다. '과학적 역사연구'를 지향하던 이들에게 웬 농담이냐고 넘겼던 일이 새삼스레 기억나는 건 지나온 세월에 따른 '공감'일 수도 있겠으나, 한편 지친 생활로 인한 뒤돌아봄이 아닌가 여겨지기도 한다. 국정원 요원의 업業은 주목하는 인물(혹은 단체)의 리스트를 작성하고 그들의 사고와 행동의 경향성을 알기 위해 과서를 샅샅이 훑는 것이다. 무당의 업은 현재의 인간들에게 이제는 영靈이 되어버린 과거의 인간들을 접신시켜주는 것이다. 냉철한(?) 국정원 요원과 미지의 정신세계를 읽는 무당은 완전한 대립체인 것 같지만 실제 누군가의 '과거를 캔다'는 점에서는 일맥상통한다. 그러나 그들이 추적하고 접신하는 과거는 천양지차일 것이다. 이 책을 내면서 자문해본다. 내가 쓰고 있는 역사는 어떤 과거인가?

인도 사상가 프라밧 란잔 사카르가 창안한 대안경제시스템인 프라우트 PROUT(Progressive Utilization Theory: 진보적 활용론)에서는 지역공동체, 협동조합, 경제민주주의와 함께 인간 내면의 영적 각성을 강조한다. 자본주의는 인간의 욕망과 경쟁을 사회 발달과 경제적 진보의 동기로 보지만, 대안 경제에서는 대개 인간의 도덕성, 공동체 의식, 평등 지향 등 영적 각성에 주목한다.

자본가 군상의 과거는 그들이 이룬 유형有形의 자본으로만이 아니라 무형의 역사적 영욕(예를 들어 자본축적에 성공했으나 친일파로 기억되는 것 또는 비록 자본축적에는 실패했지만 사회운동에 자금을 제공한 사실로서 기억되는 것)으로도 연속되고 기억되고 있다. 이 책에서는 초기 자본주의시대를 살아냈던 자본가들의 경제적 행동들을 중심으로 서술하여 그들의 사회 인식과 경제관을 충분히 다루지 못했다. 하지만 당시 식민지 상황에서 형성된, 자본가 그리고 여타 경제주체들의 경제관과 정신세계(사회적 가치관)도 매우 중요한 문제라고 생각한다. 부제를 '민영휘에서 안희제까지'로 한 것은 동시대 자본축적 경로의 다양한 스펙트럼뿐만 아니라 식민지 자본주의체제에서 유래된 무형의 유산의 양 좌표축을 나타내기 위한 의도에서이다.

책이 만들어지기까지 여러 분의 도움이 있었다. 쉽게 넘기기 어려운 원고를 시각적으로 디자인하고 다듬어준 정호영 편집자와 이보용 디자이너께 감사의 인사를 드린다. 그리고 금정산 자락 소나무 숲을 걸을 때 사각거리는 소리마다 떠오르는 회상, 우리가 '얼리 어댑터Early Adapter'라고 불렀던 아버지는 역시 이 책도 가장 먼저 읽어보실 것이다. 연구자로서의 인생길에 버팀목이 되어주시는 어머니께도 감사의 마음을 전하고 싶다.

2015년 가을 초입 어느 날
오미일

차례

2부
조선인 공업의 발상지, 평양의 자본가들

7장 평양자기제조주식회사와 그 경영진

8장 공업도시 평양의 발달 배경과 조합 조직

그리운 아버지 靈前에
이 책을 바칩니다.

총론

근대 한국 자본가층의 계보 | 초기 한국 자본주의의 전개 양상과 그 특징

근대 자본가층의 계보와
초기 한국 자본주의의 특징

1. 근대 한국 자본가층의 계보

대개 개항 이후부터 시작되는 한국 자본주의의 기원과 계보를 이야기할 때 그 주도세력으로 지주층, 시전상인이나 객주 등의 상인층을 든다. 그러나 이는 상업적 농업이나 무역·상업 등 자본축적 토대를 기준으로 한 큰 범주의 현상적 분류이고, 신분과 사회적 배경, 자본축적 경로 등을 기준으로 다시 몇 가지 유형으로 세분하여 범주화할 수 있다.

첫째, 관료 출신으로 기업 설립에 참가한 유형이다. 고위관료 출신은 대개 조선 말기 권력을 빙자한 수탈에 의해 자산을 집적하고, 관직 진출이 불가능해지는 1907년 이후 새로운 활로를 찾기 위해 기업 활동에 나서는 경우가 일반적이었다. 이들은 대지주였으며 따라서 부동산 저당을 통한 자본 조달 또한 비교적 용이했고, 신분이나 직위를 이용하여 탁지부·농상공부·경무청·통감부 등에 청탁하여 각종 인·허가를 쉽게 받을 수 있었다. 또한 정부가 추진하는 각종 근대화사업, 즉 금융기관이나 관영기업 설립 등에 참여할 수 있는 기회를 포착하기도 쉬웠다. 하급 실무관료의 경우 관계官界에서 면직당한 후 서양 문물 및 근대적 기업에 대한 간접경험과 종래의 실무지식을 이용하여 기업 설립에 나서기도 했다. 예를 들어 학부 기수나 사무관이 인쇄업이나 출판업 관련 회사를 창설하는 것을 들 수 있다.

관직의 고하高下, 즉 권력 배경은 관료 출신 기업가의 자본축적 경로를 가름하는 주요 기준이었다. 그런데 이들 관료 출신의 자본축적 연원이 대개 토지라는 점은 자본축적 경로의 중요한 변수로 고려해야 할 사항이다. 대개 중앙 고급 관료의 경우 토지를 집적하여 부를 축적한 부재지주不在地主였고, 향반·토호의 경우 상업적 농업 경영을 통해 자본을 축적한 재지지주在地地主였다. 양자는 관료 혹은 향반으로 봉건적 사회질서 내지 권력에 부수한 정치경제적 특권을 향유한 공통점이 있다. 특히 전자의 경우 양반 관료층의 정치권력을 이용한 토지 집적과 이권 획득을 통한 자본축적의 대표적 보기라는 점에서, 한국 자본주의 형성 과정에서 정치권력과 경제활동의 상관관계를 잘 보여준다.

둘째, 상업 활동과 무역업을 통해 축적한 자본으로 기업에 투자한 상인층을 들 수 있다. 이들은 대한제국 정부의 관용물품 용달업이나 수세청부업, 관영사업을 통해 성장한 어용상인과 시전상인, 전국 혹은 지역 연안 상업 유통망을 이용한 객주·선상, 그리고 기타 소상인 출신으로 분류할 수 있는데, 그 개별적인 자본축적 규모에는 상당한 편차가 있었다.

원래 상인 출신은 아니지만 궁방이나 내장원의 차인差人으로서 관부官府의 물자 조달 및 수세 청부 과정에서 외획外劃·무역을 통해 성장한 이들도 상업 활동을 전개했기 때문에 어용상인층 범주에 포함할 수 있을 것이다. 또한 갑오개혁 이후 군부 관제 변화로 인해 하급무관 출신으로 퇴직하여, 정부용달업을 통해 축적한 부를 기초로 근대적 금융기관과 기업 설립에 참여했던 부류도 여기에 속한다.

객주 중에서도 개항 후 미곡과 면포 무역에 종사했던 개항장이나 경강변 객주 가운데에는 상당한 부를 축적한 이들이 있었으며, 이들 중 일부는 근

대적인 형태의 상업회사로 전환하거나 혹은 정미업, 여타 제조업에 투자
하기도 했다.

셋째, 직포·금은세공·도자기·한지韓紙 제조 등 재래업종에 종사한 수공
업자, 혹은 공업전습소 및 공업학교 출신의 기술자로서 소규모 제조업체
를 경영하며 근대 기업가로 성장한 유형이다. 이들은 근대 기업가로 성장
할 수 있는 환경 요인을 내재하고 있었으나, 원시적 자본축적에서 뒤떨어
져 근대 초기 기업 설립에서 독자적인 주도권을 발휘하지 못했다.

근대 초기 관료·귀족의 경제 활동 양상과 경제적 분화

관료·귀족의 경제 활동과 기업 투자

전통적으로 관료는 하나의 계층인 동시에 직업군으로 인식되어 별도의 영
리 활동은 금지되었다. 그러나 갑오개혁으로 관리이더라도 휴관休官 상태
에서는 상업 등의 영리 활동이 가능하게 되었다.[1] 이후 1900년대에 들어서
는 점차 현직 관료, 특히 칙임관급 이상의 고급 관료도 경제 활동에 적극적
으로 나서는 양상이 나타나기 시작했다.[2] 이들의 자본 형성과 축적 양상에
대해 추적하다 보면 가장 먼저 관심을 끄는 것은 그들의 직위나 권력 배경
이 여기에 어떻게 작용했느냐 하는 점이다. 현직 관료의 경우 대개 각종 인
허가 획득과 영업망 확장, 금융 대출 과정에서 자신들의 권력을 직접적으
로 활용하는 경우가 많았으며, 전직 관료의 경우에도 기존의 정치사회적
관계를 적극 활용했다.

[1] 《관보》 개국 503년(1894년) 7월 2일.
[2] 이들의 경제 활동에 대해서는 전우용, 〈19세기 말~20세기 초 韓人 會社 연구〉, 서울대학교 국사학과
박사학위논문, 1997, 158~163쪽, 266~267쪽 참조.

관료들의 투자 업종은 초기에는 주로 관부물자 용달업, 정부 공사 하청업, 구문口文 징수, 미간지 개척, 교통 운수 등 주로 정부용달 관련 업종이나 인허가권을 전제로 하는 사업이 많았다. 먼저 정부용달업의 대표적인 사례로는 1901년 3월 몇몇 대관大官들이 자본금 1만 원씩 출자하여 군부軍部·기계사器械司·궁내부宮內府에 수용 물품 용달을 영업 내용으로 하는 회사를 설립한 예를 들 수 있다.[3] 1902년 현직 회계원경會計院卿(칙임관 4등)이재곤李載崑이 한성 오서五署 안에 오염물을 제거하는 결정회사潔精會社를 창설하려고 한 것도 정부용달업의 일종이라고 할 수 있다.[4]

구문징수업의 예로는 전前 부윤府尹 홍종훤洪鍾萱이 내장원의 인허를 받아 도진회사渡津會社를 창설하고 경강 연변에서 강을 건너는 이들에게 도진선비渡津船費를 징수한 것을 대표적으로 들 수 있다. 이는 일종의 구문, 즉 통행세로서 내장원은 인허 대가로 홍종훤으로부터 일정액의 세를 상납받고 순검을 파견하여 그 징수를 지원했던 것이다.[5] 을사조약의 강제 체결에 항거하여 자결한 민영환閔泳煥도 1903년 11월 현직 예식원장禮式院長으로 있으면서 농상공부에 선박영송회사船舶迎送會社의 설립 인허를 청했는데, 이 역시 각 항구에 출입하는 선박으로부터 구문을 징수하는 회사였다. 1908년 유길순兪吉濬 등이 포사회사庖肆會社를 조직하고 13도 각 군 도수장屠獸場 주인에게 세금을 징수하기 위해 운동한 것도 도살 가축의 두당頭當세를 징수하려는 것이었다.[6] 정부와 황실은 구문의 일정액을 상납받아 재

---

[3] 〈三處用達〉, 《황성신문》 1901년 3월 15일.

[4] 〈請認潔社〉, 《황성신문》 1902년 10월 23일.

[5] 〈渡津船費〉, 《황성신문》 1902년 3월 11일. 이와 같은 통행세 징수에 서빙고 및 한강부근 인민과 선인船人들이 반발하여 회사 지점을 공격하자 내장원에서 회사를 철폐했다(〈撤罷津社〉, 《황성신문》 1902년 3월 21일).

[6] 〈兪氏運動〉, 《대한매일신보》 1908년 11월 7일.

정에 충당할 수 있다는 점에서, 관료들은 별다른 시설 투자를 하지 않고 정부나 내장원과의 관계를 이용하여 구문 징수권을 쉽게 획득할 수 있다는 점에서 이 시기에는 이러한 구문징수회사 설립이 많았다.

다음으로 고급 관료 출신자나 일제로부터 작위를 받은 귀족들이 많이 투자했던 것은 토지였다. 토지 집적 및 농업 경영은 여전히 이들의 일반적이고 주요한 자본축적 방식이었다. 1907년 7월 국유미간지이용법(법률 제4호)이 발포되었는데,[7] 그 주요 내용은 민유지 이외에 원야原野, 황무지, 초생지草生地, 소택지沼澤地, 간사지干瀉地를 10년 이내 기한으로 일정액의 대여료를 지불하고 개간사업에 성공하게 되면 국가로부터 토지를 불하받는 것이었다. 이 법은 미간지 개척에 의한 경지 확보와 이것을 통한 농산물 증대에 목적을 둔 것이었다. 일제 강점 이후 총독부에서 일본의 식량 조달을 위한 경지 확보를 주요 경제지침으로 설정하자, 이에 부응하여 귀족들은 황무지 개간사업에 적극 참여하기로 귀족회 차원에서 결의했다.[8] 귀족들은 제조업에 투자하려고 해도 지식과 경험이 없는 관계로 실패를 염려하여 실행하지 못하고, 주로 미간지 개척과 식림사업을 부원富源 증식의 방책으로 설정하고 여기에 집중했던 것이다. 자작 조중응趙重應이 1911년 3월 교하군交河郡 현내면縣內面의 초생지草生地를 개척하기 위해 국유미간지이용법에 의해 경기도청에 청원하고, 또한 같은 해 9월경 이완용李完用·조희연趙

---

[7] 일제는 1904년 〈對韓方針 및 對韓施設綱領〉의 '척식을 도모할 것'이라는 조항에서 "한국에서 본방인本邦人의 기업 중 가장 유망한 것은 농사"라고 보고 "일본인 농업가를 위하여 한국 내지를 개방시키는 수단으로서 (가) 관유황무지에 대하여는 일개인의 명의로 경작과 목축의 특허 또는 위탁을 받아 제국 정부 관리 하에 상당한 자격 있는 아방인我邦人으로 하여금 이를 경영케 하는 일, (나) 민유지에 대하여는 거류지로부터 1리 이외라도 경작 또는 목축 등의 목적으로 이를 매매 또는 임차할 수 있게 할 일"을 적시했다. 이러한 방침 하에 척식 이주와 식량 조달의 포석으로 조선의 경제권을 장악한 후 즉시 실시한 것이 바로 국유미간지이용법이다.

[8] 〈貴族의 協定〉, 《滿韓之實業》 85호, 1913년 3월, 54쪽.

義淵 등과 함께 각기 20만 원씩 출자하여 경남 진주 남강藍江을 축보築洑한 예를 들 수 있다.[9] 내부협판과 한성부판윤을 역임한 박의병朴義秉은 농업 경영을 전업으로 하기 위해 가옥을 방매하고 낙향했다.[10] 또한 축산업과 특히 양잠 등에 관심을 갖고 투자하는 고급 관료 출신자도 많았다.[11]

관료 귀족들 중 일부는 점차 상업·제조업 부문으로 투자영역을 확대해 나갔다. 예를 들어 궁내부 특진관과 비서원경을 역임한 이재현李載現은 1910년 거주하고 있는 궁방(완평궁完平宮)의 외사外舍 20여 칸을 수리하여 잡화상점을 경영했다.[12] 교통 운수 부문에서는 1900년 6월 이윤용李允用이 협동우선회사協同郵船會社를 설립하여 인천에 본점, 연해 각 항구에 지점과 대리점을 두고 내륙과 연해의 우편물과 화물·승객을 수송했다.[13] 또한 외국인 거주자의 증가, 도로 부설, 근대화사업 등에 따라 건축·노무 조달 등의 사업도 활발했으니, 농상공부·법부·군부대신을 역임했던 이근택李根澤이 1909년 6월 여러 사람들과 함께 자금 2천 원씩을 모아 용산에 토목회사를 설립한 예를 들 수 있다.[14]

제조업에서는 민영기閔泳綺·한영호韓榮浩·최석창崔錫彰 등이 1907년 6월 1만 원의 자본금으로 인쇄공업회사를 발기한 예를 들 수 있다. 민영기는 탁지부대신을 역임하고 1908년 동양척식주식회사 부총재를 지내며, 최석

---

9 〈趙子未墾地請認〉, 〈貴族의 築洑〉, 《매일신보》 1911년 3월 19일, 9월 22일.
10 〈朴氏落鄕〉, 《매일신보》 1911년 3월 5일. 그는 1913년에 경기도 도참사를 역임했다.
11 김종한金宗漢은 1909년 8월 육축六畜 기타 동물을 목양牧養하는 축양회사畜養會社를 설립했으며, 1910년 전 승지 이순하李舜夏와 중추원 의장 김윤식金允植은 작잠회사를 설립했다(〈畜養組織〉, 〈잠업협의〉, 《대한매일신보》 1909년 8월 6일, 1910년 8월 2일).
12 〈宮家商店〉, 《대한매일신보》 1910년 6월 17일.
13 〈협동우선회사〉, 《황성신문》 1900년 6월 12일; 〈汽船社 청원〉, 《대한매일신보》 1909년 2월 11일.
14 〈補金請求〉, 《대한매일신보》 1909년 6월 27일.

창은 중앙은행창설사무위원을 역임한 현직 탁지부 서기관이었다.[15] 중추원 찬의 윤치오尹致旿는 1910년 10월경 전 학부 사무관 우에무라上村正己, 조신용趙臣鏞 등과 함께 교동에 동문관활판소를 설립했다.[16] 농상공부대신과 내부대신을 역임한 이지용李址鎔은 민영기·조종서趙鍾緖 등과 함께 1908년부터 1910년에 걸쳐 일본인들과 함께 용산에 제지회사 설립을 추진했다. 이는 1911년 1월 자본금 10만 7,615원의 조선제지합자회사로 결실을 맺었다.[17] 또한 1909년 2월 조희연·김용제金鎔濟가 대한장유제조주식회사大韓醬油製造株式會社를 설립하기 위해 거액을 투자했다.[18] 앞에서 서술한, 잡화상점을 경영한 완평궁 이재현은 재종再從 이재원李載源이 1910년 5천여원의 자본으로 설립한 초자제조소硝子製造所가 경영위기에 봉착하자, 1913년 5천 원을 투자하여 업무를 확장하고 국내는 물론 중국 상해, 안동현에도 시장을 개척했다.[19] 자작 이용직李容稙은 합자로 직물업을 경영하다가 성과가 좋지 않았는지 1912년 3월 영업을 철폐하고, 직조 기계를 집에 설치하여 인근 동리의 자녀들에게 직조 기술을 전수했다.[20]

하급 관료(주임관 내지 판임관급) 출신으로 기업가로 성장한 대표적인 예로는 김한규金漢奎를 들 수 있다. 그는 관립일어학교를 나와 외국어학교 교관, 관립한성일어학교장, 학부 서기관 등을 거쳐 퇴임 후 한일은행에 들어

---

[15] 〈工業會社〉, 〈인쇄공업조합회사취지서〉, 〈工會任員〉, 《대한매일신보》 1907년 6월 4일, 6월 14일, 6월 22일. 대표자는 민영기였고 한영호는 총무, 최석창은 찬성장이었다.

[16] 〈尹氏活版計劃〉, 《매일신보》 1910년 10월 22일.

[17] 〈紙社云設〉, 〈造紙社 설립협의〉, 《대한매일신보》 1908년 2월 25일, 1910년 4월 29일; 《조선총독부통계연보》 1913년판, 186~187쪽. 당시 언론에서는 자본금 1천만 원의 회사라고 보도했으나 이는 과장이다.

[18] 〈醬油會社〉, 《대한매일신보》 1909년 2월 28일.

[19] 〈硝子製造所 발전〉, 〈초자제조소부〉, 《매일신보》 1913년 10월 8일, 1913년 9월 5일.

[20] 〈李子爵好事業〉, 《매일신보》 1912년 3월 17일.

가 오랫동안 전무로 근무하면서 은행의 기초를 닦았으니, 수완이 좋아 세간에서 '한상룡韓相龍에 견줄만한 인물'이라고 평하기도 했다. 그는 조선상업은행·경성융흥주식회사 감사, 경성가축회사·조선미술품제작소 이사, 조선식산은행 상담역, 광장주식회사 사장으로 활동하며 주요 기업인으로 성장하여, 경성상업회의소 부회두로 활약하기도 했다. 그리고 위에서 서술한 인쇄공업회사 설립에 참여한 최석창과 동문관활판소의 조신용 등도 하급 관료 출신으로 실업계로 진출한 인물들이다.

한편 문벌양반가의 무관 장교 출신으로 기업계에 투신한 이들도 있었다. 대표적으로 민영휘閔泳徽의 자제인 민대식閔大植과 윤치소尹致昭의 동생 윤치성尹致聖을 들 수 있을 것이다. 이들은 1907년 군대 해산 이후 대한공업회를 조직하여 분원자기제조주식회사와 광업주식회사廣業株式會社를 설립했으며 여러 사업을 주도했다.

관료 귀족층의 경제적 분화

사회적으로 지배계급이었고 경제적으로 대지주였던 고급 관료 및 귀족들은 밀려드는 자본주의 상품경제에 적응하면서 자본을 축적하기도 했으나, 몰락하기도 했다. 문벌관료·귀족 출신의 자본가들은 대부분 치열한 시장경쟁에 필요한 경제 지식과 경영 기술을 지니지 못했으니, 투자 결과가 부진하거나 혹은 가산을 탕진하는 경우가 많았다. 예를 들어 궁내부대신(1908)을 지낸 민병석閔丙奭은 만석지기 지주였으나, "현대 경제가 어떤지 모르고 모회사 사장이니 모회사 고문이니 하는 첩지에 누거만累巨萬의 손해를 입어" 결국 토지문서가 식산은행에 저당잡히게 되었다.[21] 그는 한말

---

[21] —鄕暗, 〈朝鮮高官 盛衰記 반도천지를 흔들든 민씨 후예의 금일〉, 《별건곤》 제64호, 1933년 6월.

부터 노동력조달회사인 대한경부철도역부회사大韓京釜鐵道役夫會社(1900)를 시작으로 상선회사商船會社(1903), 황무지 개간을 영업 내용으로 하는 풍부회사豊阜會社(1904)와 수산주식회사水産株式會社(1907) 설립에 참여했다. 그리고 병합 이후에도 조선제사주식회사·조선생명보험주식회사·고려요업주식회사 사장, 해동은행 이사로 다양한 기업 활동을 전개하면서 상당한 자본을 투자하여 날렸던 것이다.

규장각 지후관祗候官(칙임관 1등, 1907)을 역임한 민영소閔泳昭와 그 아들 민충식閔忠植은 1919년 용산권업회사龍山勸業會社 설립을 주도했다가 실패한 데다 요리점 경영도 잘못되어 4~5천 석의 토지 재산을 날렸다.[22] 그리고 평안남도 관찰사 재직 시 민영휘만큼 수탈이 심하여 상해로 망명까지했던 민영철閔泳喆의 아들 민유식閔裕植 역시 광업회사廣業會社 이사, 용산저축조합장, 용산권업회사 전무이사 등으로 여러 기업에 투자했다. 그러나 "이재理財를 몰라 무슨 회사 중역이니 무슨 은행취체역이니 하다가 이리 속고 저리 속아" 가산을 탕진하고 결국 경기도 시흥 궁촌窮村으로 쫓겨나는 신세가 되었다.[23] 이와 같이 한말 세도가로 수천 석, 수만 석 대지주였던 민씨 척족 중 금융권에 전답을 저당하고 자금을 대출하여 새로운 사업에 투자하거나 기업을 설립했던 이들 대부분이 가산을 탕진했다. 기업 투자 이외에 관료·귀족들이 몰락한 주요 이유는 또한 도박과[24] 유흥·사치 때

---

[22] 一鄕暗, 〈朝鮮高官 盛衰記 반도천지를 흔들든 민씨 후예의 금일〉. 용산권업회사는 곡물, 기타 상품의 매매·창고업·위탁 판매, 위탁품에 대한 대금업을 영업 내용으로 했다. 처음에는 도매업만 했으나, 영업 출장소를 남대문으로 이전하면서 주단·포목·양속洋屬 등의 소매부를 특설했다. 1919년 12월 설립되었으며, 사장 민충식, 전무 민유식, 상무이사 안종만安鐘萬 등이었다(《조선은행회사조합요록》, 1921년판;〈龍山勸業小賣部〉,《동아일보》1921년 5월 22일, 2면).

[23] 一鄕暗, 〈朝鮮高官 盛衰記 반도천지를 흔들든 민씨 후예의 금일〉; 白大鎭, 〈인물평론〉,《반도시론》2권 4호, 1918년 4월, 71쪽.

[24] 예를 들어 1910년 6월경 중추원 고문 이지용·전 판서 민영린閔泳璘·전 시종원부경 이범교李範喬 등

문이기도 했다.[25]

이와 같이 일부 전·현직 고급 관료들은 한말 일제 초기 토지 집적 형태의 자본축적 방식에서 벗어나 다양한 부문의 기업을 설립·경영하는 등 새로운 경제 변화에 대응했다. 그러나 그 결과는 대개 사업 부진으로 가산을 탕진하거나 몰락하는 것으로 끝났다. 하지만 관료·귀족들 가운데 소수는 기업 활동을 통해 자본축적에 성공하기도 했다.

이들이 성공할 수 있었던 기본 이유 중 하나는 새로운 사업에 투자할 수 있는 자본을 소유하고 있었다는 점이다. 이들은 소유한 전토를 저당하고 동양척식주식회사(이하 동척으로 줄임)나 공동창고회사, 한성은행 등의 금융기관으로부터 풍부한 사업자금을 쉽게 마련할 수 있었다. 특히 사회적 기득권을 가진 지배세력이라는 점 때문에 신용도가 높아 금융권으로부터 쉽게 대출할 수 있었다. 예를 들어 궁내부 특진관·법부대신을 역임한 이근호李根澔는 1909년 9월경 소유 전답을 동척에 저당하고 10만 원을 대출했다.[26] 그는 1910년 3월 이재극李載克과 함께 1만 원의 자본금을 모아 농무조합소農務組合所를 설립했으며, 그 외에도 이재극·이하영李夏榮 그리고 일본인 등과 합자하여 종묘주식회사種苗株式會社를 설립하는 등 실업 활동을

은 거액을 건 화투를 치다가 일본헌병사령부로 압송당하기도 했는데, 당시 관료 귀족들이 도박 때문에 연행되는 일은 비일비재했다(〈花局風波〉, 《대한매일신보》 1910년 6월 17일).

[25] 대표적인 예로 순종의 장인 해풍부원군海豊府院君 윤택영의 경우 1909년 내외국인에게 상당한 부채를 져 독촉을 당하는 형편이었는데, 이는 왕비책립운동을 위해 1903년 6만여 원을 차용하여 갚지 못하자 소송당한 사건의 여파였다. 부채가 상당했음에도 그는 1910년~1911년 50만 원의 자본금을 모아 철공장을 설립하고 기계 구입을 위해 동경에 사람을 파견했다(〈尹侯工場設立〉, 〈鐵工場 器械到着〉, 《매일신보》 1910년 11월 12일, 1911년 1월 5일). 또한 탁지부 전환국장(주임관 4등), 인쇄국장(칙임관 4등)을 지냈던 최석조崔錫肇는 상당한 재산을 소유했으나 관직에서 물러난 이후 직업을 구할 수 없는데다 아들의 난봉으로 재산을 탕진하면서 집과 종토宗土까지 전당잡혀 결국 1916년 음독자살했다(〈典圜局長의 飲毒〉, 《매일신보》 1916년 3월 1일).

[26] 〈有何緊用〉, 《대한매일신보》 1909년 9월 18일.

활발하게 했다.[27] 이근호가 동척으로부터 대출한 10만 원은 이러한 각종
사업에 투자하기 위한 용도였다. 그는 1910년 3월에도 다시 산판山坂 문권
을 저당하고 2,500원을 대출하여 황철주黃轍周(1907년 9월 육군이등군사陸軍
二等軍司에서 해직)와 함께 요리점을 경영했다.[28] 우리나라 최초의 미국 유학
생이자 내부대신으로 갑오개혁을 주도했던 유길준도 1909년경 실업 경영
을 위해 동척으로부터 4만 환을 대출했다.[29] 이와 같이 1908년 12월 말에
설립된 동양척식주식회사는 전·현직 고급 관료 및 귀족들이 소유 전답을
저당하고 사업자금을 대출하는 주요 자금원이었다. 동척 이외에 한일은행
이나 한성공동창고주식회사와 같은 금융기관과 또한 사설私設 대금회사貸
金會社도 이용되었다.[30]

관료, 귀족들 중 일부가 기업 투자와 자본축적에 성공할 수 있었던 또 하
나의 이유는 2세대에게 신교육과 해외 유학을 통해 자본주의사상을 수용
하고 기업 관련 실무지식을 체득하여 변화하는 경제 환경에 적극 대처할
수 있는 기회를 부여할 수 있었다는 점이다. 당시에는 법부대신과 군부대
신을 역임한 신기선申箕善의 아들조차 장차 사업을 할 생각으로 유학 가서
공업학교에 입학할 정도로, 문벌양반가의 자제들도 실업계 진출을 고려하
는 것이 일반화되고 있었다. 비록 신기선은 "양반의 자식이 법률이나 정치

---

[27] 〈農組發起〉, 〈種苗社發起〉, 《대한매일신보》 1910년 3월 15일, 4월 1일; 〈農務組合任員〉, 〈農組任員〉,
《황성신문》 1910년 4월 1일, 4월 7일. 이근호는 이미 1908년에도 종로의 장시를 이설移設하기 위해
전동典洞 영문營門을 매도하고 실업가와 합자를 모색했고, 또한 측량조합소를 운영했다(〈李氏運動〉,
《대한매일신보》 1908년 12월 26일; 〈측량조합폐지〉, 《황성신문》 1908년 12월 10일).

[28] 〈種苗大計劃〉, 《대한매일신보》 1910년 1월 19일; 〈料理店又出〉, 《대한매일신보》 1910년 3월 25일.

[29] 〈拓社貸付〉, 《황성신문》 1909년 7월 18일.

[30] 예를 들어 전 관찰사 김규창金奎昌은 한성공동창고회사로부터 1천 여원의 대출금이 있었는데 이를
갚지 못하자 결국 경시청에서 저당한 가산을 집행했다. 전 참판 민경호閔京鎬는 광주廣州 소재 전답
문기를 한창회사韓昌會社에 저당하고 금화 3천원을 대출했다(〈金家執行〉, 〈典券得債〉, 《대한매일신
보》 1909년 12월 14일, 11월 27일).

를 배울 것이지 공업이 무엇이냐'라고 대노하며 소환했다고 하지만,[31] 관료로서의 진출이 보장되지 않는 2세대의 입장에서는 상공업 방면으로의 진로 모색이 당연했던 것이다.

정치사회적 기득권과 함께 자본을 소유하고 더구나 경제 지식을 갖춘 2세들의 적극적 활동으로 일부 고급 관료 중에는 기업 경영에 성공하여 대자본을 축적하는 이도 있었다. 고급 관료 출신으로 대지주적 기반에서 기업가로 전환하여 지속적으로 성장해간 대표적 보기로 민영휘와 그 아들 민대식·민규식 일가를 들 수 있다.[32] 민영휘는 평안도관찰사·선혜청 당상 등의 권력을 빙자하여 수탈에 의해 축적한 자산을 금융업에 투자하여 종내 한일은행장이 되었고, 이를 아들 민대식이 승계했다. 민대식은 한말 일제 초에 부국직물(1907)·조선제마(1910)·광업주식회사(1911) 등 많은 기업의 중역으로 활동했으며, 이후에도 조선토지 개량주식회사·조선신탁회사·경성전기주식회사 등의 중역으로 일했다. 1930년대에는 계성(주)을 설립하여 보유한 토지와 유가증권 등의 자산을 신탁 관리했다. 민규식은 조선견직을 설립 경영했으며, 조선제사 동광제사 등 많은 기업체의 경영에 관여했고, 자산관리회사인 영보합명을 설립했다. 민대식은 1905년 미국 유학 겸 외유를 다녀온 경험이 있으며, 민규식은 휘문학교 졸업 후 영국 캠브리지 트리니티 칼리지와 미국 존스홉킨스대학원에서 경제학을 공부하여 서구 자본주의 동향과 경제 원리에 밝았다.

윤치소는 충남 아산의 대지주였던 조부의 재력을 기초로 군부대신과 법

---

[31] 〈논설: 異哉라 귀족가의 교육〉, 《황성신문》 1909년 1월 31일.

[32] 민영휘 일가의 경제 활동 관련 연구로는 DENNIS L. McNAMARA, *The Colonial Origins of Korean Enterprise, 1910-1945*(Cambridge University Press, 1990); 박현, 〈한말·일제하 한일은행의 설립과 경영〉, 《동방학지》 128, 2004가 있다.

부대신을 역임한 숙부 윤웅렬尹雄烈과 내무 참의·안성군수·육군 참장을 지낸 부친 윤영렬尹英烈의 권력 배경 하에 한말 대표적인 기업가로 활동했다. 1909년 이후 식자재 공급과 잡화를 취급하는 가나다 상점과 경성혁신점京城革新店을 직접 경영했다. 또한 군대 해산과 함께 해직된 군인들이 전당포 영업을 목적으로 설립한 자본금 3천 원의 조합을 1911년 8월 자본금 50만 원의 주식회사 조직으로 전환하여 광업주식회사 초대 사장으로 취임했고, 같은 해에 수공업자들의 직뉴조합을 자본금 10만 원의 회사 조직으로 확대 개편한 경성직뉴주식회사 사장으로 활동했다. 그는 미국 밴더빌트대학 신학과에서 오랫동안 유학한 사촌 윤치호尹致昊를 통해서, 그리고 일찍부터 체화된 기독교신앙을 매개로 서구 사조와 자본주의적 기업 경영에 대해 꿰뚫고 있었다.

근대 초기 상인층의 기업가로의 전환 양상과 그 특징

상인으로 부를 축적하여 기업가로 전환한 이들의 출신과 그 사회적 배경을 추적해보면 궁방이나 관청에 물자를 조달한 어용상인, 금난전권이라는 독점 상업권은 폐지되었으나 전통적으로 상권을 장악하고 있는 시전상인, 객주, 선상 혹은 행상 등 다양하다.

먼저 어용상인을 보면, 대표적으로 한말~1910년대 '실업계의 세 원로'라고 지칭되는 조진태趙鎭泰·백완혁白完爀·조병택趙秉澤은 관부물자 조달을 통해 대한제국과 맺은 연고관계에 의해 대한천일은행에 참여했고, 이어서 메가타 조처로 설치된 어음조합手形組合·공동창고회사·농공은행 등 각종 금융기관에 참여하면서 기업 활동의 특권적 지위를 확보할 수 있었다. 조진태(1853~1933)는 1875년 무과 급제 후 영장과 방어사를 역임했으나 1895년 군직을 사임한 후 포전布廛 계통으로 진출하여 군부피복주식회사軍部被服株式會社를 설립, 군부에 포목과 군복을 납품했다. 그는 대한천일은행 이사, 한성어음조합장漢城手形組合長, 경성상업회의소 회두, 한호농공은행 이사, 동양척식주식회사 감사로 활동했다.[33]

백완혁(1856~1938)도 1881년 무과 급제 후 훈련원 주부, 군기시 첨정, 순무영 군관 등으로 사환계仕宦界에 종사하다가 역시 40세 무렵인 갑오개혁 때 그만두고 실업계로 투신했다.[34] 이후 1896년 경성주식회사 중역을 시작으로 대한천일은행 이사, 한성농공은행장, 경성융흥주식회사 사장 등으로 활동했다. 그는 1920년 3월경 이근호, 조병택, 백윤수白潤洙 등과 함께 자본금 50만 원의 만선고무를 설립하는 발기인 모임에도 참가했다.[35] 앞에서든 문벌 양반가의 무반인 민대식·윤치성과 달리, 당시 하급무관의 사회적 지위가 평민과 별 차이 없이 낮았다는 점에서 이들은 하급 관료 범주보다 상인층으로 분류하는 것이 적절하다고 생각한다.

조진태와 백완혁이 무반으로 사환계에 종사하다가 갑오개혁 때 이루어진 군부 관제 개혁으로 실업계에 투신한 반면, 조병택(1832~)은 같은 무과 출신이고 훈련원 주부·훈련원 판관·관리서 부관리副管理(주임관 6등, 1902)를 역임했다고 하나 이는 허식虛職이었다. 그는 저포苧布 무역을 통해 치부한 것으로 보아 포전布廛 상인 출신이었던 것 같다. 특히 민씨 척족의 거물

[33] 이승렬, 〈韓末 日帝初期 大韓天一銀行 硏究〉, 연세대학교 사학과 박사학위논문, 2003; 阿部薰, 《朝鮮功勞者名鑑》, 조선공로자명감간행회, 1935년 11월, 664~5쪽; 〈起案 19〉(1908. 12. 28), 의정부 편(奎 17746), 23책.

[34] 《조선신사보감》, 1913, 755쪽; 〈朝鮮人物觀—實業界三元老中의 一人白完爀氏〉, 《매일신보》 1912년 12월 7일. "이십칠팔세 시에는 사환계仕宦界에 투신하얏다가 사십 전후부터 실업계에 헌신하야 ……."

[35] 〈護模會社 계획〉, 《매일신보》 1920년 3월 23일.

로 통리기무아문군무사당상統理機務衙門軍務司堂上, 한성부 판운 등을 역임
한 죽동궁 민영익의 비호를 받았다는 것으로 보아, 관부물자 조달로 권력
층과 가까워진 것으로 보인다. 또한 청일전쟁 때에는 일본 군대에 적지 않
은 군량을 기부했다는 것으로 보아 정세 추이에 민활하게 대처하는 능력
이 있었음을 알 수 있다.[36] 그는 화폐정리로 인해 발생한 전황을 극복하기
위해 서울의 유력 상인들이 설립한 한일은행의 은행장으로 활동했다. 또
한 1910년경 경성상업회의소 회두로 있으면서 부회두 성문영成文永과 합
자하여 금속분석소를 준공하여 개설했다.[37] 1919년에는 자본금 20만 원의
조선인삼주식회사를 설립했다.[38]

이들 세 사람은 특히 메가타 다네타로目賀田種太郎의 화폐정리사업으로
인해 발생한 유동성 위기에 대처하기 위해 설치한 한성공동창고회사·어음
조합·농공은행 그리고 서울의 주요 조선인 실업가와 상인, 관료들이 설립
한 대한천일은행·한일은행 등 주요 금융기관의 경영자로 활동하면서 '실
업계의 삼원로三元老'로 군림하게 되었다. 이러한 자본축적 경로는 화폐정
리사업을 전후하여 조선 경제가 재편되는 시점에 유동성 위기와 대한제국
에서 통감부(일제)로의 권력 이동에 잘 대처한 이들이 기업 활동에서 생존
하고 지속적인 성장을 보장받을 수 있었다는 사실을 말해준다.

백남신白南信도 관부물자 조달과 수세 청부를 통해 당대에 부를 축적한
대표적인 사례다. 그는 원래 전주 아전 출신인데, 1897년 이후 전주진위대
향관餉官으로서 군량과 기타 군수물자 조달을 담당했으며, 또한 궁내부 주
사로 전라도 각군에서 탁지부의 결세전을 지급받아 대궐의 소용 물자를

36 〈朝鮮人物觀—實業界三元老中의 一人趙秉澤氏〉,《매일신보》1912년 12월 10일.
37 〈금속분석소준공〉,《황성신문》1910년 7월 27일.
38 〈최근허가회사수〉,《매일신보》1919년 8월 1일.

구입, 상납했다. 1902년 이후에는 내장원의 전라도 검세관檢稅官으로서 탁지부에서 내장원에 외획한 결세전을 징수하여 이를 지역 내에서 미곡·목면 등으로 무역하여 서울로 운송하는 일을 수행하면서 사적인 무역을 통해 부를 축적했다. 1905년 12월 독쇄관督刷官에서 해임된 후 백남신은 농장 형태의 농업 경영에 주력하는 한편, 전주 지역 내 계절 간 가격 차익과 서울—전주 지역 간 가격 차익을 겨냥한 미곡상도 겸했다.

그의 아들 백인기白寅基는 부친 백남신의 외획 활동과 관부 조달 물자 관련 무역을 돕기 위해 17, 18세 무렵부터 서울에서 객주 영업을 시작하면서 실업계의 주요 인사로 부각되었다. 그는 백남신이 토지 집적과 농업 경영에 주력한 것과 달리, 1905~1909년과 1920년대에 한일은행 전무뿐만 아니라 한호농공은행·조선농업주식회사(1905)·호남권농주식회사(1907)·일한가스전기주식회사(1908)·조선화재해상보험주식회사 이사, 고려요업주식회사(1920) 부사장 등 여러 기업의 중역으로 활동했다.

이와 같이 조진태, 백완혁, 조병택, 백남신 등은 관부물자 조달, 수세 청부 등을 수행하면서 관부와의 밀접한 결탁에 의해 대한제국에서 시도한 은행 설립이나 각종 근대화사업에 참가했고, 이어서 메가타가 설치한 여러 금융 기구와 동양척식주식회사의 설립에 농승했다. 따라서 이들은 매우 권력 지향적이었고, 또한 정파적 입장이 분명했기 때문에 당시 《대한매일신보》에서는 실업계가 조진태·백완혁·윤정석尹晶錫·김시현金時鉉·백인기 등의 송병준宋秉畯 계열과 한상룡·조희연·석진형石鎭衡·장헌식 등의 이완용 계열로 나뉘어 경쟁하는 것으로 보도하기도 했다.[39]

한편 시전 상인 출신으로서 기업가로 성장한 대표적 사례로는 백윤수

---

[39] 〈兩大奔競의 內容〉, 《대한매일신보》 1908년 9월 4일.

(1855~1921)·백낙승白樂承 일가를 들 수 있다. 백윤수 집안은 육의전 가운데 비단을 판매하는 선전縇廛을 누대에 걸쳐 운영해왔는데, 개항 이후 외국제 포목이 쏟아져 들어오자 1880년대에 '백윤수상점'으로 상호를 바꾸고 청국 비단의 독점 수입 판매로 활로를 개척했다. 백윤수는 한일은행의 중역으로도 활동했으며, 1916년 가족 구성원을 주주로 하여 견직물 수입회사인 대창무역주식회사大昌貿易株式會社를 설립했다. 그러나 1920년대에 들어서 견직물 수입이 어려워지자, 2세대 백낙원白樂元, 백낙중白樂仲, 백낙승이 1924년 대창직물주식회사(자본금 25만 원)를 설립하여 직접 견직물 제조에 나섰다. 이 대창직물은 1935년 자본금 1백만 원의 태창직물泰昌織物(주)로 상호를 바꾸어 전시기에는 만주로 수출하여 상당한 자본을 축적했고 이를 기초로 해방 후 1950년대에 최초의 재벌인 태창재벌을 형성했다.[40]

또한 19세기 말 개업한 종로 포목점 수남상회는 선조가 무반계 집안인 김상열金相悅·상태相台·상학相學 3형제가 공동출자 방식으로 운영해왔다. 그러나 1900년대 후반 2세대들로 세대 교체되었고, 1913년 2세대 공동경영에서 김태희金泰熙(1887~1947) 개인상점으로 전환되었다. 1935년 8월에 다시 자본금 50만 원의 김태희 가족들로 구성된 주식회사 조직으로 개편되었으며, 해방 후 현재까지 수남기업(주)으로 이어지고 있다.[41] 이는 조선 말기 몰락한 무반계가 생계를 위해 종로 상업계에 투신하여 누대에 걸쳐 자본을 축적해나가는 좋은 사례다.

객주 출신으로 자본을 축적하여 기업가로 전환한 사례로는 1911년《시사신보時事新報》조사 50만 원 이상 조선인 자산가 32명 가운데에 포함되었

---

[40] 조기준,《한국기업가사》, 박영사, 1973, 186~190쪽;《조선은행회사조합요록》각년판.
[41] 홍성찬,〈한말 일제하의 서울 鐘路商人硏究—布木商 金泰熙家의 '壽南商會' 運營을 중심으로〉,《동방학지》116, 2002. 참조.

던 김진섭金鎭燮과 고윤묵高允默을 들 수 있다. 김진섭은 한말 마포의 거상으로 1906년 한성어음조합 오강지소五江支所 평의원이었고, 1913년 설립한 호서은행의 중역·은행장을 역임했다. 또한 위탁매매와 토지매매중개업을 주요 영업 내용으로 하는 경남광업주식회사京南廣業株式會社(천안 소재, 자본금 2백만 원)와 중앙신탁(주)의 이사로 활동하는 등 금융 방면과 기업에 투자하면서 1920년대에도 미곡상을 계속했다.[42]

고윤묵(1863~1926)은 빈한한 가정에서 태어나 고용살이로 모은 푼돈을 밑천으로 동막東幕 시장에서 백미 소매상을 하다가 20세 때 곡물 객주로 확대하여 지방 각지와 미곡 무역을 하면서 10년간 누만의 부를 축적했다. 1899년 평남관찰부 주사로 시작하여 시종원 시종, 혜민원 참서관 등의 관직을 거쳤으나, 당시에 성행했던 관직 매매와 상인 출신의 일반적인 신분 상승 사례로 보아 모두 허직인 것으로 보인다. 농공은행 설립위원(1906), 고양지방 금융조합장(1915)으로 금융계에 진출하여, 이후 조선상업은행 이사, 한일은행 감사로 활동했다. 1919년경 물산의 위탁매매와 중개를 영업 내용으로 하는 자본금 50만 원의 조선상사朝鮮商事(주)를 설립했다.[43] 또한 이근호·조동윤趙東潤·민영기 등의 귀족들 및 조병택과 함께 자본금 50만 원의 선만鮮滿고무(주) 설립을 주도했다.[44]

한편 개항장 객주로는 대표적으로 인천 조선인상업회의소 회두(1908~

---

[42] 〈광고〉, 《황성신문》 1898년 3월 8일; 〈조선의 자산가〉, 〈表彰式에서 銀杯授與〉, 〈順産成立한 中央信託〉, 《매일신보》 1911년 7월 28일, 1921년 4월 27일, 1920년 3월 29일.

[43] 〈조선인물관—조선유일의 자선가 고윤묵씨〉, 〈최근허가회사수〉, 〈조선인의 致富策 (2)—故高允默氏의 活敎訓〉, 《매일신보》 1913년 1월 22일, 1919년 8월 1일, 1927년 1월 3일; 〈高允默論〉 1~2, 《반도시론》 2권 5~6호, 1918년 5~6월. 그는 직계 후손이 없어 양자(고규영高圭永)를 들였으나 후일 파양하여 가업은 계승되지 못했던 것으로 보인다.

[44] 〈護模會社 계획〉, 〈鮮滿護謨의 好績〉, 〈護謨社 불입 개시〉, 《매일신보》 1920년 3월 23일, 7월 8일, 8월 15일.

1910), 객주단합소 부단장(1915), 인천상업회의소 부회두(1916~1919)를 지낸 정치국丁致國을 들 수 있다. 그는 1865년 부산에서 태어나 객주 영업에 종사하다가 1884년 신개항지인 인천으로 이주했다. 객주업과 중개업으로 자본을 축적한 그는 1899년 협동기선회사를 설립하여 청국 의화단 사건 때 천진연합함대에 군수품을 수송하고 또한 정부의 우체 업무를 맡기도 했다. 앞에서 서술했듯이 1900년 이완용의 형인 이윤용과 합자하여 대한협동우선회사를 설립하여 선객과 화물을 수송했다.[45] 그는 객주 영업을 하는 과정에서 증대되고 있는 선운船運 수요를 감안할 때 기선회사가 유망하다고 판단하여, 당시 조선인 업체로는 거의 유일한 해운회사를 설립했던 것이다.

관부물자 조달과 객주·중개업, 무역 등의 상업 활동으로 축적한 이들의 자산은 대개 토지나 사채업에 투자되었다. 따라서 이들은 상당한 토지를 소유한 대지주이기도 했다. 예를 들어 백완혁은 1906년경 경기도 김포, 통진 등지에 소유한 토지로부터 360여 석의 소작료 수입이 있었다. 백인기는 1907년경 전라도 익산 김제 부안, 경기도 장호원 고양 등지로부터 무려 4,620석의 소작료를 상납받고 있었는데,[46] 이는 부친 백남신 소유 토지로부터 징수된 것이었다. 1913년경 백남신은 총 2천 정보(논 1,600정보, 밭 400정보)의 전답을 소유하고 있었고 소작인 7천여 명과 이를 관리하는 마름 70여 명을 거느린 대지주였다. 조병택 역시 수천 석지기 대지주였다.[47] 수남상회 주인 김태희도 1929년경 경기도 이천·부평·인천·양평·김포, 충

[45] 오미일, 〈開港(場)과 移住商人─개항장도시 로컬리티의 형성과 기원〉, 《한국근현대사연구》 47, 2008, 55~65쪽.

[46] 홍성찬, 〈한말 서울 東幕의 미곡객주 연구─彰熙組合, 西署東幕合資商會의 사례〉, 《경제사학》 42, 2007, 10~12쪽.

[47] 〈京城雜話〉, 《개벽》 52, 1924년 10월.

남 목천·면천·천안, 황해도 연백 등지에 295정보의 토지(논 63만 8,722평, 밭 24만 7,832평)를 소유한 대지주였다.[48]

앞에서 살펴보았듯이 기업가로 전환한 상인 출신 가운데에는 대개 정부 조달업 혹은 수세 청부 등에 관계했던 이들이 많았다. 이는 갑오개혁으로 조세금납제 실시와 공물 폐지를 계기로 조세청부업(외획)과 관부물자 조달업 시장이 대규모로 형성되었기 때문이다. 그 중에서도 관부조달업은 1880년대 이후 조선 정부의 근대화 정책에 따른 각종 근대적 사회시설이나 산업기관의 설비를 위한 새로운 수요 창출로 인해 종래 공인이나 시전이 담당해왔던 조달 규모를 훨씬 능가하는 것이었다. 특히 대한제국 시기에 이르러 군비 증강과 식산흥업 정책을 실시하면서 조달 수요가 더욱 증가했다. 경기 변동이나 시장 상황에 의한 큰 위험요인 없이 일정한 수익을 보장받을 수 있었던 조세청부업과 관부조달업에 참여하는 것은 곧 자본축적의 기회를 잡는 것이었다. 그러나 이러한 기회는 궁방·관부나 세도가 등 권력과의 밀접한 관계가 전제되어야만 가능했다.

조세청부업과 물자 조달업으로 자본을 축적한 어용상인들은 광무정권의 식산흥업 정책에 부응하여 관영官營기업에 참여하거나 혹은 전·현직 관료들과 함께 민영기업을 설립하기도 했다.[49] 그러나 일부 이용싱인 자본의 산업자본으로의 전환 가능성은 대한제국의 붕괴와 조선 경제의 일본 제국주의 경제로의 편입 과정에서 차단되었다. 이후 이들은 메가타의 화폐재정정리사업에 동승하여 공동창고회사·어음조합·농공은행과 동척 등에 적극 참여함으로써 제국주의 자본에 포섭 편제되었다.

[48] 홍성찬, 〈韓末·日帝下의 地主制 硏究─서울 鐘路 布木商店 壽南商會의 農地投資 사례〉, 《동방학지》 122, 2003, 290~291쪽.
[49] 전우용, 〈19世紀 末~20세기 초 韓人 會社 硏究〉, 86~271쪽 참조.

근대 초기 수공업자들의 공장 설립

한말~1910년대 근대적 기업의 설립, 특히 제조업 관련 회사와 공장 설립에서 전래 수공업자와 근대적 기술교육을 받은 기술자들도 주도적 역할을 수행했다. 이러한 사실은 1913년에 발간된 《신찬경성안내新撰京城案内》에서 경성 지역 자본금 1만 원의 조선인 공장으로 7개 업체를 열거했는데, 이 가운데 중곡염직공소中谷染織工所, 신행상회信行商會는 수공업자들이 설립했고, 경성직뉴주식회사는 수공업자들이 결성한 직뉴조합을 확장한 것이라는 점에서도 잘 나타난다.

수공업자 출신으로 자본주의 전환기에 공장을 설립하여 경영한 이들은 주로 직물업, 금은세공업과 같은 금속공업, 요업 부문에서 많았다. 먼저 자료상으로 서울에서 가장 최초의 직물업체로 확인되는 것은 정경순공장이다.[50] 이 업체는 1897년 수공업자들의 거주지인 병목정에서 시작되어, 1910년대에는 자본금 800원, 직공 15명의 소규모 생산을 영위했다. 또한 경성직뉴주식회사의 전신인 직뉴조합의 직포업자들(이정규李正珪·김성기金聖基)도 수구문안 동리에 거주하는 수공업자들이었다. 이는 조선 정부가 1885년 직조국을 설치한 후 그 산하의 모범직조공장模範織造工場에 서구식 직기를 도입하고 중국으로부터 기술자를 고빙雇聘하여 기술자 양성에 나서면서 종래의 수공업자들도 점차 근대적 직물업에 관심을 가지고 기술을 익히게 되었을 것으로 보인다. 연소年少 자제를 모집하여 3년 과정으로 염직기술을 이수하는 학교도 설립되어 직물기술이 대중적으로 보급되는 단

---

[50] 오미일, 《한국근대자본가연구》, 100쪽.

계에 이르렀던 것이다.[51] 1900년경이 되면 이제 지방에서도 직접 직조기를 발명하거나 개량하여 새로 설립되는 직조회사에 설비할 정도였다.[52]

직물 기술을 익혀 기업가로 성장한 대표적 인물은 김덕창金德昌이다. 중인 신분 출신으로 종로에서 태어난 그는 종로 시전이나 혹은 직포업 관련 분야에서 종사했던 것 같다. 1897년 일본으로 건너가 염직공장 직공으로 취업하여 직조기술을 익히고 돌아와 1902년 종로 중곡동에 염직공소를 설립했다. 이때 창립자금은 지주인 그의 외가쪽 친척으로부터 대여했다.[53] 그는 1907년 업무를 확장하여 각종 의복 종류와 학생 하복夏服뿐만 아니라 주단 모직의 염색·개염改染, 염색제의 직수입 판매도 했으며, 1910년 5월 경에는 학생 모자와 일반 모자까지 제조했다.[54] 직물 수요가 증가하면서 1900년대 후반부터 수공업자들뿐만 아니라 이재극·김종한 같은 퇴직한 고급 관료들도 직기소를 설립하여 경쟁이 치열해지자 김덕창은 다양한 품목의 제품 생산으로 차별화를 꾀했던 것이다. 1913년 초 조사에 의하면 그의 염직공소는 서울 직조업체 가운데 가장 많은 직공을 고용하고 있었으며, 또한 그는 이 해에 창립된 경성직물조합의 부조합장으로 활동할 정도로 직포업계의 대표적인 경영자로 알려져 있었다. 그는 교토제국대학 제조화학과를 졸업한 유전劉銓과 공업계 유지들이 중심이 되어 '일반 대중에게 자작자급의 필요성과 공업지식 보급, 공업자의 친목 도모'를 목적으로

---

[51] 〈組織所의 擴務〉, 《황성신문》 1900년 7월 14일.

[52] 하급 관료 출신인 정긍조鄭肯朝가 1900년 서울 회동에 직조회사를 설립한 후 충주의 이태진李泰鎭이라는 이가 몇 년 동안 노심초사하여 외국직조기를 모방하여 제작한 직조기를 시설했는데 매우 정교하여 매일 40척의 직포를 생산했다고 한다(〈手製織布機〉, 〈織造機新發明〉, 《황성신문》 1900년 1월 5일, 1월 15일).

[53] 이한구, 〈염직계의 始祖, 김덕창 연구─동양염직주식회사를 중심으로〉, 《경영사학》 8, 1993; 《경성상공업조사》 35쪽; 조기준, 《한국기업가사》, 박영사, 1973, 59~60쪽.

[54] 〈업무대확장〉, 《특별대광고》, 《대한매일신보》 1907년 6월 2일, 1910년 5월 31일.

1919년 조직한 중앙공우회中央工友會의 위원으로 활동했으며, 1920년대에는 조선물산장려회에 적극적으로 관여했다.

또한 공업학교에서 근대적인 기술을 익힌 기술자들도 공장을 설립하여 경영에 나섰다. 대표적으로 최규익崔奎翼은 1895년 갑오개혁 때 일본유학생으로 선발되어 경응의숙慶應義塾 보통과와 동경공업학교 염직과를 졸업하고 천주제직소千住製織所, 근강마사방직회사近江麻絲紡織會社에서 견습을 마친 후 27세인 1900년에 귀국한 염직기술자였다.[55] 갑오개혁 때 파견된 유학생은 대체로 몰락한 양반이나 하급관리의 자제들이었는데,[56] 최규익 역시 마찬가지였을 것이다. 귀국 후 그는 1908년까지 정부의 하급 실무관료로 근무하다가 면직 후 1914년 한양염직공장을 설립, 경영했다. 1916년 10월 경성직물동업조합에서 개최한 제1회 품평회에서 최규익은 한목漢木 제품으로 은상을 수상하기도 했다.[57] 1917년 무렵에는 중앙학교 교사로 잡지 《신문계》에 염색법 관련 글을 기고하기도 했으며, 비밀결사 조선산직장려계 계장契長으로 체포되기도 했다. 공우구락부에서 창설한 공예강습원의 고문으로 김덕창과 함께 이름을 올릴 정도로 공업계에서 그의 이름은 널리 알려져 있었다.[58] 김덕창과 최규익은 1920년에 중곡염직공소를 개편하여 확대 설립한 동양염직주식회사의 전무와 상무로 함께 활동하기도 했다.

수공업자들의 전통적 업종인 금은세공업으로 자본을 축적하여 기업가로 성장한 대표적인 이는 신태화申泰和다. 그는 무반가武班家 출신으로 가세가 기울자 13세 되던 1889년 종로의 은방銀房에 직공으로 취직하여 모은 40원

---

[55] 〈卒業還國〉, 《황성신문》 1900년 8월 16일; 《學部來去文》 1900년 8월 14일.
[56] 김근배, 《한국 근대 과학기술인력의 출현》, 문학과지성사, 2005, 71쪽.
[57] 〈직물업자의 광영〉, 《매일신보》 1916년 10월 27일. 이 품평회에서 김덕창은 원주元紬로 금상을 받았다.
[58] 〈공예강습원 신설〉, 《매일신보》 1922년 4월 12일.

의 자금으로 동현銅峴(오늘날의 남대문로)에 셋방을 얻고 조그만 풀무 하나를 사서 금은세공에 착수했다. 이 소공업체가 문을 연 해에 갑오개혁으로 '전당포취체법典當鋪取締法'이 발포되자 전당포를 겸영하면서 유질된 귀금속류를 세공 판매함으로써 얼마간의 자본을 축적할 수 있었다. 그러나 공장을 설립하기에는 자본금이 부족했으니, 한성어음조합과 한호농공은행의 중역을 역임한 경성 유수의 실업가 김연학金然鶴의 투자를 받아 1908년 비로소 직공을 고용하고 별도의 작업장을 갖춘 '신행상회'를 설립했다. 그가 자본 투자를 받을 수 있었던 것은 신행상회 창립 이전인 1907년 경성박람회에 출품하여 은패를 수상할 정도로 기술력을 인정받았기 때문일 것이다. 신행상회는 미국 육군대학 졸업 후 귀국하여 실업계에 투신한 이상필李相弼이 설립한 조선금은미술관을 인수하고 나아가 종로지점을 설치하는 등 확대 성장 가도를 달렸다. 그러나 신태화는 1918년 김연학과 신행상회의 동업 관계를 해제하고 종로지점으로 분립했다. 이 종로 상점이 화신상회였다. 금은세공업이 사양업종이므로 사업 확장을 위해 대중적 수요가 있는 포목부를 설치하고 잡화도 취급하면서 준백화점 형태로 확장했다.

개항 후 서구 생활품이 수입되어 시장을 점령하면서 전통적 가내수공업 형태의 제조업이 붕괴되고 일본인 공상이 설립되는 가운데, 선래 수공업사는 근대식 기계를 도입하고 새로운 기술을 연마하면서 조선인의 기호에 맞춘 소규모의 시장 생산으로 대응했다. 서울이나 평양 지역의 예에서 보듯이 이들 가운데 일부는 1차 세계대전 호황기에 공장으로 확대 성장하기도 했다.

2. 초기 한국 자본주의의 전개 양상과 그 특징

앞에서 살펴보았듯이 한말 일제 강점 초기 근대적 형태의 기업이나 금융
기관 설립에서 주도적 역할을 한 이들 가운데에는 신분, 사회적 배경 면에
서 볼 때 대개 관료 출신이나 어용상인이 많았다. 이들의 자본축적 경로와
양상, 그리고 이들이 주도한 한국 자본주의의 형성 과정을 살피다 보면 몇
가지 특징을 발견할 수 있다.

첫째, 권력과의 밀접한 관계가 자본축적과 기업 설립, 나아가 한국 자본
주의의 전개 양상에 주요 변수로 작용했다는 점이다. 갑오개혁을 계기로
공인제도가 폐지되면서 형성된 관부물자 조달시장과 조세금납제도 실시
로 생겨난 조세청부업은 개항 후 서구 상품의 유입과 함께 진행되고 있는
격심한 경제 변화 속에서 상대적으로 안전하면서도 지속적인 자본축적 부
문이었다. 그런데 그 영업권을 확보하기 위해서는 권력 요로에 선을 대지
않으면 어려웠다.

예를 들어 1896년에 설립되어 군부에 군복과 모자를 조달한 군부용달회
사의 경영진은 군부나 조선 정부에 연고가 있는 전직 무반이나 관료들이었
다.[59] 또한 1906년 궁내부 소용물자의 공급을 목적으로 궁내부 특허로 설립
된 동양용달회사는 조동원趙東元, 정영두鄭永斗, 예종석芮宗錫 등의 상인층과
일본인, 청국인 등의 합자로 성립되었는데,[60] 궁내부뿐만 아니라 학부, 주

---

[59] 앞에서 서술했듯이 군부용달회사(군부피복주식회사)의 경영자는 조진태였다. 군부용달회사는 결탁
관계로 인한 부패 때문인지, 폐단이 많다고 하여 1897년 3월 영구히 폐지되었다(《독립신문》 1897년 3
월 30일).

[60] 〈용달회사〉, 《대한매일신보》 1906년 2월 13일; 〈需用請許〉, 《황성신문》 1906년 4월 21일. 초기에 이
회사의 경영진은 사장 조동원, 회계부장 동순태, 영업부장 사토佐藤牧泰郎였으나, 11월경 사장이 예
종석으로 바뀌었다.

전원主殿院 등 다른 기관에도 물자를 조달했다. 또한 위생사衛生社를 설립하여 오염물을 제거하는 일종의 정부하청사업도 했으며, 일반 대중을 대상으로 서적과 생활품을 판매하기도 했다.[61] 동양용달회사의 영업력이 상당했다는 점은 동궁 가례 소용물품은 원래 진배도감에서 제조 진상하는 것이 관례인데도, 1906년경 용달회사의 로비 때문인지 궁내부대신 이근상李根湘과 검리위원檢釐委員 홍정섭洪正燮이 굳이 용달회사에서 조달하여 구설수에 오르는 사실을 통해서도 알 수 있다.[62] 용달회사는 영업권을 확보하기 위해, 자주 연회로 향응하거나 또는 건원절乾元節과 같은 왕실 행사에 기부금을 내는 등 다양한 방법으로 결탁관계를 구축하고 유지하기 위해 노력했던 것이다.[63] 군부용달회사가 많은 폐단으로 설립 1년 후 폐지되고, 동양용달회사가 납품한 물건의 품질이 문제가 되는 데에서 알 수 있듯이, 조달권을 획득하기 위한 부정한 거래와 그 결과인 조악한 물품 상납 등이 성행했다.

또한 기업체 설립 시 인허가권을 획득하기 위해서도 권력과의 결탁이 필요했다. 1900년 6월 당시 학부 학무국장(주임관 3등)으로 외국어학교장을 겸하고 있던 김각현金珏鉉은 강원도 지역에 매광회사煤礦會社를 합자로 조직하여 영업하는 동시에 8월에는 주식회사 형태의 운수회사를 각 항구에 설립하여 사장으로 활동했다. 또한 1902년에는 법부 사리국장司理局長(주임관 1등)이면서 수원군에 양사회사洋絲會社를 설립하려고 농상공부에 인허를 청원했다.[64] 그런데 그가 관직을 수행하면서 동시에 다른 공간에서 2년 동

---

[61] 〈旣却旋納〉, 〈用達社行爲〉, 《황성신문》 1907년 5월 25일, 1908년 6월 11일; 〈衛生設社〉, 《대한매일신보》 1906년 12월 13일.

[62] 〈用達進排〉, 《대한매일신보》 1906년 11월 6일.

[63] 〈三淸宴會〉, 〈乾元節慶祝會寄附人氏名如左〉, 《황성신문》 1908년 7월 21일, 4월 7일.

[64] 〈同郡煤礦〉, 〈訴請森林〉, 〈운수회사 조직〉, 〈洋絲會社〉, 《황성신문》 1900년 6월 26일, 11월 16일, 8월 15일, 1902년 5월 9일; 안용식 편, 《대한제국관료사연구 I》, 44쪽.

안에 각기 다른 업종의 회사를 직접 경영하기는 현실적으로 쉽지 않았을 것이다. 경영 주체는 상인이나 관련 전업자였고, 김각현은 이들이 허가를 쉽게 얻기 위해 내세운 인물일 가능성이 크다.

시전상인이나 객주 출신 실업가들은 회사를 조직할 때 인가문제를 감안하여, 특히 관부 상대의 업종일 경우 고급 관료나 세력가를 사장이나 중역으로 내세우는 경우가 많았는데, 이는 권력을 이용하여 경제 활동을 보장받거나 지원받으려는 의도였다. 대표적인 예로 1906년 인천 신상회사紳商會社에서 현직 궁내부 대신 이재극을 사장으로 추대한 것이나, 1908년 하선운송영업회사河船運送營業會社에서 현직 궁내부 특진관(칙임관 1등) 조희연을 총재로 추대한 예를 들 수 있다.[65] 이와 같이 고급 관료나 귀족을 회사의 사장이나 조합의 고문 혹은 총재로 추대하는 관행은 그들의 사회정치적 기득권이 약화되어 더 이상 크게 힘을 발휘하지 못함을 분명하게 인식하게 되는 1910년대 중반 이후에 들어서 사라지기 시작했다.

둘째, 권력과의 결탁을 통해 정부를 대상으로 한 영업으로 원시적 축적을 이룬 초기 자본가들은 1905년 메가타의 화폐재정정리사업을 기점으로 한 조선 경제의 일본제국주의 경제로의 재편 과정에 동승함으로써 새로운 권력에 유착했다. 메가타나 통감부의 입장에서 볼 때에는 권력을 배경으로 성장한 이들을 공동창고회사, 어음조합, 농공은행 등의 금융기관과 동

---

[65] 〈紳商歡迎〉, 〈船社摠裁推薦〉, 《대한매일신보》, 1906년 6월 9일, 1908년 8월 20일. 그 외에 진흥회사進興會社 사장 이규항李圭恒이 기존 회사를 해산하고 산림회사山林會社를 조직하여 회장에 이재완李載完, 부회장에 이하영을 추천한 예도 마찬가지다(〈社號甚疑〉, 《대한매일신보》 1908년 11월 8일). 한성의 객주들이 외국 상인과의 교역 시 자금을 공급하고 거래 상품당 2/100 구문을 징수하는 광신교역회사廣信交易會社를 설립하고 사장을 법부협판 이근호, 부사장을 내부협판 이경식李景植으로 의정한 것도 그러한 예다(〈廣信交易〉, 《황성신문》 1900년 7월 3일). 그 외에 호남철도회사도 실제 서오순徐午淳이 회사 설립을 주도했으나 인허 문제 등 정부와의 관계를 고려해 사장으로 이윤용을 추대했다(〈광고〉, 〈徐忍勿施〉, 《대한매일신보》 1906년 7월 18일, 7월 20일).

양척식주식회사와 같은 척식기구 설립 프로젝트에 적절하게 역할을 배치하고 활용했던 것이다.

주로 관부조달업이나 수세 청부, 중개업 등을 통해 자본을 축적한 이들은 시장 경쟁을 통해 자본축적의 새로운 부문을 개척하기보다 정부사업이나 전쟁물자 조달과 같은 시국 관련 수요의 기회를 포착하는 데에 주력했다. 예를 들어 조병택이 청일전쟁 때 일본 군대에 상당한 군량을 기부한 것이나, 인천 객주 정치국이 러일전쟁 때 자신의 기선으로 일본 군대의 군용물품과 군인을 수송한 것이 대표적이다.

일제 강점 후 이들 자본가들은 자발적이든 혹은 비자발적이든 일본제국주의 경제 질서에 순응하면서 (조·일)연합상업회의소와 같은 경제단체를 통해 자신들의 권익을 유지하고 보장받기 위해 시장 조사, 쟁의 중재, 정책 건의 등의 경제 활동을 전개했다. 또한 부·면협의회, 도평의회 등의 자문기구에 진출하여 정치 활동을 경험하기도 했다. 그런데 이들 자본가들의 경제·정치 활동 경험이란 제국주의체제 내에서 그에 대한 예속을 확인하고 타협의 지점을 찾는 모색이었다고 할 것이다.

셋째, 관료 출신 기업가나 상인층 등 초기 자본가들은 기존 자본축적 경로의 차이에도 불구하고 종내에는 모두 축적한 자산을 토지에 투자하여 대지주적 기반을 마련하는 데에 열중했다. 대표적으로 백남신이 내장원 검세관, 전주진위대 향관으로서 축적한 자산을 토지에 투자하여 대지주로서 농장 경영과 미곡상 운영에 나선 예나, 지주적 기반에서 성장한 윤치소가 한말에는 경성직뉴주식회사와 근대적 기업 경영에 열중했지만 결국 1920년대에 이르러 기업 활동을 모두 정리하고 농업 경영으로 회귀했던 예를 들 수 있다. 또한 호남은행을 설립하여 오랫동안 은행장으로 활동했고 지역 내 기업 설립과 경영에 적극적이었던 현준호玄俊鎬도 기본적인 물적 토대는 학파농장의 농업 경영에 있었다.

미국에서 경제학을 전공하고 조선견직을 직접 설립하여 경영하기도 했던 민규식도 "(자본축적의) 본령으로 하는 바는 토지에 있으며, 산업에는 직접 손대지 않고 주식 보유 형태로 각종 산업에 간접적으로 투자하는" 방식을 고수했다. 민규식은 중일전쟁 이후 '조선공업화'가 진행되고 있는 1930년 대 후반 상황에서도 "조선에서 신흥공업이라야 그렇게 유리한 것이 몇 개 없으며, 전답에서 나오는 추수야 천재지변이 없는 한 불변하고 또 후厚하다" 라고 발언할 정도로 수익률과 투자 안정성 면에서 주식·증권보다 토지 경 작이 낫다고 생각했던 것이다. 민규식의 이러한 경제 전반에 대한 인식과 투자 방침은 당시 기업을 경영하고 있던 대부분의 자본가들에게서도 일반 적인 것이었다. 따라서 일제 시기 조선인 자본가의 농외農外 투자, 즉 공업이 나 다른 기업 투자가 전체 자산 중에서 점하는 비중은 매우 제한적이었다.

넷째, 수공업자나 근대적인 공업학교를 졸업한 기술자들은 수입품이 쏟 아져 들어오는 시장에서 그것과 경쟁할 만한 상품을 생산할 수 있는 설비 를 시설할 만한 자본을 소유하고 있지 못했다. 근대적 기업가로 전환할 수 있을 정도로 원시적 자본축적에서 어느 정도 입지를 마련한 이들은 문벌 양반가와 어용상인층이었기 때문에, 이들의 투자를 받지 않으면 안 되었 다. 신태화가 경성융흥주식회사 중역인 '경성 유수의 실업가' 김연학과 동 업관계를 맺고, 또한 김덕창이 중곡염직공소를 동양염직주식회사로 재편 하는 과정에서 유력상인층을 끌어들인 것이 바로 그러한 사례다. 앞에서 살펴보았듯이 일부 관료 출신 기업가가 기업 경영에 매진하지 않고 도박 과 유흥으로 도산했는데 반해, 이들은 근면함과 노동을 통한 기술 축적의 장점을 살려 소공장을 설립할 수 있었다.

다섯째, 초기 한국 자본가들의 자본축적 경로를 추적해보면 일반적인 부침浸沈의 주기를 확인할 수 있다. 기업 투자가 가장 활발했던 시기는 갑오개혁 이후인 1890년대 후반~1900년대 중후반 식산흥업운동 시기(1기), 1910년대 중후반(2기)이었다. 1기의 기업 투자는 관료 출신이나 상인층이 주도했고 지역적으로 서울과 평양이 중심이었으나, 2기에는 중소지주나 수공업자들도 적극적으로 나서며 주요 도시 지역으로 확산되는 분위기였다.

그러나 설립 기업체는 대부분 몇 년 존속하지 못했다. 1기에 설립된 기업체는 일제의 회사령에 규제받았으며, 2기에 설립된 기업은 1차 세계대전 종전 후 세계공황의 타격을 받아 쇠퇴하거나 몰락했다. 민대식이나 윤치소의 경우와 같이 한말 기업 투자에 적극적이었던 이들은 실패 후 지주 경영으로 완전히 회귀하는 예가 대부분이었다. 오히려 수공업자나 기술자 출신들이 설립한 소영업체가 공황의 파고를 넘어 존속하는 경우가 많았던 것으로 보인다.

개항 후 초기 한국 자본주의는 관료 출신 혹은 어용상인층 등에 의해 주도되었다. 이들은 권력을 배경으로 한 수탈이나 구문 수취 등에 의해 자본을 축적하거나 혹은 정부 관아를 상대로 한 조달업과 수세청부, 정부의 각종 근대화사업에 참여함으로써 자본축적의 토대를 마련했다. 이러한 권력과의 결탁에 의한 자본축적은 이후 일제의 산업·금융 정책에 동승하는 방식으로 연장됨으로써 강한 예속성을 내재할 수밖에 없었다.

그러나 이와 대조적으로 이승훈李昇薰과 안희제의 경제 활동은 한국 자본주의의 또 다른 경로를 보여준다. 서북 지방 소액주주 200여 명의 모금에 의해 1908년 설립된 평양자기제조주식회사는 190여 명의 주주에 의해 1919년 설립된 경성방직주식회사보다 10년 앞서 식산흥업운동 차원에서 일용식기의 대량생산체제를 시도한 설립 목적이나 운영 방식, 공장 시설 규모 면에서 주목할 만한 '민족기업'이라고 할 수 있다. 이 회사의 설립과 경영을 주도한 이는 이승훈(사장)과 이덕환李德煥·윤성운尹聖運 등으로 이들은 원래 객주업과 잡화 무역상을 통해 성장한, 평양 지역 상업계의 대표적인 인물들이었다. 그러나 105인 사건으로 회사 경영진이 체포되면서 경영 공백으로 인해 회사는 큰 타격을 입었고 영업 부진으로 이어졌다.

경남 의령의 중소지주 출신인 안희제는 양정의숙 경제과를 졸업하여 경제 동향에도 밝았다. 그는 고향의 전답을 처분하여 부산에 개인상점 백산상회를 설립했으며, 1917년에 경남 지역 지주 11명을 규합하여 자본금 14만 원의 합자회사로 전환했다. 그러나 일본 무역상에 대항하기 위해 1919년 5월 경남 지역 지주자본을 동원하여 자본금 1백만 원의 주식회사로 재편했다. 《매일신보》1918년 11월 3일자 보도와 같이 "1백만 원의 무역회사가 성사됨은 조선인 상업계에 처음 보는 성황盛況"이었다. 안희제는 조선주조주식회사朝鮮酒造株式會社, 경남인쇄주식회사의 설립도 주도했으며 1926년에는 부산상업회의소 부회두로 활동하기도 했다. 그는 부산청년회·기미육영회와 같은 사회단체를 기반으로 부산 지역의 주택, 노동, 교육 문제와 사회 현실에 적극적으로 개입했다. 백산무역주식회사는 설립 직후 시작된 경제 공황과 상해 임시정부와의 연계로 일제 경찰의 주목을 받으면서 제대로 영업하지 못하고 1928년 1월 해산되고 말았다.

식민지 근대 상황에서 이승훈, 이덕환, 안희제 등의 자본축적 방식은 주류가 될 수 없었다. 비록 기술과 자본 부족 등으로 사업체를 오래 경영하지는 못했지만, 그들이 국내 수요를 감안하여 대량생산체제를 지향했고, 또한 일본인 자본에 대항하기 위해 소자본의 열세를 소액 주주 모집과 주식회사 형태를 통해 극복하려 한 점 등은 높이 평가할 만하다. 때문에 그들의 경제 활동은 한국 자본주의의 역사적 연원을 묻는 지점에서 그 사회정치적 활동과 함께 무거운 의미로 기억해야 할 유산이 아닐까 한다.

1장

閔泳徽·閔大植·閔奎植

민영휘의 수탈적 토지 집적과 자본 형성 | 민대식·민규식의 기업 설립과 투자 |
영보·계성의 자본축적과 동척 대출 | 민영휘 일가 자본축적의 특징

관료에서 기업가로 전환한 민영휘 일가

1. 민영휘의 수탈적 토지 집적과 자본 형성

민영휘(1852~1935)는 1911년 《시사신보時事新報》가 조사 발표한 50만 원 이
상 자산가 가운데 한 사람으로 거론되고, 1917년경에는 총재산 5, 6백만
원으로 반도 유일의 부호라고 할 정도로 이미 일제 초에 상당한 부를 형성
하고 있었다.[1] 그러나 민영휘의 자본축적은, 부父 민두호閔斗鎬가 어릴 적에
돗자리 장사를 할 정도로 빈한했던 것으로 보아[2] 양반세도가로서 누대에
걸쳐 형성된 부를 세습한 것이 아니라, 민씨 부자가 관직에 진출한 1880년
대 이후에 이루어진 것이었다. 민두호는 1880년에 황주목사를 시작으로,
1882년 여주목사, 1886년 동지돈녕부사同知敦寧府事, 1887년 이후 춘천부
사·춘천유수를 역임했다. 민영휘는 1877년 정시문과庭試文科에 병과丙科
급제하여 1886년 도승지, 1887년 평안도관찰사, 1889년 강화부 유수, 협
판내무부사, 1893년 선혜청 당상을 역임했다. 민두호와 민영휘는 1880년
대 이후 권력을 기반으로 인민들로부터 전답과 화폐를 수탈하여 엄청난
재산을 축적했던 것이다.

---

[1] 〈조선의 자산가〉, 《매일신보》 1911년 7월 28일; 月朝子, 〈其貴其富의 閔泳徽子〉, 《반도시론》 1권 4호,
1917년 7월.
[2] 一鄕暗, 〈半島天地를 흔들던 閔氏三家의 今昔─當年世道 於今에 安在〉, 《별건곤》 8권 5호, 1933년 5월.

〈그림 1-1〉 민영휘

민영휘는 '반도 유일의 부호'라 불릴 정도로 일제 초에 상당한 부를 축적하고 있었다. 그러나 그는 봉건 권력을 기반으로 민인들의 재산을 수탈함으로써 엄청난 재산을 모을 수 있었다.
* 출처: 大村友之丞 編, 《朝鮮貴族列傳》, 朝鮮硏究會, 1910, 135쪽.

그러나 통감부 치하에 왕족 및 외척의 세도가 쇠락해지는 가운데 1907년 민영휘가 관직에서 물러나자, 과거에 민씨 부자에게 토지와 가산을 탈취당했던 이들이 1908년 이후 재산 환수 소송을 제기하기 시작했다.[3] 당시 실질적인 통치권이 통감부에 넘어간 1905년 이후 과거 고위 관료의 재산 탈취를 문제 삼고 재산 반환을 요구함으로써 분쟁이 발생하는 경우가 많았다. 대표적으로 1906년 평안도 인민 36명이 민영철에게 빼앗긴 재산을 돌려받기 위해 상해까지 건너간 일도 있었다.

〈표 1-1〉은 《대한매일신보》와 《황성신문》에 보도되었던, 민영휘를 상대로 한 재산환수 소송 혹은 분쟁 사례들을 정리한 것이다.

〈표 1-1〉 민영휘 상대 재산환수소송 및 분쟁 사건

	소송 제기자	사건 내용	결과	출전
1	삼화군 권태열權泰烈 안기창安基昌 이겸흡李謙洽 권영윤權永潤 등	민영휘가 평안도관찰사 재임 시 삼화군 진평津坪·어은동漁隱洞의 늑탈한 토지 환수 소송		《황성신문》 1905년 7월 24일
2	황기초黃基初	춘천부 유수 민두호가 1832년 늑탈한 상면上面 반송리盤松里 소재 선산 환수 소송		《대한매일신보》 1908년 3월 24일
3	안주 이소사李召史	민영휘가 평안도관찰사 재임 시 이소사李召史의 부夫 김희정金義鼎을 압박하여 늑탈한 안주·숙천의 64일 8식경息耕 환수 소송	1심 민영휘 패소, 2심 이소사 패소	《대한매일신보》 1908년 3월 14일, 4월 1일, 4월 17일, 11월 11일, 11월 20일 광고, 12월 10일, 1909년 6월 17일, 《황성신문》 1909년 7월 30일

[3] 憲機 제289호, 〈憲兵機密文書 一〉(1909년 2월 9일), 《통감부문서》.
"민영휘 전답 횡령으로 피소건被訴件
경성 교동거校洞居 원로보국元老輔國 민영휘
우자右者는 이전에 관찰사였을 때 폭위暴威를 떨쳐 다수의 전답을 횡령했기 때문에 당시의 피해자 다수는 왕년 그의 행위를 분개하여 근래에 이르러 그 반환을 요구하거나 혹은 기소起訴하는 자 혹은 직접 강담强談으로 이르는 자도 속출함에 의해 변호사 이용상李容相·김탁金鐸으로 하여금 그 담판의 역할을 담당하도록 하고 있다고 한다."

4	전 관찰사 이규환李圭桓	민영휘가 10년 전에 매입한 한강의 천일정天壹亭을 피 탈被奪당했다고 소송	이규환 패소	《대한매일신보》1908년 8월 11 일, 《황성신문》1909년 4월 10 일
5	광주廣州 석동환石東煥	1900년에 민영휘가 조부 석태연石泰淵으로부터 늑 탈한 12만 냥과 7석락 답 의 환수 소송		《대한매일신보》 1908년 10월 4일, 10월 16일 광고
6	춘천 유모柳某	민영휘가 탈취한 유모柳某 의 전장田庄 환수 소송		《대한매일신보》 1908년 12월 1일
7	광주廣州 석세환石世煥·송파 배종혁裵宗赫	민영휘에게 피탈당한 전錢 추심 소송		《황성신문》1909년 2월 18일, 《대한매일신보》1909년 2월 13 일
8	전 군수 정모鄭某	민두호가 늑탈한 10여 석 락의 답토 환수 소송		《대한매일신보》 1909년 2월 13일
9	음성군 이모李某	민두호가 늑탈한 70여 석 추수 전장 환수	2천 5백 냥과 정조正 租 10석만 추거推去	《대한매일신보》 1909년 3월 17일
10	음죽군 박창하朴暢河	참봉 자리를 얻기 위해 민 영휘에게 뇌물로 준 왜증 倭繒 15필 환수 요구		《대한매일신보》 1909년 11월 16일
11	의주군 김흥선金興善·김우 용金禹用	민영휘가 김흥선에게 함 종군수咸從郡守 차급差給 후 강탈한 재산과 그 삼촌 김 우용으로부터 늑탈한 전 답 환수 소송	김씨 2심 패소, 대심원에서 승소 18,000여 원 추심	《대한매일신보》1909년 6월 6 일, 1909년 6월 30일, 1910년 3월 4일, 5월 11일, 6월 21일, 7월 9일
12	전 군수 명범석明範錫	민영휘가 늑탈한 금화 4천 원과 1천 두락의 장토(금화 3만 7천 원)를 환수하기 위 해 소송	민영휘 패소	《대한매일신보》 1910년 3월 20일, 7월 30일
13	죽산군 이모李某	민영휘와 납노가금畓上價金 관계로 소송		《황성신문》 1910년 8월 24일
14	용천군 김모金某	평안감사 재임 시 민영휘 에게 늑탈당한 금화 수백 원 환수 소송		《매일신보》 1911년 2월 18일
15	김태훈金泰勳	민영휘가 평안도관찰사 재임 시 김태훈의 부父로 부터 거액의 재산을 탈취, 김태훈이 정운복鄭雲復·이 갑李甲·유동열柳東悅에게 의뢰하여 반환을 요구, 이 에 민영휘는 김태훈에게 1905년 총순總巡·경무관 직警務官職을 알선		〈伊藤博文被擊事件 진상조사및 혐의자 수사에 관한 건〉, 《한국 독립운동사자료》7권

16	선천군 계학서桂學瑞·조기강曺基康, 정주 강몽락康夢洛·현덕순玄德舜·전창진田昌鎭·장익한張益漢·김병도金炳燾·명제태明濟泰·오규은吳奎殷, 궁내부 주사 한용증韓龍增	민영휘를 비롯하여 이전에 평안남북도 관찰사·군수를 지낸 이들에게 인민으로부터 착취한 재산과 금품을 반환하도록 압박.	〈寧送 제343호〉(1908. 6. 8), 《한국독립운동사자료》 19권

〈표 1-1〉을 보면 민두호가 권력을 빙자하여 수탈한 토지에 대해[4] 민영휘에게 반환소송을 청구한 것이 2·8항이며, 9항은 빼앗긴 재산에 대한 추심 요구에 대해 민영휘가 일부 반환했던 사례다. 그 외에 4항을 제외하고는, 모두 민영휘가 늑탈한 전답과 금전의 반환을 요구한 소송 사건으로 총 11건이었다. 1909년 1월 무렵 민영휘는 동시에 무려 9건의 재산환수 소송에 휘말려 있었다.

그런데 그 반환 소송을 제기한 주체의 상당수가 평안도 지역 민인들이라는 점에서 민영휘가 평안도 감사로 재임했던 1887년경 수탈을 통해 막대한 재산을 형성했음을 알 수 있다. 민영휘와 동시대인이었던 황현은 《매천야록》에서 민영휘의 〈민재탈취民財奪取〉에 대해 상세히 기록했다. 또한 《대한매일신보》 논설에서 "국사國事가 지금에 이른 것은 민영휘·조병갑의 탐학이 한 원인"[5]이라고 하고, 일제 시기 한 잡지에서도 "민영휘가 돈 긁기에 전력한 것이 갑오농민전쟁의 한 원인이라 아니 할 수 없다"고 지적하는 사

---

[4] 일제 시기 한 잡지 기사에 의하면, 민두호가 어려서 고생한 까닭에 돈에 범연치 않아 뒷방에 들어앉아 모은 돈이 민영휘보다 더 많았다고 한다(〈半島天地를 흔들던 閔氏三家의 숨낱〉, 《별건곤》 8권 5호, 1933년 5월, 10쪽).

[5] 〈논설〉, 《대한매일신보》 1907년 12월 20일. 《대한매일신보》에서는 금수錦繡 같은 대한강산을 망하게 한 장본인은 사색분당 사대부인데 그것은 바로 훈척이며 그 중에서도 민영휘라고 지목했다. 신문에서는 민영휘를 '망국대부亡國大夫'라고 지칭하고, 그 죄목을 다섯 가지로 조목조목 제시했다(〈旣閔且閔〉, 《대한매일신보》 1909년 4월 18일).

〈그림 1-2〉 민영휘를 풍자한 만평

민영휘는 관직에 진출한 후 민인들의 토지와 가산을 탈취하는 방법으로 자본을 축적했다. 그림은 회풍은행 금고에 돈을 넣는 민영휘의 모습을 통해 그의 탐욕과 부도덕한 재산 형성 과정을 풍자한 신문 만평.
* 출처: 《대한민보》 1909년 9월 25일.

실로 보아 민영휘의 재산 형성 경로를 짐작할 수 있다.

　소송 사건이 신문에 보도되어 따가운 여론의 시선을 받게 되자, 민영휘는 이를 보도한《제국신문》기자를 상대로 소송을 시도하거나 보도 금지를 요청하기도 했다. 소송 문제로 곤혹스러웠던 민영휘는 재산을 정리하여 민영철의 전례를 따라 상해로 이주하려고 시도하기도 했다. 요컨대 민영휘의 자본축적은 "정권을 인연因緣하여 치부"함으로써 그 토대가 형성되었던 것이다.

2. 민대식·민규식의 기업 설립과 투자

민영휘 일가가 기업가로서 경제계에서 주목받기 시작한 것은 한일은행을 경영하면서였다. 1912년 8월 민영휘는 한일은행 이사로 선출되었다. 전무 백인기가 지배주주로 되면서 초대사장인 조병택을 퇴진시키고 중역 개편을 단행하면서 민영휘를 영입했던 것이다. 1915년 3월 대출 과다와 불황으로 인해 경영 위기가 닥치자, 그 책임 문제로 백인기가 사임한 후 민영휘가 은행장으로 추대되었다.[6]

　한일은행을 시작으로 한 민씨 일가의 기업 투자는 2세 세대에 이르러 활발하게 이루어졌다. 1920년 민영휘는 70세의 고령이 되자 한일은행장에서 퇴임하고, 2세들이 경영 일선에 나섰다. 민영휘에게는 슬하에 4남 2녀

---

[6] 민영휘는 1915년 7월 잠시 퇴진했다. 그러나 9월 22일부터 시작된 휴업 사태로 인해 10월경 다시 은행장으로 재추대되었다. 민영휘와 그 일가는 1916년 6월 말경 총 1,508주(15.1퍼센트)를 소유하여 백인기의 2,727주(27.3퍼센트) 다음으로 많았다. 민영휘가 최대주주가 된 것은 1918년경이며 이후 민대식이 경영하는 광업주식회사와 합병된 1920년 이후에는 28.8퍼센트 그리고 1922년에는 32.6퍼센트의 지분을 소유한 지배주주가 되었다(박현, 〈한말 일제하 한일은행의 설립과 경영〉, 《동방학지》 128, 2004, 218쪽, 224~225쪽).

〈그림 1-3〉 민대식

민영휘의 자산을 상속받아 운용한 이는 민영휘의 2남 민대식과 3남 민규식이었다. 신문물에 밝았던 민대식은 한말부터 직접 회사를 설립하여 경영하거나 여러 기업에 투자했다. 1920년 이후에는 한일은행장으로 활동하면서 재계의 거물로 부상했다.

* 출처: ① 〈한일 두취 경질, 민대식씨 취임〉, 《매일신보》 1920년 12월 11일.

　② 朝鮮功勞者銘鑑刊行會, 《朝鮮功勞者銘鑑》, 民衆時論社, 1935.

〈그림 1-4〉 민규식

민영휘의 3남 민규식은 영국과 미국에서 유학한 후 귀국하여 한일은행 상담역, 상무이사를 거치면서 경영 실무를 익혔다.
* 출처: 〈영국에서 학업을 마친 민규식씨〉, 《매일신보》 1918년 6월 27일.

가 있었다(〈그림 1-5〉 참조). 장남 민형식은 양자였기 때문에, 실제 민영휘의 자산을 상속받아 운용한 이는 이남二男 대식(1882~1951)과 삼남三男 규식(1893~?)이었다.

민대식은 1898년 시종원 시어侍御(주임관 6등)로 임관하여 호위대 참위·육군참위·육군정위陸軍正尉를 역임했다. 1905년 가을에 떠나 샌프란시스코에 머물다가 12월 말 이후 미국 오하이오대학에서 수개월 동안 공부하고 1906년 4월 초 귀국했다.[7] 불과 수개월 기간인 점으로 보아 유학이라기보다 견문을 넓히는 차원의 외유였던 것 같다. 이미 그 전부터 유성기留聲機와 사진판寫眞板을 수입하여 국내에 소개했으며, 1908년에는 《근세소화학近世小化學》이라는 책을 저술하여 민영휘가 휘문의숙 설립 시 만든 출판사인 휘문관에서 발간하기도 했다. 신문물에 밝았던 그는 한말부터 직접 기업을 설립하여 경영에 나서거나 여러 기업에 투자했다. 1920년 이후 한일은행장으로 활동하면서 재계 거물로 부상했다.

민규식은 1910년 휘문학교를 졸업한 후 1912년 겨울 영국으로 유학을 떠났다. 1918년 캠브리지대학 트리니티 칼리지를 졸업하고, 이후 미국 존스홉킨스대학 대학원과정에서 공부하던 중 1920년 5월에 귀국했다. 그는 귀국한 지 두 달 후 한일은행 상담역, 그리고 다시 한 달 후 상무이사로 취임하면서 경영 실무를 익혔다.

그러면 민대식과 민규식의 시기별 기업 투자 추이에 대해 살펴보자.

---

[7] 민대식 자신도 〈구미유학시대의 회고〉라는 글에서 "해외유학이 아니요 잠시 유람함에 불과"했다고 답했다(《우라키》 7호, 1936, 598쪽). 그는 1919년 10월경에도 미국에 건너가 10개월간 여행하고 1920년 7월 24일 귀국했다(〈인사소식〉, 《경성일보》, 1920년 7월 26일; 〈10개월간 조선을 떠나 미국을 두루 여행하고〉, 《매일신보》, 1920년 7월 26일). 그런데 미국으로 출발 당시 3·1운동 직후였던 때라 세간에서는 "무슨 일이 있어서 간다 또는 몇 백만 원 돈을 지고 간다" 등의 말이 많았다. 그는 돌아온 직후 민영휘의 뒤를 이어 한일은행장이 되었다.

〈표 1-2〉 민대식의 투자·경영 기업

회사명	설립시기(활동시기)	영업내용	경영진	직책	자본금(불입금)	투자액(원)	자료
부국직물(합명)	1909년 2월	직물 생산	민대식·백인기·안국선安國善·유병련劉秉璉·문재학文在學		10만		《대한매일신보》 1909년 2월 23일; 《황성신문》 1909년 2월 27일
광업주식회사(광업조합의 후신)	1911년 6월	농산물매매, 부동산임대, 금전대부	민대식·윤치소·민용기閔用基·윤태선尹泰善·유문환劉文煥 등	이사	50만		《황성신문》 1910년 2월 8일; 조선총독부관보, 1911
조선제마朝鮮製麻(주)	1910년	저마苧麻 제조	민대식 외 19명, 도쿠히로德久米藏·우치야마內山守太郎·무라마츠村松龜次郎				《매일신보》 1910년 10월 15일
조선경남철도朝鮮京南鐵道(주)	1920년 2월	충남 서천군~경기도 안성 간 철도 부설	나가시마長嶋弘·아키모토秋本茂·오우치大內暢三·나카무라씨州房五郎 등		1천 만(9천 3백만)	5백주(27,500)	조선은행회사 조합요록, 1921
대남창고大南倉庫(민형제상회閔兄弟商會)	1921년 12월 8일	창고업	민대식 등	사장	영업세 25원		《경성일보》 1921년 12월 30일; 경성상공명록, 1923, 382쪽
경성천연빙(주)	1921년 10월	빙괴氷塊 채취, 저장	다나카田中丸治平 등	주주	50만(12만5천)	1천주(5만)	제1기 영업보고서(1922)
경성가축(주)	1923년 6월	상업	아라이荒井初太郎 등	발기인			《매일신보》 1923년 6월 26일
재령상사載寧商社(주)	1923년 4월	조선물산 또는 가공품의 매매	민병덕·김영권·김영환·민병찬 등	이사	4만(1만)		요록, 1931·33년
조선견직(주)	1923년 11월	견직물 제조	민규식, 유전 등	대주주	200,000(175,000)	1만	요록, 1921
조선양조朝鮮釀造(주)	1926년 10월	주류 생산	민대식, 김지환 등	사장	100,000(25,000)		조선실업신용대감, 1931, 법인편, 4쪽

조선토지개량(주)	1926년 7월	수리조합의 위탁으로 토지개량사업	이마이今井五介·후지이藤井寬太郎·마쓰야마松山常次郎·박영효·이병학 등	이사	5백만 원 (1천250만 원)	1천주 (5만)	요록, 1927; 〈제14회 영업보고서〉, 1933
경성전기(주)	1908년 9월(1931~1942)	전력 공급, 가스 제조	오하시大橋新太郎 등	감사	1천5백만 원 (1천260만 원)	600주→3,575주 (1934)	요록, 1931~42
영흥탄광(주)	1927년 6월	석탄 채굴	니시자키西崎原太郎 등	발기인			《중외일보》 1927년 6월 10일
조선저축은행	1929년 5월	금융업	모리森悟一, 기무라木村和水 등	발기인			《중외일보》 1929년 5월 8일
재령재목상회	1929년 11월	영림창營林廠 제재製材 및 송환목松丸木의 매매	민병덕·정덕유·정인호 등	이사	12만 원 (3만 원)		요록, 1931, 1933년
조선미곡창고(주)	1930년 9월	조선 산미産米 이출 조절을 위한 창고 업무		발기인			《중외일보》 1930년 9월 28일
조선신탁(주)	1932년 12월	재산신탁의 인수	한상룡·한상희·다니谷多喜磨 등	이사	1천만 원 (250만 원)	100~120주 (5천~6천)	요록, 1933; 1~17기 영업보고서(1933, 1941)
조선맥주(주)	1933년 8월	맥주 제조	오하시大橋新太郎 등	이사	6백만 원 (150만 원)	1,100주→200주	영업보고서 (2~15회)
계성(주)	1935년 9월	부동산 취득관리와 처분, 농림업 경영	민병수, 민병옥, 강번姜藩, 민규식 등	이사	2백만 원 (2백만 원)	1만	요록, 1937
경춘철도(주)	1936년	서울~춘천 철도부설	김연수金季洙·지규문池奎汶·최태호崔泰浩·김능수金能秀·박보양朴普陽·송성진宋星鎭·장직상張稷相·박흥식朴興植 등	대주주		1천주 (5만)	《동아일보》 1936년 7월 20일

			한상룡, 원덕상元悳常, 이달용李達鎔, 한익교韓翼敎, 현준호, 오노小野敏雄, 박흥식, 방의석方義錫 등				
조선생명보험(주)	(1939~1942)	생명보험업	한상룡, 원덕상元悳常, 이달용李達鎔, 한익교韓翼敎, 현준호, 오노小野敏雄, 박흥식, 방의석方義錫 등			2만	요록, 1939, 1942

* 비고: 자료의 요록은 《조선은행회사조합요록》임.

<표 1-3> 민규식의 투자·경영 기업

회사명	설립시기 (활동시기)	영업내용	경영진	직책	자본금 (불입금)	자료
조선제사(주)	1920년 7월 15일	견사 제조	민병석·유전· 민형기 등	이사	100만 (50만)	요록, 1923~33
조선견직(주)	1923년 11월 5일	견직물 제조	유전·민병수 등	사장	20만 (17만5천)	요록, 1925~42
동광생사(주)	1935년 8월 30일	견사제조 판매	박보양· 민형기 등	이사	130만	요록, 1937, 42
동방식산(주)	1935년 6월 1일	토지경영, 농사 개량		사장	50만 (20만)	요록, 1937~42
영보(합명)	1933년 10월 26일	토지건물매매, 토지개간, 농사 개량		사장	250만	요록, 1935~42
중앙주조(주)	1937년 9월 15일	양조	김사연金思演·유 해창·민덕기閔德 基 등	회장	48만	요록, 1939, 1942
종연조선수산鐘淵朝鮮水産(주)	1939년 4월 10일	수산업	츠다津田信䓕 등	감사	3백만	요록, 1942
조선공영朝鮮工營(주)	1939년 9월 30일	건축매매 임대, 토목건축 청부	기무라木村昌薰 등	감사	1백만 (50만)	요록, 1942
조선농기구제조(주)	1940년 4월 1일	농기구 제조, 매매	미쓰이三井榮長 등	감사	1백만	요록, 1942

조선해수흥업朝鮮海水興業(주)	1941년 12월 24일	해수 처리에 의한 화학공업품 제조	우마노馬野精一 등	이사	19만5천	요록, 1942
조선생명보험(주)	1921년 10월 13일	생명보험업	한상룡 등	감사	50만 (125,000)	요록, 1942
계성(주)	1935년 9월 25일			감사	200만	요록, 1937~42
화신(주)	1931년 9월 15일	백화百貨 판매	박흥식 등	이사	300만 (1백만)	요록,1942
조선공작(주)	1939년	기계제작		대주주	10만	삼천리 11권4호
조선무역진흥(주)	1941년 2월 10일	상업	요코세橫瀨守雄 등	이사	300만 (150만)	요록,1942

〈표 1-2〉와 〈표 1-3〉은 민대식과 민규식이 설립·경영하거나 혹은 투자한 회사를 시기별로 정리한 것이다. 민대식은 1909년 2월경 백인기·안국선安國善·유병련劉秉璉·문재학文在學 등과 함께 자본금 10만 원으로 광목廣木을 직조하는 부국직물합명회사富國織物合名會社를 설립했다.[8] 이 회사는 제조업 투자가 아직 그리 활발하다고 할 수 없었던 당시로서는 드물게 10만 원의 대자본으로 설립되어《황성신문》 사설에 소개될 정도로 세간의 주목을 받았다. 그러나 이 회사는 얼마 못 가 폐업한 것 같다.[9]

민대식이 제조업 투자에 적극적이었던 것은 1909년 8월 대한제국의 군

---

[8] 〈廣木會社 설립〉, 〈논설: 對廣木會社 設立하야 勸告我國內實業家〉, 《황성신문》 1909년 2월 23일, 2월 27일; 〈직조회사 설립〉, 《대한매일신보》 1909년 2월 23일. 백인기는 한성농공은행 감사(1906), 한성공동창고주식회사 이사(1907)를 역임하고 당시 한일은행 전무였다. 안국선은 관비유학생으로 동경전문학교를 졸업 후 독립협회운동에 참여하기도 했는데, 1907년 12월 제실재산정리국帝室財産整理局 사무관, 1908년 탁지부 서기관으로 활동하다가 실업계로 진출한 인물이었다. 문재학은 1880년대에 현감을 지낸 후 곧 실업계에서 활동한 것으로 보인다. 유병련은 내장원 감독 유신혁劉臣赫의 동생으로 한말부터 종로에서 한양상회를 경영했다.

[9] 《조선총독부통계연보》 1909~1913년판과 1913년 조선총독부에서 발행한 《경성인천상공업조사》에 기재되어 있지 않기 때문이다.

부 해산 시 예비역으로 편입된 장교들이 9월 5일 조직한 대한공업회의 설립위원으로 활동했던 것에서도 알 수 있다.[10] 그 역시 1907년 9월 3일자로 육군정위에서 해임된 무관이었기 때문에 퇴역 장교들이 주도한 회사 설립에 참가했던 것이다. 또한 그는 1910년 조선의 특산물인 저마를 가공하는 조선제마주식회사 설립에 참여하기도 했다.[11] 그러나 부국직물과 조선제마의 실패 이후 그가 직접 경영한 제조업체는 1926년 설립한 고양군 소재 조선양조주식회사뿐이었다. 그 외에 민규식이 1923년 설립·경영한 조선견직주식회사에 대주주로 참가했을 뿐이다. 그는 주로 일제 국책회사이기 때문에 투자 실패의 위험이 적은 조선토지개량주식회사·조선신탁주식회사·조선미곡창고주식회사와 배당률이 높은 독점기업인 경성전기·조선맥주 등에 투자하여 임원진이 되거나 혹은 발기인으로 활동했을 뿐 경영을 주도하지는 않았다.

한편 민규식이 직접 기업 설립에 참가하여 경영한 회사는 조선제사와 그 후신인 동광생사, 그리고 견직물을 제조하는 조선견직주식회사였다. 이외에 조선은행·조선식산은행이 출자한 국책회사인 조선농기구제조주식회사와 조선무역진흥주식회사에 투자하여 감사로 활동하기도 했다. 1930년대 중반 이후 그의 주력 기업은 영보합명회사永保合名會社와 동광생사, 동방식산회사였다. 동광생사는 조선견직의 자회사로 1935년 설립한 것인데,

---

[10] 憲機 제1762호, 〈大韓工業會社總會開催の件〉, 《통감부문서》 6집. 대한공업회는 주당 20환씩 자금 20만 환을 모집하는 한편, 정부에 30년간 상환을 조건으로 30만 원의 대부를 요청해서 2천만 원의 자본금을 형성하여 이 자금으로 대한공업주식회사와 광주분원자기주식회사(1910년 8월 설립, 자본금 4만 원)를 설립했다.

[11] 그는 1920년대 초에 실력 양성을 방침으로 조직한 계명구락부 회장으로 활동할 때 '우리의 천산물天産物을 수출하고 외국의 인공품人工品을 수입하니 우리는 다만 공각空殼만 허옹虛擁하고 저들은 실리實利를 흡취吸取하게 되니 어찌 생활과 경제가 유족裕足하기를 기대하리오' 라고 하며 "조선의 부를 증진하려면 공업이 필요"하다고 주장했다(민대식, 〈조선의 부를 증진하려면 공업이 필요〉, 《啓明》 2호, 1921년 6월, 10쪽). 아마도 한말에는 이러한 생각에서 직물회사나 제마회사 설립에 참여했을 것이다.

민규식은 이사로 경영에 참여했다. 1930년대 기업 투자에서 주목할 것은 동방식산주식회사다. 이 회사는 만주사변 이후 만주 붐이 일자 만주 지역 토지 매매와 농업 경영을 목적으로 1935년 자본금 50만 원(불입금 18만 5,000원)으로 설립한 것이었다.

요컨대 민씨 형제가 직접 설립하여 경영을 주도한 기업체는 1920년대에는 동일은행·조선견직(민규식), 조선양조(민대식)였고, 1930년대에는 영보합명(민규식)과 계성주식회사(민대식), 동방식산(민규식)이었다. 1940년대에는 풍림철공소(민규식)를 새로 설립했다.

그런데 민씨 형제의 투자성향을 구체적으로 살펴보기 위해서는 그들이 일정 시기에 보유하고 있었던 유가증권의 전모에 대한 파악이 필요하다. 이를 위해 1940년대 초에 민씨 형제가 각기 보유하고 있었던 주식을 〈표 1-4〉와 〈표 1-5〉로 정리했다.

〈표 1-4〉 민대식 소유 유가증권(1940년 11월 조사)

종류	수량	배당률	연수입(원)	시가		불입금	
				단가(원)	금액	1주 불입금	금액
경성전기(주)	100	1할	500	80	8,000	50	5,000
조선신탁(주)	150	0.8	150	18	2,700	12.5	1,875
조선맥주(주)	200	0.8	400	33.50	6,700	25.0	5,000
경성방직(주)	200	1.0	1,000	57.50	11,500	50	10,000
동일은행(주)	일신—新200	0.5	375	32.80	6,560	37.5	7,500
일본고주파(주)	100	1.0	500	70.0	7,000	50	5,000
선남창고(주)	932	6.0	1,398		23,300	25	23,300
동화산업(주)	300				3,750	12.5	3,750
경인기업(주)	250				6,250	25	6,250
중앙연료(주)	100				2,500	25	2,500
계성(주)	15,655	0.7	21,917		313,100	20	313,100
합계	18,187		26,240		391,360		383,275

* 출처: 〈保證人資産信用調査書〉, 《東洋拓殖株式會社·京城支店扱貸付金關係〉(簿册番号 前17C番218号)(표지: 桂成株式會社貸出謝絕關係), 일본국립공문서관 분관 소장(청구기호: 2320).

〈표 1-5〉 민규식 소유 유가증권(1944년 8월 1일 조사)

종 별		수 량	시가時價		배 당 금		불 입 금	
			단가	금액	배당률	금 액	1주불입금	금액
조흥은행	구舊	2,866주株	60.70	173,966.20	0.6		50.00	143,300
同	일신一新	2,938	44.20	129,859.60	0.6	21,788.29	37.50	110,175
同	이신二新	1,932	30.70	59,312.40	0.6		25	48,300
동해농업(주)		1,000		20,000			20	20,000
동방식산(주)		5,100		94,350	0.6	5,661		94,350
조선맥주(주)		100	43.50	4,350*	0.9	3,915		25,000
동양척식(주)	구舊	25	61	1,525	0.7	161.87	50	1,250
同	신新	25	31.50	787.50	0.7		2.50	312.50
천향각天香閣		100		2,000	0.4	80	20	2,000
조선중앙무진(주)		100		2,250	0.8	180		2,250
영화산업(주)		1,600		32,000	0.8	2,560		32,000
매일신보사		1,050		26,250	0.3	787.50		26,250
제국석유(주)		10		500				500
풍림철공소		820		20,500	0.5	1,025		20,500
조선견직(주)		2,070		56,687.50				56,687.50
일본고주파(주)		100	50.20	5,020	0.6	301.20	50	5,000
만주증권거래소		112		5,684.53	0.8	454.76		5,684.53
계		19,948		635,042.73		36,914.62		593,559.53

* 출처: 《東洋拓殖株式會社·京城支店扱付金關系》(8冊)(簿册番号 8番 17号)(표지: 永保合名會社), 일본국립공문서관 분관 소장(청구기호: 2326).
* 비고: *의 경우 원문에는 43,500원으로 되어 있으나 4,350원의 오류임. 이는 배당률 0.9, 배당금이 3,915원인 것으로 보아 알 수 있다. 따라서 시가 총액이 원문에는 674,192.73으로 되어 있으나 635,042.73이 맞기 때문에 역시 정정했음.

〈표 1-4〉를 보면 1940년경 민대식이 보유한 유가증권은 크게 두 가지 종류로, 자신이 직접 설립과 경영을 주도한 기업체의 주식과 단지 배당금 수익 목적으로 보유한 주식이었다. 전자에 해당하는 것은 동일은행·선남창고[12]·동화산업 등이었다. 후자는 경성전기·조선맥주·조선신탁·일본고

---

[12] 선남창고鮮南倉庫는 민대식이 설립·경영했던 대남창고의 후신으로 남창사南昌社(1924년 설립, 금전대부·농산물 및 부동산 매매·위탁업)가 대주주였다.

주파중공업·경성방직 등 배당률이 높은 일본 독점기업이나 전시기에 사상최대로 호황을 누리고 있는 기업들이었다.[13]

〈표 1-5〉를 보면 민규식은 1944년 시점에 직접 경영에 관여하고 있는 조흥은행(동일은행 후신)·조선견직·동방식산·영화산업[14]·풍림철공소의 주식과 배당금 수익을 겨냥한 투자 목적으로 매일신보·일본고주파·조선맥주·만주증권거래소·동해농업[15]의 주식을 보유하고 있었다. 〈표 1-3〉과 비교해보면 동광생사·중앙주조·화신·조선공작 등의 주식을 보유하고 있지 않은데, 영보합명 설립 출자금을 마련하기 위해 처분했던 것으로 보인다. 투자 목적의 보유 주식은 투자 위험도가 낮은 국책회사나 배당률이 높은 기업의 주식으로 계속 종목이 바뀌었음을 알 수 있다.

민대식의 보유주식 시가총액은 39만 1,360원(불입투자금 38만 3,275원)이고, 민규식은 시가총액 67만 4,192원(불입투자금 59만 3,559원)으로 민규식이 20여만 원 더 많았다. 보유주식의 불입자본금 총액에 대한 배당금 연수입은 민대식이 6.8퍼센트, 민규식이 6.2퍼센트였다. 예금금리가 1940년 조선은행과 식산은행의 경우 연 3푼 6리, 보통은행 3푼 8리였고, 1942년도에는 조선은행과 식산은행 3푼 4리, 일반은행 3푼 6리였으므로,[16] 은행 이자보다 훨씬 높은 수익을 획득했음을 알 수 있다.

그러면 두 사람의 자산 구성과 그 내역을 비교해보자.

---

[13] 그 외에 투자 업체인 경인기업(1940년 설립, 자본금 2백만 원 불입금 1백만 원, 배당률 3.5퍼센트)은 토목건축업과 토지 매매 및 임대업을 영위했는데, 조병상·박홍식·조병학 등 재계 거물들과의 연고 관계로 여기에 투자했던 것으로 보인다.

[14] 영화산업永和産業은 "부동산 경영 및 농사 개량사업·금전대차·농산물제품 매매" 등을 영업 내용으로 하는 업체로서 영보합명의 노무사원勞務社員인 이정재李定宰가 사장이며 계성주식회사(28퍼센트)와 영보합명(48퍼센트)이 전체 주식의 76퍼센트를 소유한 기업이었다.

[15] 1934년 부동산 경영 및 농사 개량사업, 금전대차 및 농산물·농구 위탁판매를 영업 내용으로 하여 설립된 회사로 한상억韓相億이 사장이었고, 영보합명의 노무사원인 이정재가 이사였다.

[16] 《조선총독부통계연보》 1940년판, 178~179쪽, 1942년판, 132~134쪽.

〈표 1-6〉 민대식의 자산신용조사서(1940년 12월 2일 조사)

		종 류	소재지	면적(평坪)	예상가격(원)
자 산	부동산	답전대줄田垈	별지 목록	369,884	416,707
		시가지		1,793	209,270
		건물		561	94,800
	유가증권	종 류	수 량		예상가격
		별지목록과 같음	18,187주		391,360원
	대금貸金				434,000
	예금저금 (동일은행, 우편국)				15,000

	종별種別	금 액	이율	기 한	차입 또는 보증처
부 채	차입금	57,550	0.65	연부年賦	동척
		70,000	0.65	정기定期	조선은행
	보증채권				
	기 타				

자산 계	1,561,137원
부채 계	127,550원
차감 순자산	1,433,587원

신 용	一. 근린 동업자에 대한 신용	양良
	二. 은행 기타 금융업무자에 대한 신용	양
	三. 면사무소·군청 등 관아에 대한 신용	양
	四. 호세 등급戶稅等級	36등等
	五. 개평槪評	양

		종 류	금 액	적 요
상환능력	수 입	자산수입	19,450	소작료 872석 18엔으로 교환, 지대수입
		시가지수입	5,000	별지목록 참조
		봉급연금俸給年金	19,360	좌표左表 참조
		대금貸金 이자	28,513	일보日步 1,8전錢 계상
		유가증권 배당금	26,240	별지목록 참조
		계	98,563	
	지 출	조세공과	40,000	지세·소득세·가옥세·기타 제세諸稅
		영업비	1,945	소작 수입의 1할 계상
		차입원리지불借入元利支拂	10,873	동척 연부금年賦金, 조선은행이자
		생활비	10,000	자제子弟는 별거하기 때문에 포함하지 않음. 교제비 일체를 포함.
		기타		
		계	62,818	
	차 감		35,745	

* 출처: 〈保證人資産信用調査書〉, 《東洋拓殖株式會社·京城支店扱貸付金關係》(표지: 桂成株式會社貸出謝絶關係) (청구기호: 2320).
* 비고: ① 신용조사서의 비고에 "자산 중 신탁부동산(수익권)─본인 소유 부동산을 조선신탁에 위탁한 것─및 농 지는 본인·민규식(제弟)·민병도閔丙燾(실제 친자이지만 제弟 천식天植의 양자) 3인 공동명의이지만, 실 질상 본인의 소유이므로 일괄 계상함"이라고 기재되어 있다. ② 신용조사서의 '대출 후의 조사요항調査要 項'에 "전회(1937년도)의 자산신용조사서와 비교하여 자산·수입이 현저하게 감소한 것은 금회에는 본인 민대식의 소유 및 수입에 대해서만 계상했기 때문임"이라고 기재되어 있다.

〈표 1-6〉은 1940년 8월경 조사한 민대식의 자산 내역인데, 총자산 156만 1,137원, 부채 12만 7,550원으로 순자산 143만 3,587원이었다. 부동산과 유가증권의 보유 비율을 볼 때 부동산이 유가증권의 거의 2배에 달했다. 주로 소작료 수입인 자산수입과 봉급·배당금 등을 합한 총수입은 9만 8,563원이며, 여기에서 조세공과금·영업비·차입금 원리지불·생활비 등을 제외한 순수입은 3만 5,745원이었다. 그러나 비고 ②에 제시했듯이, 계성주식회사에 출자한 가족들의 것을 제외하고 민대식 자신의 것만 계산했기 때문에, 1937년도에 비교해 자산 수입이 크게 감소한 점을 고려한다면 수입은 훨씬 많았을 것으로 생각된다. 민대식 자산신용조사서의 이러한 문제로, 자산신용조사서를 통해 민대식과 민규식 양자의 자산 규모를 비교하는 데에는 한계가 있다. 그래서 호세 납부액을 살펴보면, 1940년경 민대식의 경성부 납부 호세戶稅 등급은 36등이었다. 이 해의 납부액 1위는 고바야시小林采南였고, 최창학 4위, 민대식 6위, 김연수 7위, 박흥식 8위였다. 호세 등급 36등은 연수입 21만 원 이상 해당자였으므로, 따라서 민대식의 연수입은 21만 원 이상 되었을 것이다. 민규식은 1942년도 호세등급이 98등으로[17] 민대식에 훨씬 못 미쳤다.[18]

<표 1-7> 민규식의 자산신용조사서(1944년 8월 2일 조사)[19]

		종 류	면적(평坪)	예상가격(원)
자 산	부동산	답畓	458,209	686,370
		전田	238,149	
		대垈	32,253	
		임林	1,394,919	
		대垈	9,504	1,140,970
		건물	680	
	유가증권	종 류	수 량	예상가격
		별지목록과 같음	19,948주	674,192원
	대금貸金			
	예금저금(조흥은행)	13,200원		
	출자금(영보永保)	2,000,000원		
	기 타			

	종 별	금 액	이 율	기 한	차입 또는 보증처
부 채	차입금				
	보증채권				
	기 타				

자산 계	4,514,732원
부채 계	0
차감 순자산	4,514,732원

신 용	一. 근린 동업자에 대한 신용	양良
	二. 은행 기타 금융업무자에 대한 신용	양
	三. 면사무소·군청 등 관아에 대한 신용	양
	四. 호세등급	103등
	五. 개평	양

		종 류	금 액	적요摘要
상환능력	수 입	자산수입	77,800	소작료3365석 및 과수원 수입
		영업수입	3,000	임대수입(남대문5정목) ??계상
		봉급 연금	37,800	좌표左表 참조
		기타	36,914.62	별지목록과 같음
		영보합명회사 출자금	120,000	2백만 원의 연6푼
		계	275,514.62	
	지 출	조세공과	103,700	지세·소득세·가옥세 기타 제세諸稅
		영업비	7,780	소작료 수입의 1할 계상
		차입원리지불	0	
		생활비	60,000	생활비 월 5,000원
		기타	50,000	교제비·기부·학비·의료비 등
		계	221,480	
	차 감		54,034.62	

* 출처:《東洋拓殖株式會社·京城支店扱貸付金關係》(8冊)·(簿冊番号 8番 17号)(표지: 永保合名會社)(청구기호: 2326).
* 비고: ??는 판독 불가.

[19] 이 신용조사서의 '자산부채 감정의 근거'는 "본인의 비망장부備忘帳簿 특히 추수기 소작조서小作調書, 흥신소 조서에 기초하여 사정한 것"이라고 한다.

〈표 1-7〉은 1944년 8월경 민규식의 자산·신용을 조사한 것인데, 총자산 약 45만 14,732원으로 전답·임야 68만 6,370원, 경성부 내 대지·건물 114만 970원, 주식 67만 4,192원, 예금 1만 3,200원, 영보합명회사 출자금 2백만 원으로 구성되어 있다. 영보합명 출자금이 대부분 부동산이었으므로 실제 자산 구성에서 부동산의 비중이 압도적이었다. 그는 경기도 시흥, 안양, 양주, 광주, 충남 당진, 금산, 강원도 춘천, 인천 주안 등지에 전답·임야·대지 등 시가 68만여 원의 부동산을 보유하고 있었으며, 경성부 내 삼청정·한남정·수송정·관훈정·남대문통에 시가 114만 원 상당의 건물과 대지를 보유하고 있었다. 그리고 〈표 1-5〉에서 보듯이 시가 67만여 원 상당의 주식을 소유하고 있었다. 민대식이 12만여 원의 부채를 지고 있는 데 비해, 민규식은 부채가 전혀 없는 점이 눈에 띈다.

수입을 보면 영보합명 출자금에 대한 수입이 12만 원, 소작료 및 배당금 수입 7만 7천여 원, 봉급 수입 3만 7천 원으로 총 27만여 원인데 지출을 공제하면 순수입이 5만 4천 원이었다. 요컨대 민규식의 수입의 43퍼센트가 영보합명에서 들어왔음을 알 수 있다.

이로 미루어 2세대 민씨가의 자본축적에서 지렛대 역할을 한 것은 영보합명과 계성주식회사였음을 알 수 있다.

3. 영보·계성의 자본축적과 동척 대출

2세대 민씨가의 자본축적에서 지주사支柱社 역할을 한 영보합명회사와 계성주식회사는 전답·임야의 경영, 건물 임대, 유가증권 투자, 금전대부 등을 영업 내용으로 하여 1930년대 중반 이후 설립되었다.

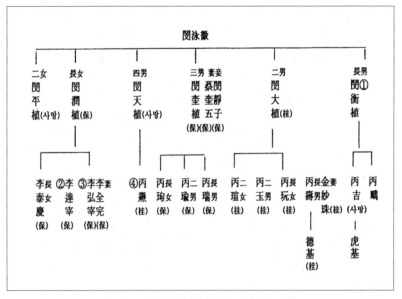

〈그림 1-5〉영보합명회사와 계성주식회사의 구성원

영보합명회사와 계성주식회사는 2세대 민씨가의 자본축적에서 지주사 역할을 한다. 1933년 10월 설립한 가족 회사 영보합명은 국책금융기관에서 돈을 빌려 부동산을 구입하거나 간척과 토지개량사업에 투자하는 등의 방법으로 10년 만에 4배 가까운 자산 증대를 이뤘다. 영보합명회사를 모델로 하여 민대식을 중심으로 1935년 9월 설립한 계성주식회사는 자산을 안전하게 보존하기 위해 신탁을 선택했다. 민씨 일가는 농지 경영과 부동산 관리를 목적으로 하는 이 영보합명회사와 계성주식회사를 안정적인 물적 토대의 주축으로 삼았다.

* 출처: 〈李達宰氏外貸付金切替二關スル件〉,《東洋拓殖株式會社·京城支店扱貸付金關系―李達宰》
  (표지: 李達宰, 청구기호: 2372).
* 비고: (계桂)는 계성주식회사의 성원. (보保)는 영보합명회사의 성원.
    ① 장자로서 상속인, ② 이남二男이지만 상속인,
    ③ 장남이지만 백부伯父에게 출계出系, ④ 양자, 민대식의 아들.

〈그림 1-5〉와 같이 민영휘 2세와 3세는 모두 '근친가족의 가산의 보전·증식'을 목적으로 설립한 두 가족회사의 구성원이었다. 민규식과 민윤식(장녀) 일가는 영보합명회사의 구성원이었다. 민대식 일가와 일찍 사망한 민천식(4남)의 양자로 간 민대식의 아들 병도는 계성주식회사의 구성원이었다. 따라서 이 두 회사를 분석하면 민씨 일가의 자본축적 과정과 그 특징에 대해 파악할 수 있을 것이다.

영보합명회사의 자본축적과 동척 대출

영보합명회사는 1933년 10월 설립한 가족회사로, 정관 1조에 제시되어 있듯이 "민규식, 민윤식 관계 일족 상호의 재산을 보호 증식하기 위해 조직한 것"이었다. 이 회사는 "토지건물의 매매 및 임대차, 토지 개간, 농사 개량, 우량기업에 대한 출자 또는 주식의 취득, 금융업 및 이상에 부대附帶하는 업무를 영위하는 것을 목적"(2조)으로 했다.[20]

1933년 "가족들의 반대에도 불구하고 그가 가재家財를 합명회사 형태로 조직한 것"은 당시 총독부의 세제정책이나 전반적인 경제상황에 대처한 결단이었다고 할 수 있다. 1934년 4월 '제2차 세제정리'가 발포되어 비법인非法人 개인소득자에 대한 누진종합과세가 실시되자, 대부분의 지주와 자본가들은 고액의 세 부담을 덜기 위해 농장이나 건물 임대업 등을 법인체로 만들었다. 민규식은 이러한 세제 정책에 대응하여 그보다 한 발 앞서 영보합명을 설립했던 것이다. 민규식은 1937년경 경성 시내에 빌딩 3채를 가지고 있었는데, 이는 당시 은행 예금이자가 4푼 정도밖에 되지 않았으므

---

[20] 〈永保合名會社定款〉,《東洋拓殖株式會社·京城支店扱貸付金關係》(8冊)·(簿冊番号 8番 17号)(표지: 永保合名會社)(청구기호: 2326).

〈그림 1-6〉 민규식

민규식은 1933년 10월 그와 누이 민윤식 일가의 재산 관리와 증식을 목적으로 가족회사 영보합명을 설립했다. 그가 가족들의 반대에도 불구하고 영보합명을 설립한 것은 당시 조선총독부의 세제정책이나 전반적인 경제상 황에 대처하기 위해서였다. 총독부는 1934년 4월 '제2차 세제정리'를 발포하면서 비법인 개인소득자에게 누진 종합과세를 실시했는데, 민규식은 이러한 세제 정책에 대응하여 법인체인 영보합명을 설립함으로써 고액의 세 부담을 덜고자 했다. 또한 그는 1930년대 후반 '조선 공업화'가 진행되고 있었음에도 제조공업이 아닌 농업 경 영이 투자 가치가 있다고 판단, 주로 부동산에 투자하면서 이를 관리하기 위해 영보합명을 설립했던 것이다. 사 진은 1943년경 민규식의 모습.
* 출처: 한국금융사박물관.

로 소유하고 있던 토지에 빌딩을 세워 임대업으로 수익을 올렸던 것이다. 토지 개간, 농사 개량 등 농업 경영뿐만 아니라, 이러한 건물 임대 및 관리 부문도 영보합명회사에 포섭되었다.

민규식은 '조선 공업화'가 진행되고 있는 1930년대 후반 상황에서도 투자 가치가 있는 부문으로 제조공업보다 여전히 농업 경영에 비중을 두고 있었다. 그는 모 잡지와의 인터뷰에서 토지 경작에서 나오는 수익과 주식이나 증권에서 받는 수익을 비교해보면 주식, 증권편이 낫지 않느냐는 질문에 대해 "조선에서 신흥공업이라야 그렇게 유리한 것이 몇 개 없으며, 전답에서 나오는 추수야 천재지변이 없는 한 불변하고 또 후하다"고 대답했다.[21] 이러한 나름대로의 실물경제에 대한 판단에 기초하여 그는 주로 부동산에 투자했으며 나아가 이를 관리하는 영보합명을 설립했던 것이다. 이 회사의 자본금은 1933년 10월 28일 창립 시 47만 원이었으나 1934년 6월 250만 원으로 증자되었다. 민규식이 47만 원, 그의 장남 민병서가 63만 원, 차남 민병유 50만 원, 장녀 민병순 25만 원, 민규식의 손위누이인 민윤식 20만 원, 민윤식의 장남 이홍재 10만 원, 차남 이달재 10만 원, 장녀 이태경 5만 원, 이홍재의 처 이전완 5만 원, 민대식의 처 채규오 10만 원, 민정자 10만 원을 각기 출자했다.[22]

그러면 영보합명의 성장과 자본축적에 대해 살펴보자.

---

[21] 〈재계 거두가 '돈과 사업'을 말함〉, 《삼천리》 9권 4호, 1937년 5월.
[22] 〈資産信用調査書〉(1944년 8월 22일 調), 《東洋拓殖株式會社·京城支店扱付金關係》(8冊)·(簿冊番號 8番 17号)(표지: 永保合名會社)(청구기호: 2326). 민영휘의 장녀인 민윤식이 이유익李裕翼과 결혼해서 낳은 자식이 이홍재李弘宰(장남)와 이달재李達宰(차남), 이태경李泰慶(장녀)이었다. 민윤식은 1922년 이유익과 이혼하고 친정으로 돌아왔다(驪興閔氏三房派譜刊行委員會, 《驪興閔氏三房派譜》, 1988, 148~150쪽). 노무사원인 이중재李重宰와 이정재는 각기 한일은행과 동일은행에서 근무했던 인물이다.

〈표 1-8-1〉 영보합명회사의 자산신용조사서(1942년 12월 18일 조사)

		종 류	면적(평)	예상가격(원)
자 산	부동산	답전대畓田垈	9,993,321	8,803,321 (90%)
		시가지	53,382	
		건 물	1,872	
	유가증권	종 류	수 량	예상가격
		전회분前回分 참조	21,208	592,420(6%)
	대금貸金			134,813(1.4%)
	예금저금 (식은殖銀, 동일東一)			255,905(2.6%)

	종 별	금 액	이 율	기 한	차입 또는 보증처
부 채	차입금	1,016,084.94	5푼8리		동척(70.2%)
	차입금	431,041.44	1푼6리		식은(29.8%)
	보증채권				
	기 타				

자산 계	9,786,459
부채 계	1,447,126
차감 순자산	8,339,333

신 용	1. 근린 동업자에 대한 신용		양良
	2. 은행 기타 금융업무자에 대한 신용		양
	3. 면사무소, 군청 등 관아에 대한 신용		양
	4. 호세등급		
	5. 개평槪評		양호

		종 류	금 액	적 요
상환능력	수 입	자산수입	580,000	소작료 연평균 29,000석 20엔씩 환전
		대부금 이자	45,097	제9기 영업보고서 참조
		유가증권 배당금	18,644	제9기 영업보고서 참조
		시가지 및 건물 임대수입	68,051	제9기 영업보고서 참조
		계	711,792	
	지 출	조세공과	63,489	제9기 영업보고서 참조
		영선비營繕費	200,346	제9기 영업보고서 참조
		차입원리지불	154,770	제9기 영업보고서 참조
		경영비	115,511	제9기 영업보고서 참조
		기타	13,169	제9기 영업보고서 참조
		계	547,285	
	차 감		164,507	

* 출처:《東洋拓殖株式會社·京城支店扱貸付金關系》(표지: 永保合名會社外)(청구기호: 2319).
* 비고: (%)는 소수점 둘째자리에서 반올림.

〈표 1-8-2〉 영보합명회사의 자산신용조사서(1944년 8월 22일 조사)

		종 류	면적(평)	예상가격(원)
자 산	부동산	답전대畓田垈	9,993,912	8,803,321 (87%)
		시가지	53,382	
		건 물	1,873	
	유가증권	종 류	수 량	예상가격
		별 첨	21,208	768,518(7.5%)
	대금貸金			289,669(3%)
	예금저금			268,810(2.6%)
부 채	종 별	금 액	이율	기 한	차입 또는 보증처
	차입금	1,126,235.89			동척(76.6%)
		343,367.26			식은(23.4%)
	보증채권				
	기 타				
자산 계	10,130,318				
부채 계	1,469,603				
차감 순자산	8,660,715				

신 용	1. 근린 동업자에 대한 신용	양良
	2. 은행 기타 금융업무자에 대한 신용	양
	3. 면사무소, 군청 등 관아에 대한 신용	양
	4. 호세등급	
	5. 개평	양호

		종 류	금 액	적 요
상환능력	수 입	자산수입	580,000	소작료연평균 29,000석 20엔씩 환전
		영업수입	24,552	제11기 영입보고서 참소
		유가증권수입	20,620	
		시가지건물 수입	102,029	
		기타(예금이자, 잡익雜益)	20,972	
		계	748,173	
	지 출	조세공과	88,656	
		영농비	246,971	
		차입원리지불	112,019	
		경영비	125,209	인건비, 생활비, 여비 등
		시가지건물 영선비	24,273	
		계	597,128	
	차 감		151,045	

* 출처:《東洋拓殖株式會社·京城支店扱貸付金關系》(8冊)·(簿冊番号 8番 17号)(표지: 永保合名會社)(청구기호: 2326).

〈표 1-8-1〉과 〈표 1-8-2〉는 동척 경성지점에서 1942년 12월과 1944년 8월 작성한 영보합명의 〈자산신용조사서〉다. 자산 및 부채, 수입과 지출을 명료하게 정리한 자산신용조사서는 영보합명의 영업 보고서와 장부 등에 근거하여 사정査定한 것이다. 첨부된 상세한 담보토지감정보고서, 담보토지명세서를 보면 상당히 정확한 것으로 보인다. 동척 경성지점은 영보합명의 신용 상태에 대해, "근린 동업자에 대한 신용, 은행 기타 금융업무자에 대한 신용, 면사무소·군청 등 관아에 대한 신용, 호세 등급, 개평槪評" 모두 양호하다고 평가했다.

이 〈자산신용조사서〉에 따르면, 영보합명은 설립한 지 10년이 채 못 된 1942년 말에 자본금 총 978만여 원, 부채를 제외한 순자산 833만여 원으로 성장했다. 1944년 8월에 이르러서는 총자산 1천여만 원, 순자산 866만여 원으로 1년 8개월 만에 총자산 약 34만여 원, 순자산 32만여 원이 증가했다. 영보합명의 수입지출 계산을 보면 1942년에는 총수입 71만 1,792원, 지출 54만 7,285원으로 순수입 16만 4,507원이었고, 1944년에는 총수입 74만 8,173원, 지출 59만 7,128원, 순수입 15만 1,045원으로 순수입이 1만 3,000여 원 감소했다.

다음 영보합명의 자산 구성을 보면 주로 부동산과 유가증권으로 구성되었으며, 약간의 개인과 풍림철공소, 풍림주강소豊林鑄鋼所, 영화산업주식회사에 대한 대부도 있었다.[23] 부동산 비중이 1942년 12월 90퍼센트였으나 1944년 8월에는 87퍼센트로, 유가증권은 6퍼센트에서 7.5퍼센트로 큰 변

[23] 〈대부금내역〉에 의하면 이규재李奎載, 신현욱申鉉郁 등 7명의 개인과 풍림철공소, 풍림주강소, 영화산업주식회사 등의 3개 업체에 총 288,507원을 일보日步 1전 9리~2전 5리의 이자율로 대부하고 있었다. 1942년경 조선은행의 평균 대출금리[일보日步]가 1전 5리, 보통은행이 1전 6리, 금융조합 2전 3리~2전 9리인 점에 비추어 시중 대금업자의 대부금리보다 훨씬 저렴함을 알 수 있다. 이는 이자 수입 목적의 대부가 아니며, 대출 대상이 주로 회사 관계자들로 이들에게 자금 융통 편의를 제공하기 위한 것이었음을 알 수 있다(《조선총독부통계연보》 1942년판, 132~134쪽).

화가 없었다. 이를 통해 영보합명은 주로 부동산(전답, 대지, 건물)과 유가증 권 투자를 통해 자본을 축적했음을 알 수 있다.

먼저 부동산 보유 현황을 보면, 1944년경 시가 약 6백여만 원에 상당하 는 전답과 대지가 평안도와 함경도를 제외하고 황해·경기·충북·충남·전 북·경북 등 전국에 분포되어 있었다. 특히 황해도에 가장 많았고 그 다음 이 경기도·충남·전북 순이었다. 부동산 중에서도 논의 비중이 밭보다 5배 이상을 차지했고, 대지는 비중이 크지 않았다. 이들 토지의 1년간 소작료 수입은 2만 8,919석으로 이는 석당石當 단가 20원으로 환산하면 총 57만 8,380원에 달했다.[24]

영보합명은 설립 후 농장 경영 방식을 도입하면서 마름을 경질하여 중간 착복을 차단하고 정조지正租地를 타조지打租地로 전환하는 한편, 농사 개량 과 토지 개량을 실시하여 소작료 수입 증가를 도모했다. 이에 따라 서선농 장西鮮農場은 경영 관리가 영보합명으로 이관되기 전보다 3할이 증수增收되 었고, 남선농장南鮮農場은 개답開畓 등으로 4천 석의 수입 증가를 보였다.[25]

동척이 경기도 이천군 등 11개군 동일 담보토지에 대해 실시한 감정 내 용을 보면 1937년 원래 감정 시에는 수확이 1만 7,760석이었으나 1938년 에는 2만 6,914석으로 증가했다. 그 수익 증가의 주요 이유는 정조지를 타 조법에 의한 '절반징수제'로 전환한 때문이었다. 1939년 미증유의 한해旱 害와 1940년의 수해에도 불구하고, 1938~1942년 평균 수확량이 2만 2,912석으로 처음 감정 당시보다 29퍼센트 정도 증가했다. 이러한 증수 배 경에는 소작료 징수 방법의 개선, 마름 경질뿐만 아니라 농사 개량도 포함

---

[24] 〈永保合名會社不動産調〉(1944.8.24 調), 《東洋拓殖株式會社·京城支店扱付金關係》(8冊)·(簿冊番号 8番 17号)(표지: 永保合名會社)(청구기호: 2326). 원문에는 '경기도 연수입'의 경우 99,384로 되어 있 으며, '총합계'에는 578,384로 되어 있으나, 이는 99,380원, 578,380원의 오류다.

[25] 〈鑑定意見〉, 《東洋拓殖株式會社·京城支店扱付金關係》(8冊)·(簿冊番号 8番 17号)(표지: 永保合名會 社)(청구기호: 2326).

한 영보합명의 농장 경영 방식이 작용했을 것이다.

그 외에 영보합명은 경성 시내에 화신백화점을 비롯한 여러 채의 빌딩을 건축하여 임대하고 있었다.[26] 시가지 건물은 1940년경 시가 346만 6,250원에 달했다.[27]

〈표 1-9〉 영보합명 소유 유가증권(1944년 8월)

종 별	수 량	불입단가	불입금액	배당율	배당금액(원)
경성방직주식회사	600	37.50	22,500	연8푼	1,800
경춘철도	1,000	25	25,000	7푼	1,750
영화산업	5,400	20	108,000	8푼	8,640
조선임업개발회사	1,000	20	20,000	5푼	1,000
중앙주조회사	2,120	50	106,000	8푼	8,480
석왕사흥업회사釋王寺興業會社	10	12.5	125	6푼	7.5
화신무역회사	500	12.5	6,250	10푼	625
조선공영회사朝鮮工營會社	500	25	12,500		
풍림철공소	260	25	6,500		
동광생사회사	500	50	25,000		
동화산업회사	1,000	25	25,000	6푼	1,500
조흥은행	2,018		76,032	7푼	5,322.24
조선농기구회사	500	50	25,000		
조선생명	300		8,620	8푼	689.60
조선식량영단	400	25	10,000		
조선목재회사	200	25	5,000	4푼	200
경인기업京仁企業	300	25	7,500	3푼5리	262.50

[26] 영보합명은 종로 2정목에 영보빌딩(5층, 건물건축비만 30여만 원), 종로 1정목에 화신백화점(건축비만 20만 원 투자), 동일은행 빌딩, 그 외에 남대문 1정목·2정목, 관철동, 서린동, 영등포 등지에 여러 채의 건물을 소유하고 있었다(김동환, 〈재계 거두가 '돈과 사업'을 말함〉, 《삼천리》 9권 4호, 1937년 5월; 〈시가지부동산내역〉, 《東洋拓殖株式會社·京城支店扱貸付金關係》(표지: 永保合名會社外)(청구기호: 2319).

[27] 〈시가지부동산내역〉, 《東洋拓殖株式會社·京城支店扱貸付金關係》(표지: 永保合名會社外).

조선견직	2,300	50	115,000		
충북창고	100	25	2,500		
조선영화㈜朝鮮映畫	300	20	6,000		
경성신탄京城薪炭	200	25	5,000		
풍림주강소	100	100	100,000		
동흥은행東興銀行	200	50	10,000	7푼	700
함북원목출자조합咸北原木出資組合	185	100	1,850		
채권(국고國庫, 보국報國, 저축)			39,141		
계			768,518		30,976.84

* 출처: 〈有價證券內譯〉, 《東洋拓殖株式會社·京城支店扱貸付金關係)(표지: 永保合名會社外).

　부동산 다음으로 영보합명이 자본축적의 수단으로 삼은 것은 주식이었다. 1944년 8월경 영보합명의 총자산의 7.5퍼센트는 유가증권이었다. 〈표 1-9〉와 같이 불입금액 72만 9,377원에 상당하는 24개 회사의 주식과 3만 9,141원의 국채를 보유하고 있었는데, 연간 배당률은 3만 9백여 원이었다. 가장 많이 보유하고 있는 주식은 조선견직이었고, 그 다음이 영화산업, 중앙주조, 조흥은행이었다. 이외에 조선견직의 자회사에 해당하는 동광생사, 그리고 만주 무역을 영업 내용으로 하는 동화산업과 전시 특수를 누린 대표적 조선인 기업인 경성방직의 주식도 상당수 보유하고 있다. 또한 동척과 식산은행이 출자하여 설립한 국책회사인 조선임업개발주식회사,[28] 조선농기구회사, 조선생명보험주식회사, 조선식량영단에도 투자했다.

　주목할 점은 배당수익이 가장 높은 회사가 국책회사가 아니라, 바로 박흥식이 경영했던 화신무역회사(연 10푼)였으며, 그 다음으로 김연수의 경

---

[28] 조선임업개발주식회사는 일제가 1937년 제령 제13호 〈조선임업개발주식회사령〉에 의해 조림사업, 제재사업, 임산물의 판매, 위탁에 의한 임야 경영 등을 목적으로 설치한 국책회사로서 동척이 대주주였다. 민규식은 이 회사의 주식 1천주(5만 원)를 소유했다(한국임업개발주식회사, 〈제7기영업보고서〉, 1943년 12월; 〈8기영업보고서〉, 1944년 12월).

성방직, 김사연의 중앙주조·영화산업(연 8푼)과 한상룡이 사장으로 전쟁보험을 취급하는 조선생명보험주식회사(연 8푼)였다는 사실이다. 이는 화신무역이나 영화산업과 같이 만주 무역을 영업 내용으로 하거나 혹은 경성방직과 같이 군수품 조달과 함께 만주로 진출한 조선인 대기업도 전쟁 호황의 수혜자였음을 말해준다. 1942년 당시 보통은행의 정기예금 금리가 3푼 6리였으므로, 유망 기업에 투자할 경우 2~3배의 고수익을 보장받았던 셈이다.

그러면 이와 같이 농업 경영과 유가증권 투자를 주축으로 한 영보합명의 손익 내용을 살펴보자. 영보합명의 1940년 6월~1944년 3월 손익계산을 정리한 〈부표 1-1-1〉을 보면 총수입이 대략 750만~844만여 원이었다. 그 중 가장 비중이 큰 것이 455만~597만여 원에 달하는 농경지 수익으로 총이익금의 대략 56~70퍼센트를 점했다. 그 다음으로 비중이 큰 고정수익은 6만 4,000~10만 원에 달하는 시가지건물 임대 수익으로 8.3~12퍼센트를 점했다. 유가증권 수익은 1만 8,000~4만 3,000여 원으로 2~5퍼센트를 점했으며, 영림수익營林收益은 2만 1,000~2만 8,000여 원으로 2.8~3.6퍼센트를 점했다. 또한 영보합명은 비고정적인 수익으로 개인과 기업에 대부를 해주고 이자 수입을 올렸는데, 8기와 9기의 대부금 이자는 총이익금의 5~6퍼센트를 점했다.

지출에서 가장 큰 비중을 차지한 것은 21~33퍼센트를 점하는 영농비였고, 그 다음이 11.5~19.2퍼센트에 육박하는 대출금 이자 비용이었다. 이 점에서 보더라도 영보합명의 운용과 자본축적에서 대출금이 큰 의미를 갖고 있었음을 알 수 있다.

영보합명의 연간 순이익금은 대략 22만~25만 원 정도였다. 사원배당금은 9기, 10기 모두 연 9푼으로 매우 높은 편이었다. 연 9푼의 배당률은 당시 일본 독점기업이나 총독부의 지원을 받는 국책기업의 경우에도 어려웠다는 점을 감안하면, 영보합명의 수익은 당시 최상 수준이었다고 할 것이다. 1940~1942년 시중 보통은행의 1년 정기예금 금리가 3푼 8리~3푼 6리인 것에 비교하면,[29] 거의 2.3배 이상의 수익이었다.

그러면 이와 같이 영보합명이 창립된 지 10년 만에 고속으로 자산 규모가 4배 이상 확대 성장하고 또한 연 9푼의 고수익 배당을 할 수 있었던 요인은 무엇일까? 여러 가지 배경과 요인이 있겠지만, 무엇보다도 총자산의 대략 15퍼센트에 해당하는 금액을 일제 국책금융기관으로부터 시중 금리보다 훨씬 싼 저리로 차입하여 운용할 수 있었던 것이 확대 성장의 주요 요인이었다. 〈표 1-8-1〉을 보면 1942년경 영보합명의 부채는 총 144만 7,126원으로 이 중 70퍼센트는 동척에서, 30퍼센트는 식산은행에서 차입한 것이었다. 〈표 1-8-2〉를 보면 1944년경의 부채는 총 146만 9,603원이었는데, 그 77퍼센트를 역시 동척에서, 나머지 23퍼센트를 식산은행에서 차입했다. 농사 경영과 대지·건물 임대를 주로 하는 이 회사의 특성상 주거래 금융기관이 동척이었는데, 이 동척의 저리차입금이야말로 영보합명의 성장에 중요한 동인動因이었다고 할 수 있다.

영보합명의 동척 대출 내역을 통해 이를 확인해보자.

〈표 1-10〉 영보합명회사(민규식)의 동척 대출

	조사 시기	대출건 번호	당초대부금 또는 구수 口數	현재 대부금	이율 (분分)	대출날짜	상환기일	용도	감정 가격
1	1935.10	식殖 1649	400,000원	400,000	7.0	1934.9.29	1950.6.30	농사경영	880,820
2	1936.6	식 1649		383,909	7.0		1950.6.30	농사경영	880,820
3	1936.12	식 1649	1구	375,296	7.0			농사경영	880,820
4	1937.6	식 1649	1구	366,403	6.5	1934.9.29	1950.6.30		

[29] 《조선총독부통계연보》 1942년판, 134쪽.

5	1937.12	식 1649	1구	357,221	6.5	1934.9.29	1950.6.30	농사경영	880,820
6	1940.6	식 1649	1구	206,169	8.1	1934.9.29	1948.6.30		880,820
7	1935.12	척拓 974 외 1	3,400원		6.8		1936.12.31	농사경영	
8	1936.6	物 8909 외 4	2구	264,823			1936.8.27	잡자금 雜資金	371,790
9	1936.12	척 1093	2구	63,000	6.5		1937.12.31	농사경영	공통
10	1937.6	50만 원 이상 거액대부	6구	648,762	6.5 7.0		1950.6 말 1936.2.17 1936.8.27	농사경영, 잡자금雜資金	880,820 371,790
11	1938.6	척 1267	1구	203,000	6.5	1937.6.30 변환	1938.12.28	농사경영	880,820
12	1940.6	척 1623, 1624	2구	507,000	6.1	1938.6.29	1941.6.20	농사경영	
13	1940.6	50만 원 이상 거액대부	3구	813,169	6.1		1941.10.31 1950.6.30	농사경영	880,820
14	1944.2			1,126,235					1,155,000

* 출처: 《本邦會社關係雜件·東洋拓殖株式會社會計綴洩文書》; 《本邦會社關係雜件·東洋拓殖株式會社會計關係公文書》; 朝金 제374호, 〈永保合名會社貸付金ニ關スル件〉(1943.3.30), 《東洋拓殖株式會社·京城支店扱貸付金關係》(표지: 永保合名會社外).

〈표 1-10〉의 10항을 보면 영보합명은 1937년경 동척으로부터 모두 6구의 대출을 받은 상태였다. 원래의 대출 금액을 정확하게 알 수는 없으나 감정가액이 125만여 원인 것으로 보아 백만 원 내외였을 것으로 생각되는데, 그 중에서 원금 일부를 상환하고 남은 액수가 64만여 원이었다. 그러나 1936년과 1937년에 일부 대출금의 상환이 끝나자, 1937년 6월과 1938년 6월에 다시 담보대출을 받아(〈표 1-10〉의 11, 12항 참조) 1940년 6월에는 대부금이 81만여 원으로 증가했다(13항 참조). 이후 1944년 2월경에는 농경지를 담보로 한 대출 잔고가 112만 6,235원으로 더욱 증가했다. 이와 같은 영보합명의 대출 시에는 대개 대표사원인 민규식이 연대보증을 섰다.

영보합명은 주식회사화신과 함께 "오랫동안 동척 경성지점과 거래해온 최우량 이대二大 거액거래처"로서, 상환기한의 연장과 대출이자율 인하, 최저 대출이자율 적용 등 상당한 특혜를 받았다.[30] 예를 들어 1940년 7월경 영보합명에서 전환연기轉換延期와 이자율 인하를 요구하자, 동척 경성지점은 이를 수용하여 연 5푼 8리로 인하했다. 이는 1940년경 식산은행 6푼 2리, 동척 6푼, 상업은행이나 한성은행의 경우 6푼 5리인 최저 대출이자율보다 낮았고,[31] 조선은행의 최저 대출이자율인 5푼 6리에 육박한 것이라는 점에서 상당한 특혜였다고 할 것이다.

영보합명은 동척뿐만 아니라 식산은행으로부터도 거액의 대출을 받았다. 즉 1943년 무렵 영보합명은 식산은행으로부터 일보日步 1전 5리(연 5푼 4리)의 이율로 295만 원을 차입했다.[32]

동척으로부터 대출한 자금의 용도는 주로 농사경영으로 되어 있는데, 토지 구입이 대부분이었고 일부 토지 개량에 투입하기도 했다. 이는 모두 장기대부로 받았다. 그 외에 세금납부 등의 용도로도 대출받았는데 이는 6개월 또는 1년 정기상환 형태의 단기대부였다.

---

[30] 〈京城支店扱 93号·23号 永保合名會社貸增二關スル件〉(1943. 6. 23), 《東洋拓殖株式會社·京城支店扱貸付金關係》(표지: 永保合名會社外).

[31] 〈표〉 1940년경 각 금융기관의 부동산담보 대출이율

연 도	금융기관	최고(푼리分厘)	보통(푼리)	최저(푼리)
1940년 4월 말	조선은행	7.3	6.5	5.6
	식산은행	7.3	6.5	6.2
	동척	7.3	6.7	6.0
	상업은행	8.0	7.6	6.5
	한성은행	7.3	6.9	6.5
1940년 하반기	동척			6.5

* 출처: 《本邦會社關係雜件·東洋拓殖株式會社會計關係公文書》.

[32] 朝金 제374호, 〈永保合名會社貸付金二關スル件〉(1943. 3. 30), 《東洋拓殖株式會社·京城支店扱貸付金關係》(표지: 永保合名會社外). 1942년경 식산은행의 평균 대부금리는 日步 1전 5리였다(《조선총독부통계연보》, 1942, 133쪽).

영보합명은 동척에서도 "설립 당초의 방침을 견지해서 보유부동산의 경영관리에 전념하여 적극적 사업 경영의 의의는 적었다"고 평가할 정도로 보수적인 경영방침을 고수해왔다. 그러나 1940년대 초에 들어서 "재산 보전의 사명을 일탈하여 시국산업으로 진출"하여 1944년 풍림주강주식회사를 설립했다. 이 회사는 제철 및 주조 판매, 기계기구의 제작 판매, 원료광석의 채굴 및 판매를 영업 내용으로 했다. 설립 발기인 및 인수 주식수는 민규식 1만 7,300주, 기술자로 신규 가입한 이강현 2,200주, 이정재·이중재·신현욱申鉉郁·이근채李根采·시라카와白川成建 각각 100주였다. 이정재는 영보합명 노무사원, 공영사共榮社(대금업, 창고업, 위탁업) 이사, 동방식산주식회사 감사, 한성제면漢城製綿(주) 사장이었다. 이중재는 한일은행 남대문지점 지배인으로 근무하면서 민씨가와 관계를 맺었던 인물로 영보합명 노무사원, 조선견직 감사, 한성제면(주) 이사, 만주약업滿洲藥業(주) 감사로 활동했다. 신현욱은 조흥은행의 직원이었고, 이근채는 조선견직 감사로 모두 민규식이 경영하고 있는 기업에 관계했던 이들이었다.

이 회사는 원래 이강현이 경영해오던 선철銑鐵 주물鑄物을 생산하는 풍림주강소(영등포 당산정 319의 2번지 소재)였는데,[33] 1938년 민규식이 인수했다. 그러나 제철사업법에 의해 조선총독부로부터 양도 허가를 받은 것은 1945년 1월 30일경이었다. 풍림주강소는 농업용 기계 기구를 제작해서 상당한 성적을 거둬왔다. 그러나 태평양전쟁 발발 이후 자재 조달이 어려워 사업 운영이 어려워지자 타개책 마련에 고심하던 중 1942년 6월 당시

---

[33] 《조선공장명부》, 1942년판, 40쪽, 70쪽; 京金 제233호, 〈永保合名會社貸增二關スル件〉(1944.10.3), 《東洋拓殖株式會社·京城出張所貸付金關係》(8冊)·(簿冊番号 8番 17号)(표지: 永保合名會社)(청구기호: 2326). 또한 이강현은 1938년 9월 자본금 12만 원(불입금 6만 원)으로 주식회사 형태의 풍림철공소(《조선공장명부》 1940년판에는 도림정 1번지, 1942년판에는 당산정 306의 1번지 소재로 되어 있다)를 설립했는데, 이는 군수품 가공생산을 하는 직공 50인 미만의 공장이었다(《조선은행회사조합요록》, 1939년판; 《조선공장명부》, 1940년판, 58쪽).

총독부가 정책적으로 권유하고 있던 소형용광로를 이용한 무연탄제철 사업에 착안하게 되었다.[34] 1년 반에 걸친 시험 연구 결과 기업화의 확신을 얻고 1943년 1월 15일부로 제철사업법에 기초하여 제철 허가를 받고 용광로를 건설, 1944년 말부터 사업을 개시할 예정이었다. 그러나 개인경영 형태로는 어렵다고 판단하여 자본금 1백만 원의 주식회사로 개편했다. 1944년경 영보합명의 기존 투자액이 435만 원(농업 237만 1,000원, 시가지 경영 86만 1,000원, 유가증권 투자 76만 8,000원, 대부금 28만 8,000원, 임업 6만 2,000원)인데[35] 제철사업 신설 투자액이 1백만 원이므로 부동산 관리 경영을 고수해온 영보합명으로서는 대단히 모험적인 투자였다고 할 것이다. 영보합명이 풍림주강주식회사를 설립한 것은 총독부가 적극적으로 추진하고 있는 군수산업인 소형용광로 제철사업에 투자한다면, 대출 지원으로 투자금 문제를 해결하고 기술 문제는 (주)일본강관日本鋼管의 지도를 받아 큰 문제없이 일정한 수익을 보장받을 수 있을 것으로 판단했기 때문이다.

동척에 제출한 풍림주강주식회사의 〈사업수지계획서事業收支計劃書〉에 의하면, 선철과 주조 수입 총 183만 8,160원 중 총지출 165만 4,000원을 공제한 이익금은 18만 4,160원으로 자본금 대비 이익률은 18퍼센트 정도, 배당 예정률은 연 5푼으로 계획하고 있었다. 풍림주강소의 매수자금과 신규설비비, 운전자금으로는 총 193만 9천여 원이 소요되었다. 이 중 1백만

---

[34] 전시기 일제의 군수 생산 중 가장 당면 문제는 철강 증산이었다. 그러나 조선의 철강 증산 계획이 봉착한 최대의 장애는 점결탄粘結炭의 부족이었다. 해상 수송의 제약이 강화되면서 수입이 여의치 않자 조선총독부는 조선에 풍부한 무연탄을 이용한 제철법을 연구하여 성공하기에 이르렀다. 1942년 11월 동아경제간담회 석상에서 상공성 총무국장은 대동아공영권 내 철공업의 기본 방책에 대해 말하던 중 "일책一策으로서 공영권 내 적지適地에 소형용광로를 급속히 설치하며, 그리고 이를 위해서는 석탄 철광석 부존賦存의 상황을 고려하여 조선 만주 북지北支에 후보지를 선정하며……"라고 천명했다(동양경제신보사, 《朝鮮産業年報: 朝鮮産業の決戰再編成》, 1943, 44쪽).

[35] 京金 第256號, 〈永保合名會社貸增二關スル件〉(1944. 11. 7), 《東洋拓殖株式會社·京城支店扱貸付金關係》(8冊)·(簿冊番号 8番 17号)(표지: 永保合名會社).

원은 주식불입금으로 충당하고 나머지 1백만 원을 영보합명의 차입금으로 해결하려고 계획했다. 이에 모회사 영보합명이 자회사 풍림주강주식회사의 자금 조달을 위해 동척 경성지점으로부터 1백만 원을 대출했던 것이다.[36] 이 때 영보합명은 주식회사 화신의 대출이율에 준하는 최혜이율最惠利率의 적용을 요구하여 관철시켰다. 당시 영보합명은 경기 황해 충남 충북 소재 농경지를 담보로 하여 111만여 원의 기존 대출 잔고가 있는 상태였으므로 이 대출액을 합하면 총 211만여 원을 동척으로부터 차입하는 셈이었다. 그러나 동척은 이러한 거액 대출에 대해 담보물건이 시가時價 5백만 원을 넘는 농경지이므로 담보력이 충분하여 최악의 사태에도 자금 회수에는 걱정 없을 것으로 판단했다.[37]

한편 동척은 엄밀하게는 '관계회사대부자금'으로 해야 하나, 시국상 긴요한 선철 증산에 매진할 풍림주강주식회사의 운영자금 용도이므로 '제철사업자금'으로 방출했다. 동척은 영보합명의 제철사업에 대한 자금 대출이 "당사(동척-필자) 금융 부문의 전시 하 국가적 사업에 대한 사명의 일단을 수행할 절호의 기회"이며, 또한 "영보합명이 종래의 소극적 보신책保身策을 일척一擲하고 파란기복波瀾起伏이 적지 않을 신사업을 기획했으니 제반의 요청에 응해야 한다"는 입장에서 대출을 적극 지원했던 것이다.

민규식은 풍림주강주식회사를 직접 경영하는 이외에도 군수 기업에 적

---

[36] 원래 이 차입자금은 영보합명이 1943년 총독부의 종용에 따라 국책 협력 의미로 시공한 황해도 옹진군 소재 사유지社有地의 토지개량사업 공사자금으로 기존 담보물에 의거하여 추가 대출을 요청했던 액수였다. 그러나 정세의 급변화로 자재 및 노무 조달이 어려워 토지개량사업을 중지하고 소형용광로 사업으로 자금 용도를 전환하여 추가 대출을 요청했다(朝金 제198号, 〈京城支店扱 根93号 拓1,961号 永保合名會社貸付金ニ關スル件〉; 京金 제23號, 〈永保合名會社貸付金ニ關スル件〉, 《東洋拓殖株式會社·京城支店扱貸付金關係》(표지: 永保合名會社外).

[37] 1944년경 주식회사화신의 신규 대부 이율은 연 5푼 3리, 전환 대출 이율은 연 5푼 5리였는데 이에 준하여 연 5푼 5리로 대출받았다(京金 제233号, 〈永保合名會社貸增ニ關スル件〉(1944. 10. 3),《東洋拓殖株式會社·京城支店扱貸付金關係》(8冊)·(簿册番号 8番 17号)(표지: 永保合名會社)(청구기호: 2326).

극 투자했다. 1944년 8월 비행기와 비행기 부품의 제조·판매를 목적으로 자본금 5천만 원으로 설립한 조선비행기공업주식회사에 15만 원(3천 주)을 투자하고, 감사로 활동했다. 이 회사는 박흥식(사장)을 비롯해 박춘금朴春琴·장직상·김연수·방의석 등 조선인 대자본가와 야마구치山口重政(식산은행 이사)·기무라木村義雄(조선석유주식회사 사장) 등 일본 독점 자본가들이 설립한 것이었다.[38]

또한 민규식은 1944년 10월 신용욱愼鏞項이 기존에 경영하던 조선항공공업사와 조선경비행기회사를 통합하여 해군의 지도와 전시금융금고의 자금 지원에 의해 자본금 1천만 원으로 설립한 조선항공공업주식회사의 발기인으로도 활동했다. 그가 이 회사에 정확하게 얼마를 투자했는지는 알 수 없다. 그러나 해군 납품 비행기 제조와 수리, 부품 생산을 목적으로 전시금융금고·조선식산은행·동양척식주식회사가 대주주로 출자한 이 회사의 사업 수익성이 조선비행기공업주식회사 못지않을 것으로 판단하고 역시 상당한 자본을 출자했을 것으로 보인다.

요컨대 영보합명은 동척을 비롯한 국책금융기관의 차입금으로 새로 부동산을 구입하거나 간척과 토지개량사업을 통해 10년 만에 무려 4배 가까운 자산 증대를 이룰 수 있었다. 또한 전시기에는 총독부의 금융·기술 지원을 받아 군수산업에 진출하기도 했다.

[38] 〈原理事朝鮮飛行機工業株式會社取締役就任ノ件〉(1944. 11. 19), 《本邦會社關係雜件·東洋拓殖株式會社》; 〈朝鮮飛行機工業株式會社株式引受ノ件〉(1944. 8. 25), 《本邦會社關係雜件·東洋拓殖株式會社株式引受關係》.

계성주식회사의 자본축적과 동척 대출

민대식을 중심으로 한 일가는 영보합명을 모델로 하여 "부동산의 취득 관리와 농업 및 임업의 경영과 부동산 임차사업 투자" 등을 영업 내용으로 하는 계성주식회사(자본금 200만 원)를 1935년 9월 설립했다. 이 회사는 "민대식 일가의 재산 보전을 목적으로 그 재산의 대부분을 조선신탁주식회사에 신탁하고 그 수익권을 기초로 하여 조직한 동족회사同族會社로서 영보합명회사와 함께 동족회사의 쌍벽"이었으며 역시 "동척 경성지점의 우량거래처"였다.[39]

계성은 영보와 달리 주식회사 형태를 취한 점, 그리고 자산을 직접 관리 경영하지 않고 거의 대부분의 부동산을 회사에 신탁한 점이 특징이었다. 여러 사업 실패로 자산을 축낸 민대식이 안전한 자산 보전의 방법으로 신탁을 택했던 것으로 보인다.[40] 여기에는 민대식이 조선신탁주식회사의 창립 시부터 계속 이사로 활동해왔던 점도 작용했을 것이다. 조선신탁주식회사는 조선신탁령에 의해 1932년 설립된 자본금 2천만 원의 회사였다. 민대식은 1941~1943년 전후에 120주(6,000원)를 보유하고 있었다.[41]

---

[39] 京金 제607호, 〈桂成株式會社ニ對スル貸出ノ件〉(1940. 12. 11), 《東洋拓殖株式會社·京城支店扱貸付金關係》(簿冊番号 前17C番218号)(표지: 桂成株式會社貸出謝絶關係)(청구기호: 2320).

[40] 민대식의 경영 능력에 문제가 있었음은 당시 세간의 평가에서 잘 나타난다. "둘째 아들(민대식-필자)은 지금 재계 거두로 활약하다 뇌가 부족하고 너무 소극적이어서 이미 실패된 것이 많은 모양이며 셋째 아들(민규식-필자)은 아모 것도 안하고 들어 안저 모으기만 하니 재산은 지킬 듯하나 그도 미지수이다"(〈반도천지를 뒤흔들던 閔氏三家의 今昔〉, 《별건곤》 8권 5호, 1933년 5월).

[41] 조선신탁주식회사, 〈제17기 영업보고서(1941년 상반기)〉, 〈제22기 영업보고서(1943년 하반기)〉.

〈그림 1-7〉 민대식

민대식 일가는 영보합명을 모델로 하여 1935년 9월 계성주식회사를 설립했다. "부동산의 취득 관리와 농업 및 임업의 경영과 부동산 임차사업 투자" 등을 영업 내용으로 하는 계성은 영보와 달리 주식회사 형태를 취한 점, 자산을 직접 관리 경영하지 않고 거의 대부분의 부동산을 회사에 신탁한 점이 특징이었다. 여러 사업 실패로 재산을 축낸 민대식이 자산을 안전하게 보전하는 방법으로 신탁을 택한 것으로 보인다. 또한 민대식이 조선신탁주식회사의 창립 시부터 계속 이사로 활동해왔던 점도 작용했을 것이다.

* 출처: 中村萬太郞,《朝鮮信託株式會社十年史》, 朝鮮信託株式會社, 1943.

〈표 1-11〉 계성주식회사의 주주

주수	씨명	관계 또는 경력	주수	씨명	관계 또는 경력
55,000	조선신탁주식회사		100	민병도	민대식의 자, 민천식의 양자
15,655	민대식	사장	100	나카무라中村濟一	전무이사
5,000	민병옥閔丙玉	민대식의 차남, 이사	100	강번	이사, 남창사 감사
5,000	민병완閔丙玩	민대식의 장녀	100	이찬영李璨榮	이사
5,000	민병선閔丙瑄	민대식의 이녀二女	90	이승우李升雨	동일은행 감사, 변호사
5,000	계영사桂榮舍 대표자 민대식		50	김승렬金承烈	백은장白銀莊(주) 이사
4,655	민덕기	민대식 장남 민병수의 아들	50	민병우閔丙雨	
2,000	김묘주金妙珠	민병수의 처	50	민병두閔丙斗	노은상회老隱商會(합자) 사원
750	유해창柳海昌	동양흥산東洋興産(주) 이사, 중앙주조 이사	50	권영희權永禧	감사
500	민병윤閔丙玧		50	신승균申昇均	금계사金鷄社(주) 이사, 공진상회共進商會(주) 사장
500	민병이閔丙珥		50	민규식	동일은행 지배인, 중앙주조(주) 이사
100	민규식	감사	50	윤호병尹皥炳	동일은행
총 계			10만 주	총24인	

* 출처: 〈株主名簿〉(1940. 9. 30),《東洋拓殖株式會社·京城支店扱貸付金關係》(簿冊番號 前17C番218号)(표지: 桂成株式會社貸出謝絕關係)(청구기호: 2320).

1940년 9월경 계성주식회사의 주주는 〈표 1-11〉에서 보듯이 모두 24명으로 대주주는 5만 5,000주를 보유한 조선신탁주식회사, 그리고 1만 5,655주를 보유한 민대식이었다. 민대식과 그의 자식·손자·며느리 등 직계가 보유한 주식수는 4만 2,410주이고, 형제·사촌 등 친척이 보유한 주식을 합하면 4만 3,500여 주 정도였다.

그러면 계성주식회사의 자산 구성과 손익계산에 대해 살펴보자.

〈표 1-12-1〉 계성주식회사의 제5기 손익계산서(1939년 10월~1940년 9월)

이익지부利益之部	금액(원)(비율)	손실지부損失之部	금액(원)
신탁 수입	273,038.68(59.8%)	신탁보수信託報酬	2,146.20
농지 수입	29,614.29(6.4%)	농지유지비農地維持費	10,718.34(2.3%)
임대료 수입	7,235.50(1.5%)	농지영농비	8,465.79(1.8%)
유가증권 수입	61,303.67(13.4%)	농지관리인비	427.84
소작인대부이자	493.00	대건물관리비貸建物管理費	4,209.01
대부금 이자	2,504.84(0.5%)	화재보험료	592.76
예예금預預金 이자	610.55	차입금 이자	72,135.20(15.8%)
잡수입雜收入	4,191.74	월급수당	26,873.75(5.8%)
매매손익賣買損益 수입	20,626.95(4.5%)	제세공과 기타잡비	163,726.96(35.8%)
전기이월금	56,457.19	당기이익금	166,780.56
		(내 전기 이월금)	(56,457.19)
계	456,076.41(100%)	계	456,076.41

이익금 처분안			
당기순익금	110,323.37	법정준비금	5,600.00
전기이월금	56,457.19	별도제일적립금別途第一積立金	1,000.00
계	166,780.56	별도제이적립금	5,000.00
		주주배당금 (연7푼 즉 1주 1.4원)	140,000.00
		임직원퇴직기금	3,000.00
		임원 상여금 및 교제비	7,000.00
		후기이월금	5,180.56
		계	166,780.56

* 출처: 〈桂成株式會社損益計算書〉, 〈계성주식회사 제5기영업보고서〉, 《東洋拓殖株式會社·京城支店扱貸付金關係》(簿冊番号 前17C218호)(표지: 桂成株式會社貸出捌絶關係)(청구기호: 2320).

〈표 1-12-2〉 계성주식회사의 수익률과 배당

	불입자본금	순익금	이익률	배당
제3기(1937.10.1~1938.9.30)	2,000,000	223,880	1.11할*	7푼
제4기(1938.10.1~1939.9.30)	2,000,000	297,457	1.48	7푼
제5기(1939.10.1~1940.9.30)	2,000,000	166,780	0.83	7푼

* 출처: 京金제607호, 〈桂成株式會社ニ對スル貸出ノ件〉, 《東洋拓殖株式會社·京城支店扱貸付金關係》(표지: 桂成株式會社貸出捌絶關係)(청구기호: 2320).
* 비고: *제3기의 이익률이 자료 원문에는 1할 1푼 5리로 되어 있으나 이는 1할 1푼 1리의 오류다.

계성주식회사의 자산은 〈부표 1-1-2〉에서 나타나듯이 1940년 12월경 총 688만 9,463원으로 부채 139만 1,027원을 제하면 순자산 549만 8,436원이었다. 항목별 자산 내역을 보면 가장 큰 비중을 점하는 것은 445만여 원에 달하는 신탁부동산 수익권이었으며, 그 다음에 120여만 원의 유가증권과 49만여 원의 농지, 37만여 원의 시가지, 5만 4천여 원의 건물, 18만여 원의 신탁부동산이었다. 부동산만 대략 556만여 원에 달했다.

계성의 손익계산을 보면 〈표 1-12-1〉에서 보듯이 이익 부문에서는 신탁 수입이 27만여 원으로 약 59퍼센트를 차지하고, 그 다음에 유가증권 수입 13퍼센트, 농지수입 6퍼센트, 임대료 수입 1.5퍼센트 순이었다. 손실 부문에서는 제세공과諸稅公課 기타 잡비가 35.8퍼센트로 가장 컸고, 그 다음이 15퍼센트에 달하는 차입금 이자(7만 2,135원)였다. 앞에서 영보의 차입금 이자비용이 11~19퍼센트를 차지한다고 했는데, 계성도 마찬가지로 상당한 차입금 이자를 지불하고 있었음을 알 수 있다. 이는 계성과 영보의 자산 운용과 자본축적 과정에서 차입금이 중요한 기능을 했음을 의미한다.

계성의 수익률과 배당률을 정리한 〈표 1-12-2〉를 보면, 1937년 10월 ~1938년 9월 3기의 이익률은 1할 1푼 1리, 4기 1할 4푼 8리, 5기 8푼 3리였다. 배당률은 3년 동안 연속해서 7푼으로 영보합명보다는 낮은 수준이었으나, 다른 기업에 비해서는 높은 편이었다.[42] 특히 5기에는 1939년 한 해로 수확이 크게 감소했음에도 불구하고 배당은 전년과 똑같았다. 이러한 계성의 상황에 대해, 동척은 "농사 개량이 진행 중이므로 증수增收가 확실하며 금후의 경영에 불안은 없는 것으로 확인"했다.

---

[42] 앞의 〈표 1-9〉를 보면 영보합명 투자 기업 24개 가운데 11개 업체의 경우 배당이 없었고, 그 외 13개 기업은 배당률 6푼 이하가 5개였다. 따라서 투자 기업 가운데 약 66퍼센트가 무배당이거나 6푼 이하 배당이었다.

계성주식회사에서 이러한 고수익과 고배당이 가능했던 데에는 경영 방식 등 여러 가지 요인이 있겠지만, 그 주요한 이유는 영보합명과 마찬가지로 역시 동척과 같은 국책 금융기관으로부터 저렴한 이자로 자본을 조달할 수 있었기 때문이다. 즉 〈부표 1-2〉에서 보듯이 1940년경 계성의 차입금 20여만 원이 모두 동척에서 연리 6푼 5리의 이자율로 조달되었다. 이는 민대식과 신탁회사로부터 각기 연리 1할 8푼 2리와 1할 4푼 5리로 조달된 것에 비하면, 절반도 안 되는 저렴한 이자였다. 이와 같이 동척 대출금은 계성의 차입금 이자 지불 부담을 낮추어 수익률을 높인 주요 이유 중의 하나였다.

그러면 계성주식회사의 동척 대출내역에 대해 살펴보자.

〈표 1-13〉 계성주식회사·민대식의 동척 대출

조사 시기	기번호 記番號	당초 대부금(원)	현재 대부금(원)	연이율 (푼리分厘)	대출 날짜	상환기일	용도	감정 가격	비고
1936.9		70,000	64,173.26	7.0	1925. 4.4				대전지점
1936.9		120,000	67,240.56	7.0	1934. 12.28				
1936.9		174,000	174,000	7.0	1935. 9.2		신규 토지 매수, 시 가지 건물 건축비	261,500	이율인하 요구로 6.8로 인하
1937.3		53,300		4.95	1937	1960	토지개량 사업		
1937.12	척拓1177	1건	120,000	6.7	1937. 9.10	1938.9.9	농사경영	261,300	
1938.6	토저식 土低殖 외2	5건	123,200	4.4 4.6 5.5		1949년 12월말 1951년 12월말	토지개량 사업	261,300	산미증식 자금 대출
1938.12		65,000	65,000	1전3리 (日步)		1939.2.13	미곡자금	80,900	벼 9,971 가마니 담 보

| 1940.6* | 식식1977 | 1건 | 37,549 | 6.3 | 1938.
10.8 | 1954.6.30 | 시가토지
건물 | 93,400 | |
| 1940.6* | 식식2200 | 1건 | 44,880 | 6.5 | 1934.
4.4 | 1946.12.15 | 농사경영 | 111,000 | 대전지점 |

* 출처:《本邦會社關係雜件·東洋拓殖株式會社會計綴洩文書》;《本邦會社關係雜件·東洋拓殖株式會社會計關係公文書》;《東洋拓殖株式會社·京城支店扱貸付金關係》(표지: 桂成株式會社貸)(청구기호: 2333).
* 비고: *는 민대식 개인 명의 대출이며, 나머지는 계성주식회사 명의로 대출받았음.

"영보합명에 다음가는 거액 거래처"인 계성주식회사는 〈표 1-13〉에서 보듯이 1938년 12월경 적어도 10건 이상의 대출을 동척으로부터 받고 있었다. 주목할 점은 계성이 특수정책자금인 '토지개량사업자금'을 대출받았다는 점이다. 1940년경 동척의 일반부동산담보대출이율은 보통 연 6푼 7리~최저 6푼이었으나, 특수자금인 '토지개량' 자금은 4푼 4리~5푼 5리의 저리로 20년 이상 장기로 대출받았다. 일제는 산미증식을 위해 토지개량사업자금을 동척 각 지점을 통해 지방 수리조합에 방출했는데,[43] 극히 소수의 대지주들에게도 이 자금을 대출해주었다. 상당한 특혜라고 할 수 있는 이 토지개량자금을 받은 대지주는 목포지점으로부터 대출받은 학파농장鶴坡農場의 현준호와 경성지점에서 받은 계성주식회사의 민대식뿐이었다. 계성주식회사의 저리 대출은 "차주借主가 영보합명의 대표사원인 민규식의 실형實兄이고 또한 영보합명의 거래 권유 사정도 있어" 이루어진 것이었다.

대출은 주로 전답과 같은 부동산이나 창고에 보관하고 있는 벼와 같은 현물을 담보로 이루어졌다. 대출자금의 용도는 토지 구입과 토지 개량, 그리고 미곡자금 용도가 대부분이었다. 계성주식회사는 유망한 간척지를 매

---

[43] 〈産米增殖業務〉十萬圓以上貸付金個人別明細表〉,《本邦會社關係雜件·東洋拓殖株式會社會計綴洩文書》. 1937년 12월과 1938년 6월 말경 산미증식 목적의 대출 상황을 보면 동척 조선지사에서 조선농회에 4푼 5리, 5푼 5리 금리의 자금을 대출해주고, 부산 대구 목포 이리 대전 경성을 비롯한 각 지점에서 지역 내 수리조합에 4~6푼대 이자율의 자금을 방출했다.

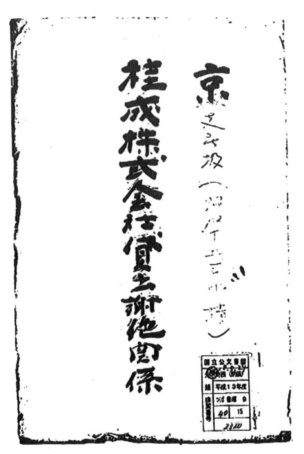

〈그림 1-8〉 동척 경성지점의 계성주식회사 대출 관련 자료

민대식이 1935년 9월 설립한 계성주식회사는 동척 경성지점의 우량거래처였다. 계성(주)은 토지나 창고에 보관하고 있는 벼와 같은 현물을 담보로 저리의 토지개량사업자금을 대출받아 유망한 간척지를 매수하고 공사함으로써 토지 소유를 확대해나갔다. 그림은 일본 국립공문서관 츠쿠바분관 소장 대출 자료 표지임.

수하여 동척으로부터 저리의 토지개량사업 자금을 장기로 대출받아 공사를 계속하는 방식으로 전답 소유를 확대해갔다. 예를 들어 〈표 1–13〉에서 1937년 5만 3,300원의 대출은 오카자키岡崎忠八가 개답공사를 하고 있던 충남 서산군 부석면 태안면 소재 간사지干瀉地 216정보를 1936년 9월 계성 주식회사에서 매수한 후, 간척자금을 동척으로부터 차입한 것이다. 대출 이자는 반액은 4푼 4리, 반액은 5푼 5리의 저리였으며, 상환 조건은 1939년 12월 말까지 거치 후 1961년 12월까지 22년간 원리균등 연부상환하는 매우 유리한 조건이었다. 이 공사의 사업비 총액은 30만 7천 원 정도로 추산되었는데, 총독부에서 9만 3천 원의 보조금을 지원하기로 했다. 총독부나 동척에서는 간척이 끝나 숙전熟田이 되는 1947년 이후 반당反當 3석 정도의 수확으로 투자액에 대한 이윤율이 7푼 8리 4모가 되므로 이 간척사업이 유망하다고 판단했다.

또한 기존 대출금의 이자율 인하도 적극 시도함으로써 차입금 이자 지불을 줄여 최대수익을 창출하고자 노력했다. 대표적으로 1934년 5월 동척 대전지점에 대출금 7만 원의 7푼 3리 이자를 7푼으로 인하해주기를 요청하여 관철시킨 예가 있었다. 또한 1936년에 동척 경성지점에 대출자금 15만 원의 이자율을 7푼에서 6푼 8리로 인하해줄 것을 요구한 경우를 들 수 있다. 이는 원래 대출 시 최저 금리가 7푼 3리였으나 이보다 낮은 7푼으로 대출 승인을 받았는데, 이때 다시 이자율 인하를 요청하여 관철시켰던 것이다.

영보와 계성의 자산 규모와 순수익을 비교해보면, 영보는 1942년경 순자산 830여만 원, 순수익 16만여 원이었고, 계성은 1940년경 540여만 원, 14만여 원이었다. 연혁 기간과 비교 시점에 약간의 격차가 있기는 하나, 이를 감안한다 하더라도 영보의 자산축적도가 계성을 앞지르고 있음을 알 수 있다. 이는 1930년대에 양자가 선택한 자본 투자와 기업 경영 방식의 차이, 즉 직접경영과 신탁경영의 결과였다고 할 것이다.

민규식의 영보나 민대식의 계성은 이미 1930년대 말경에 이르러 김연수
계·박흥식계와 함께 "조선의 대재벌적 콘체른"[44]으로 거론되고 있었다. 그
러나 "그 본령으로 하는 바는 토지에 있으며, 산업에는 직접 손대지 않고
주식 보유 형태로 각종 산업에 간접적으로 투자하는"[45] 것이 나름대로의
경영원칙이었다. 민씨 일가는 농지 경영과 부동산 관리를 목적으로 하는
영보와 계성을 안정적인 물적 토대의 주축으로 삼는 한편, '토착삼행土着三
行'의 하나인 동일은행을 지배하여 금융 조달의 입지를 확보하고, 유망기
업에 대한 주식 투자를 하여 재계에서 입지를 구축하는 방식으로 자본을
축적했던 것이다.

4. 민영휘 일가 자본축적의 특징

한말 고급 관료였던 민영휘는 권력에 의거한 수탈을 통해 토지를 집적, 자
본을 형성했다. 이 자본을 기초로 이후 금융권에 진출하여 한일은행장이
되면서 재계에서 기업가로서의 입지를 구축했다. 2세대 민대식과 민규식
은 제소업에 투자하여 부국직물, 조선견직과 같은 기업체를 경영하기도
했으나, 자본축적의 주요 토대는 토지 소유와 농업 경영, 건물 임대 등 부
동산 투자에 있었고, 부수적으로 주식 투자를 겸했다.

이러한 보수적인 자본 투자 방식 선상에서 체계적인 자산 관리를 위해
1933년과 1935년에 각기 설립한 가족회사인 영보합명회사와 계성주식회
사는 10년이 못되어 3~4배 성장했다. 그러나 전시기에 들어서 양자의 행

---

[44] 김동환, 〈재계 거두가 '돈과 사업'을 말함〉, 《삼천리》 9권 4호, 1937년 5월.
[45] 《朝鮮産業年報: 朝鮮産業の決戰再編成》, 동양경제신보사, 1943, 34쪽.

보는 나뉘었다. 영보는 거액의 대출자금을 군수산업에 투입했으나, 계성은 일제의 조선증미계획朝鮮增米計劃에 보조를 맞춰 토지 개량과 농업 경영을 고수했다.

기업의 몰락과 성장이 부침하고 있었던 1930년대 중반~1940년대에 이러한 확대 성장과 자본축적이 가능할 수 있었던 것은 일제 국책금융기관으로부터 적극적인 지원을 받았기 때문이다. 영보와 계성은 금융기관에서 정한 최저금리보다 더 낮은 이자로 총자산의 15~20퍼센트에 이르는 차입금을 동척으로부터 장기대출받아 토지 구입과 농사 개량, 건물 신축, 제조업 투자와 유가증권 투자 등을 통해 자본을 축적해나갈 수 있었다.

2세대에 와서 유가증권의 비율이 높아졌다고 하나 민대식과 민규식의 부동산 보유 비중은 유가증권에 비해 두 배가 훨씬 넘었다. 그런데 전국에 소재한 토지와 임야(대지)의 관리를 위해서는 능력이 있으면서도 믿을 만한 마름의 존재가 중요했다. 예를 들어 1930년대에 민대식의 마름 중 한 사람은 강번이었다. 강번은 민대식이 사장이었던 한일은행에서 지점 지배인, 서무과장에서 출발하여 이사로 승진했던 인물이다. 또한 한일은행이 현물보관 창고로 1924년 설립한 남창사의 감사이기도 했는데, 남창사가 1929년 대전에 설립한 운수창고업 회사인 선남창고鮮南倉庫(자본금 20만 원)의 사장으로 재직하면서 민대식의 농사 경영도 맡았다. 1934년경 민대식의 동척 대출 때 채무보증인 강번에 대한 동척의 〈신용조사서〉에는 두 사람의 관계를 '주종관계[숨雇]'로 표기했는데, '마름' 강번은 배재학당 졸업 후 미국 서던캘리포니아대학을 수료한 엘리트였다. 1935년 무렵 충남 대전부회 의원과 대전상공회의소 부회두(1941년 이후 조선총독부 중추원 참의)를 지낸 그가 같은 시기 민대식의 마름으로 일했다는 사실은 민씨가의 사회적 지위와 인맥관계가 대단했음을 알려주는 흥미로운 사실이다.

한편, 민씨 일가가 이러한 경제적 특혜의 수혜자가 될 수 있었던 것은 일제 경제 정책에 부응하여 시기별로 미간지 개척, 토지 개량과 산미증식, 군수기업 경영과 투자에 앞장섰기 때문이었다. 또한 자본축적의 연장선상에서 정치사회적 활동을 통해 지배체제 유지에 적극 협력했기 때문이다.

민영휘는 일제의 보호통치 하에서 대신이 되기 위해 수차례 이토 통감을 비롯한 일제 고위 관헌에게 성대한 연회를 베풀어 접대하면서 엽관 행각을 벌였다. 그리고 병합 이후 〈조선귀족령〉에 따라 일제가 수여한 자작 작위와 함께 5만 원이라는 거액의 은사공채를 받았다.

민대식은 '내선융화의 철저한 실행'을 강령으로 조직한 친일단체 동민회의 평의원으로 1924~1929년 동안 활동했다. 그리고 조선구락부 발기인, 조선신궁봉찬회 발기인·고문, 조선대아세아협회 상담역으로 일했으며, 거액의 국방헌금을 납부했다. 1935년 11월에는 일제가 사상범 통제를 목적으로 조직한 소도회昭道會의 이사로, 민규식과 함께 활동했다.[46]

민규식 역시 1925~1929년 동민회 평의원으로 활동했다. 1938년 7월 이후 조선총독부가 조선인의 전쟁 동원과 임전체제臨戰體制 유지를 위해 외곽단체로 조직한 국민정신총동원조선연맹의 발기인·이사·평의원으로 활동했으며, 1940년 이후에는 이를 개편한 국민총력조선연맹의 평의원·이사로 일제 선시제제에 적극 협력했다. 또한 1941년 8월 조선인 유지들이 '황국정신의 앙양, 시국인식의 철저, 근로보국의 실행' 등을 목표로 내걸고 조직한 흥아보국단의 상무이사로 활동했다. 1941년 10월 흥아보국단과 임전대책협의회가 통합하여 '황도정신의 선양, 전시체제에 임하여 국민 생활의 쇄신, 국채 소화·물자 공출·생산력 확충, 국방 사상의 보급'이라는 강령을 내걸고 조직된 조선임전보국단의 상무이사로도 활동했다. 그는 임전보국단의 경비로 20만 원을 박흥식·김연수와 함께 헌납했으며 또

---

[46] 홍성찬, 〈일제하 사상범보호단체 '昭道會'의 설립과 활동〉, 《동방학지》 135, 2006, 142~143쪽.

〈그림 1-9〉 전시체제에 적극 협조한 민규식

민규식은 국민총력조선연맹, 흥아보국단, 조선임전보국단 등 조선총독부가 임전체제 유지와 조선인의 전쟁 동원을 위해 조직한 단체의 임원으로 활동했다. 일제 지배에 대한 이러한 적극적인 협력은 경제적 특혜의 수혜로 이어졌다.

＊출처: 〈산업조선 확대에 일층 매진이 있을 뿐〉, 《매일신보》 1938년 1월 3일.

한 수차례 거액의 국방헌금도 납부했다. 그리고 조선방공협회 경기도연합
지부 평의원(1939), '유도儒道 황민화'를 목적으로 하는 조선유도연합회 이
사(1940), 기계화국방협회 조선지부 이사(1941), 중추원 참의(1945. 6)로 활
동했다.[47] 이렇듯 민규식이 전시체제에 적극 협력했던 것은 그가 풍림주강
소를 직접 경영하고 조선비행기공업주식회사 이사로 활동하는 등 전쟁 산
업 투자에 적극적이었던 행보와 맞물려 있다.

　1890년대 이후 1세대 민영휘에서 시작된 자본의 형성과 2세대 민대식·
민규식에 의한 자본축적 과정은 한국 근대 자본주의 발달사에서 관료로
출발하여 기업가로 전환한 대표 사례로, 한국 자본주의의 일면을 보여주
는 구체적인 보기라고 할 것이다.

---

[47] 친일반민족행위진상규명위원회, 《친일반민족행위진상규명보고서》 IV-5, 438~496쪽 참조.

〈부표 1-1-1〉영보합명의 8기 손익계산(1940년 6월 1일~1941년 5월 31일)

이익지부利益之部		손실지부損失之部	
과 목	금 액	과 목	금 액
농경지 수입	468,806.01(62.4%)	영농비	164,888.20(21.9%)
시가지건물 수입	80,845.22(10.8%)	시가지 및 건물 경영비	19,179.23(2.5%)
영림營林 수입	21,470.18(2.8%)	인건비	40,364.89(5.3%)
유가증권 수입	25,554.87(3.4%)	여비	1,657.62
농림대부금農林貸付金 이자	962.08(0.01%)	제세공과	87,217.98(11.6%)
대부금 이자	47,384.91(6.3%)	지불이자	44,219.86(19.2%)
예예금預預金 이자	1,275.00(0.2%)	영선비	1,608.91
매매손익賣買損益	35,653.69(4.7%)	경리비經理費	37,689.63
잡손익雜損益	33,992.60(4.5%)	감가상각	2,466.29
미불이자未拂利子 기타 예입	22,938.65(3.0)	당기이익금	251,479.84
전기이월금	11,889.24(1.6)	(내 당기순익금)	(239,590.69)
합 계	750,772.45(100%)	합 계	750,772.45 (100%)
이 익 금 처 분			
당기총이익금	738,883.21	사원배당금	200,000
당기총손금금當期總益金	499,292.61	보통적립금	14,000
공제 당기순익금	239,590.60	특별적립금	10,000
전기이월금	11,889.24	퇴직위로기금	3,569.95
합계 당기이익금	251,479.84	임원상여금	5,000
		후기이월금	18,909.89

* 출처: 〈第八期營業報告書〉, 《東洋拓殖株式會社·京城支店扱貸付金關係》(표지: 永保合名會社外)(청구기호: 2319).

〈부표 1-1-2〉 영보합명의 9기 손익계산(1941년 6월~1942년 3월)

이익지부利益之部		손실지부損失之部	
과 목	금 액	과 목	금 액
농경지 수입	455,842.86(55.9%)	영농비	200,346.02(24.6%)
시가지건물 수입	68,051.39(8.3%)	시가지건물경영비	13,169.07(1.6%)
영림익營林益	26,730.87(3.2%)	지불이자	154,770.80(19%)
유가증권 수입	18,644.25(2.2%)	매매손賣買損	4734.81
대부금 이자	45,097.91(5.2%)	수수료	16,022.34
농림대부금農林貸付金 이자	948.45	잡손雜損	41.39
예예금預預金 이자	2,000.76	가불금假拂金 감가상각	6,999.81
잡익雜益	6,496.81	건물 감가상각	12,636.94
매매익賣買益	143,809.68(17.6%)	집기 감가상각	507.13
미불未拂 이자 기타 수입	27,747.86(3.4%)	기계기구 감가상각	860.78
전기이월금	18,909.89	인건비	33,322.37(4.0%)
		여비	884.68
		제세공과	63,489.34
		영선비	2,659.27
		경리비	62,622.36
		당기이익금	241,213.62
		(내 당기순익금)	(222,303.73)
합 계	814,280.73(100%)	합 계	814,280.73

이익금 분배

당기순익금	222,303.73	보통적립금	15,000
전기이월금	18,909.89	별도적립금	10,000
합계 당기이익금	241,213.62	사원배당금	187,500(연年9분할分割)
		퇴직위로기금	3,000
		임원상여금	5,000
		후기이월금	20,713.62

* 출처:〈第九期營業報告書〉,《東洋拓殖株式會社·京城支店扱貸付金關係》(8冊)·(簿冊番号 8番 17号)(표지: 永保合名會社)(청구기호: 2326).

〈부표 1-1-3〉 영보합명의 10기 손익계산(1942년 4월 1일~1943년 3월)

이익지부		손실지부	
과 목	금 액	과 목	금 액
농경지 수입	485,553.67(63.4%)	영농비	254,031.66(33.1%)
시가지건물 수입	94,080.59(12.2%)	시가지건물경영비	26,847.05(3.5%)
영림익營林益	28,052.17(3.6%)	이자	88,191.71(11.5%)
유가증권 수입	43,833.30(5.7%)	수수료	131.31
농림대부금農林貸付金 이자	726.12(0.09%)	인건비	52,445.68(6.8%)
예예금預預金 이자	4,099.46	여비	2,988.93
매매익賣買益	44,176.28(5.7%)	제세공과	168.09
미불 이자 기타 수입	36,058.44	영선비	10,126.09
잡익雜益	8,154.33	경리비	41,370.43
전기이월금	20,713.62	퇴직금	991.64
		감가상각	6,206.13
		당기이익금	271,949.26
		(내 당기순익금)	251,245.64
합 계	765,447.98	합 계	765,447.98
이익금 처분안			
당기순익금	251,245.64	보통적립금	15,000
전기이월금	20,713.62	별도적립금	10,000
합계 당기이익금	271,959.26	사원배당금	225,000(연年9푼分비율)
		퇴직위로기금	3,000
		임원 상여금	8,000
		후기이월금	10,959.26

* 출처: 〈第十期營業報告書〉, 《東洋拓殖株式會社·京城支店扱貸付金關係》(8冊)·(簿冊番号 8番 17号)(표지: 永保合名 會社).

〈부표 1-1-4〉 영보합명의 11기 손익계산(1943년 4월 1일~1944년 3월 30일)

이익지부利益之部		손실지부損失之部	
과 목	금 액	과 목	금 액
농경지 수입	597,225.18(70.7%)	영농비	246,971.28(29.2%)
건물 수입	102,029.47(12%)	건물경비	24,273.23
영림수입營林收入	24,542.96(2.9%)	이자	112,019.57(13.2%)
유가증권 수입	20,620.90(2.4%)	수수료	0.65
예금 이자	4,923.56	인건비	65,317.71(7.7%)
매매손익賣買損益	50,754.07(6%)	여비	3,364.94
미불未拂이자 수입	17,618.13	제세공과	88,656.58(10.4%)
잡손익雜損益	16,048.83	영선비	178.15
전기이월금	10,959.26	경리비	56,339.19
		퇴직금	686.91
		평가손익	12,994.77
		감가상각	15,752.67
		당기이익금	218,166.71
		(내 당기순익금)	207,207.39
합 계	844,722.36	합 계	844,722.36
이익금 처분안			
당기순익금	207,207.45	보통적립금	15,000
전기이월금	10,959.26	납세적립금	32,000
합계 당기이익금	218,166.71	사원배당금	150,000
		퇴직위로기금	3,000
		임원상여금	8,000
		후기이월금	10,266.71

〈부표 1-2〉계성주식회사의 자산신용조사서(1940년 12월)

		종류	소재지	면적(평坪)	예상가격(원)
자 산	부동산	답전대畓田垈	신탁부동산 수익권	5,539,620	4,459,201
			신탁부동산	284,195	184,533
			농지	784,311	499,197
		시가지		24,919	371,070
		건물		783	54,900
	유가증권	종류		수량	예상가격
		별첨		38,625주	1,215,965
	대금貸金				103,168
	예금저금				1,429

		종별	금액	이율	기한	차입 또는 보증처
부 채		차입금	121,576.79	0.65	연부年賦	동척
			45,250.54	동同		동척(대전지점)
			40,480.11	동同		식은
		보증채권	54,019.44	0.63	연부	신탁회사
		기타	434,000.00	1.82	정기定期	민대식
			66,700.00	0.65		동척
			75,000.00	1.82		동일은행
			554,000.00	1.45		신탁회사

자산 계	6,889,463
부채 계	1,391,027
차감 순자산	5,498,436

		종류	금액	적요
상환능력	수입	자산수입	434,234(85%)	소작료24,124석 18원씩 환전
		시가지부동산수입	2,400(0.4%)	별지목록 참조
		유가증권배당금	67,054(13.1%)	별지목록 참조
		대금貸金 이자	6,778(1.3%)	일보日步 1.8전錢 계상
		계	510,466(100%)	
	지출	조세공과	150,000(41.1%)	
		영농비	86,846(23.8%)	
		차입원리지불	102,434(28%)	
		경리비	25,524(6.9%)	총수입의 5푼 계상
		기타		
		계	364,804(100%)	
	차감		145,662	

* 출처: 〈資産信用調査書〉,《東洋拓殖株式會社·京城支店扱貸付金關係－桂成株式會社貸出謝絕關係〉.

2장

尹致昭

해평 윤씨 가문과 윤치소 | 한말~1910년대 기업 투자와 경영 | 1920~1940년대 농업 경영과 자본축적 |
사회 활동과 정치적 행보 | 자본축적 방식의 양상과 그 전환

경성직뉴주식회사 사장에서
지주 경영으로 복귀한 윤치소

1. 해평 윤씨 가문과 윤치소

근현대 한국 역사를 살피다보면 해평海平 윤씨 도재공파陶齋公派의 인물들을 심심찮게 만날 수 있다. 우선 갑신정변에 참가했고 군부대신을 지낸 20세손 윤웅렬, 그리고 일제 시기 YMCA 총무로 기독교 실력양성운동을 주도했으며 전시기에 국민총력조선연맹 이사, 귀족원 의원으로 친일 활동을 했던 기독교계 지식인이자 윤웅렬의 아들 윤치호를 들 수 있다. 또한 대한제국 시기에 법부 학무국장, 일제 시기 중추원 찬의와 참의를 지낸 윤치오, 그리고 대한민국임시정부 구미공사·해방 후 이승만대통령 비서실장·국회부의장·초대 내무장관 등을 지낸 윤치영尹致暎도 있다. 22세손으로는 4대 대통령 윤보선尹潽善, 농림부 장관(1950)을 지낸 윤영선尹永善을 들 수 있다. 또한 윤치오의 장남 윤일선尹日善은 서울대 총장과 원자력원 원장·학술원 회장을 지낸 이로 학계의 저명인사이며 그 후손들은 주로 의학계와 교육계에서 활동했다. 이들이 한말 이래 오늘날에 이르기까지 명문가의 일원으로 활동하며 정치권력을 장악하고 사회적 지위를 누릴 수 있었던 데에는 기본적으로 든든한 경제적 뒷받침이 있었다.

 이들 윤씨 가문의 선대는 고려 후기에 신흥 귀족가문으로 성장했으나, 조선 초기에는 하급 무인가문으로 전락했다. 이후 조선 중기 해평부원군 윤두수尹斗壽가 영의정을 지내는 등 고위 관직자를 다수 배출하여 명문으

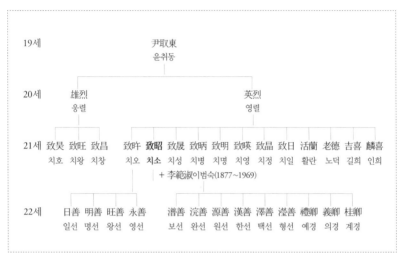

〈그림 2-1〉 해평 윤씨 도재공파 가계도

해평 윤씨 도재공파 가문의 선대는 조선 중기 고위 관직자를 다수 배출하여 명문으로 부상했다가 18세기 말 이후 잔반殘班으로 몰락했다. 이에 윤치소의 증조부(윤득실) 때 고향인 수원을 떠나 천안으로 낙향했다. 윤득실의 셋째 아들인 윤취동은 이후 분가하여 충남 아산으로 이주했다. 윤취동은 근면하게 농업에 힘써 천석지기 대지주가 되었다. 윤취동이 이룬 이 경제적 기반을 바탕으로 19세기 중반 이후 윤씨 일가는 신흥 무인가문으로 부상했다.

* 출처: 해평윤씨대동보간행위원회,《해평윤씨대동보》3권, 2005.

로 부상했으나, 18세기 말 이후 잔반殘班으로 몰락했다. 결국 윤치소의 증
조부(윤득실尹得實) 때 고향인 수원을 떠나 천안으로 낙향했다. 윤득실의 셋
째 아들인 윤취동尹取東은 이후 분가하여 충남 아산 음봉면 동천리로 이주
했다. 윤취동은 근면함으로 농업에 힘써, 흉년에 이웃사람들의 환곡을 대
신 납부해 줄 정도로 천석지기 대지주가 되었다.[1] 윤취동이 이룬 이 경제
적 기반을 바탕으로 윤치소의 숙부 윤웅렬이 법부대신·군부대신을 지내
고, 부친 윤영렬이 강계부사 겸 방어사·삼남토포사·육군 참장을 지내면서
19세기 중반 이후 윤씨 일가는 신흥 무인가문으로 부상했다.[2]

　동야東野 윤치소(1871. 8~1944. 2)의 가계를 보면, 조부 윤취동은 장남 웅
렬(1840~1911), 차남 영렬(1854~1939)을 두었는데, 웅렬은 치호·치왕·치창
3남과 2녀를 두었다. 영렬에게는 치오(1남, 1869~ 1949)·치소(2남)·치성(3남,
1875~1936)·치병(4남, 1880~1940)·치명(5남, 1885~1945)·치영(6남,
1898~1996)·치정(7남, 1921~?)·치일(8남, 1935~1985), 활란, 노덕, 길희, 인
희 등 8남 4녀가 있었다. 윤영렬은 한말 내무 참의(1895), 안성군수(1898), 육
군 참장參將을 지낸 이로 특히 정국이 어수선하던 시절 군사적 경제적 요충
지인 안성군수로 재직하면서 포도捕盜 치적으로 이름을 날렸다. 당시 신문
보도에 따르면 윤영렬은 슬하에 7남 3녀를 두었다고 하는데, 자손 50여 명
중 30명이 해외유학을 다녀왔으며, 74세 되는 1927년 5월에는 거액의 비용
으로 회혼례回婚禮를 성대하게 치러 장안의 화제가 되었다고 한다. 일본 신
문에서조차 그를 가리켜 "조선에서 두 사람도 없는 대복지인大福之人", "조
선의 마쓰카타 마사요시松方正義"(일본 4대 총리대신)라고 보도할 정도였다.[3]

1 김명구, 《해위 윤보선—생애와 사상》, 고려대학교출판부, 2011, 21~23쪽; 〈未蒙褒孝烈秩〉, 《寧城郡
　誌》; 윤치영, 《東山回顧錄—尹致暎의 20세기》, 삼성출판사, 1991, 33쪽 참조.
2 김상태 편역, 《윤치호 일기》, 역사비평사, 2001, 633~640쪽.
3 〈슬하엔 7남3녀 윤영렬씨 回婚禮〉, 《중외일보》1927년 5월 16일; 〈피끌코 살땡이 뛰노는 現存 壯士 청

그런데 윤씨 일가 가운데 가장 이재理財에 밝아 금융, 기업 투자, 농업 경영 부문에서 활동이 두드러졌던 이가 윤치소다. 윤영렬의 8남 4녀 가운데 둘째인 윤치소는 형제 가운데에서는 가장 "재산을 늘리는 데 소질이 있었다."[4]

윤치소는 보선(1897~1990), 완선(1901~1970), 원선(1910~1971), 한선(1912~1972), 형선(1917~1987) 등 6명의 아들과 예경, 의경, 계경 등 3녀를 두었으며, 이 가운데 5남 택선은 치병에게 입후되었다.

해방 후 농지개혁 당시 장남 윤보선의 피분배 농지는 293.6정보(논 258.7정보, 밭 34.9정보)였으며, 그 보상補償 정조正租만 7,755석이었다.[5] 이는 당시 서울 지주 가운데 열 손가락 안에 드는 토지 소유 규모로, 바로 일제시기에 윤치소가 집적한 것이었다. 당시 "오복五福을 구비具備"하여 "행복과 융성의 심볼"로 사람들의 선망의 대상이었던 윤치소는 슬하에 많은 자녀를 두었다. 그는 한 인터뷰에서 장자와 차남, 딸, 사위 등에 대한 상속 분배를 균등하게 하겠다고 견해를 밝혔으나[6] 그대로 실행하지는 않았던 것 같다. 농지개혁 때 대부분의 보상 토지가 장남인 윤보선의 명의였다.

결국 윤보선이 1945년 한국민주당 창당에 참여하고 미군정청 농상국 고문을 거쳐 1948년 서울시장, 1949년 상공부 장관, 1953년 이후 국회에 진출하여 민주낭 구파로 정치생활을 하게 된 데에는 대지주라는 집안 배경, 즉 부친 윤치소로부터 물려받은 물적 토대가 중요하게 작용했다. 윤치소 일가의 일제 시기 자본축적 과정은 이와 같은 한국 근현대 정치 전개와 경제적 배경의 연계를 고찰하는 데에도 좋은 사례다.

춘시대의 모험담—안성군수 시대의 윤영렬옹〉, 《별건곤》 제21호, 1929년 6월.
[4] 尹男慶, 〈윤보선대통령약전〉, 《秘錄: 한국의 대통령》, 조선일보사, 1993, 59쪽.
[5] 한국농촌경제연구원, 〈서울 30정보 이상 피분배지주명단〉, 《農地改革時被分配地主 및 日帝下大地主名簿》, 1985, 5~17쪽.
[6] 〈중추원참의 尹致昭氏談〉, 《매일신보》 1928년 4월 6일.

〈그림 2-2〉 윤치소

윤치소는 한말 이후부터 오늘날까지 여러 인물을 배출한 명문가 해평 윤씨 도재공파 일가 가운데 가장 이재에 밝아 금융, 기업 투자, 농업 경영 부문에서 활동이 두드러졌던 이다.

* 출처: 김상태 편역, 《윤치호 일기》.

2. 한말~1910년대 기업 투자와 경영

한말 윤치소의 경제 활동은 크게 보아 기존의 농업 경영과[7] 대부업[8]에 근거를 두고 있었다. 그러면서도 당시 부호들의 일반적 투자 관심사였던 광업권鑛業權을 매득했고,[9] 나아가 금융업과 제조업으로 투자 범주를 확대해 나가는 특징을 보인다. 당시 30대의 그는 경제 활동에서 매우 공격적인 모습을 보였다. 한 예로, 농업 경영에서도 향리인 아산에 머물지 않고 1909년 여름 평안북도 영변에 1,500정보의 토지를 매입했다. 그런데 여기에 소요되는 20~30만 원의 막대한 자금은 윤씨 일족이 조달했는데, 농업 기술상의 문제 때문인지 일본인과 동업으로 진행했다.[10]

〈표 2-1〉 한말~1910년대 윤치소의 기업 투자와 경영

활동시기	회사·업체	자본금	직위	비고
1909.3~	(경성)혁신점革新店	20,000	경영주	
1909	가나다 상점		경영주	
1909.9~1911.7	대한천일은행		감사	
1910.3~	동양서원東洋書院		경영주	
1910 2~	광업주식회사	50,000	사장, 전무	조합 형태에서 전환
1911	분원자기주식회사		감사	대한공업회 설립
1911	경성직뉴주식회사		사장, 감사	직뉴조합에서 전환

* 출처: 《황성신문》; 윤치영, 《東山回顧錄—尹致暎의 20세기》, 1991, 48~49쪽; 《조선총독부통계연보》 각년판.

---

[7] 1908년 이후 윤치소는 서울에 거주하면서도 계속 향리의 답을 매득하고 있었다. 이는 매득한 답이 문제가 되어 공주재판소에서 소송이 걸려 있었던 것으로 보아 알 수 있다(〈曲直必露〉, 《황성신문》 1909년 5월 8일).

[8] 한 예로 1910년 7월경 경성 쳇골 사는 이종호가 빚을 갚지 못하자, 윤치소가 저당 잡힌 집을 집행한 사실을 들 수 있다(〈리씨집 집행〉, 《대한매일신보》 1910년 7월 9일).

[9] 평안북도 강계군 소재 사광권砂鑛權을 공동으로 취득했으나 광구세鑛區稅를 납부하지 않아 1911년 허가가 취소되었다. 또한 1915년 12월 공주군 주외면州外面에 43만 평의 광산을 공동으로 매득했다 (《조선총독부관보》 1911년 5월 3일, 1915년 12월 14일).

[10] 〈윤씨농업 경영〉, 《황성신문》 1909년 7월 4일; 〈윤씨대득〉, 《대한매일신보》 1909년 7월 4일.

〈표 2-1〉은 한말~1910년대에 윤치소가 투자하거나 경영한 회사(업체)를 정리한 것이다. 이를 보면 윤치소가 근대적 형태의 사업, 그것도 제조업에 처음으로 투자한 것은 1909년 3월 설립한 혁신점革新店이었다. 양화洋靴를 제조한 이 업체는 종로 1정목 번화가에 소재했는데 상호는 자료에 따라 경성혁신점 혹은 혁신점으로 나타난다. 당시 양복을 입고 구두를 신는 생활습관의 변화로 경성에는 양복점과 양화점 설립이 유행이었다. 하지만 경성혁신점의 영업 결과는 실패였다. 〈표 2-2〉에서 보듯이 창립초기 자본금 2만 원, 직공 22명으로 시작했지만, 5년 만에 생산고가 18,720원에서 7,500원으로 떨어지고 자본금이 완전히 소진되었다.

〈표 2-2〉 윤치소 경영 혁신점의 추이

연도	자본금(원)	공장건평(평)	직공수	1년 취업일	생산고(원)
1910	20,000	61	22	312	18,720
1911	5,838	34	21	304	17,760
1912	15,000	31	18	310	11,953
1913	14,500	32	20		8,832(2,208족)
1914	14,500	32	13		6,500(1,300족)
1915	800	12	15		7,500(1,500족)

* 출처: 《조선총독부통계연보》 1910년판, 129쪽; 1911년판, 118쪽; 1912년판, 120쪽; 1913년판, 186~187쪽; 1914년판, 34~35쪽; 1915년판, 38~39쪽; 靑柳綱太郎, 《最近京城案內記》, 1915, 64쪽.

한편 윤치소는 1909년 9월 교동(오늘날의 경운동) 집 바깥채에 가나다 상점을 개설했는데, 이는 서울의 대관大官 집에 찬물饌物을 매일 공급하고 월말에 그 대가를 지급받는 일종의 식자재 용달 업체였다.[11] 윤치소의 외숙인

---

[11] 〈先給後推〉, 《황성신문》 1909년 11월 3일. 그런데 윤치영의 회고에 의하면 가나다 상점은 국산품 장려와 자강운동의 일환으로 토산품, 서적, 학용품, 각종 생활용품을 판매하는 잡화점이었으며, 1930년대에 문을 닫았다고 한다(윤치영, 《尹致暎의 20세기: 東山回顧錄》, 삼성출판사, 1991, 48~49쪽). 아마도 처음 찬상용달부로 시작하여 일반 생활용품 판매로 확대해나갔던 것으로 보인다.

한진창韓鎭昌과 바로 아래 동생인 윤치성, 전 은진군수恩津郡守 이응종李膺鍾 등 십여 명이 매인당 100원을 출자하여 설립한 이 상점은 주요 고객인 부인들에게 쉽게 인지시키기 위해 상호를 가나다 상점으로 정했다고 한다.[12]

1910년에는 승동承洞 예배당 앞에 동양서원東洋書院을 개설하여 각종 교과서와 종교서적, 《일어대성日語大成》, 《한일영삼국문韓日英三國文》과 같은 어학책, 서양과학도서, 그리고 윤치호가 지은 《찬미가》와 《유학자취幼學字聚》 등을 판매했다.

1909년 9월~1911년 7월 기간에는 대한천일은행(1899년 12월 설립) 감사를 지냈다.[13] 이 기간에 함께 감사를 지낸 김진섭이 마포 객주로 한성어음조합 평의원이자 이후 호서은행장을 지낸 인물이고, 김한규는 한일은행 전무로 활동한 기업가란 점에서, 당시 윤치소의 경제적 위치를 미루어 짐작할 수 있다.

1910년 2월 이후에는 직접 농산물 매매·부동산 임대·금전 대부를 영업 내용으로 하는 광업주식회사 설립에 앞장섰다. 이 회사는 설립 초기에는 1907년 군대 해산과 더불어 해직된 군인 7, 8명이 전당포 영업을 목적으로 자본금 3천 원으로 만든 조합이었는데, 1910년 2월 이후 경성의 대표적인 관료 출신 부호들이 투자하여 1911년 8월 자본금 50만 원(불입금 12만 5,000원)의 주식회사로 전환했다. 윤치소는 주식 모집과 회사 설립을 주도함으로써 초대 사장으로 추대되었으며, 1912년경에는 전무로 일했다. 이 회사의 중역진은 당대 최대 부호로 꼽히는 민영휘의 장남 민대식, 육군 참령을 지낸 민용기, 해평 윤씨 인척으로 규장각 부제학을 지낸 윤태선(이상 이사),

---

12 〈蝴蝶甚奇〉, 〈반찬장사 위치〉, 《대한매일신보》 1909년 8월 22일, 1909년 9월 1일.
13 古川博, 《조식회사조선상업은행연혁사》, 주식회사조선상업은행, 1942, 50쪽; 〈제8기영업보고〉, 《황성신문》 1910년 8월 9일.

그리고 법관양성소 교관을 지낸 유문환(감사) 등이었다.[14] 이 회사의 영업 상황은 매우 호조여서 1911~1917년 연간 순익금이 19,000원~21,000여 원, 배당률은 1~1.4할에 이르렀다.[15]

또한 윤치소는 해산 군인들이 조직한 대한공업회가 중심이 되어 1911년 설립한 분원자기주식회사의 주주이자 감사로도 활동했다.

그리고 1911년에는 근대 초기 대표적인 조선인 자본 직물회사인 경성직 뉴주식회사 사장으로 경영을 주도했다. 이 회사는 원래 수구문水口門 안 동 리(병목정並木町) 일대 이정규·김성기 등의 직물업자 17, 18명이 직뉴조합을 조직한 것에서 출발하여, 1910년 1월 자본금 7,700원의 합명회사로 재편되 었다. 이후 기계화와 생산 품목 다양화로 투자 확대가 필요해지자 1911년 5 월 윤치소·박만서朴晩緖(감사)·박승원朴承元(발기인·주주)·조종서(발기인) 등 이 투자하여 자본금 10만 원의 주식회사로 재조직했다.[16] 1917년경 회사 현 황을 보면 직뉴기 4백여 대, 직공 5백 명이고, 또한 내직內織으로 종사하는 직공도 수백 명에 이르러 매월 고금雇金이 수천 원이고 하루 이익금이 평균 백여 원이라는 것으로 보아 경영 상태가 양호했음을 알 수 있다. 경성직뉴 주식회사는 설립 당년에 약 5할의 이익을 냈고 1913년에는 약 2할 이상의 배당을 하기도 했으나 1917년 김성수金性洙에게 인수되고 말았다.[17] 그러나 이후에도 감사역으로 계속 경성직뉴에 관계했다.

---

[14] 〈廣業募株〉, 《황성신문》 1910년 2월 8일. 처음 주당株當 50환씩 2,344주를 모집했다가 이후 3,656주 를 증모增募했다.

[15] 《조선경제연감》 1917년판, 경성상업회의소, 234~235쪽.

[16] 한 기자, 〈경성직뉴주식회사참관기〉, 《반도시론》 1권 2호, 1917년 6월; 《경성상공업조사》, 조선총독 부, 1913, 39~40쪽; 권태억, 1980, 〈경성직뉴주식회사의 설립과 과정〉, 《한국사론》 6, 289~299쪽; 오미일, 《한국근대자본가연구》, 한울, 2002, 103~104쪽. 박만서는 박영효의 종질從姪로 변호사였고, 박승원은 상인, 조종서는 동래감리 겸 동래부윤을 지낸 전직 관료로 1909년 염직회사 설립을 시도했 던 인물이다.

[17] 〈경성직뉴주식회사참관기〉, 39쪽; 〈경성의 공업발흥〉, 《매일신보》 1913년 3월 7일.

〈그림 2-3〉경성직뉴주식회사

한말 윤치소의 경제 활동은 대개 기존의 농업 경영과 대부업에 근거를 두고 있었다. 나아가 당시 부호들의 일반적 투자 관심사였던 광업은 물론 금융업과 제조업으로도 투자 범주를 확대했다. 1911년에는 당시 대표적인 조선인 자본 직물회사인 경성직뉴주식회사 사장으로 경영을 주도했다.

* 출처: 대한방직협회 홈페이지.

이러한 윤치소의 경제 활동을 투자 부문별로 볼 때 기업 창립에 상대적으로 가장 많은 투자를 했던 시기는 1909~1910년대 초반이었다. 이는 형 윤치오도 마찬가지로 주식회사대동기숙관株式會社大東寄宿館(1907), 찬상용달부 (1909), 대한제혁소(1909), 광업주식회사(1910), 분원자기주식회사(1910), 작잠제탄주식회사柞蠶製炭株式會社(1910), 조선권업주식회사朝鮮勸業株式會社(1912), 광장廣藏주식회사(1914) 등에 투자하고 이사·감사로 활동했다.[18] 이 가운데 광업주식회사, 분원자기, 광장주식회사는 윤치소도 함께 참여했던 회사다.

윤치오는 의정부 주사(1894), 특파대사의화군수행원特派大使義和君隨行員 (1895), 동경외국어학교 교사(1896), 일본유학생 감독(1906), 학부 학무국장 (1907) 등 여러 관직을 역임하고 은퇴한 후, 1910년대에 여러 기업에 투자했다. 그러나 그의 기업 투자 결과는 좋지 못했다. 더구나 그는 1915년경 모 자작의 아들을 회사 중역으로 임용해주겠다고 속이고 받은 은사공채를 담보로 변통한 자금으로 인천미두거래소 주식을 매입하여, 이를 저당하고 다시 약속어음을 만들어 약 10여만 원을 사취詐取했으며, 또 다른 이에게서도 주식을 사취하여 징역 1년 집행유예 2년을 받았다. 이때 윤치소도 사취한 재산을 은닉한 혐의로 함께 체포되기도 했다.[19] 아우 윤치소가 거만巨萬의 재산가로 이름을 날리고 자본축적에 성공적인 경로를 걸은 반면, "초피貂皮 신에 진주 바닥을 깔아 신을" 정도로 호사를 누리던 그는 1920년대에 몰락하여 수중이 텅 비는 지경에 이르렀다.[20]

윤치소의 동생 치성도 1906년 토목건축주식회사(자본금 250원)를 설립

[18] 전우용, 〈한말 일제 초의 광장주식회사와 광장시장〉, 《전농사론》 7호, 서울시립대학교 국사학과, 2001, 579쪽.

[19] 〈尹致昨兄弟入獄〉, 〈元巡査補의 挾雜〉, 〈윤치오에게 특전〉, 《매일신보》 1915년 3월 16일, 1915년 3월 21일, 1916년 6월 17일. 윤치호에 의하면, 윤치오는 "지독한 낭비벽"이 있었다고 한다(김상태 편역, 《윤치호 일기》, 586쪽).

[20] 〈京城名物男女新春誌上大會〉, 《별건곤》 제4호, 1927년 2월.

경영했고, 대한제혁소·찬상용달부·분원자기에 함께 참여했다. 그는 1895년 신사유람단으로 일본에 갔다가 경응의숙慶應義塾 특별과에 입학하고 이후 육군예비학교를 거쳐 육군사관학교를 졸업했다. 러일전쟁 때 일본 기병으로 출병했으며 1907년 시종무관을 지내다가 1908년 예비역으로 퇴직했고, 이후 1920년 중추원 참의를 지냈다.

앞에서 살펴봤듯이 윤치소는 혁신점과 같은 제조업체를 창립하여 직접 경영하거나, 혹은 경성직뉴주식회사나 광업주식회사와 같이 수공업자나 해산 군인들이 설립한 영세업체를 여러 관료 출신 기업가나 대상인들과 함께 투자하여 확대 조직하기도 했다. 이러한 기업 활동의 일부는 주로 해산 군인과 장교가 주도한 대한공업회와 관련된 것이라는 점에서 부친 윤영렬이 무반이었고, 특히 윤치성이 고급장교로 복무하다가 1908년 퇴임 후 대한공업회 회장으로 해임 장교들의 경제 활동을 선도했던 집안 배경과 무관하지 않다. 한말 기업 투자에 삼형제가 함께 움직였던 것은 당시 관료 출신 지주·부호들의 회사 설립 붐에 편승했기 때문이기도 하지만, 1908년 군부 폐지 후 더 이상 관계官界로 진출이 불가능한 상황에서 윤씨 일가 차원의 새로운 활로 모색이기도 했다.

또한 일가가 독실하게 신앙했던 기독교적 심성은 사회적 활동뿐만 아니라 기업 투자나 경제 활동에도 작용했을 것으로 보인다. 일찍부터 외국 유학한 분위기 탓인지 윤치소 일가나 그 인척들은 대개 독실한 기독교 신자였다. 특히 사촌형 윤치호가 갑신정변 실패로 망명한 후 상해 중서학원中西學院에서 수학하면서 남감리교 최초의 세례교인이 되었고, 미국 유학 후 1895년 귀국하면서 윤씨 일가에게 기독교를 전파했던 것으로 보인다. 윤치소는 1917~1944년 경성 안동교회 장로, 조선기독교연합회 평의원을 지냈다. 그는 기독교를 매개로 서양의 문물과 사고에 친화적이었고 따라서 각종 근대적 기업 창립에 일찍부터 관심을 갖게 되었을 것이다.

1920년대에 들어서 윤치소의 기업 활동은 더 이상 나타나지 않으며, 오로지 농업 경영과 토지 매입에만 주력하고 있다. 이로 보아 투자 대비 순익률이 낮아, 기업 경영이 자본축적의 주요 수단이 되지는 못했음을 알 수 있다. 한말 서울의 고급 관료와 상인들이 근대적 기업의 설립과 경영에 다투어 나섰다가 경영 방법이나 기술에 익숙하지 못하여 대부분 손해를 보고 실패했듯이, 그 또한 마찬가지였다.

이와 같이 윤치소의 기업 투자와 경영은 자본축적이라는 관점에서 보면 그다지 성공적이지 못했다. 그러나 근대 초기 기업사에 남을만한 대표적인 회사의 설립과 경영은 '회사 중역', '근대적 기업가' 라는 이미지를 형성하여, 이후 그의 사회경제적 활동에 발판을 마련했다.

3. 1920~1940년대 농업 경영과 자본축적

농사 개량과 농업 경영

윤치소의 자본축적의 주요 수단은 토지 집적과 농업 경영이었다. 윤치소의 전장은 향리 아산을 중심으로 당진, 천안 등 충남 지역에 주로 분포되었고 이후 경기도, 강원도로 확대되었다. 아산군 둔포면屯浦面 신항리新項里에 위치한 사무소가 1902년 1월 창립된 것으로 보아[21] 31세 무렵 부친으로부터 토지 일부를 물려받고 독자적인 농업 경영에 나선 것으로 보인다.[22]

---

[21] 한국농촌경제연구원, 1985, 〈충청남도대지주명부〉(1930년 말), 《농지개혁시 피분배지주 및 일제하대지주명부》, 153쪽.
[22] 윤보선의 회고에 의하면, 조부 윤영렬은 300석을 하는 부농이었는데 이를 모두 윤치소에게 맡겨 관리하도록 했다고 한다(해위윤보선대통령기념사업회, 《윤보선회고록 — 외로운 선택의 나날》, 동아일보

앞에서 보았듯이 1909년 일본인과 동업으로 평북 영변에서 농업 경영을 시도했고, 또한 1911년 3월 농사 개량의 정책적 보급을 목적으로 동양척 식주식회사가 주도한 농담회農談會의 찬성원贊成員이기도 했던 그는[23] 농장 형태의 농업 경영을 전개했다. 해마다 2월이면 소작인을 관리하고 실제적 으로 소작지 경영을 주도하는 농감農監들을 소집하여, 당년 농사 개량과 농업 지도에 관한 회의를 개최하고 토의를 거쳐 결정한 내용을 소작인에 게 전달 시행하도록 했다. 농감의 인원수는 시기별로 소유 경지에 따라 조 금씩 달랐는데, 1929년에는 43명이었다. 그러나 1932년경 소유 농지 증가 에 따라 농감이 50명으로 늘어났는데, 충남 아산·천안·예산·당진과 경기 도 진위·양주군 소재 경지 944정보(와 산지 217정보)를 이들이 관리했다.[24]

농감회의 결의 내용은, 1926년의 경우 모두 6조항으로 ① 종자를 선택하 고 비료를 장려할 것, ② 농시農時를 당하여 종자와 금융은 지주와 농감이 상의해서 소작인에게 저리로 대부할 것, ③ 소작인과 농감 간 친선을 도모 할 것, ④ 권농하고 근검저축하는 자에게는 표창할 것, ⑤ 소작권은 농사 를 나태하게 하여 시기를 놓쳐 수확에 불상당不相當하는 자 이외에는 이동 치 말 것, ⑥ 부업 장려 목적으로 상묘桑苗를 경영하는 자에게 상원桑園이 되기 선에는 지도地賭 3푼을 감減하고, 가마니를 제조하고자 하나 자본이 없으면 지주와 농감이 상의하여 저리자금을 융통케 할 것이었다. 이러한

사, 1991, 542쪽).

[23] 〈農談會의 취지〉, 〈五星校의 농담회〉, 《매일신보》 1911년 3월 28일. 농담회는 동척의 중역과 경기도 장관, 경성부윤, 경찰서장, 내무부 장관, 토지조사국 총재 등이 열석한 가운데 전개된 정책 선전의 장 이었다. 농상공부 장관과 식산국장, 권업원예모범장장勸業園藝模範場長, 산림과장, 동척 총재와 기 사 등이 농학 보급과 농업 개량을 고취하는 강연을 했으며, 그 청강자는 일본 측 실업가, 민단民團 의 원, 상업회의소 의원, 조선 측에서는 귀족, 은행·회사의 중역, 기타 실업가 등이었다.

[24] 〈優良作人表彰〉, 《중외일보》 1929년 2월 28일; 〈牙山尹氏農監會〉, 《동아일보》, 1932년 2월 21일; 〈京 金제491호 尹致昭氏貸增ノ件〉(1932. 10. 3), 《東洋拓殖株式會社·京城支店扱貸付金關係》(표지: 尹致 昭氏貸), 일본국립공문서관 분관 소장(청구기호: 2347).

농사 개량 지침은 해마다 사정에 따라 달랐으니, 1932년에는 추경장려秋耕獎勵, 입도건조立稻乾燥 등 12개 조항이었다.

연례농감회에서는 우량 소작인에 대한 표창도 시행했다. 즉 생산성 증가를 위해 각 농감의 관할별로 5~10두락의 표창답表彰畓을 별도로 마련해두고 매년 우량 소작인 1등 1명에게 이를 가소작加小作하도록 하고, 2등 수명數名에게는 삽을 1개씩 지급했다. 이와 같이 농사 개량을 장려하기 위한 목적의 우량 소작인 표창은 당시 동척이나 조선인 지주의 농장에서 일반적으로 행해지고 있었다.

윤치소는 "지주의 이해利害는 소작인의 충실 여하에 달렸다"는 농업 경영관에서 출발하여 적어도 1910년대 초부터 농사 개량을 위한 소작인 지도에 적극적으로 나섰다. 농업 지도의 구체적 방법은 크게 종자 대부, 비료 공급, 소작권의 확보와 타조법, 그리고 농업조합의 설치 등 네 가지로 실행되었다.[25]

먼저 소작인에게 말로만 좋은 종자를 심으라고 권해도 잘 실행되지 않아 지주가 전문가에게 물어보고 제일 우수한 종자를 골라 소작인에게 공급해주고 추수 후에는 이를 환수하는 방식을 채택했는데, 매년 성적이 양호하여 소작인도 이를 매우 환영했다. 그리고 비료 역시 형편이 어려운 소작인이 돈 드는 거름을 많이 쓸 수 없으니, 지주인 자신이 은행 이자로 대부해주어 화학비료를 사용하도록 했는데, 비료대금은 지주와 소작인이 절반씩 부담했다. 1925년 경우 대두박大豆粕 6백 원어치를 투입하여 160석의 수확 증가를 보았으므로 지출 330원(대두박 대금 및 이자합계액 660원의 절반)에 수입 1,200원(160석의 절반인 80석×석당 15원)으로 870원의 순익을 올린 셈이었다. 이는 투자액의 무려 2.6배에 상당하는 순익이니, 윤치소의 말대로

---

[25] 경성 윤치소, 〈소작인의 경제적 원조〉, 《新民》 제8호, 1925년 12월, 60~63쪽.

"농사가 박리라고 하지만 당년에 20할의 이익을 내는 사업이 조선에서 쉽지 않다"는 점을 고려하면, 여기에서 농업 경영을 통한 자본축적의 가능성을 엿볼 수 있을 것이다.

또한 윤치소는 소작권을 자주 이동하면 지주와 마름의 권력 부리기는 좋을 것이니, 토지가 옳은 작인을 만나지 못하고 여러 사람의 손으로 넘겨지게 되면 결국 버리게 된다고 보았다. 소작인이 토지에 애착을 갖도록 해야 생산력도 증가할 것으로 보았던 것이다. 그러나 지주가 공급하는 종자와 비료만 믿고 거름이나 김매기를 태만하게 하는 소작인은 주의를 주어도 고치지 않으면 소작권을 이동해야 한다고 하여, 소작권 이동 금지가 온정적인 차원에서 발로되었다기보다 전적으로 생산성을 기준으로 결정된 것임을 알 수 있다. 조법租法은 도조賭租로 하는 것이 편하지만, 풍흉이 일정하지 않은 토지(답)의 경우 타조법을 채택했다. 그러나 밭은 모두 정조법을 실시했다.

윤치소는 이러한 내용의 농사 개량을 추진하기 위한 기구로 자신을 포함하여 소작인들로 구성된 '윤씨농업조합'을 1917년에 조직했다. 조합원의 농업을 장려하며 경제적 발달을 도모하기 위한 목적으로 조합원이 각자 1구(5원) 이상 출자히여 마련한 총액 1천 원(2백十)의 사본금으로 종자·종묘·비료·농구·기타 농업상 필요한 재료의 구입자금을 대부해주었다. 이렇게 10년 이상 조합을 운영하자, 조합원 60여 명, 적립금 4, 5천 원에 이르렀다. 그런데 조합원 수가 1925년에 60여 명이라고 하는 것으로 보아 농감과 일부 소작인만 가입했던 것으로 보인다.

부재지주인 그는 농감(마름)의 중요성과 또한 그에 따른 폐단도 익히 알고 있었기에 이들을 견인하고 견제할 수 있는 인물이 필요했다. 그래서 아산에 거주하는 지주 이재룡李載龍을 마름의 총감독으로 임명하고 농장 관리를 위탁했다. 이재룡은 11세부터 상업에 종사하여 자수성가한 입지적인물로 1929년 85세의 고령인데도 윤치소가 관리를 맡긴 것은 "농리農利에 통달하고, 작인 독려"의 기술을 높이 평가했기 때문이었다.[26]

토지 집적과 자본축적

앞에서 살펴보았듯이 윤치소는 이미 1910년대부터 농장 형태의 농업 경영을 추진하면서 농사 개량과 토지 개량을 실행하고 있었다. 그 결과 1930년 대에 이르면 상당한 토지를 집적하게 되었다.[27]

그러면 1930~1940년대 윤치소의 토지 집적 추이와 소유 규모에 대해 살펴보자.

〈표 2-3〉 윤치소 일가의 토지 소유 추이

조사연월	토지종목	면적	예상가격	소작료
1930년 말 (충남 소재 토지)	논	211정보		
	밭	40정보		
	기타	12정보		
	계	263정보		
1932.8	경지	944정보	750,000	9,369석
	산지	217정보		
1933.7	경지	944정보	750,000	평균 9,000석
	산지	217정보		

[26] 〈소작개선운동: 지주순방기〉, 《신민》 45호, 1929년 1월.
[27] 1932년 조선총독부 농림국이 자작농창정계획의 협조를 구하기 위해 경성 및 부근에 거주하는 100정보 이상 대지주 총 56명을 초청하여 간담회를 개최했는데, 이때 윤치소도 참석했다. 이날 참석자는 동양척식주식회사, 선만개척회사 등 9개 회사와 보성전문·양정의숙 등 학교법인, 그리고 개인지주들이었다. 1934년 소작령 제정 시에도 윤치소는 중앙 및 기타 요로대관에 솔선 찬동한다는 뜻을 전보로 알렸다. 이로 보아 그가 대지주의 반열에 들고 있음을 알 수 있다(〈自作農地創定計劃에 大地主等 一齊贊同〉, 〈소작령제정과 여론〉, 《매일신보》 1932년 10월 23일, 1934년 1월 26일).

1935	경지	1,182정보	870,000	12,500석
	산지	217정보		
1936.9	경지	3,219,281평(1,073정보)	1,042,000	14,005석
1942.12	논	1,576,970평(525.6정보)	1,039,575.2	7,443
	밭	338,118평(112.7정보)	148,251.2	514
	대지	62,025평(20.6정보)	948,710.1	93
	계	658.9정보	2,136,536.5	8,050

* 출처: 1930년 말은 〈충청남도대지주명부〉, 《농지개혁시 피분배지주 및 일제하대지주명부》, 153쪽. 이후 연도는 《東洋拓殖株式會社·京城支店扱貸付金關係》(표지: 尹致昭氏貸)(청구기호: 2347).
* 비고: ① 소유 토지 면적은 윤치소뿐만 아니라 장남 윤보선, 차남 윤완선의 것도 포함한 수치임. ② 1930년 말은 충남 소재 토지만 계산됨.

〈표 2-3〉을 보면 윤치소의 보유 토지가 가장 최고점을 이룬 시기는 1935년으로 경지 1,182정보, 임야 217정보를 소유하고 있었다. 토지 소재지는 주로 향리인 아산군을 중심으로 천안·예산·당진·연기·공주, 경기도 안성·진위·양주, 강원도 철원 등지로 관리의 편의를 고려하여 비교적 잘 집중되어 있는 편이었다. 그런데 이와 같이 1천 정보 이상의 토지를 집적하게 된 시기는 1930~1932년 상반기였을 것으로 보인다. 즉 1930년 말 총 263정보의 토지는 충남 지역에 국한된 것인데, 여기에 누락된 경기도 소재 토지는 1937년 6월 말경 61정보였으므로, 이로 미루어보아 1930년 말경 경기도 토지를 합한 총 소유 토지는 300정보 전후였을 것으로 짐작되기 때문이다. 요컨대 윤치소의 토지는 1930년 말 대략 300정보 내외에서 1932년에는 944정보(경지)로 3배 이상 확대되었던 것이다. 이와 같이 많은 토지를 짧은 기간에 집적할 수 있었던 데에는 대공황으로 몰락하는 농민의 토지를 헐가로 매입했기 때문인 것으로 보인다.

1935년까지 계속 증가 추세를 보이던 토지 면적은 1936년부터 감소하기 시작하여 1942년에는 1936년 대비 61퍼센트로 감소했다. 그런데 1936

년 9월경 경지 면적은 종전보다 다소 감소했지만, (예상) 토지 가격이 오히려 등귀한 것은 이 시기에 있었던 지가 상승 때문이었다. 특히 1942년에 소유 면적이 상당히 감소했음에도 토지 가격이 2배 이상 등귀한 것은 전시기 인플레로 인한 물가 상승,[28] 지가 상승 때문이었다. 당시 농경지와 시가지를 중심으로 한 토지 경기는 전시기에 들어서면서 계속 상승했는데, 1940년에 이르러는 임야와 산지도 증미계획과 개간사업 추진에 수반하여, 그리고 펄프·신탄新炭 등의 필요에 의해 조림사업이 추진되면서 가격이 상승했다.[29]

〈표 2-4〉는 충남 지역의 토지 매매가를 시기별로 정리한 것이다. 이를 보면 1931년 대비 1942년 충남 지역 토지 매매가는 밭 상등지는 2.3배, 중등지는 2.4배, 논 상등지는 3.2배, 중등지는 2.3배 상승하여 논 매매가가 더욱 상승했음을 알 수 있다. 특히 1942년에는 중등지 논·밭 가격이 1941년보다 각기 250퍼센트, 60퍼센트 이상 큰 폭으로 상승했다.

〈표 2-4〉 충남 지역 토지 매매가 추이

연도	전田(1반보)		답畓(1반보)		대垈(100평)	
	상등지	중등지	상등지	중등지	상등지	중등지
1931	80	45	145	90.27	1,200	200
1933	90	47	140	79	1,400	200
1934	90	75	270	147	1,500	30
1935	1,900	600	3,300	600	4,400	1,200
1936년 말	133	35.75	363	109.72	1,897	26.40

[28] 1940년 은행지폐 발행은 1936년과 비교해 거의 두 배에 이르렀다(《朝鮮商工新聞》 1940년 3월 2일, 샤브쉬나 파냐 이사악꼬브나, 《식민지 조선에서》, 1996, 한울, 89쪽에서 재인용; 〈戰時經濟 회고와 전망〉, 《매일신보》 1939년 12월 9일).
[29] 〈인플레경기 반영 京仁間 土地 景氣는 日益高調〉, 〈토지경기의 新方向〉, 《동아일보》 1940년 1월 20일, 1월 28일.

1937년 말	133	35.75	363	109.72	1,897	26.40
1938년 말	156	39.32	390	120.69	2,900	29.04
1939	165	43.25	420	132.75	2,000	31.94
1941	165	43.25	420	132.75	3,000	31.94
1942	190	109.20	470	207.35	3,2000	31.94

* 출처: 《조선총독부통계연보》 각연도판.
* 비고: 1935년도에 지가가 비정상적으로 높은 이유는 구시가舊市街 지세령地稅슈 시행지인 대전부 본정本町을 표준
지標準地로 삼았기 때문이다. 다른 연도의 표준지는 홍성군 홍주면 옥암리玉岩里와 오관리五官里였다.

〈표 2-5〉 윤치소 일가의 토지 소유 현황

조사 시기	윤치소	윤보선	윤완선	합계
1932.8	830정보(88%) 임야 217정보	96정보(10%)	18정보(2%)	944정보(100%)
1935	912.3	270		1182.3
1936.9	719.9(67%)	279.2(26%)	73.9(7%)	1073(100%)
1942.12	516.7(78.4%)	61.6(9.3%)	80.7(12.3)	659(100%)
해방 후 농지개혁 시	293.6			

* 출처: 〈資産信用調査書〉(1932. 8. 20 調); 〈자산신용조사서〉(1935); 〈자산신용조사서〉(1936. 9. 14 調); 〈자산신용
조사서〉(1942. 12. 4 調), 《東洋拓殖株式會社·京城支店扱貸付金關係》(표지: 尹致昭氏貸)(청구기호: 2347).

〈표 2-5〉는 동양척식주식회사에서 작성한 〈자산신용조사서〉를 토대로
윤치소 일가의 개인별 보유 토지를 정리한 것이다. 보유 토지의 구성을 보
면 1942년에는 총 보유 토지 659정보 가운데 논 526정보(80퍼센트), 밭
112.7정보(17퍼센트), 대지 20.6정보(3퍼센트)로 경지, 그 중에서도 논이 압
도적이었다. 윤치소는 1944년 사망하기까지 거의 모든 토지를 자신 명의
로 보유하고 있었다.

2남 윤완선은 교토제국대학 경제과를 졸업하고 귀국한 후 1920년대 말

무렵 토지를 분할받아 독립했던 것 같다. 그는 1932년경 18정보를 소유했
으나 1930년대 중반에 소유 토지가 4배 이상 증가했는데, 윤치소와 윤보
선의 토지가 격감한 전시기에도 계속 토지가 증가했다. 윤보선은 1942년
경 보유 토지가 아우 완선의 것보다 적은 61정보에 불과했으나, 해방 후
농지개혁 시 피분배 토지가 293정보인 것으로 보아 윤치소 사망 후 거의
모든 토지를 물려받았음을 알 수 있다.

한편 이러한 토지 집적 추이에 따라 자산도 증가했다.

〈표 2–6〉 윤치소 일가의 자산·부채와 수입·지출 추이

조사 시기	자산(원)	부채(원)	순자산(원)	수입(원)	지출(원)	순익(원)
1932.8	770,000 중 대금貸金 10,000	161,000	609,000	99,200	70,933	28,267
1933.7	750,000	153,944.33	616,000	99,200	67,815.37	31,384.63
1935.5	870,000 중 대금 10,000	200,427	669,573	126,200	80,620.58	45,579.42
1936.9	1,042,000 중 대금 10,000	168,748	873,252	169,200	92,548.62	76,651.38
1942.12	2,262,780 중 유가증권 26,250 출자금 10,000	343,553	1,919,227	192,640	116,560	76,080

* 출처: 〈資産信用調査書〉(1932. 3. 20 調); 〈신용조사서〉(1933. 7. 7 調); 〈자산신용조사서〉(1936. 9. 14 調); 〈자산신
용조사서〉(1942. 12. 4 調),《東洋拓殖株式會社·京城支店扱貸付金關係》(표지: 尹致昭氏貸).

〈표 2–6〉은 〈자산신용조사서〉를 토대로 1932~1942년 윤치소 일가의 자
산·부채·순자산과 수입·지출·순익을 정리한 것이다. 이를 보면 자산은
10년간 거의 3배 정도 증가했으며, 순자산도 3배 이상 축적되었다. 앞에서
언급했듯이 소유 토지 면적은 1935년까지 계속 증가하다가 1936년 후반
부터 감소하기 시작하여 1942년에는 1936년 대비 61퍼센트로 감소했지만,

자산과 순자산이 계속 증가한 것은 역시 전시기 인플레 때문이었다.

순익은 1932~1936년 기간에는 증가했으나[30] 이후 전시기에는 정체 내지 약간 감소했다. 자산과 순자산이 증가했으나 순익이 감소한다는 것은 경제 여건이 그만큼 악화되었음을 의미한다. 순익 감소의 주요 원인은 자연재해와 전시기 통제경제 때문이었다. 특히 1939년의 대한발, 1940년의 한수해旱水害, 1942년의 한해와 같은 자연재해가 결정적이었다.[31] 1939년 남부 지방의 한해旱害가 전무후무할 정도로 극심하자 조선총독부는 한해대책위원회를 설치했으며, 지방에서도 자체적으로 관민 협력의 한해구제회나 대책위원회가 조직되어 구호금 모집과 이재민 구제사업에 나섰다. 또한 1940년 가을에는 당국의 공출미 대금 미지급으로 인해 금융권 대부금의 원금과 이자를 상환하지 못하는 지경이라고 하는 것으로 보아, 전시기 미곡가가 시장 경쟁 구조가 아닌 공출 제도에 의해 결정되고 그나마 공출미 대금마저 제때에 지급받지 못함으로써 수익 구조가 악화되었음을 알 수 있다.[32] 그리고 군비 조달을 위한 각종 세금의 인상,[33] 강제적인 전쟁 모금과 국채 부담도 수익 구조 악화의 한 원인이었다.

---

[30] 그런데 경성부 호세 부과 기준에 의하면 1937년도 연수입 38,000원(호등 43등, 부담세액 1,562원), 1938년도 연수입 46,000원(43등, 2400원 86전)으로 파악되어 자산신용조사서 순이익의 1/2에 불과하다(〈경성부의 戶別稅 부과〉, 〈朝鮮人稅額이 증가〉, 《매일신보》 1937년 5월 16일, 1938년 5월 20일).

[31] 〈朝金第896號 京城支店扱殖1432號外3口尹致昭氏 年賦償還方法變更二關スル件〉(1941. 7. 5), 〈朝金第120號, 京城支店扱 殖1700號外3口尹致昭氏年賦償還方法變更並二年賦償還期限延長二關スル件〉(1943. 2. 2), 《東洋拓殖株式會社·京城支店扱貸付金關係》(표지: 尹致昭氏貸).

[32] 〈京金第319號 殖1432號外3口尹致昭氏 年賦償還方法變更二關スル件〉(1941. 6. 26), 《東洋拓殖株式會社·京城支店扱貸付金關係》(표지: 尹致昭氏貸).

[33] 1941년 초반 서울의 세금인상율은 70~80퍼센트에 달했다(《조선상공신문》 1941년 5월 8일, 샤브쉬나 파냐 이사악꼬브나, 《식민지 조선에서》, 90쪽에서 재인용).

〈표 2-7〉 윤치소 일가의 시기별 수입·지출 내역

시기	수입			지출		
	종류	금액	적요摘要			
1932.8	자산수입	90,000 (90.7%)	소작료 평균 9천석, 1석 200근에 대해 10원으로 계상	조세공과	13,000 (18.3%)	
	영업수입			영업비	9,000(12.7)	비료대 및 토지관리비
	봉급연금			차입원리지불	33,933(47.8)	식은 16,255.98 동척 17,707.02
	대부금 이자	1,200(1.3%)		생활비	10,000(14.1)	
	기타	8,000(8%)		기타	5,000(7.0%)	
	계	99,200(100%)		계	70,933	
	공제잔액		28,267			
1936.9	자산수입	168,000(99.3%)	14,000석, 석당石當 12원	조세공과	28,000(30.2)	수리조합비 포함
	영업수입			영업비	17,000(18.4)	
	봉급연금			차입원리지불	27,548.62(29.8)	
	대부금 이자	1,200(0.7%)		생활비	10,000(10.8)	
	기타			기타	10,000(10.8)	
	계	169,200		계	92,548.62	
	공제잔액		76,651.38			
1942.12	자산수입	166,040(86%)	소작료 8,032석 20원씩 환산 및 경성 부내 토지건물 임대료	조세공과	15,000	지세 ??세 호세 소득세 기타 제세금
	영업수입	20,000(10.4%)	금강조합金剛組合 수입 대략 20,000 계상	영농비 및 유지비	16,604	소작료수입 및 임대료수입 1할 계상
	봉급연금	5,000(2.6%)	장남 윤보선씨 연보수年報酬 5,000원 계상	차입원리지불	48,956	동척 및 식은 원리지불금
	유가증권 배당금	1,600 (0.8%)	조선신탁 주식 8푼 배당, 동화산업 연 6푼	생활비	24,000 (20.6)	부자父子 3세대 월생활비 2천 원 계상
				기타	12,000(10.3)	
	계	192,640		계	116,560	
	공제잔액		76,080			

* 출처: 각 연도별 〈자산신용조사서〉, 〈표 2-6〉 참조.
* 비고: ??는 판독 불가.

　〈표 2-7〉은 시기별로 윤치소 일가의 수입·지출을 세목별로 정리한 것이다. 총수입 가운데 소작료 비중은 1932년 90퍼센트, 1936년 99.3퍼센트로 거의 압도적 비중을 점했으나, 1942년에 이르러 주식을 보유하면서 86퍼센트로 감소했다. 1942년에는 동화산업 이사인 윤보선의 봉급 수입도 10.4퍼센트를 차지했다.

　소작료 수입을 보면 1932년에 944정보의 경지에서 9천 석, 1936년에 1,073정보에서 1만 4천 석, 1942년 659정보에서 8,032석을 획득하여 1정보당 수확량이 1932년에는 9.53석, 1936년 13.04석, 1942년 12.18석이었다. 따라서 1930년대에 지속적인 토지 개량과 농업 개량을 통해 생산성이 상당히 증가되었으나, 1942년에는 앞서 언급했듯이 자연재해로 생산성이 감소했음을 확인할 수 있다. 또한 석당石當 환산가를 1932년 10원, 1936년 12원, 1942년 20원으로 계산하는 것으로 보아 특히 전시기에 들어서 미가가 크게 상승했음을 확인할 수 있다.

　지출 항목들 중 가장 큰 비중을 점한 것은 '차입금 원리지불'로, 토지 집적이 집중적으로 이루어진 1932년과 상환만기가 몰려 있는 1942년의 경우 각기 47.8퍼센트, 42퍼센트를 차지했다. 그러나 1936년에는 조세공과 항복이 30퍼센트였다.

　자산 구성을 살펴보면, 1932년경 1.3퍼센트(1만 원)가 대부금이고 나머지 98.7퍼센트가 토지였는데, 1942년에는 조선신탁주식회사와 동화산업 주식회사의 주식 1.16퍼센트(2만 6,250원), 금강조합金剛組合의 출자금 0.44퍼센트(1만 원)를 제외한 나머지 98.4퍼센트가 토지였다. 1930년대에는 토지 자산의 비중이 압도적이었으나, 1940년대에 들어서 비중이 극히 적기는 하지만 주식을 보유하는 변화가 나타난다. 동화산업은 당시 대표적 기업가인 한상룡(취체역 회장)과 하준석河駿錫(사장) 등이 조선실업구락부창립 20주년기념사업으로 종래 조선총독부가 구상하고 있었던, 조선과 만주의 전쟁물자 무역을 목적으로 1940년 자본금 2백만 원으로 설립한 회사로, 톈진에 본점을 두고 경성·칭다오·베이징에 지점을 두었다.[34] 여기에 윤보선이 대주주이자 이사로 참여했다.

한말~1910년대에 기업 투자와 경영에 적극적이었으나 성적이 좋지 못하자 이후 토지 집적과 농업 경영에 전념해오다가 1940년대에 들어서 다시 일부 기업에 투자하게 된 것은 공출제도로 인한 소작료 감소와 전쟁 호황으로 인한 국책 기업과 독점 기업의 이윤율 증가 때문이었다. 하지만 윤치소의 자산은 거의 전적으로 토지로 구성되어 있었다고 해도 과언이 아니다. 1910년대에 활발한 제조업 투자와 회사 경영을 선도했던 기업가가 1920년대 이후에는 농업 경영에 전념하는 전형적인 지주로 변모되었던 것이다.

일제 시기 대지주 가운데에는 금융업이나 제조업에 자본을 투자하여 종래의 봉건적 지주와는 다른 근대적 기업가의 면모를 보이는 이들이 많았다.[35] 예를 들어 호남은행장이자 대지주인 현준호의 경우 자산 가운데 주식의 비중이 이보다 훨씬 높았다. 1939년도의 경우 자산 가운데 유가증권이 점하는 비중은 34.5퍼센트, 수입 중 배당금이 점하는 비율은 33.2퍼센트에 달했다.[36] 윤치소보다 한 세대 후인 현준호가 1920년대 이후 농업 경영과 함

---

[34] 韓翼敎,《韓相龍を語る》1권, 한상룡씨환력기념회, 1941, 442~443쪽;《조선은행회사조합요록》1942년판;〈東華産業創總〉,《동화산업 창립》,《동아일보》1940년 2월 18일, 4월 6일.

[35] 장시원은 경지 50정보, 대지 100정보 이상을 소유하는 경기, 충남, 경북, 전북, 전남 지역 4개도의 조선인 대지주를 대상으로 조사한 결과 약 2/5가 금융업, 상업, 제조업 등 농외 부문 투자자이라고 밝혔다. 그리고 농외 투자자의 17퍼센트 정도가 농외 투자액이 농업 투자액을 초과하거나 상당 정도에 달하는 부르주아 지주인 것으로 나타나는데, 이 중에서 1940년대 초반까지 부르주아 지주로서의 성격을 유지하는 자는 약 65퍼센트라고 주장했다. 따라서 일제하 조선 사회에서 대지주가 농외 투자를 통해 부르주아 지주로 변신한 경우는 그렇게 많지 않았으며, 그나마 상당수가 중도에 부르주아지로서의 성격을 상실해나간 것이 조선의 객관적 현실이었다고 주장한다(장시원,〈일제하 대지주의 존재 형태에 관한 연구〉, 서울대학교 경제학과 박사학위논문, 1989, 237~243쪽).

[36] 〈木金第1291號 鶴坡農場貸出ノ件〉(1939. 12. 16),《東洋拓殖株式會社·木浦支店扱貸付金關係》(표지: 玄俊鎬); 이 책 4장 참조.

께 금융업이나 기업 투자를 점차 확대해나간 반면, 윤치소는 한말에 기업 설립과 경영에 뛰어들었다가 결과가 좋지 못하자 1920년대 이후 농업 경영에만 골몰했던 사실은 일제 시기 지주들의 다양한 존재 형태를 알려준다.

자금 조달과 차입 구조

윤치소의 농업 경영과 토지 집적에 의한 자본축적이 가능할 수 있었던 중요한 요인은 바로 자금 조달이었다. 그는 토지매수자금이나 농사경영자금을 조달하기 위해 동척, 식산은행, 한성은행과 거래했는데, 특히 동척을 주거래 금융기관으로 삼고 있었다. 대표적인 예를 들어 그가 한창 토지 집적에 전념하고 있었던 1933년 아산군 둔포면 소재 추수 약 3백 석, 시가 3만 원의 토지를 매수하기 위해 아산 천안 진위군 소재 토지를 담보로 동척으로부터 2만 5천 원을 차입한 예를 들 수 있다.[37]

윤치소는 좀 더 좋은 조건으로 원활하게 자금을 차입하기 위해 거래 금융기관을 일원화하거나 혹은 수시로 금융기관에 대출금리 인하를 요구함으로써 수익 구조의 개선을 꾀했다. 윤치소의 금융거래 기관은 1930년대 초까지 식산은행과 동양척식주식회사였으나,[38] 1932년 8푼 8리의 이자율로 차입한 동척 대부금으로 연리 1할 1푼, 9푼 3리에 달하는 식산은행 차입금을 청산함으로써 3,100여 원의 이자 비용 지출을 줄였다. 또한 1935년 5월 한성은행 차입금 8만 원을 역시 동척 차입금으로 변제함으로써[39]

---

[37] 〈京金第402號 尹致昭氏貸出ノ件〉(1933. 7. 8),《東洋拓殖株式會社·木浦支店扱貸付金關係》(표지: 尹致昭氏貸).

[38] 이는 1932년 8월 조사한 〈자산신용조사서〉에 의하면 '차입원리 지불'에서 식은 16,255원, 동척 17,707원인 것으로 보아도 알 수 있다.

[39] 〈京金第491號 尹致昭氏貸增ノ件〉(1932. 10. 3); 〈京金第167號 尹致昭氏貸出竝二殖638號同氏貸付金外6口利率引下二關スル件〉(1935. 5. 10); 〈京城支店扱尹致昭氏貸出ノ件〉(1932. 10. 11),《東洋拓殖株

〈그림 2-4〉 동척 경성지점의 윤치소 대출 자료 표지

윤치소는 원활한 자금 조달을 통해 토지 집적에 의한 자본축적을 이룰 수 있었다. 그는 토지매수자금이나 농사 경영자금을 조달하기 위해 동척·식산은행·한성은행과 거래했는데, 특히 동척을 주거래 금융기관으로 삼고 있었다.

이후 거의 모든 금융거래는 동척으로 일원화되었다.

윤치소는 1918년 이래 동척 경성지점과 거래해왔는데, 한창 토지 집적
에 열중하고 있었던 1933년 7월경 윤씨 일가 보유 경지 944정보 가운데 무
려 74퍼센트에 달하는 700정보가 동척에 담보로 설정되어 있었다.[40] 윤치
소가는 민규식의 영보합명과 함께 동척 경성지점의 대표적인 거액 거래처
였기 때문에 통상적인 최저이율보다 낮은 대출 금리로 대우받았다. 윤치
소의 대출 시 연대보증인은 주로 두 아들 보선과 완선, 그리고 동생 치병이
었다. 동척에서 행한 윤치소의 신용 평가에는 보유 자산에 대한 평가 외에
3남 원선이 1934년 '왕실의 여자'(대원군의 장남 이재면의 손녀 진완辰琬, 이
준용의 딸)와 결혼했고 또한 문부대신을 지낸 윤치성의 일족으로 '당지當地
의 명문'이라는 사회적 지위도 고려되었다.[41]

그러면 부채에 대해 살펴보자. 〈표 2-6〉에 의하면 총자산 가운데 부채
비중은 1932년 20.9퍼센트, 1933년 20.5퍼센트, 1935년 23퍼센트, 1936
년 16.3퍼센트, 1942년 15.1퍼센트로 토지 집적이 가장 활발했던 1930년
대 초에 부채 비율이 상대적으로 가장 높았다. 이 당시 윤치소가의 부채는
거의 전부 동척 차입금이었다.

[40] 式會社·木浦支店扱貸付金關係)(표지: 尹致昭氏貸).
〈朝金1317號 京城支店關係尹致昭氏貸出 ノ件)(1933. 7)
[41] "우右는 현행 최저이율보다 3리厘 저율이지만 차주借主의 자산 신용이 극히 확실하여 당사로서는 민
가閔家를 중심으로 한 영보합명회사와 함께 대표적 거액거래로 현재의 금융 실상 하에서는 호투
자처好投資處의 개척 확충과 함께 우량한 기존 거래처에 대해서는 극력 그 인지책引止策을 강구하
지 않으면 …… 아울러 본건은 영보합명과 똑같이 특히 연7푼으로 거래하는 것으로 승인해주기 바란
다." " 참고 …… 一. 본인(윤치소-필자)의 영식令息은 작년래 왕가王家의 희姬와 결혼했고 일찍이 일
족 윤치성씨는 한국시대의 문부대신으로 누구나 당지當地의 명문名門에 속한다."(京金第167號 尹
致昭氏貸出並二殖638號同氏貸付金外6口利率引下二關スル件), 1935. 5. 10). 그런데 윤치성은 종2품
가선대부 반열에 올랐으나, 문부대신을 지내지는 않았다.

〈표 2-8〉 윤치소의 연도별 동척 대부금 일람표

기준 시기	당초 대부금	대부금 현재고	대부건수
1933.7	230,600	153,944.33	식殖638, 식639, 식667, 식668, 식1432, 식1545 총6건
1933.11		156,603.81	식638, 식639, 식668, 식1433, 식1545, 식1602 총6건
1935.6	247,700	120,427.01	식638호 외 총6건
1941.6	477,800	333,238.04	식1432, 식1545, 식1602, 식1700, 척1696, 척1719, 척1790 총7건
1942.12	481,000	323,551.28	식1432, 식1545, 식1602, 식1700, 척1825, 척1841, 척1893 총7건
1943.1	481,000	309,813.28	식1432, 식1545, 식 1602, 식1700, 척1893, 척1931, 척1932 총7건
1943.7	401,000	272,728.73	식1432, 식1545, 식1602, 척1931, 척1932, 척1968 총6건

〈표 2-9〉 윤치소의 대부 및 담보 내역(1932~1943)

	기번호記番號, 차입처借入處	대부시기	당초 대출금	대부잔고 (기준시기)	이율 (시기)	담보물	비고
1	식은		60,000	44,833.17 (1932.8)	9푼3리		
2	식은		50,000	37,377.08 (1932.8)	1할1푼		
3	식殖1602,동척	1933~ 1944.6.30	25,000	5,767.43	7푼8리 (1933)	천안 진위군 농경지	
4	식1545,동척	1932.12.15~ 1943.6.30	86,000	20,892.10	8푼8리→ 7푼8리(1935)	아산 천안 당진군 농경지	
5	식1432,동척	1931.2.7~ 1943.6.30	40,000	8,178.86 (1943.1)	8푼8리→ 7푼8리	아산 천안 농경지	농사경 영자금
6	식668, 동척	1918.9.30~ 1936.6.30	13,800	2,117.50 (1935)	9푼(1933.11)→ 7푼8리(1935)		
7	식639, 동척	1918.6.15~ 1936.6.30	6,200	934.19 (1935)			
8	식638, 동척	1918.6.5~ 1936.6.30	76,700	11,957.61 (1935)			
9	한은漢銀		80,000	80,000 (1935)	일보日步 2전	철원군	
10	식1700	~1945.12.31	80,000	37,084.54 (1943)		철원군	
11	척拓1696	~1941.10.31	100,000	100,000			
12	근根22, 척1719	~1941.12.6	129,000	129,000			

13	척1790	~1942.6.18	17,800	17,800			
14	척1893	~1943.6.17	21,000	21,000 (1943.1)			식1602와 동일 담보
15	척1931	~1943.10.25	100,000	100,000 (1943.1)			
16	척1932	~1943.12.4	129,000	129,000 (1943.1)			
17	척1825						식1432, 식1545호와 동일 담보
18	척1841						식1602호와 동일 담보

* 출처: 〈京金第491號, 尹致昭氏貸增ノ件〉(1932. 10. 3); 〈京城支店扱尹致昭氏貸付金ニ關スル件〉(1933. 11. 28); 〈資産信用調査書〉(1935); 〈京金第516號, 根22號 尹致昭氏外貸付金ニ關スル件〉(1942. 12); 〈京金제31號, 殖1700號外3口尹致昭氏年賦償還方法變更及年賦償還期限延長ニ關スル件〉(1943. 1. 23), 《東洋拓殖株式會社·木浦支店扱貸付金關係》(표지: 尹致昭氏貸).

〈표 2-8〉과 〈표 2-9〉는 시기별 대부금 현재고와 대부 내역을 정리한 것이다. 〈표 2-8〉을 보면 '당초대출금'이 가장 많았던 시기는 1942년 12월경이었고, 상환액을 제외한 대부금 현재고가 가장 컸던 시기는 1941년 6월 무렵이었다. 〈표 2-9〉에서 대출 시기를 보면, 6~8항은 1918년이고 3~5항은 1930년대 초반인데, 나머지 9~16항은 상환 만기일로 보아 1930년대 중후반일 것으로 보인다.

대출금 상환이 끝나 담보에서 해제된 경지는 곧 다시 추가 대출 담보로 제공하고 새로운 농업자금을 차입했다. 예를 들어 식殖638호, 식639호, 식668호는 1918년 총 9만 6,700원을 차입한 후 1936년 6월 30일로써 상환이 끝나자 1936년 9월경 다시 농사경영자금 및 시가지자금 25만 원을 대출하는 데에 추가 담보로 제공되었다.

〈표 2-9〉를 보면 담보물의 대출 비율이 낮을 경우 자금이 필요해지면 동일 담보물로 추가대출을 받는 경우도 많았음을 알 수 있다. 또한 당초 대출 당시의 금리가 이자율 인하 추이에 따라 시간이 지나면서 인하되는 것을

알 수 있다. 예를 들어 윤치소는 1935년 농사경영자금 8만 원을 연 7푼으로 대출하고 아울러 기왕의 대부금 이자율도 7푼으로 인하할 것을 요구했다. 동척이 이를 수용하지 않을 수 없었던 것은 다른 금융기관에 거액 거래처를 빼앗기지 않기 위해서였다. 식산은행 수원지점이 동척과 한성은행의 부채 전액을 떠맡는 조건으로 연 6푼 8리의 이자율로 유인誘引하고 있었기 때문이다.[42] 1936년에도 역시 기존 대출 중인 4구의 이자율을 식산은행과의 균형상 7푼에서 6푼 5리로 인하해달라고 요구했다. 이는 식산은행 수원지점으로부터 6푼 5리로 대출한 윤치소의 친족이 거액 거래는 식산은행이 유리하다는 점을 윤치소에게 계속 고취시켰기 때문이었다. 이에 동척은 대표적 기업가이자 대지주인 민규식과 같은 대우로 대출해주지 않을 수 없었다.[43]

4. 사회 활동과 정치적 행보

윤치소는, 부친 윤영렬이 강계부사 겸 방어사·삼남토포사·안성군수·육군 참장 등의 현직에 있었고 형 윤치오가 학부 학무국장을 역임한 데 비해, 별다른 관직 생활을 하지 못했다. 그는 1894년 11월 동학농민군을 진압하기 위해 조직된 순무영 본진 별군관을 지냈고, 1896년 6월 휘릉徽陵 참봉, 1901년 10월 중추원 의관議官(9품, 주임관 6등)으로 임명되었다. 1903년 10

---

[42] 〈朝金第605號 京城支店扱尹致昭氏貸出並二殖638號外6口同氏貸付金利率引下ノ件〉(1935. 6. 15), 〈京城支店扱尹致昭氏貸出竝殖638號外6口同氏貸付金利率引下ノ件〉(1935. 6. 22 立案), 《東洋拓殖株式會社·木浦支店扱貸付金關係》(표지: 尹致昭氏貸).

[43] 〈京金제2069호 尹致昭氏貸增及利率引下ノ件〉(1936. 9. 16), 《東洋拓殖株式會社·木浦支店扱貸付金關係》(표지: 尹致昭氏貸).

월 정3품, 1910년 8월 종2품으로 가자加資되었으나 실직이 없는 산직散職이었다.[44] 그는 필운학당에서 의친왕 이강, 오세창, 이종춘 등과 동문수학했다고 한다.[45]

그는 27세 되던 해인 1898년 사촌형인 윤치호와 함께 《황성신문》의 전신이라 할 수 있는 《경성신문》을 창간하여 경영했다. 자본금이 백 원 미만이고 지면도 "손바닥 크기밖에 안 될" 정도로 소규모였다. 그러나 한성순보, 독립신문에 이어서 발간된 것이고 순한글판으로 계급타파·자유평등을 주창하는 논조를 고수한 점에서 당시 매우 의미 있는 일로 평가되었다.[46] 이 신문은 미국 계통의 신문으로 알려졌는데, 그들이 기독교 신자였기 때문에 그렇게 인식되었을 것이다.

향리인 충남 아산에서 농업 경영에 주력하던 그는 장남 보선의 학업 관계로 1905년 무렵 경성으로 이전했다.[47] 그러나 부친의 관료 생활과 자신의 유학 생활로 서울살이는 예전부터 이루어졌으며, 이때에 이르러 생활의 중심을 완전히 서울로 옮겼던 것이다. 그가 서울에서 처음 거처를 마련한 곳은 아들의 학교가 있는 교동이었다. 그러나 1918년경 안국동 8번지 저택(이곳에는 명성왕후에게 하사받아 금릉위金陵尉 박영효朴泳孝가 거주하기도 했다. 현재 윤보선의 고택으로 사직 제438호, 서울시 민속사료 제27호로 지정되어 있다)을 조동윤 남작으로부터 매입하여 옮겼다.

---

[44] 《관보》 광무 5년 10월 16일, 광무 5년 10월 23일, 광무 8년 5월 10일; 《조선왕조실록》 순종 3년 8월 27일.

[45] 김명구, 《해위 윤보선―생애와 사상》, 34쪽.

[46] 壽春學人, 〈朝鮮新聞雜誌沿革及發行史〉, 《별건곤》 30호, 1930년 7월; 車相瓚, 〈조선신문발달사〉, 《개벽》 신간 제4호, 1935년 3월; 김원모, 《근대한국외교사연표》, 162쪽.

[47] 윤보선은 회고록에서 자신이 여덟 살 때 집안이 모두 서울로 올라왔다고 했는데 이에 따르면 1905년 경이 된다(해위윤보선대통령기념사업회, 《외로운 선택의 나날: 윤보선회고록》, 543쪽). 1908년 10월 무렵 윤치소가 중동학교 교장으로 일하기 시작했고 이 때 유모를 구하는 광고를 낸 것으로 보아 이전에 서울로 근거지를 옮긴 것으로 보인다(〈광고〉, 《대한매일신보》 1908년 10월 9일).

앞에서 살펴봤듯이 그는 서울로 이전한 후 중동학교 교장을 잠시 하다가 그만두고 곧바로 기업 활동에 나섰다. 그러나 아산에 전장과 선산이 있었기 때문에 1906년 아산의 지역 유지들과 함께 일신학교日新學校를 설립하고 또한 경비 조달을 위해 경리원 역둔토를 학교에 부쳐주기를 요청하는 청원서를 정부에 제출하는 등 지속적으로 연고를 맺고 있었다.

윤치소는 1908년 이래 정경방회貞慶坊會에 가입했는데, 이는 1908년 9월 경행방慶幸坊과 정선방貞善坊의 유지들이 교육, 위생, 토목 관련 현안 해결을 위해 조직한 자치회로, 11월 초에 민단民團으로 재조직되었다. 방회 초대회장은 대한의원 의육부大韓醫院醫育部 학감學監 지석영池錫永이었는데, 민단 개편 후 단장은 중추원 의장 김윤식, 부단장 전 참판 서긍순徐肯淳으로 바뀌었다. 정경방민단은 일본에서 온 관광단을 위한 환영회 개최, 보광학교 인수 경영, 콜레라 방역 등의 사업을 추진했다.

윤치소는 1910년 정경방민단 부단장으로 활동하면서, 전·현직 관료·지식인·유지들과 교유하게 되어 북촌 상류 사회에 빠르게 적응했다. 근대적 기업의 경영주라는 경제적 지위와 아울러 각종 사회 활동으로 서울 장안의 명사로 부각되었다. 윤치소 자신뿐만 아니라 부인이나 자녀들의 동향, 혼사도 당시 잡지의 가십거리가 될 정도였다. 1934년 12월 윤치소의 3남 원선이 대원군 증손녀(이우공李鍝公의 장녀)와 결혼하여 왕가의 사돈이 된 데에서도 윤치소 집안의 가격家格을 짐작할 수 있다.

을사조약 체결 이후 의병운동과 계몽운동이 활발하게 전개되었지만, 당시 윤치소는 계몽운동에 적극적인 입장은 아니었고 계몽단체나 학회에 기부금을 지원하는 정도였다. 예를 들어 태극학보 발간을 위해 경성 유지들이 지원금을 모집하는 데에 참여했으며, 호서학생회친목회의 운동회에 물품을 지원하기도 했다. 그가 회원으로 활동한 것은 1909년경 대한협회뿐이었다. 같은 시기 부친 윤영렬이 "한국은 일본의 보호를 벗어나 자존자립

〈그림 2-6〉 윤치소 일기의 근황을 전하는 당시 언돈 기사들

근대적 기업의 경영주라는 경제적 지위, 그리고 각종 사회 활동을 통해 윤치소는 서울 장안의 명사로 부각되었
다. 윤치소 자신뿐만 아니라 부인이나 자녀들의 동향, 혼사도 당시 언론의 가십거리가 될 정도였다.

* 출처: ① 〈자근아씨 예찬기(3)—양금은 천재, 南國의 禮卿孃〉, 《매일신보》 1926년 11월 2일.
  ② 〈신부신랑〉, 《매일신보》 1926년 3월 27일.
  ③ 〈남편을 고대하는 부인네(2)—십이년재 공방에 어린따님 기르기로 날을 보내는 윤보선씨 부인〉, 《매
  일신보》 1927년 1월 24일.
  ④ 〈李鎬公殿下御令妹辰婉姬御結婚〉, 《매일신보》 1934년 12월 21일.

할 능력이 없으며 동양평화를 보지保持하기 위해서도 보호통치는 필수불가결하기 때문에 한국의 국시國是는 한일 양국 교류에 기인하여 이해공통주의利害共通主義를 채택하여 관철시키는 것"이라고 주장하며 활동한 이완용 계열의 국시유세단國是遊說團에 가입했던 사실을 통해서도 당시 윤치소의 정치적 입장을 미루어 짐작할 수 있다.

일제 시기 윤치소의 사회 활동의 중심은 교육과 종교 부문이었다.[48] 먼저 그는 당시 자산가들의 일반적 사회 참여 형태인 기부금 지원 방식의 육영사업에 관심을 가졌다. 그는 1908년 사립 중동학교 교장을 지냈는데, 교장을 그만 둔 이후에도 중동야학교의 재정을 지원했다.

1920년 6월 20일과 26일에 한규설韓圭卨·이상재·유근柳瑾 등이 각계 인사를 망라하여 조직한 조선교육회 발기인 모임과 창립총회가 바로 윤치소의 별저別邸에서 개최된 것은 그간의 교육 관련 활동의 연장선에서 이루어진 것이다. 이때 윤치소는 이사로 선출되었다.[49] 조선교육회 참가자는 사립학교 경영자, 자산가, 친일 관료와 중추원 참의 등 이념이나 노선 면에서 다양한 이들이었다. 윤치소는 자산가로 분류될 수 있는 인물이었고, 따

---

[48] 〈윤치소씨별세〉, 《매일신보》 1944년 2월 22일. "……씨는 고故 윤영렬씨의 차남으로서 생전에 반도 종교계와 교육계에서 활약하여 공적이 만타.……"
예를 들어 1924년경에는 천도교 소년운동협회의 의연금 모집 위원으로 활동했다. 그리고 재동공립 보통학교후원회 이사장으로 오랫동안 재정을 후원하여 1934년 15년 근속으로 표창을 받았다. 1936 년에는 동덕여자고등보통학교 창립30주년기념사업위원회의 실행위원이 되어 대강당과 체육실 건설을 위한 기금 모집 활동을 하면서 1천 원을 기부했다. 또한 1939년에는 북장로교회가 경영하는 정신여학교貞信女學校가 경영 위기에 빠지자, 이를 인수하기 위해 청원서를 제출하는 등 적극적으로 시도했으나 실패로 끝났다〈京鍾警高秘 제4668호의 2 소년운동협회 임시총회에 관한 건〉(1924. 4. 22), 《검찰행정사무에 관한 기록 1》; 〈齋洞公普後援三功勞者表彰〉, 《동아일보》 1935년 3월 21일; 〈기념대강당과 체육실 건설〉, 〈동덕여고보 기부금 답지〉, 《매일신보》 1936년 6월 7일, 1938년 12월 17일; 〈貞信學校에 吉報!〉, 《조선일보》 1939년 5월 16일.

[49] 〈조선교육회 발기〉, 〈조선교육회창립총회〉, 〈유망한 조선교육회〉, 《동아일보》 1920년 6월 23일, 6월 27일, 6월 28일. 조선교육회는 1922년 2월 조선교육협회로 개칭되었다. 1923년 민립대학설립운동을 전개하여 전국적인 호응을 얻었으나 조선총독부의 방해 공작과 경성제국대학 설립으로 결국 무산되고 말았다.

라서 그의 집은 다양한 성격의 발기인이 모여서 논의하기에 부담 없는 회합 장소였을 것이다.

윤치소 일가는 YMCA 총무인 사촌형 윤치호와 마찬가지로 독실한 기독교 집안이었다. 윤치소는 어느 인터뷰에서 "한마디로 기독교의 정신 때문에 오늘 우리 집안의 행복이 있는 것"이라고 했는데, 앞에서 서술했듯이 이러한 기독교 신앙은 윤치호로부터 영향을 받은 것이었다. 윤치소는 수십 년 동안 안동교회 장로였으며, 이 교회 건축을 위해 상당한 기부금을 내기도 했다.

윤치소가 본격적으로 정치적 활동에 나선 것은 1920년대에 들어서였다. 그는 3·1운동 후 제한적으로 지방자치제가 실시되자 공직 진출을 시도했다. 1920년 12월 경성부 학교평의원선거에 출마하여 당선되었다. 또한 형 윤치오가 1910~1915년 중추원 부찬의·찬의를 역임한 데 이어, 그 역시 1924~1927년 조선총독부 중추원 참의(주임관 대우)를 역임했고, 1927년 일본 정부로부터 정7위에 서위敍位되었다.[50] 따라서 조선총독부 산하 관변 단체 조직에 관계하기도 했고, 관련 행사에도 참가했다.[51]

전시기에 들어서는 대부분의 자산가들이 그러했듯이 수차례 국방헌금을 납부했으며,[52] '전도보국傳道報國'을 내걸고 1938년 5월 경성 거주 기독교인이 조직한 조선기독교연합회 평의원, 1941년 조선기독교장로교애국

---

[50] 《조선총독부관보》 1924년 5월 3일, 1927년 8월 18일. 이러한 지위로, 1924년 11월에는 조선 총독으로부터 천장절축일기념식에 초대받았다.

[51] 예를 들어 1932년 12월 조선총독부 경무국에서 조직한 나병예방협회의 발기인, 조선신궁 예제例祭 참렬원參列員이었다(癩豫防協會發起人會), 《매일신보》 1932년 12월 4일;《昭和13年朝鮮神宮年報》, 조선신궁사무소, 1939, 58쪽).

[52] 1937년 8월 종로서를 직접 방문하여 국방헌금 2천 원을 기탁했으며, 같은 해 9월에는 군용기 '경기도호' 헌납 발기인이자 집행위원으로 활동하며 1천 원을 기부했다(遝至하는 國防獻金), 《동아일보》 1937년 8월 15일; 〈비행기 경기도호 四臺 獻納發起人會盛大〉, 《매일신보》 1937년 9월 11일).

기헌납기성회 부회장으로 활동했다.[53]

　이와 같이 조선의 귀족·명사·지식인들과 폭넓은 교유관계를 유지하는 한편 일제 당국과 긴밀한 협조관계를 구축하기 위한 다양한 사회정치적 활동은 일차적으로 그의 사회적 지위를 보장함과 동시에 물적 기반을 유지하고 경제 활동을 전개하는 데에 윤활유와 같은 기능을 했을 것이다.

5. 자본축적 방식의 양상과 그 전환

해평 윤씨 윤치소 일가의 역사는 한국 근현대사의 축소된 압축판을 보여주는 의미 있는 사례다. 한말~일제 시기에 일반적으로 그러했듯이, 윤영렬의 장남 치오는 정치 분야로 진출했고 차남 치소는 집안의 경제를 맡기 위해 경제 분야에 주력했다. 그 후대를 보더라도 윤치소의 장남인 보선은 영국 에든버러대학에서 고고학을 공부해 정치·문화 분야에서,[54] 차남인 완선은 교토제국대학 경제학과를 졸업하고 경제 분야에서 활동했다. 이는 고부 김씨 김성수와 김연수 두 형제의 역할 분담과 비슷한 것이다.

　장남 윤치오가 지독한 사치벽으로 가산을 탕진한 데 반해, 윤치소는 농업 경영을 통해 당대의 대지주로 거만巨萬의 재산을 축적했다. 사촌동생 윤치호가 숙부 윤영렬을 "조선에서 가장 복 많은 사람"이며, "치소가 아니었더라면 숙부는 가난뱅이로 죽었을 것이다"라고 말할 정도로 집안 내에서 윤치소의 가계 경영과 치부 능력은 탁월한 것으로 인정받았다.

---

[53] 〈황국신민의 십자군〉, 〈장로교의 애국기헌납운동 구체화〉, 《매일신보》 1938년 5월 8일, 1941년 8월 22일.

[54] 윤치소는 윤보선이 법학이나 정치학이 아니라 고고학을 전공하고 돌아오자 별 쓸 데 없는 공부를 했다며 언짢아했다고 한다.

윤치소의 자본축적 과정은 대략 1909~1920년의 기업 투자와 경영, 1920
년대 이후의 농업 경영과 토지 집적 시기로 나눌 수 있다. 아산에서 직접 농
장을 경영하고 있었던 윤치소는 1908년 무렵 서울로 완전히 이전했다. 곧
이어 경성혁신점을 설립·경영하는 한편, 해직 군인들이 전당포 영업을 위
해 설립한 조합을 자본금 50만 원의 광업주식회사로 재편했다. 또한 직물
업자들의 조합을 자본금 10만 원의 경성직뉴주식회사로 재조직하여 사장
에 취임했다. 소규모 조합을 당시의 가장 대표적인 기업으로 재조직하여
오랫동안 경영한 것에서 발군拔群의 사업 수완을 엿볼 수 있다. 그러나 많은
조선인 기업이 폐업했던 1919~1920년 공황 시기에 윤치소도 기업 투자와
경영에서 손을 떼고, 이후 토지 집적과 농업 경영에 주력했다.

그의 전장은 대부분 향리 아산을 중심으로 당진·천안 등 충남 지역에 집
중되어 있었는데, 이후 경기도·강원도로 확대되었다. 그는 부재지주의 한
계를 극복하기 위해, 마름과 마름 총감독을 매개로 소작인에게 농사 지도
를 관철하려고 했다. 이에 매년 농감회를 개최해서 결정된 농사 지침을 소
작인들에게 전달하고, 소작인들의 생산성 경쟁을 유도하기 위해 우량 소
작인에게는 표창답表彰畓을 부여하여 소작 면적을 늘려주도록 제도화했다.
또한 1917년 윤씨농입조합을 조직하여 소합원의 출자금으로 종자·비료·
농구 등의 구입 비용을 대부해주었다.

그가 가장 많은 토지를 보유했던 때는 1935년으로 약 1,182정보의 경지
를 집적했다. 그러나 1942년에는 1936년 대비 61퍼센트로 감소했다. 하지
만 전시기 인플레로 토지 가격이 두 배 이상 상승하여 자산가치는 크게 증
가했다. 〈자산신용조사서〉에 의하면 순이익은 1932~1936년 기간에는 증
가했으나, 자연재해와 통제 경제로 인해 전시기에는 정체하거나 감소했다.
수입 항목에서는 소작료 비중이 대개 90퍼센트를 훨씬 상회했는데, 1940
년대에 들어서 공출 제도로 인해 소작료 수입이 감소하자 이윤율이 증가한

국책기업에 투자함으로써 그 비중이 약간 낮아졌다. 윤치소는 토지 집적과 농사경영자금을 조달하기 위해 동양척식주식회사, 식산은행, 한성은행과 거래했는데, 저리의 동척 대부금으로 식산은행 차입금을 변제하면서 1935년 이후 모든 금융거래가 동척으로 일원화되었다. 금융기관의 차입비율은 토지 집적이 가장 활발했던 1930년대 초에 가장 높았다.

윤치소의 자본축적 과정을 요약하면, 한말에 선도적인 기업 활동을 전개했으나, 1차 세계대전 이후 공황기에 사업 성과가 부진하면서 모든 기업 투자와 영업을 정리했다. 1920년대 이후 자본축적의 주요 수단을 토지 집적과 농업 경영으로 전환하고, 생산성 증가를 위해 소작인 지도를 통한 농사 개량에 주력했다. 윤치소 역시, 토지 경작에서 나오는 수익과 주식 증권에서 받는 수익을 비교해보면 토지 수익이 훨씬 낫다고 생각했던, 영보합명회사 사장 민규식과 동일한 경제관을 가지고 있었던 것이다. 그러나 그러한 생각은 1940년대 전시기에 공출제가 실시되면서 변화되어, 국책기업에 투자하기도 했다.

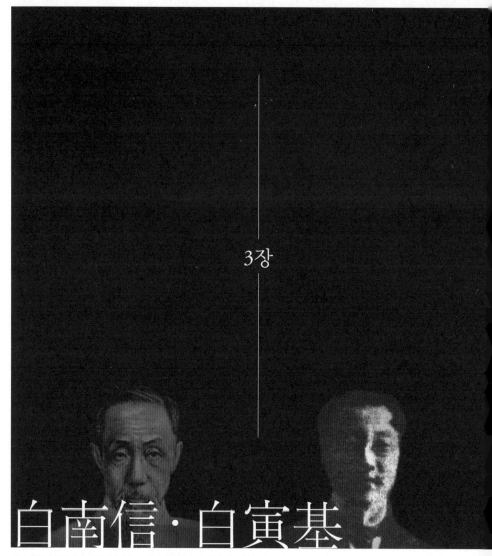

3장

白南信·白寅基

백남신의 자본축적과 정치사회 활동 | 백인기의 자본 운용과 정치사회 활동 |
백남신·백인기의 자본축적 경로

관부물자 조달과
수세 청부로 자본축적한
백남신·백인기 부자

1. 백남신의 자본축적과 정치사회 활동

외획 활동과 토지 집적

백남신(1858. 12~1920. 4)은 수원 백씨 문경공파文敬公派(당산공계棠山公系) 27
대손으로 백진수白晋洙의 둘째 아들로 태어났는데 족숙族叔 현수顯洙에게
입후入後되었다. 백남신의 본명은 낙신樂信이며, '남신'은 고종이 하사한
이름이라고 족보에 기재되어 있다. '남신'이라는 이름이 처음으로 기록에
나타나는 것은 1897년 그가 첫 공식 관직인 궁내부 주사에 부임하면서부
터다. 그렇다면 그 이전에 고종으로부터 이름을 하사받아야 하는데 고종
과 연계를 맺을 수 있었던 시기는 아무리 빨라도 궁내부에 어용 물품을 조
달하면서부터일 것이므로, '남신'이라는 이름 하사는 사실과 맞지 않는 이
야기다. 백남신에게는 보형普馨·보원普元 두 아들이 있었는데, 보형의 자字
가 인기寅基이며 호는 일정日汀이다.[1]

　그는 1911년경 《시사신보時事新報》가 조사 발표한 50만 원 이상 조선인

---

[1] 《관보》 제729호, 1897년 8월 31일; 국사편찬위원회, 《대한제국관원이력서》, 탐구당, 1971, 731쪽; 〈白
南信氏 葬儀〉, 《동아일보》 1920년 4월 6일; 水原白氏中央花樹會, 《水原白氏大同譜》 12, 1997, 182쪽,
240쪽, 244~5쪽.

자산가 32명 가운데 한 사람일 정도로 재력가였다. 지방 아전 출신인 그가 자신의 힘으로 당대에 대부호가 된 까닭에 당시 언론에서 '대위인'이라고 지칭할 정도였다.[2] 그가 이희李熹·이강李岡 등의 왕족이나 박영효·이완용·민영휘 등 세도가들과 어깨를 겨룰 정도의 부를 축적한 것은 바로 전주진위대 향관·궁내부 주사·내장원 검세관의 직책으로 외획을 이용한 상업적 활동을 전개한 결과였다.

백남신은 1897년 8월(음력) 이후 궁내부 주사로서 대궐에서 소용되는 물품의 구입을 담당했다. 물품을 구입하여 궁에 상납하고 그 대가를 전라도 내 각 군에서 결세전結稅錢으로 지급받는 형태였다. 원래 탁지부로부터 궁내부에 지급하는 대궐 소용 물자 구입비(갑오개혁 이전의 공가貢價)를 전라도 각 군의 결세전으로 궁내부 주사에게 지급한 것은 일종의 외획으로, 이 과정에서 그는 상당한 차익을 남길 수 있었다. 그는 1903년까지 전북 각 군에서 물품 경비 및 태가駄價를 공전公錢에서 획급받아 어용물품 조달 업무를 수행했던 것으로 나타난다.[3] 그는 관직에서 물러난 후인 1908년까지도 일부 진상 물품을 계속 조달했다.

[2] "백남신씨는 원래 일대부호一代富豪라. 일대一代로 여차如此한 부호가 되고 기기초其基礎를 작작하엿슴은 대위인大偉人이라고 할 수 있고……"(〈전주 백남신씨의 경영하는 농업〉, 《滿韓之實業》 제92호 제2, 1913년 10월).

[3] 《대한제국관원이력서》(731쪽)에는 그가 1897년 7월 궁내부 영선사營繕司 주사로 임명되어 동년 9월 해임되었다고 기재되어 있고, 《宮內府來文》 8권(규 17757) 및 《관보》(제729호) 1897년 8월 31일자에는 1897년 8월 29일 궁내부 종목과種牧課 주사로 임명했으나 9월 1일 '의원면본관依願免本官'했다고 하여 차이가 있다. 실시간 기록인 《궁내부래문》과 《관보》에 따르면 그는 3일 동안 궁내부 내장사內藏司(1899년 8월 내장원으로 개칭) 종목과 주사였던 셈이다. 그러나 1899~1901년 전북 각 군에서 대궐 소용 물품 구입비 및 운반비를 백남신에게 결전으로 지급하도록 탁지부에서 훈령했으며, 또한 1903년 10월경에도 궁내부 대신이 전라도 각 군에서 상납할 대궐 물품 구입 비용 6만 냥을 그에게 출급하도록 전라도 각 군에 훈령하라고 탁지부 협판에게 조회하는 것으로 보아, 그는 여전히 궁내부의 '무물파원貿物派員'으로 활동했음을 알 수 있다(〈訓令全州南原任實淳昌羅州金溝求禮谷城雲峯郡守〉(1899. 9. 16), 《訓令存編案》 5(奎 17876); 〈訓令扶安等四郡〉(1901. 9. 19), 《공문편안》 92(奎 18154); 〈照會第六十二號〉(1903. 10. 25), 《宮內府去來案文牒》 8(奎 17882).

〈그림 3-1〉 백남신과 그의 농장

백남신은 1911년경 《시사신보》가 조사 발표한 50만 원 이상 조선인 자산가 32명 가운데 한 사람일 정도로 재력가였다. 지방 아전 출신임에도 자신의 힘으로 대부호가 된 까닭에 당시 언론에서 '대위인' 이라 칭할 정도였다. 그가 당대의 세도가들과 어깨를 겨룰 정도의 부를 축적한 것은 전주진위대 향관, 궁내부 주사, 내장원 검세관의 직책으로 외획을 이용한 상업 활동을 전개한 결과였다. 그림은 백남신과 그의 농장 모습.
* 출처: 藤田光之進,《全羅北道案内》, 全北日日新聞社, 1914, 全13쪽.

1897년 12월에는 전주진위대의 향관으로 임명되어 전주진위대의 군량 및 월급 등을 조달하게 되었다. 그는 전주진위대의 경비로 배정된 전라도 각 군의 역토驛土 도전賭錢을 징수하기 위해 직접 답험踏驗하여 간평看坪하기도 했다.[4] 또한 전북 각 군에서 공전(지세)을 획급받아 군량미를 구입 조달했다. 군량이라는 점 때문에 구입 우선권의 특혜를 국가로부터 보장받았으며 또한 시가보다 싸게 구입할 수도 있었다.

그런데 그는 군졸들의 월급을 제때 지급하지 않아, 1898년 9월 초 군부로부터 군율에 따라 3주일 중근신重謹愼에 처해지기도 했다. 그가 몇 달 동안 월급 지불을 연체한 것은 바로 군량 미조로 지급받은 공전을 대궐 물품의 조달과 같은 다른 외획 과정에 투자했는데 자금 융통이 제때 이루어지지 않았기 때문이거나, 혹은 연체한 기간 동안 고리高利의 이자를 취하려고 했던 때문일 것이다. 이와 같은 공전 결축缺縮 사건으로 면직될까 두려웠던 그는 당시 군부대신인 민영환에게 자신을 비호하는 말을 전주진위대 참령參領에게 해달라는 서찰과 함께 뇌물로 연강정과軟薑正果 3두를 바치기도 했다. 그러나 민영환은 "부당한 일"이라고 답서하고 물품을 돌려보냈다.

당시 이 사건에 대해 《제국신문》 1898년 9월 19일자에서 "군법 시행도 추후사追後事이니와 그런 일에 중근신만 당할 것 갓흐면 월급주지 않고 지내다가 중근신당한 후에 주엇스면 돈변만 하여도 적지 아니할너라"고 꼬집은 데에서 월급 지불 연체로 얻는 경제적 이익이 적지 않았음을 짐작할 수 있다. 이후에도 그는 중근신의 군율을 감수하고 획득하는 경제적 대가에 대한 미련을 버리지 못하고 계속 월급 지급을 제때 하지 않았다. 1900년 7월경에도 백남신은 군규軍規를 어겨 일주일 중근신에 처해졌는데 역시

---

[4] 〈訓令全北觀察趙鍾弼〉(1900. 8. 16), 《공문편안》 88(奎 18154); 〈訓令光州等二十三郡〉(1901. 10. 1), 《공문편안》 92.

군졸들의 월급을 제대로 지급하지 않은 때문인 것으로 보인다. 당시 군비를 둘러싼 비리는 다반사였으니, 백남신은 전주진위대의 경비 문제로 동료들과 자주 소송에 휘말려 군부 법정에 서기도 했다.

그는 이와 같이 향관으로서 직무 수행에 문제가 있었음에도 1900년경에는 탁지부 감관을 겸임하여 전북 임피·전주·부안의 둔전에서 수확하는 곡물 수량과 그 작전액作錢額을 조목별로 작성 보고하고 이를 중앙으로 상납하는 일을 담당했다.[5] 이때 그는 진위대 향관으로서 탁지부 감관을 겸임하는 점을 십분 활용하여 그의 조세 취급 영역을 더욱 확대하고자 했다. 즉 전주 및 광주 양 진위대의 위관尉官 사졸士卒의 가찬비加饌費를 종래 매달 군부로부터 조달받았는데 서울로부터 동전 운반이 극히 어려우므로 전라북도 각 군 호전戶錢이나 결전에서 선납하도록 요청하여, 결국 그가 호전 또는 결전도 외획하게 되었다.

1903년 1월에는 궁내부 소관 전라북도균전감리均田監理를 겸임하게 되었다. 그는 이미 1902년 8월에도 전북균전감리사무 겸임으로 임명되었었는데, 무슨 이유인지 사흘만에 해임되었던 적이 있다. 균전감리는 1890년 이후 왕실에서 전라도 연안 지역 진황지를 소유 농민들로 하여금 개간하도록 출자하여 형성된 균전을 관리하고 도조를 징수하는 직책이었다.[6] 균전감리는 보통 균전 소재 지역의 군수를 임명하는 것이 관례였는데, 백남신이 임명된 것은 궁내부 권력자의 적극적인 추천이 작용했음을 의미한다. 그러나 비정상적인 임용이 문제가 된 것인지 혹은 다른 이유 때문인지는 확인할 수 없으나, 두 달 만에 해임되었다. 그러자 전북 7개 군에서 그를

[5] 〈訓令郡守〉,《공문편안》88(奎 18154).《대한제국관원이력서》나《관보》에는 감관 임명 사실이 나타나지 않는데, 이는 정식 임명직이 아니었기 때문이다.
[6] 김용섭,〈고종조의 均田收賭問題〉,《동아문화》8, 서울대 동아문화연구소, 1968 참조.

유임시켜 달라는 균전 민인의 상소가 이어졌다. 그에 대한 군민의 평판이 그리 좋지 않았다는 점을 감안하면, 이는 그가 동원한 민원民願이었을 가능성이 크다. 도조 징수를 총괄하므로 상당한 이권으로 활용할 수 있는 균전감리직을 놓게 된 것이 아쉬웠을 것이다.

그가 가장 활발하게 외획 활동을 전개하며 부를 축적할 수 있었던 시기는 내장원의 전라남북도 검세관을 겸임한 1902년 10월 초부터 1904년 6월 말까지 약 21개월간이었다.[7] 당시 탁지부는 재정 궁핍으로 관료의 월급조차 지불하지 못하게 되자 1901년부터 내장원에서 차입했는데, 그 차입금의 상환조로 1902년 이후 삼남 지방의 결세전結稅錢을 내장원에 외획해주었다.[8] 이 외획전은 1902년의 경우 총수입액의 33.7퍼센트인 136만여 원, 1903년 34.1퍼센트인 200만 원, 1904년 24.3퍼센트 172만여 원에 이르는 막대한 액수였다. 종전부터 어용물품 조달로 궁내부와 연고관계를 맺고 있었던 백남신은 이제 내장원의 전남북 결세전의 외획도 담당하게 되었다.

그런데 내장원은 당시 상인들이 일반적으로 행한 외획 활동과 마찬가지로, 징수한 결전으로 현지에서 곡물을 매입해서 이를 서울 시전 등에 방매하여 외획전을 회수했다. 백남신은 진위대 향관이자 내장원 검세관의 직책으로 병정을 파견하여 전라북도 각군 여각주인의 미곡 사무역을 금지시키고 탁지부 명령을 시달하여 미곡을 매집했다. 이 때문에 이 지역에서 미곡을 무역하지 못한 일본 상인들의 불만이 커지자 일본 공사가 통상조약

---

[7] 〈敍任及辭令〉, 《관보》 제2308호, 1902년 10월 11일; 제286호, 광무 8년 7월 2일. 1903년 12월 초~1904년 1월 말에 걸친 약 두 달 동안에는 탁지부의 전라북도 봉세시찰관捧稅視察官으로서 내장원의 미수未收 외획분을 징수하기도 했다(《관보》 제2690호, 1903년 12월 8일; 《관보》 제2735호, 1904년 1월 29일; 《일성록》 광무 7년 12월 4일; 《고종순종실록》 고종 41년 1월 26일).

[8] 김재호, 〈갑오개혁 이후 근대적 재정제도의 형성 과정에 관한 연구〉, 서울대 경제학과 박사학위논문, 1997, 142~145쪽.

위배라며 사무금령私貿禁令을 철회해줄 것을 요구하는 일이 발생하기도 했다.[9] 그가 취급한 외획전은 다른 검세관에 비해 액수가 컸는데,[10] 막대한 양의 미곡·목면·금을 구매하는 가운데 개인적인 상업 활동도 겸하여 상당한 부를 축적할 수 있었다.

그는 흉년에도 무리하게 곡물 무역을 하고 특히 시가보다 낮은 헐가로 미곡을 수집함으로써 민원民怨을 야기했으며, 때문에 혹 소요가 발생하기도 했다. 예를 들어 1902년 겨울 백남신이 순천 지역에서 결세전 7만 냥을 외획하여 그 대가로 1,800여 석을 배분 징수하려 하자, 군민들이 흉년에는 방곡防穀이라며 소요를 일으켜 끝내 징수하지 못했다. 백성들의 원성을 접한 군수들이 백남신의 극심한 패악을 금단해줄 것을 요구함으로써 결국 "민인들의 미곡을 헐매歇買한다"는 죄목으로 1904년 3월 말 원수부元帥府 검사국檢査局에 체포되었다. 그러나 그는 요로에 운동했던지 7월 중순경 미결수로 석방되었으며, 6월경 검세관 직에서 해임되었다.[11] 그가 무리하게 헐가로 미곡 수집을 강행한 것은 단순히 업무 수행을 위해서라기보다 외획 과정에서 자신의 사적 이익을 도모했던 때문일 것이다. 이러한 탈법 행위에도 불구하고, 백남신은 탁월한 업무 능력으로 내장원의 돈독한 신임을 받았는지 혹은 세력가의 비호를 받았는지, 석방된 지 몇 개월 지나지 않아 1904년 12월 다시 내장원의 전라북도 독쇄관督刷官으로 임명되었다. 이후 1905년 12월 독쇄관직에서 다시 해임되었다.

9 〈全州鎭衛隊 白南信의 金堤等地米穀私貿禁令에 대한 撤回措置要求〉, 《舊韓國外交文書:日案》 6(고려대 아세아문제연구소, 1969), 147~148쪽.
10 1902년의 경우 총외획전의 36.6퍼센트(250만 냥)를 담당했다. 그리고 원전原錢 250만 냥 가운데 145만 냥(58.3퍼센트)과 태가駄價 7만 5천 9백 냥을 징수했다(김재호, 〈갑오개혁 이후 근대적 재정제도의 형성 과정에 관한 연구〉, 227쪽 표 3-25 참조).
11 해임안은 1월경 정부 회의에서 제안되었으나 6월 27일자로 시행되었다(《관보》 제2882호, 1904년 7월 19일; 《일성록》 1904년 3월 27일(양력); 《고종순종실록》 고종 41년 1월 26일; 《관보》 제2868호, 1904년 6월 27일).

위에서 살펴보았듯이 그는 1897년부터 1905년까지 약 7년 동안 전주진
위대 향관으로서 궁내부 주사·균전감리와 탁지부 봉세시찰관, 내장원 검
세관·독쇄관 등을 겸임하면서 상당한 부를 축적할 수 있었다. 이러한 관부
물품 조달 및 징세 관련 직책이 자본축적에 주요한 지렛대였음은, 그가
1904년 1월 봉세시찰관에서 해임되었음에도 불구하고 이후 3년 동안 탁지
부에 인장印章을 바치지 않고 여전히 각 군에 훈령을 시달했던 사실을 통해
서도 짐작할 수 있다.

그가 얼마나 직책을 이용하여 불법적인 축재를 했던지, 1909년경 전前
전북 군수들이 자신들이 사복私腹을 채우지 않았는데도 백남신 때문에 포
흠逋欠이 된 사실에 분개하여 이를 환수하고자 논의할 정도였다.[12] 그들은
백남신이 향관으로 재임했던 1899~1904년 기간 군졸을 파견하여 매미買
米·무지貿紙·군수전軍需錢이라 칭하며 수만 냥씩 늑탈함으로써 자신들이
포흠이 되어 피해를 입었다고 주장하며, 가계전加計錢 매 백 냥에 20냥씩
추심할 것을 결의했다. 당시 권력으로 재산을 탈취한 민영휘·민영철 등 민
씨 척족을 상대로 민인들의 재산반환 소송이 봇물 터지듯 제기되고 있던
대세에 편승하여, 백남신에게 소송을 제기하려 했던 것이다.

1904년 11월 탁지부 재정고문 메가타는 외획을 폐지했다. 이에 종래 조
세 징수를 담당해오던 상인이나 수령·서리, 검세관 등이 조세 관련 업무에
서 완전히 배제되었는데, 백남신도 1905년 12월 독쇄관에서 해임되었다.
그의 외획을 이용한 자본축적도 끝난 것이다.

그는 관부물자 조달과 외획 과정에서 획득한 막대한 부를 주로 고리대자
본으로 운용하거나 토지 집적에 투자했다. 백남신은 상당한 사채를 방출했
는데, 그 환수가 용이치 않으면 전 내장원 독쇄관이라는 배경과 연줄을 이

---

[12] 〈加計欲推〉, 《황성신문》 1909년 4월 25일.

용하여 채무자를 독쇄소와 관찰부觀察府에 잡아 가두는 권력 남용을 일삼아 여론의 지탄을 받기도 했다.[13] 이미 독쇄관에서 해임되었는데도 독쇄소에 사사로이 청탁하여 사채 환수를 계속 감행한 것으로 보아, 재임 시에는 그 독촉이 얼마나 심했을지 짐작할 만하다. 또한 화폐자산 가치의 변동이 심했던 당시에 일반적으로 토지 집적 형태로 자본축적이 진행되었듯이, 백남신도 자산의 대부분을 전주·임실·부안·옥구·익산 등지의 토지 매입에 투자했다.

농장 설립과 미곡상 경영

관직에서 물러난 이후 그는 지주로서 농업 경영에 주력했다. 본격적인 토지매입으로 소유 토지는 전남북의 경계를 넘어 경북·충남·강원·황해도에 걸쳤다. 일제 시기 전북 최대 부호로 알려져 있는 박영근朴永根, 박기순朴基順-박영철朴永喆, 김경중金璟中-김성수家의 토지 소유도 이 시기에는 아직 백남신에 미치지 못했다. 무차별적 매수로 인해 소유 토지가 전국에 산재하여 관리에 어려움이 많자, 1908년 무렵부터 농장 형태의 효율적 경영 방법을 모색했다. 농장과 소작료수납소小作料收納所를 설립하고, 분산된 토지를 정리해서 그 주변으로 집중시켰다. 그가 이러한 농장체제를 도입하게 된 주요 이유는 수천여 명의 소작인을 관리하는 수많은 마름으로 인해 소작료의 1~2할을 소모했기 때문이다.

　토지 정리와 농장 형태로의 전환을 위해 전담 관리인으로 일본인들을 영입했다. 처음 영입된 오노小野榮治는 이후 권농회사로 갔다고 하는 것으로 보아 영농 전문가였던 것으로 보인다. 그는 1920년대에는 경성석분제조소

---

[13] 〈五債憂民〉,《대한매일신보》 1906년 5월 22일.

京城石粉製造所(합자회사, 1923년 창립), 조선흥업회사(합명회사, 1925)의 사원으로 경성에서 실업에 종사했다. 1911년 6월 "토지 정리 및 일선인심日鮮人心의 융화"라는 조건으로 영입된 2대 지배인 시마타니島谷秀三郞는 전주경찰서에서 통역생(9관등)으로 일하던 자였는데, 영농에 문외한인 그를 고용한 이유는 조선말을 잘 한다는 점을 고려한 것으로 일세 낭국파의 판세 도모를 위한 포석이었다. 1918년에 영입된 3대 지배인 아오타青田竹治는 일본 육군교도단陸軍敎導團 출신으로 1904년 8월 러일전쟁에 참가하여 만주에 출정했고, 이후 전주헌병대 소속 겸 전라북도 경찰부 경시(1915), 남원분대장(1917), 이리분대장(1918)을 지내고 퇴직한 인물이었다. 그는 농장 지배인으로 있으면서 이리재향군인분회장裡里在鄕軍人分會長, 이리금융조합장, 용진수리조합장龍進水利組合長 등을 지냈다. 이로 보아 백남신은 농장 지배인의 조건으로 영농 능력보다 일제 당국 및 일본인 사회와 매개 역할을 할 인물을 선택했음을 알 수 있다.

농장 본부는 처음 전주 팔달정에 두었는데, 1910년대 후반에 이리(오늘날의 익산)로 옮겼다. 그 이유는 1914년 1월에 호남선과 지선支線 군산선이 완공되어 그 분기점에 위치한 이리가 미곡의 집하와 수송에 유리하다는 점을 고려했기 때문이나. 농장 명칭을 비로소 '화싱華星'이라고 정헌 깃도 본부 이전과 함께 이루어진 것으로 보인다.[14] 농장 지부는 1911년 전주 창덕면昌德面과 이리에, 그리고 1914년 부안에 설치했다.[15] 그의 농장은 조선

---

[14] 1913년 〈전주 백남신씨의 경영하는 농업〉에는 일반 명사인 '농장'으로, 그리고 1914년 《전라북도 안내》에는 '백남신 농장'으로 기재되어 있을 뿐이다. 그런데 백남신의 거주지가 1916년 1월경에는 전주부 팔달정이다가 1918년 10월경 이후 익산군 익산면인 것으로 보아, 거주지가 변경된 1916년 ~1918년 전반 시기에 농장 본부도 이전했으며, 이때 농장의 명칭도 정한 것으로 보인다. 화성농장의 창업 시기를 1911년 11월로 기재한 자료도 있으나, 이는 이리에 지부가 설치된 시기다(《전주의 米商組合》, 《四萬餘圓의 청구소송》, 〈백남신씨는 軍用米로 正租 四千石을 獻納〉, 《매일신보》 1912년 7월 25일, 1916년 1월 20일, 1914년 10월 26일, 1918년 8월 27일; 《관보》 제1874호, 1918년 11월 6일).
[15] 그 외 임실 및 전남 장성에도 소작미 수납소를 신축하려고 계획했다. 부안 지부는 이후 신태인으로

〈그림 3-2〉화성농장

1905년 12월 독쇄관에서 해임되어 외획을 이용한 자본축적이 용이하지 않게 되자 백남신은 지주로서 농업 경영에 주력했다. 농장 본부는 처음에는 전주 팔달정에 두었다가 1910년대 후반에 이리로 옮겼다. 1914년 1월에 호남선과 군산선이 완공되어 그 분기점에 위치한 이리가 미곡의 집하와 수송에 유리하다는 점을 고려했기 때문이다. 농장 명칭을 '화성華星'으로 정한 것도 본부 이전과 함께 이루어진 것으로 보인다.

* 출처: 宇津木初三郎 編,《(朝鮮寶庫)全羅北道發展史》, 文化商會, 1928, 187쪽.

인으로서는 최초이면서 또한 최대의 농장이었다고 할 것이다. 수리 관개 시설을 개량하여, 미곡·보리뿐만 아니라 대두·양잠·녹비綠肥 재배도 했다. 이러한 농장 형태의 정비된 영농 방식으로 인해 1915년 조선물산공진회에서 '농업의 방법 및 성적' 부문에서 은패銀牌를 수상했던 것이다.

〈표 3-1〉 경성과 전주의 정미精米 가격표(1석, 중급)(단위: 원)

연도		1	2	3	4	5	6	7	8	9	10	11	12	평균
1909	경성	15.20	15.20	14.70	14.50	14.80	15.00	15.00	16.00	15.00	14.00	14.50	14.50	14.87
	전주	7.80	7.80	7.80	8.40	8.80	8.80	8.80	8.60	7.20	7.20	7.20	6.60	8.00
1910	경성	11.00	11.50	11.50	11.80	13.10	13.50	13.00	13.00	13.30	14.00	13.40	13.70	12.73
	전주	11.00	11.00	11.00	12.00	12.00	13.00	13.00	13.00	13.00	13.00	11.00	13.00	12.16
1911	경성	14.67	15.13	15.43	16.60	16.90	17.10	18.80	19.90	19.97	17.63	15.83	17.50	17.08
	전주	12.00	12.80	13.00	13.50	15.50	16.00	16.50	16.50	16.50	16.50	15.50	16.00	14.50
1912	경성	17.88	18.33	18.50	19.06	19.60	20.63	24.40	22.63	20.72	21.02	20.97	21.90	20.47
	전주	16.00	16.50	17.50	18.00	18.50	18.50	21.00	20.00	19.00	18.50	21.00	19.00	18.62
1913	경성	21.85	21.63	21.65	21.58	21.15	21.18	21.48	21.15	21.38	21.08	19.85	19.15	21.10
	전주	20.00	21.00	20.50	20.50	20.50	20.50	19.00	18.50	18.80	18.00	17.50	15.80	19.22
1914	경성	18.94	18.25	17.72	17.47	16.68	16.27	16.07	16.48	14.14	13.27	12.10	10.90	15.6
	전주	15.80	16.00	15.60	15.60	15.20	14.60	16.30	17.00	15.50	14.00	9.60	8.00	14.43
1915	경성	10.08	11.88	12.40	12.23	12.21	11.75	12.29	12.78	12.49	11.96	12.86	13.33	12.19
	전주	8.00	9.50	10.50	10.50	10.63	10.50	10.50	10.50	10.50	11.00	10.83	13.13	10.51
1916	경성	13.04	12.77	12.74	12.06	12.30	12.33	12.53	14.20	14.20	13.93	13.73	13.66	13.12
	전주	13.13	12.80	12.90	12.83	12.60	12.60	14.07	14.46	14.63	14.13	14.17	14.50	13.57
1917	경성	13.50	13.71	13.85	14.90	17.83	19.80	20.60	20.73	20.60	22.86	21.60	21.73	18.48
	전주	14.60	14.27	14.30	14.90	17.20	20.23	21.80	21.07	23.10	21.83	21.80		18.90

이전한 것 같다(〈전주 백남신씨의 경영하는 농업〉, 22쪽; 木原壽, 《益山郡事情》, 전라북도 익산군청, 1928, 42쪽; 守永新三, 《全羅北道案內》, 전북일일신문사, 1914, 全13쪽; 〈華星農場의 賭租濫捧〉, 《조선일보》 1923년 11월 26일 참조).

1918	경성	22.57	24.20	25.65	25.78	25.38	25.96	27.50	36.51	38.67	37.67	36.66	36.70	30.27
	전주	20.00	21.00	25.00	26.00	26.00	26.00	28.33	35.33	32.33	32.67	32.00	32.00	28.06
1919	경성	38.50	42.60	39.13	37.25	38.47	40.30	44.43	48.98	49.83	50.50	53.80	55.27	44.92
	전주	40.00	43.33	39.00	35.83	39.33	40.23	44.00	47.83	45.00	46.57	50.33	51.00	43.54
1920	경성	57.03	55.83	56.17	51.60	50.83	44.33	44.50	46.40	37.67	32.83	26.67	22.67	43.88
	전주	58.00	58.67	56.67	50.67	48.00	45.00	46.00	48.00	38.67	34.50	29.67	26.67	45.04
1921	경성	22.83	22.83	23.50	23.83	24.23	23.93	25.23	32.17	32.60	38.16	40.20	35.33	28.74
	전주	24.33	22.67	22.67	22.50	22.83	24.33	26.33	31.00	33.83	37.33	38.33	36.83	28.58

* 출처: 〈物價及勞銀〉, 《조선총독부통계연보》, 각연도판.

한편으로는 전주에서 쌀장사를 했다. 자신의 토지에서 생산되는 미곡만해도 상당했던 만큼, 전북 도경무부와 유력가들이 그를 미상조합米商組合의 조합장으로 추대할 정도로 전주부 내 굴지의 미곡상이었다. 1912년 전북 경무부에서 빈민 구제를 위해 부내 쌀장사 20여명을 모아 미상조합을 조직했는데, 이때 그가 백미 4천 석을 냈다고 하는 것으로 보아 그 규모를 짐작할 수 있다. 판매 방식은 지역 내에서 계절 간 미가 차익을 노리는 형태였다. 예를 들어 1909년경 그는 농공은행에서 대출한 1만 5천 원을 친밀한 전주부민회 회원 9인에게 나누어 주어 미곡을 사서 쌓아두게 했다가 여름 한발로 미가가 오르자 이를 내다 팔았다.[16] 〈표 3-1〉에서 보듯 전주 지역에서 1909년에는 1월과 7월의 미가 차이가 1원으로 비교적 근소했다. 하지만 추수기와 여름철을 비교해보면, 1911년 11월(15.5원)과 1912년 7월(21원)의 차액이 5.5원이고, 1917년 11월(21.83원)과 1918년 8월(35.33원)의 차액이 13.5원이나 되었다. 단순히 매년도의 월별 미가를 보더라도 변동이 심함을 알 수 있다. 이러한 계절 간 가격 차익을 노리는 판매는 곳곳에 건

[16] 〈民會美擧〉, 《대한매일신보》 1909년 7월 8일.

축되어 있는 소작료 수납 창고로 인해 한층 유리했을 것이다.

또한 1912년 7월경 서울의 백인기가 경성의 쌀값이 매우 올랐으니 전주의 쌀을 올려 보내라고 하는 것으로 보아, 전주와 경성의 지역 간 미가 차익을 겨냥한 무역도 했음을 알 수 있다. 〈표 3-1〉을 보면 1912년 7월 서울 미가는 24.4원인데 전주는 21원으로 3.4원의 차액이 발생한다. 이는 1912년 1~6월 기간에 차액이 1~2원 미만이던 것에 비해 최고의 차액이라 할 것이다. 미곡 거래가 대량이었으므로 운반비를 상쇄하고도 남는 이윤을 기대할 수 있었을 것으로 보인다. 이와 같이 지역 간 가격차를 이용하여, 전주의 쌀을 서울로 수송해서 방매함으로써 상업 이윤을 획득하는 것은 종전 외획을 담당하면서 늘상 해왔던 일이었다. 그가 농장 경영 방식을 도입하는 데에 그치지 않고, 유통 과정에서 다시 한 번 이윤을 극대화하기 위해 직접 미곡상을 경영한 사실은 그가 '조선의 32명 부자' 가운데 한 사람이 될 수 있었던 이유를 충분히 수긍하게 하는 대목이다.

한편 그는 1899년 3월 설립한 대한천일은행의 창립주주로[17] 금융업에도 관심을 갖고 있었다. 그는 변화된 경제 환경에서 사업자금의 편의한 조달을 위해서는 새로 개편된 금융기관에 참여하는 것이 필요하다고 생각했다. 1906년 6월 선수농공은행 설립 시 임원으로 참여했으며, 1906년 9월 설치된 전주어음조합의 조합장으로 활동했다. 1907년에는 전북각군금융조합 설립위원장全北各郡金融組合設立委員長이 되었고, 1908년에는 동양척식주식회사 설립 시 전라북도 대표 2인 가운데 한 사람으로 임명되었다.[18] 일제가

[17] 1주(500원 소유)를 소유하고 있었는데, 1905년 10월 자본금 추가 모집(20만 원 400주에서 100만 원 2만 주로 증자)에 응해 5주를 신청했다. 그러나 이 증자는 무산되었다(〈告牒〉(1900. 2. 20), 《公牒存案》, 대한천일은행 편, 1899년 3월; 〈告牒〉(1906. 1. 28), 《公牒存案》第貳, 1900년 7월; 한국상업은행 행우회, 《大韓天一銀行公牒存案解說》, 1960, 250~259쪽).
[18] 《관보》 제4170호, 1908년 9월 7일. 당시 설립위원 가운데에는 내장원의 검세관이나 주사가 많았는데, 이는 장차 국유지를 접수하려 했던 일제의 동척 설립 의도와 무관하지 않았을 것이다. 또한 대지주들

〈그림 3-3〉 대한천일은행(①)과 전주농공은행(②)

백남신은 관부물자 조달과 외획 과정에서 직책을 이용하여 막대한 부를 축적했고, 이를 고리대자본으로 운용하거나 토지 집적에 투자했다. 뿐만 아니라 그는 1899년 설립한 대한천일은행의 창립주주, 1906년 전주농공은행의 임원으로 금융업에도 관심을 가지고 활발하게 활동했다.

* 출처: ① 한국상업은행 편, 《한국상업은행백년사》, 한국상업은행, 1998, 46쪽.
② 群山日報編輯局, 《全北忠南之主腦地》, 日韓印刷株式會社, 1913, 241쪽.

조선 경제를 제국주의 경제권으로 편입해나가는 과정에서 설치한 모든 금융 기구에 빠짐없이 참여한 셈이다. 어음조합이나 농공은행은 당시 지역 부호들의 경우 대부분 망라되었던 만큼 백남신의 참여가 돌출적이라고 할 수는 없다. 그러나 당시 동척 설립에 대해서는 지주들조차 "殖民에 의한 토지침탈"이라고 부정적이었다는 점에서 그의 동척 설립위원 이력은 강한 정치적 성향을 띤다고 할 것이다.

권력 추구와 사회 활동

행정 체계가 붕괴되는 조선 말기 이래 상인 지주 등 자산가들은 사회적 지위와 재산을 지키기 위한 보호막으로서 권력을 추구했는데, 백남신 역시 마찬가지였다. 앞에서 언급했듯이 그는 원래 "부유하고 거세기로 유명한 전주의 아전"[19] 출신이었다. 그런데 그가 지방 아전에 머무르지 않고 거만 巨萬의 부를 축적하는 데에 중요한 발판이 된 것은 전주진위대 향관 자리였다. 향관으로 군대의 재정을 관할하면서 부를 축적했고, 그 자본으로 궁내부의 주사·검세관으로서 외획 활동 중 사적인 상업 활동을 전개할 수 있었던 것이다. 그러한 점에서 향리인 그가 부과에 응시 급제한 것은 그의 행로에 중요한 전환점이 되었다고 할 것이다.

　당시에는 앞날을 보장받기 위한 목적으로 아전의 무과 진출이 많았다. 예를 들어 전주진위대 참위參尉 최규환은 본래 전주 아전인데 공전公錢 포흠으로 관찰사에게 핍박을 받자 서울로 도망하여 참위직을 얻어 내려갔는

조차 동척 설립에 반대하는 상황에서 쉽게 내세울 수 있는 인물이란 점도 고려했을 것이다.

[19] 황현, 임형택 외 옮김, 《매천야록》 상, 문학과 지성사, 2005, 101쪽, 281쪽. 황현은 전주 영리營吏들이 드세고 거칠게 된 것은 서울의 권세가들이 그들이 바치는 뇌물을 받아먹었기 때문이라고 보았다.

데, 관찰사가 다시 공전을 수쇄하기 위해 잡아 가둔즉 병정들이 경무청을 부수고 최참위를 빼내간 경우를 들 수 있다. 이로 보아 군대 장교직은 관찰사의 통제로부터 벗어날 수 있으며, 또한 이에 대항할 수 있는 또 다른 권력이었음을 알 수 있다.

〈표 3-2〉 백남신의 품계品階 승급陞級 현황

연 도	품 계	출 전
1893.4	무과 급제	
1897.8	판임관 7등	관보 729호
1897. 12	이등군사二等軍司, 6품	관보 820호
1899. 6	정3품	관보
1901. 8	일등군사一等軍司	관보 1760호
1902. 9	종2품 가선대부嘉善大夫	관보 1902. 9. 24 호외
1904. 12	육군보병 참령參領	
1905. 11	가의대부嘉義大夫, 육군보병 부령副領	관보 3258호 호외 2
1906. 4	육군연성학교陸軍研成學校 교관보校敎官補	

* 비고: 《대한제국이력서》에는 1900년 7월에 6품으로 승진하고 1901년 10월에 정3품으로 승진한 것으로 되어 있다. 그러나 1897년 8월에 6품으로 나오므로(《宮內府來文》 8 참조), 관보에 따른다.

〈표 3-2〉에서 보듯 백남신은 6품에서 종2품으로 승급하는 데에 2년도 채 걸리지 않았으며, 이등二等 군사軍司로부터 육군 부령副令으로의 진급이 단기간에 이루어졌다. 이러한 비정상적인 승진으로 보아 요로에 줄을 대고 있지 않았나 짐작된다. 그가 궁내부 일을 맡아보게 된 것은 내장원경 이용익의 연줄에 의한 것으로, 1908년에도 여전히 고종에게 바치는 접부채 진상을 담당하고 있었다.[20] 또한 황실 측근 관료와 시전상인이 출자했던

[20] 황현, 《매천야록》 하, 166쪽. 고종은 여름철이 되면 각 궁가나 관리에게 하사하는 부채의 가격 1만여

대한천일은행의 주주였고 내장원 유력자의 대출담보도 서주는 것으로 보아,[21] 궁내부 관계자들과 밀접한 유대관계를 맺고 있었음을 알 수 있다.

그는 1905년 말 실직實職에서 해임되자, 종2품 가의대부嘉義大夫라는 품계만으로는 만족할 수 없었다. 1906년에 백인기가 백남신에게 전주군수 자리를 마련해주려고 모종의 '음모'로 운동한다는 이야기가 세간에 회자되었다. 그 내용은 백인기가 부친을 전주군수 자리에 앉히기 위해 현 전주군수 권직상權稷相을 몰아내려고 파락호破落戶 등을 매수하여 군수가 포흠한 장전臟錢이 39만 냥이라고 정부에 발고하도록 조종했는데, 평리원에서 심판 중 몇 사람이 변심하자 백인기가 잡아다 사형私刑을 가하여 1명이 실명하게 되었다는 것이다.[22] 고종이 공공연하게 매관매직을 자행하고 또한 '한일합방'의 설이 분분하던 정국에서도 여전히 부호들의 엽관운동獵官運動은 혹 도쿄로 혹 고관대작의 남북촌으로 분주한 분위기에서,[23] 전주 아전 출신인 백남신에게 특히 전주군수는 꼭 한번 앉아보고 싶은 자리였을 것이다.

백남신은 매우 권력 지향적이었던 반면, 자강단체를 중심으로 한 사회운동에는 별로 참여하지 않았다. 전주에도 대한협회 지회가 설립되었는데, 그의 동료인 전주진위대 출신 인사 등 지역 유지들이 참여했으나 회원 명

원을 연전年前에 미리 백남신에게 지급하여 진상하도록 했는데. 그는 관로官路에서 물러난 이후에도 계속 부채 진상을 담당했다(《奉命督扇》, 《대한매일신보》 1908년 6월 7일).

[21] 그는 내장원 감독 유신혁의 아들 유병련劉秉璉이 경영한 한양상회漢陽商會에서 삼정회사三井會社로부터 물품구입 시 연대보증을 서주었다.

[22] 그런데 권직상의 포흠에 대한 정부 내의 입장은 상이했다. 즉 법부에서는 법률적 잣대로 보아 권직상의 포흠은 부인할 수 없는 부정이라고 보았고, 탁지부에서는 그 포흠의 유래를 따지면 그에게 죄를 물을 수만은 없다는 입장이었다. 백인기는 법부의 판단 기준으로 권직상을 고소할 경우 충분히 면직시킬 수 있다고 판단하여 발고를 사주했던 것으로 보인다(《陰某歸虛》, 《대한매일신보》 1906년 5월 11일; 〈全民請願〉, 〈姜民投書〉, 〈訓釋全侔〉, 〈檢事譴責〉, 〈權氏處役〉, 〈權倅請放〉, 〈相枝支離〉, 《황성신문》 1906년 2월 26일, 5월 9일, 5월 24일, 6월 4일, 7월 12일, 7월 14일, 8월 4일).

[23] 황현, 《매천야록》 하, 106~107, 138~139, 147~148쪽; 《稍稍還官》, 《대한매일신보》 1905년 9월 2일.

단에서 그의 이름은 찾아볼 수 없다. 그러나 당시 사립학교 설립이 유행하여 웬만한 부호는 시세 흐름에 뒤질세라 학교 설립을 지원하던 때였으므로, 백남신도 1906년경 전주 사립 함육학교涵育學校의 찬성장贊成長이 되어 매년 1백 환씩 10년간 기부하기로 약속했다.[24]

대한제국 붕괴 후 그의 권력 추구 대상은 총독부를 정점으로 한 일제 권력으로 바뀌었다. 거만의 재산을 지키기 위해서는 새로운 권력과의 우호적 관계가 절실했는지 그는 일제에 대해 매우 협조적이었다. 대표적인 예로 1918년 일본의 시베리아 출병 시 시가 6만 원 상당의 벼 4천 석을 군용미로 헌납한 사실을 들 수 있다.[25] 이 일로 그는 사망 직후 총독부로부터 6등 훈장, 서보장瑞寶章을 포상받았다. 그런데 이 시기에 그가 빈민 구제비로 내놓은 돈은 고작 1천 원이었다. 이외에 1913년 4월과 1918년 11월에는 도로 부지로 토지를 기부하여 각기 목배木杯를 하사받았고, 1919년에는 이리소방조裡里消防組 피복비 30원을 기부한 일로 목배를 하사받았다. 또한 일본인적십자사와 군인후원회 등에도 솔선해서 기금을 냈다.

이러한 적극적인 협조 태도로 3·1운동 직후 전라북도 당국이 "영구히 합병의 실實을 거擧하는 이상理想에 각성한 선인鮮人 유력자로 하여금 스스로 지방 선인의 계발 선도의 임任에 당當케 하"려는 목적으로 조직한 전북자성회全北自省會의 회장으로 추대되었다.[26] 전북자성회의 취지서에서는 3·1운동을 '소요'라고 규정하며, 유언비어로 인한 인심의 요동을 무마하

---

[24] 광고 〈全州私立涵育學校 校任〉, 광고 〈全州涵育學校 限十年擔負金錄〉, 《황성신문》 1906년 11월 14일, 11월 12일. 이 외에 사립 동덕여자의숙同德女子義塾 진급식에 상품을 지원하고, 동경에 유학생 이한경李漢卿이 설립한 광무학교光武學校에 5원을 기부한 예가 있으나, 동명이인同名異人인 것으로 보인다(〈同德女子義塾 進級〉, 〈光校贊成〉, 《황성신문》 1910년 4월 7일, 1906년 2월 23일).

[25] 〈白南信氏는 軍用米로 正租四千石을 獻納〉, 《매일신보》 1918년 8월 27일. 그는 1915년에도 군비를 지원했는데, 액수는 확인하기 어렵다(《조선총독부관보》 제2299호, 1920년 4월 13일).

[26] 〈全北自省會 조직〉, 《매일신보》 1919년 4월 26일.

고 조선 병합이 일시동인—視同仁의 취지임을 어리석은 조선인에게 깨우치는 목적으로 조선인 유지들이 결성했음을 천명하고 있다. 이러한 친일 단체의 회장으로 전북도청에 의해 추대되었다는 사실은 백남신의 정치적 입장을 분명하게 보여주는 점이다.

2. 백인기의 자본 운용과 정치사회 활동

기업 활동과 토지 집적

백인기(1882~1942)는 백남신이 아전 생활을 하고 있을 때 임실에서 태어났다. 그러나 백남신이 1897년 이후 궁내부 주사, 내장원 검세관 등을 맡아 전주와 서울을 오가며 외획 활동을 하게 되자, 15·16세(1897, 1898년) 무렵 서울로 올라왔다.[27] 어느 시기인지 정확하게 파악하기 어려우나 일본 유학도 다녀왔다.[28]

그는 17, 18세부터 부친을 보좌하여 본격적으로 사업에 착수했는데, 그 능력이 경륜 있는 실업가를 능가할 정도였다. 메가타가 화폐새성정리사업 때 백인기를 "일유위—有爲의 청년으로 인정하고 먼저 호출"했다는 것으로 보아, 그의 사업은 서울 경제계에서 주목할 만한 규모였고 또한 그 결과도 성공적이었음을 미루어 짐작할 수 있다.

---

[27] 〈조선인물관: 청년 실업계의 태두 백인기씨〉, 《매일신보》 1912년 12월 25일. 1929년경의 한 자료에서는 그가 서울로 올라온 시기를 1907년이라고 하고 있으나 이는 오류다(〈명망가의 일시 은둔계획에 관한 건〉, 《사상문제에 관한 조사서류》(7), 京鍾警高秘 제1317호, 1929년 1월 31일).

[28] 〈전주 백남신씨의 경영하는 농업〉, 23쪽. 유학 시기는 1898년 무렵일 가능성이 크다. 혹은 1902년 10월까지 사업을 하고 있었던 점과 또한 〈표 3-3〉의 관직 경력으로 미루어 보건대 1903~1904년 7월의 어느 시기일 가능성도 있다. 전후 활동으로 보아 2년을 넘는 장기간은 아니었을 것으로 보인다.

그의 첫 사업은 여러 정황으로 보아 미곡 무역을 위주로 하여 각종 물화의 위탁 매매와 전답·기타 상품을 담보로 한 금융 대부를 영업 내용으로 하는 객주였을 것으로 생각한다. 그 근거는 첫째 백남신이 대궐의 소용 물자를 조달하며, 또한 전북 각 군에서 징수한 내장원 외획전으로 미곡 및 지역 산물을 매입하여 서울로 운송했으므로, 그가 서울에서 해야 할 사업은 바로 이러한 부친의 경제 활동을 원활하게 도와주는 객주였을 것이다. 둘째, 그는 1901년 11월경 백완혁(후에 창희조합장彰熙組合長)에게 추심할 8천 냥의 어음과 1902년 10월 시암柴岩의 미전米廛 이두한李斗漢에게 추심할 1천 800냥의 어음을 분실했다는 광고를 냈는데, 이 어음은 객주 활동의 거래 과정에서 오간 것으로 보인다. 셋째, 그의 사업체가 당시 신문 광고에 전혀 나타나지 않는 것으로 보아 대중 광고를 필요로 하는 업체가 아니었음을 알 수 있다. 또한 회사 형태를 취하지 않았고, 앞의 분실액수로 보아 거래 규모가 상당했다는 점에서 지주나 상인들 사이의 거래를 매개한 객주일 가능성이 크다. 넷째, 그가 1907년 9월경 서서西署 동막東幕(오늘날의 마포구 대흥동 부근) 내에 소재한 합자상회 객주 창희조합의 조합원이었다는 점을 들 수 있다.[29] 후술하겠지만 그가 공동창고회사·농공은행·한일은행 등 주로 금융업에 전력투구하고 있었던 시기에 내용을 전혀 모르는 신규 업종에 투자했을 것 같지는 않으므로, 기존 객주의 연장선에서 조합에 참여했을 것으로 보인다. 객주업은 부친으로부터 받은 10만 원의 자본금으로 시작했는데 당시로서는 상당한 규모였다.

---

29 《황성신문》 1907년 9월 13~14일 광고. 이 조합은 1906년 10월경에 자본금 2만 원으로 백완혁, 김낙희金洛熙, 윤정석, 조창한趙彰漢이 설립했었는데 영업 성적이 좋아 약 1년 후에 확장하면서 백인기를 비롯하여 3명의 조합원이 합자했다(광고 《황성신문》 1906년 11월 2일, 11월 23일). 조합원 가운데 윤정석, 조창한은 유력 객주로 알려진 이들이다. 장희조합에 대해서는 홍성찬, 〈한말 서울 東幕의 미곡 객주 연구〉, 《경제사학》 42, 2007을 참조할 것.

앞에서 서술했듯이, 외획이 금지됨으로써 백씨 부자의 자본축적에서 중요한 전환기라고 할 1905년 이후, 백남신은 전주에 머물며 농장 경영에 주력했다. 따라서 자본 증식의 새로운 부문 개척은 전적으로 백인기의 몫이 되었다.

한편 1905년 7월 1일부터 화폐정리사업이 실시되면서 화폐 유동성 부족으로 일본 상인이나 청국 상인보다 극심한 타격을 입은 조선 상인들은 철시撤市로 저항하며 대책을 요구했다.[30] 결국 메가타는 구제책의 일환으로, 화물을 창고에 보관하면 그 물품에 대한 증권을 발행하여 그것을 매매 또는 담보로 제공하여 금융의 편의를 도모할 수 있게 하기 위해, 1905년 9월 초 〈한성공동창고회사조례〉를 발포했다. 한성공동창고주식회사의 설립 발기인은 조진태·백완혁·배동혁裵東爀 등 39명의 자산가였다. 조진태·백완혁은 조병택과 함께 "경성 실업계의 세 원로"로서 화폐재정정리 벽두에 메가타가 호출하여 상담할 정도로 경성의 대표적 실업가였다.

그런데 메가타는 권력과 가까운 관계를 유지해온 일부 상인들의 정치적 성격을 파악하고,[31] 화폐재정정리사업을 필두로 한 일제의 지배체제 구축에 이들을 포섭하려 했다. 따라서 재정고문부의 금융기관 정비의 첫 사업인 한성공동창고회사의 경영진 구성은 중요한 의미를 지닌다고 할 것이다. 백인기는 바로 '관명官命'에 의해 임명된 한성공동창고주식회사의 이사

---

[30] 화폐정리 과정에 대해서는 김재순, 〈露日戰爭 직후 일제의 화폐금융정책과 조선 상인층의 대응〉, 《한국사연구》 69, 1990 참조.

[31] 메가타는 부임 후 서울 시전거리를 직접 답사하며, 유력 상인과 실업가를 파악했다. 그 결과 서울 상인을 종로상인과 오강상인五江商人으로 나누어 "종로상인은 경성의 토착인으로 조상 전래로 상업을 영위해왔고 정치적 색채를 띠어 다소 권력을 가지고 있는데 상업회의소는 전적으로 이들에 의해 조직되었고, 오강 상인은 대개 이주한 지방민 출신이며 상점의 기원도 비교적 짧고 정치적 세력도 미약하며, 따라서 정부사업의 신축伸縮에 영향받는 것이 적다"고 파악했다. 의도적 사실 왜곡도 있으나, 서울 상업계와 상인에 대해 나름대로 정확하게 파악하고 있었음을 알 수 있다(松本重威, 《男爵目賀田種太郎》, 동경인쇄주식회사, 1938, 345~346쪽, 413~417쪽).

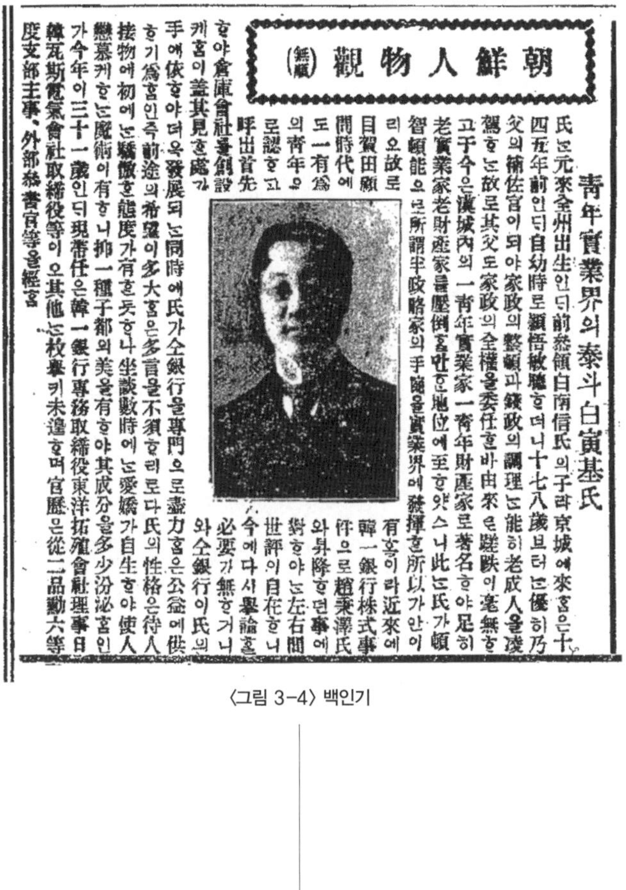

朝鮮人物觀 (無號)

青年實業界의秦斗白寅基氏

氏ᄂᆞᆫ元來全州出生인ᄃᆡ前叅領白南信氏의子라京城에來ᄒᆞᆷ은十四五年前인ᄃᆡ自幼時로穎悟敏聽ᄒᆞ더니十七八歲브터ᄂᆞᆫ優히乃父의補佐官이되야家政의整頓과錢政의調理ᄂᆞᆫ能히老成人을凌駕ᄒᆞᄂᆞᆫ故로其父도家政의全權을委任ᄒᆞᆫ바由來로蹉跌이毫無ᄒᆞ고于今은漢城內의一靑年實業家一靑年財産家로著名ᄒᆞ야足히老實業家老財産家를壓倒ᄒᆞᆯ만ᄒᆞᆫ地位에至ᄒᆞ얏스니此ᄂᆞᆫ氏가頓智頓能으로所謂半政略家의手腕을實業界에發揮ᄒᆞᆫ所以가안이리오故로目賀田顧問時代에도一有爲의靑年으로認ᄒᆞ고呼出首先ᄒᆞ야倉庫會社를創設케ᄒᆞᆷ이盖其見ᄒᆞᆫ處가有ᄒᆞᆷ이라近來에韓一銀行株式事件으로趙秉澤氏와昇降ᄒᆞ던事에對ᄒᆞ야ᄂᆞᆫ左右間世評이自在ᄒᆞ니今에다시擧論ᄒᆞᆯ必要가無ᄒᆞ거니와全銀行이氏의手에依ᄒᆞ야더욱發展되ᄂᆞᆫ同時에氏가全銀行을專門으로盡力ᄒᆞᆷ은公益에供ᄒᆞ기爲ᄒᆞᆷ인즉前途의希望이多大ᄒᆞᆷ은多言을不須ᄒᆞ리로다氏의性格은待人接物에初에ᄂᆞᆫ驕傲ᄒᆞᆫ態度가有ᄒᆞᆫ듯ᄒᆞ나坐談數時에ᄂᆞᆫ愛嬌가自生ᄒᆞ야使人戀慕케ᄒᆞᄂᆞᆫ魔術이有ᄒᆞ니抑一種子都의美을有ᄒᆞ야其成分을多少汾泌ᄒᆞᆷ인가今年이三十一歲인ᄃᆡ現帶任은韓一銀行專務取締役東洋拓殖會社理事日韓瓦斯電氣會社取締役等이오其他ᄂᆞᆫ枚擧키未遑ᄒᆞ며官歷은從二品勳六等度支部主事、外部叅書官等을經ᄒᆞᆷ

〈그림 3-4〉 백인기

탁지부 재정고문이었던 메가타는 화폐정리사업으로 타격을 입은 조선 상인들의 구제를 위해 1905년 9월 〈한성공동창고회사조례〉를 발포했다. 주목할 점은 메가타가 한성공동창고주식회사의 창설과 업무를 백인기에게 맡기려 했다는 사실이다. 그만큼 백인기는 객주업 계통에서 탁월한 능력을 발휘하고 있었다.

* 출처: 〈조선인물관—청년실업계의 태두 백인기씨〉, 《매일신보》 1912년 12월 25일.

로서, 사장 조진태가 한성어음조합의 조합장도 겸임했기 때문에 실제 업무를 주관했던 것은 그였다.[32] 메가타는 처음부터 백인기에게 창고회사의 창설과 업무를 주관하게 하려고 의도했지만, 금융기관 창설의 첫 사업인 만큼 아무리 유능하다고 하나 40~70대의 중견 실업가들을 제치고 23세의 새파란 그를 사장으로 내세울 수는 없었을 것이다.[33] 메가타가 백인기를 기용한 것은, 그가 기왕에 객주업 계통에서 탁월한 능력을 발휘하여 창고회사의 업무 수행에 적합하리라 생각했기 때문일 것이다.

백인기는 공동창고회사를 계기로 일제의 금융권 재편에 동승하게 되었으나, 1907년 12월 한일은행 전무로 취임하면서 여기에 주력하기 위해 공동창고회사 이사직 사의를 표명하여 1908년 9월 사표가 수리되었다. 창고회사가 한시적인 보조 금융기관에 불과하기 때문에,[34] 기왕에 금융권에 진출하려면 은행이 더 낫겠다고 계산했을 것이다.

한일은행은 화폐정리사업 이후 1년이 지나도록 전황과 이로 인한 경기 침체가 지속되자 그 대응책으로 경성상업회의소의 실업가, 상인이 중심이 되어 설립한 은행이었다. 일반적으로 대한천일은행과 한성은행이 일본인 지배인 및 파견원의 감독으로 정부 관할에 들어간 데 반해, 한일은행은 탁지부의 재정지원과 감독을 거부하고 경성 실업가와 상인들이 출자하여 독자 경영한 은행으로 알려져 있다. 출자 자본이나 경영 면에서 볼 때 정부의 규제를 덜 받았기 때문에 국채보상금보관위원들이 수합한 국채보상금을 한 곳으로 임치할 때 다름 아닌 한일은행을 지정하기도 했던 것이다. 또한 개점 초기 임치금 및 기타 거래상에 백동화를 아무 조건 없이 받아준다든

[32] 윤석범·홍성찬·우대형·김동욱,《한국근대금융사연구》, 세경사, 1996, 106쪽.
[33] 1905년 당시 조진태(1851년생) 44세, 백완혁(1856년생) 49세, 조병택(1831년생) 74세였다(田中正剛,《朝鮮紳士寶鑑》, 日韓印刷株式會社, 1913, 386쪽; 조선총독부 중추원,《各道議員推薦ノ件》 참조).
[34] 한성공동창고회사는 1912년 4월 조선상업은행(대한천일은행의 후신)에 합병되었다.

〈그림 3-5〉 한일은행

백인기는 한시적인 보조 금융기관에 불과했던 한성공동창고회사를 떠나 1907년 12월 한일은행 전무로 취임했다. 화폐정리사업 후 계속되던 경기 침체 해결을 위해 경성상업회의소의 실업가와 상인이 중심이 되어 설립한 한일은행은 '조선인의 독자적 은행'이라는 이미지와 그에 상응하는 영업 전략으로 좋은 성과를 거두고 있었다. 이에 소액주주로서 관망만 하던 백인기는 적극적으로 은행 장악에 나서 경영 쇄신을 통해 영업을 더욱 호전시킴으로써 경영실권을 장악했다.

* 출처: 萩森茂, 《朝鮮の都市—京城, 仁川》, 大陸情報社, 1930 부록.

가 백동화 교환 담당은행이 아니면서도 상업계와 일반 조선인들의 편의를 위해 교환 기일이 지났는데도 액수의 많고 적음에 상관없이 신화와 교환해준다든가 하여 '과연 조선인의 은행'이라는 평판을 들었다. '조선인의 독자적 은행'이라는 이미지와 그에 상응하는 영업 전략으로 한일은행의 예금 대출 성적은 한성, 대한천일은행을 앞섰다.

한일은행이 의외로 좋은 성적을 거두자, 설립 초기 50주를 소유한 소액주주로서 관망만 하고 있었던[35] 백인기는 적극적으로 은행 장악에 나섰다. 한일은행은 3만 원 미만의 운용자금으로 영업이 곤란하자, 1907년 7월 임시주주총회를 개최하여 자본금 증자를 계획했는데, 때마침 고종의 강제퇴위와 군대해산 등으로 정치경제 상황이 악화되면서 무산되었다. 이 기회를 포착한 백인기는 사장 조병택에게 3만 원을 대부해주고 그 대가로 12월경 전무로 취임했다.[36] 이후 그는 증자와 경영 쇄신을 통해 더욱 영업을 호전시킴으로써 경영실권을 장악하게 되었다. "한은韓銀 인수 후로 두각을 노출하여 청년 실업계의 우이牛耳를 집執하니 모든 사람이 그 성명聲名을 알게 되었다"고[37] 할 정도로 한일은행 전무 취임은 실업가로서 그의 입지를 확고히 했다고 할 것이다. 그러나 이에 만족하지 않고 매입 주식 3천 주에다 조병택에게 빌려준 대금을 은행주식 1천 9백주로 환급받아 최대주주가 됨으로써 은행을 완전히 장악하고자 했다. 그는 수차례의 주권명의서 체청구소송株券名義書替請求訴訟 끝에 최대주주가 되었으나 분쟁 야기와 경

---

[35] 〈趙白의 相持內容〉,《매일신보》1912년 1월 7일. 백인기는 한일은행 창립자 30여 명의 명단에 들어있지 않았다. 그는 전황과 경기 침체로 대한천일은행 등의 조선인 은행도 폐점하는 상황에서 한일은행 설립에 대해 비관적이었던 것으로 보인다(〈韓一大活躍〉《황성신문》1906년 5월 28일).

[36] 〈趙白의 相持內容〉;〈韓一銀行大發展〉,《황성신문》1907년 12월 17일. 처음 그는 조병택에게 자신과 친밀한 내장원 감독 유신혁과 운동하여 내하전內下錢으로 3천 주를 응모하도록 하겠다고 하고, 만일 그것이 이루어지지 않을 때에는 자신이 3만 원을 대부해주겠다고 약속했었다. 이때 내장원 감독을 통해 내장원경을 움직인 것으로 보아 부친 백남신의 기존 인맥을 활용했던 것으로 보인다.

[37] 〈한성의 사교계〉,《매일신보》1914년 1월 1일 제4.

영 악화로 사장직을 차지하지는 못했다. 1912년 7월 소송에서 패배한 조병택이 사장직에서 물러나고 민영휘가 사장이 되었으며, 백인기는 1915년 11월까지 전무 자리를 지켰다. 조병택은 30만 원의 빚을 지고 결국 화병으로 사망했다.

또한 백인기는 경성의 대상공업자, 지주 등을 망라하여 1906년 5월에 설립된 한성농공은행의 이사로 활동하기도 했다. 한성농공은행은 1907년 6월 공주농공은행, 충주농공은행과 합병되어 한호농공은행이 되었는데, 여기에서도 역시 감사·이사로 있었다. 또한 이 한호농공은행에서 맺은 인적 교류에 기초하여 1913년 예산의 성낙규成樂奎·성낙헌成樂憲 및 경성의 백완혁·김진섭 등과 함께 호서은행 창립에 참가하기도 했다.

〈표 3-3〉 백인기가 중역·대주주로 활동한 기업

회사	활동기간 (창립~폐업)	직위(주식 수)	경영진	영업 내용, 배당률
조선농업주식회사	1905.3~1927 (1905.9~1945)	감사·이사 (600)	송병준·백완혁·송종헌宋鐘憲·송진헌宋鎭憲·이현규李顯奎·김영걸金永杰	농업·부동산 매매·수리관개·양잠·비료제조판매·가축매매 등, 0~6%
호남철도회사	1907~? (1907~)	정리위원	서오순·조진태·조창한趙彰漢·백완혁·조병택	호남선 부설
대한권농주식회사	1907 (1907~?)	이사	야마다山田桃作·원승일原勝一·오영근吳永根·미와三輪傳七·콘도近藤慶一·성문영·오카岡十郎·후쿠시마福島宜三·후쿠다福田幹軸同·시라이시白石鐵二郎·후지타藤田啓一·조진태	부동산담보대출
조선물산무역주식회사	1907~1931 (1908~?)	대주주 (120)	이승용李承鎔·송성진宋星鎭·김성환金聖煥·유조환柳朝桓·서성효徐成孝	재목·연료 및 각종 물산의 무역 및 위탁판매
일한가스주식회사 日韓瓦斯株式會社 (경성전기)	1908~1931 (1908~1945)	취체역·감사	다카마츠高松豊吉·오카자키岡崎遠光·구메久米良作·오하시大橋新太郎·야마구치山口太兵衛	가스·전기, 약 12%
광목직조주식회사 廣木織組株式會社	1909.2~? (1909~)		민대식·안국선·유병련·문재학文在學	광목 직조

고려요업주식회사	1920~1931 (1920~1931)	부사장 (435)	송병준·이병학李柄學·윤덕영·민병석·이상무李相武·장길상張吉相	요업품 제조, 0%
동양척식주식회사	1924~1926 (1908~1945)	감사	와타나베渡邊勝三郎·이케베池邊龍一·오자키尾崎敬義·오카岡田信·사이토齊藤龜三郎·시마島德藏·후쿠모토福本元之助·백인기	척식자금 공급·농업수리 사업 및 토지의 취득 경영·척식이주민모집, 8%
조선화재해상 보험주식회사	1922~1929 (1922~1945)	이사	코지야마河內山樂三·후루시로古城菅堂·이병학·구기모토釘本藤次郎·카시이香椎源太郎·한상룡 등	화재해상 운송보험, 5~7%
경성흥산주식회사 京城興産株式會社	1925~1929 (1925~1942)	감사 (3000)	박영효·장홍식張弘植·도미타富田儀作·유치형命致衡·오노小野敏雄	부동산 매매중개 및 경영·금전대부, 0%
조선물산주식회사	1926~1931 (1926~1942)	이사	도미타富田儀作·카네다兼田嘉藏·야마다山田寅次郎·이병학·가와사키川崎靑定	조선물산의 매입 판매 및 수이입품 판매, 0%
조선무연탄 주식회사	1927~1929 (1927~1945)	이사	노미能美愛太郎·하마오카濱岡淸大·도미타·오하시大橋新太郎·오쓰大津盛吉·가타야마片山雷平·후지야마藤山雷太·시바타柴田虎太郎 외	석탄 기타 광물 채굴·석탄제조, 0%
전북기업주식회사 全北企業株式會社	1927~1931 (1927~1935)	사장	아오타靑田竹治·백기순白槙淳·정완규鄭完圭·최석천崔景天	비료 및 농구류의 매매, 부동산 매매, 농업자금 융통, 5%
화성사華星社(합명)	1936~1942 (1936~1945)	중역·사장 (185,000)	백명곤白命坤·백윤승白銳勝·백윤호白銳浩	농사경영 및 개량·토지가옥 매매 및 임대차, 0%
주식회사협제공사 株式會社協濟公司	1922~? (1922~1945)	주주 (100)		농업자금의 융통·농업경영 및 농작지의 대차貸借 소개

* 출처: 《황성신문》·《매일신보》·《조선은행회사요록》 1921~1942년판.

* 비고: 활동 시기의 종년終年 및 폐업 시기의 종년은 《조선은행회사요록》에 등재된 마지막 연도판을 기재함. 그러나 해방 후까지 존속한 기업은 1945년으로 기재.

한편 백인기는 각종 회사 설립에도 참여하여 기업의 이사로 활동했다. 〈표 3-3〉은 백인기가 중역으로 활동한 법인 기업을 시기별로 정리한 것이다. 이상의 기업 외에도 단순히 주주로 주식을 소유한 경우도 있을 수 있으며 혹은 비법인非法人 업체에 투자한 경우도 있을 수 있으나, 그 비중은 매우 작았을 것으로 보인다. 이상의 기업 가운데 동양척식주식회사를 제외하고는 모두 회사의 발기, 창립 초부터 관계했다. 1924년경 동척 감사를 지낸 것은 동척 설립위원인 부친이 1920년 사망하면서 그가 주식을 상속

받아, 운동한 결과였을 것이다. 이를 두고《동아일보》는 "동척 감사는 일본 귀족관료배의 겸직기생兼職寄生하여 오든 한직閑職"인데, 백인기가 "민원民怨의 초점이 되는 동척"에 선임된 것은 "저급영예심低級榮譽心의 발작"이거나 "허욕의 발동"이라고 비판하기도 했다.

먼저 업종별로 보면 제조업 4개(일한가스, 광목직조廣木織組, 고려요업, 조선무연탄), 상업 무역 및 서비스업 4개(조선물산무역, 조선화재해상보험, 조선물산, 호남철도), 농업 5개(조선농업, 동척, 협제공사, 전북기업, 화성사), 부동산매매 및 금전 대부 2개(대한권농, 경성흥산京城興産)였다. 그의 기업 활동에서 주목할 특징은 일정 시기에 특정 업종 및 기업에 주력 투자하기보다 여러 개의 유력 기업체에 투자하는 성향이었다는 점이다. 즉 당대 거물 자산가인 조진태·송병준·백완혁·민대식·이병학·윤덕영 등과 함께 여러 회사 설립을 주도했다. 또한 한일 합작 기업이나 일본인 대기업에서 중역으로 활동했다. 대표적으로 그는 1908년 9월 오카자키 엔코岡崎遠光·다카마쓰 도요키치高松豊吉·구메 료사쿠久米良作·오하시 신타로大橋新太郎(일본 거주), 시라이시 나오지白石直治·야마구치 타헤에山口太兵衛(경성 거주) 등 일본의 일류 대자본가들과 대장대승大藏大丞·대장소보大藏少輔를 역임한 재계 원로 시부사와 에이치澁澤榮一 및 소네 아라스케曾禰寬治(부통감의 아들) 등이 자본금 3백만 원으로 설립한 일한가스전기회사[38]의 이사였다. 이 회사는《동아일보》 등으로부터 지나친 전기 요금으로 폭리를 취한다는 비판과 경성부민의 요금 납부 저항을 받을 정도로 영업 수익이 컸으며, 따라서 배당률이 창립 초부터 계속 12퍼센트를 상회한 대표적인 일본인 기업이었다. 그가

---

[38] 《조선총독부통계연보》, 1912, 303쪽; 川端原太郎, 《朝鮮在住內地人》實業家人名辭典》 1編, 조선실업신문사, 1913, 305~307쪽. 1907년 이래 창립을 준비하여 설립한 것으로 1915년 9월 경성전기회사로 개명했다.

발기 당초부터 1931년 무렵까지 이사로 있었음은 일본인 자본가들과 보통 이상의 유대관계를 유지했으며, 또한 그의 사업 능력이 인정받았음을 보여주는 사실이다.

백인기는 만주 지역 일본인 기업인 주식회사협제공사에도 투자했다. 이 회사는 만주 지역에 조선 농민의 이주와 통제를 목적으로 설립한 동아권업공사의 별동대인 회사로 1922년 4월 자본금 100만 원으로 봉천에 본점을 두고 농업자금의 융통 및 임차, 창고업, 농업 경영 및 농작지의 대차貸借 소개 등을 영업 내용으로 하여 설립된 회사다.[39] 웬만한 조선인 대자본가들은 거의 대부분 주주로 망라되었는데, 백인기는 100주를 소유하고 있었다.

그의 기업 활동이 활발했던 시기는 〈표 3-3〉에서 단적으로 나타나듯이 1905~1909년과 1920~1930년이었다. 1910년대와 1930년대에는 새로 회사 창립에 참여하여 중역이나 대주주로 활동한 바가 없으며, 또한 기존 회사에도 주주로 투자하지 않았다.

1910년대에 기업 설립 및 경영 활동이 없었던 것은 농업 투자에 주력했고 또한 자금 조달이 여의치 않았던 때문이었다. 앞에서 보았듯이 백남신은 1910년 선후부터 농장 및 수납창고 신축사업을 대대적으로 전개했는데 여기에는 상당한 자금이 소요되었다. 백남신은 소요 자금을 대개 은행 중역인 백인기를 통해 조달했다. 백인기는 전무라는 직위를 이용하여 부친의 부동산을 담보로 제공하고 한일은행으로부터 30만 원을 쉽게 고정 대

---

[39] 日淸興信所, 《滿洲會社興信錄》, 1923, 382쪽. 동아권업공사는 남만철도·동척·오쿠라 기하치로大倉喜八郎 등이 만몽 지역 토지 경영 및 이에 수반한 재만한농在滿韓農의 부식보호扶植保護를 내세우며 자본금 2천만 원으로 설립한 회사다. 조선총독부에서는 1922년 이래 매년 보조금을 교부했으며, 이 회사를 통해 농업자금을 대부함으로써 만주 지역 한인을 간접 통제했다(《朝鮮總督府施政二十五年史》; 〈東亞勸業成立〉, 《동아일보》 1921년 12월 8일).

출할 수 있었다.[40] 이외에 동척·식산은행에서도 대출했으며,[41] 사금융기관인 광업주식회사에도 부채가 있었다.[42] 이러한 복잡한 대출·채무 문제는 아마도 1920년 백남신이 사망하고 그 재산을 상속받으면서 대강 정리되었던 것 같다. 1920년대 이후 다시 고려요업·조선화재해상보험·경성흥산·조선물산·조선무연탄·전북기업의 설립에 참가하여 중역·사장 등으로 왕성한 활동을 보였다.

그러나 1930년대에 들어서 그의 기업 활동은 다시 나타나지 않는데, 그 이유는 채무 문제 때문이었다. 그는 1929년경 총 194만여 원의 부채가 있었는데,[43] 약속어음으로 발행한 30만 원이 부도가 나 '조선 제일 자산가'의 신용이 실추되고 말았다.

어음 부도를 야기한 근본 원인은 첫째 과도한 투자, 특히 토지 매입 때문이었다.[44] 1920년부터 백인기가 기업 설립에 다시 나섰음은 이미 서술했는

---

[40] 〈한일은행 정리〉, 《매일신보》 1915년 10월 19일. 그러나 이 엄청난 고정대부금은 은행 영업에 문제를 초래함으로써 결국 1915년 11월 그가 사퇴하는 빌미가 되었다(박현, 〈한말 일제하 한일은행의 설립과 경영〉; 〈한일은행 주주총회〉, 《매일신보》 1915년 11월 3일). 담보권 설정으로 제3자와 복잡하게 얽혀 있던 부채 문제는 1916년 7월경 채권단의 채무 정리 결과 원금 278,106원, 이자 10,910원 합계 289,017원으로 계산되어 채무자 백남신, 연대채무자 백인기로 차용증서가 작성되었다(《大正 5년 7월 1일 오전 11시 임시취체역회》, 《대출에 關한 取締役會決議錄》一).

[41] "전전前前 전무취체역 백인기씨는 금회에 아조 중역을 사辭하엿는데 동행同行 고정대부금 처분에 관하야는 은행은 기旣히 성산成算이 유有하나 씨는 동행 이외에 경更히 동척 기타 은행들에도 관계가 유한 즉 씨의 재산정리의 일사一事에 의하면 경更히 복잡한 사단事端을 발발發함에 지至하예엿다더라"(《韓一銀行 株主總會》, 《매일신보》 1915년 11월 3일). 기타 은행이 식산은행임은, 후술하겠지만, 1929년경 식산은행의 부채가 170만 원이라는 데에서 추론할 수 있다.

[42] 광업주식회사에는 1만 2천 6백 원 정도의 대출금이 있었다(《大正 5년 6월 14일 오후 2시 취체역회》, 《대출에 관한 取締役會決議錄》一).

[43] 식산은행에 170만 원, 그리고 약속어음으로 발행한 중외일보사 4만 7천여 원·흥일사興一社 사장 두현張斗鉉 10만 원·기타 친지에 대한 10여만 원이었다(《명망가의 일시은둔계획에 관한 건》). 그러나 식산은행의 부채는 토지저당 후 대부받은 것이므로 직접 문제가 되지는 않는다.

[44] "대정大正 팔구년경八九年頃 경제호황 당시부터 토지의 시세등락을 예측하고 매입하여 이를 담보로 다시 다른 것에 손대는 등 지나친 매점을 했다. 항상 팔기를 아까와 하고 있던 중 물가가 하락하여 정리가 불여의不如意했다……"(《명망가의 일시은둔계획에 관한 건》).

데, 또한 국유 미간지와 임야의 대부 및 양여讓與에도 매우 열성적이었다. 그가 작답 목적으로 대부받은 국유 미간지, 간사지干瀉地는 주로 전남북 소재로 개간에 성공하면 이후 불하받았다. 예를 들어 1920년 6월 전남 강진군과 해남군의 국유 미간지 249정보를 논으로 이용하기 위해 대부받았으며, 1922년 2월에는 부안군 산내면 간사지 50.6정보를 작답 목적으로 대부받아 이후 1930년에 매립 준공했다. 또한 임야도 대부받아 식림했으며 조림에 성공하면 이를 불하받았다.[45]

〈표 3-4〉 백씨 부자의 토지 소유 현황

조사년도 (자료발행연도)	전답면적(자산규모)	자료
(1911)	(소작인 1만 명, 지가 100만 원)	《만한지실업》 69
(1913)	총 2,000정보[논 1600, 밭 400]	《만한지실업》 92
(1914)	전답 총 2,000정보, 소작인 7천여 명, 마름 70여 명	《전라북도안내》
1922년 (1923)	총 270만 3천 평(901 정보)	《동아일보》 1923년 3월 10일
1926년 8월	전북 1249.9정보[논 136.6, 밭 99.9, 임야 0.1, 기타 13.3]	《全羅北道地主所有調》
1930년 말	전남북 2696정보[논 2099, 밭 197, 기타 400]	《全羅北道全羅南道地主調》
1936년	전북 3686정보[논 1483, 밭 2203, 소작인수 4685명, 마름 55명]	〈昭和11년도 道內地主一覽〉
농지개혁 시	총 905.3정보[논 811.8, 밭 93.5]	《농지개혁시피분배지주명부》

* 비고: 농지개혁 시의 전답 총액은 백명곤의 아들인 백윤승, 백귀승, 화성학원을 합한 것이다.

---

[45] 예를 들어 1927년 6월에는 강원도 금화군金化郡 복주산伏主山의 임야 6,679정보를 다른 두 명과 함께 대부받았고, 1927년 9월에는 전북 정읍군 내장면內藏面 조림에 성공한 임야를 불하받았다.

이 결과 농장 경영 초기 전남북으로 정리·집중되었던 소유 토지는 다시 황해도·강원도로 확대되었다. 〈표 3-4〉에서 보듯이 1923년경 조선인 개인 토지 소유 조사에 따르면, 백인기는 270만 3천 평으로 9위를 기록했으며 국세 납부는 7천 원으로 3위를 기록했다. 전라북도 토지 소유 조사에서는 1926년경 조선인 지주 가운데 1위였으며, 1930년에는 조선인 지주 가운데 1위, 일본인 지주까지 포함하면 4위였다.[46] 1936년경에는 미간지 및 임야 개척 결과로 밭의 면적이 급증했는데, 무리한 대출에 의한 토지 구매 결과 마침내 식산은행의 관리를 받기에 이르렀다.[47]

〈표 3-4〉를 보면 백남신이 농장을 경영했던 1914년 무렵 소유 토지는 2천 정보였다. 그러나 백인기가 계승한 직후인 1922년 901정보로 감소했다가, 1930년 말에 전남북 지역 소재 토지만 2,696정보인 것으로 보아 총면적은 대략 3천 정보가 넘었을 것이다. 요컨대 1923~1930년 기간에 토지 소유가 3배 이상 증가한 셈이니 얼마나 토지 확대에 골몰했는지 알 수 있다.

그러나 1920년대에 들어서 소작쟁의가 증가하는 데다, 더구나 중반 이후 미곡가가 계속 하락하여[48] 소작료=현금 수입이 감소하는 상황에서, 토지 담보에 의한 차입금으로 토지를 매입함으로써 금융 비용은 상당한 부담이 되었을 것이다. 결국 1929년 1월 부도를 내고 백인기는 경성전기주식회사의 주주총회 참석을 핑계로 아들 백명곤과 함께 동경으로 수개월간 도피하는 지경에 이르렀다. 그런데 그가 동경으로 건너간 이유는 식산은

---

[46] 《全羅北道·全羅南道地主調》, 《농지개혁시 피분배지주 및 일제하 대지주명부》, 179~180, 189쪽. 1930년 전후 무렵 추수액은 평년작으로 2만 5천여 석 정도에 달했다(《명망가의 일시은둔계획에 관한 건》).

[47] 《昭和11년도 道內地主一覽》, 〈자료 1: 전라북도의 농업사정(1933~1937)〉, 《전라문화논총》 1, 전라문화연구소, 1986.

[48] 1928년의 미곡가는 29원(정미精米 중급中級, 1석)으로 1925년의 40원 대비 72퍼센트로 하락했는데, 이러한 미곡가 하락세는 1926년 이후 지속된 것이었다(《物價及勞賃》《통계연보》, 조선총독부, 1929년판, 245쪽).

행 대주주 및 중역과 이케가미 시로池上四郎 정무총감 등에게 부채 정리의
선후 방책을 부탁하고 또한 도지사 임명운동을 하기 위해서였다. 그래서
동경으로 건너갈 때 운동자금으로 31만 원을 휴대하고 갔다는 설이 있었
다.[49] 그런데 곧 이어 시작된 공황으로 미가와 농지 가격이 폭락하여[50] 부
도 수습이 쉽지 않았다. 그가 동경에 있는 동안 자산정리가 제대로 되지 않
을 경우에는 미국에서 수년간 은둔 후에 귀국할 것이라고 하는 설도 있었
다. 이에 소유하고 있던 주식을 우선적으로 처분하여, 1930년대에 그가 경
영진으로 관계한 기업은 하나도 없었던 것이다. 그가 토지보다 주식을 우
선적으로 처분한 사실은 공황기에 농업 부문의 타격이 더 커서 부동산의
처분이 곤란했던 이유도 있었겠지만, 그가 자본축적 기반으로 기업 이윤
보다 지대 수익을 중시했음을 나타낸다.

둘째, 도박·유흥 등으로 인한 낭비 문제도 부차적인 원인으로 작용했을
것으로 보인다. 경찰이 귀족 양반들이 항상 모여 도박하는 장소 가운데 하
나로 낙원동의 백인기 저택을 지목할 정도로 그의 도박 습관은 널리 알려
져 있었다. 일제 경찰 기록에서 그와의 금전 거래자들이 어음 부도의 원인
이 백인기와 그 첩의 도박으로 인한 손실 때문이라고 전하는 풍설을 적고
있는 것에서도 도박이 심했음을 알 수 있다. 또한 당시 부호들의 일반적 풍
조가 그렇듯이, 그는 축첩 스캔들 기사의 단골 등장인물로서 유흥으로 인
한 낭비가 심했다. 아들 백명곤[51] 역시 일본 및 독일 유학 후 돌아와 음악

[49] 〈명망가의 일시은둔에 관한 건〉, 《사상문제에 관한 조사서류》(7), 京鍾警高秘 제1317호의 1, 1929년
5월.

[50] 쌀값은 1929년 29원→1930년 25원→1931년 16원의 추세로, 1931년 가격은 1928년 대비 55퍼센
트로 폭락했다(《통계연보》, 1931년판). 답畓(중등지, 100평당)의 매매가는 1928년(실제 조사 시기
는 1927년 7월부터 1928년 6월까지임) 47원→1929년 45원→1930년 38원→1931년 27원의 추세로,
1931년에는 1928년 대비 57퍼센트로 폭락했다(조선식산은행, 《第五回朝鮮畓田賣買價格及收益調》,
1933, 4쪽).

[51] 백인기(1892. 2~1942. 5)에게는 일남 명곤(1905. 4~1942. 6), 이남 성곤性坤(1919~?), 삼녀 창인,

밴드를 조직하여 연주자로 활동하는 한편,[52] 조선축구단을 창설하여 이사·감독으로 활동하는 등 문화·체육 부문에 상당한 자금을 썼다. 그는 "조선서 가장 돈을 시언시언하게 쓰는 이"로 통할 정도로 씀씀이가 헤펐는데, 백인기가 지출을 통제하자 "돈 안 준다고 음독자살을 기도"하기도 했다. 백인기가 어음부도로 인해 동경으로 피신할 때 조선 내에서 낭비의 우려가 있다며 백명곤을 데리고 함께 떠나는 것으로 보아 그 씀씀이의 정도를 알 수 있다. 그러나 백명곤은 사업에는 전혀 관심이 없었다.[53]

1930년대에 백인기는 모든 기업 활동을 정리하고 농업 경영으로 회귀했다. 유일하게 독자적으로 설립한 화성사도 새로운 사업체로 신설한 것이 아니라, 기존 화성농장을 법인화했던 것이다. 즉 1934년 4월 비법인非法人 개인소득자에게 누진종합과세하는 '제2차 세제정리'가 발표되자, 다른 농장들과 마찬가지로 고액의 세 부담을 덜기 위해 1936년 8월 뒤늦게 법인화한 것이다. 자본금 50만 원의 합명회사화성사는 농사 경영과 개량·토지 가옥의 매매 및 임대차를 영업 내용으로 했다. 본점은 그의 별장이 있는 성북동에 두었다.

사녀 홍인興仁이 있었으나, 그의 사후 사업은 계승되지 못했다. 백인기의 사망 후 15일 만에 명곤도 사망했으며, 그 장남 윤승은 약사藥師였다(水原白氏中央花樹會, 《水原白氏大同譜》 12, 1997, 182쪽, 240쪽, 244~5쪽; 牧山耕藏, 《朝鮮紳士名鑑》, 일한인쇄주식회사, 1911, 84~85쪽; 田中正剛, 《朝鮮紳士寶鑑》, 일한인쇄주식회사, 1913, 891쪽; 조선신문사 편, 《朝鮮人事興信錄》, 1935, 365~366쪽).

[52] 백명곤은 1905년 출생으로 17세 때 일본지판영어학교日本止判英語學校에 유학했고, 이후 대학은 독일에서 경제학을 전공했다. 귀국하여 코리안 재즈 밴드를 직접 조직하여 음반을 내는 등 대중음악가로 활동했는데, '사교춤의 명수'라 불리기도 했다. 여성동우회가 주최한 제1회 노동부인위안음악회에서 만돌린을 연주하고, 수해구제음악회에서 함께 공연하기도 했다(間島在住鮮人內地留學者에 관한 건, 《不逞關係雜件—조선인의 部-在滿洲의 部》(29)(1921. 9); 〈노동부인위안음악회〉, 〈수해구제음악회〉, 〈음악대회〉, 《조선일보》 1925년 6월 25일, 1926년 2월 11일, 1926년 6월 17일; 紅衣童子, 〈美人薄命女史, 눈물 속에 진 꽃 崔香花〉, 《삼천리》 13호, 1931년 3월).

[53] 백명곤은 명목상 서울고무공사와 화성사의 이사였으나, 실제 경영에 참여하지는 않았다. 이와 같이 경제 활동이 없자, 경영자금이 부족했던 중외일보사가 백명곤을 신문사 영업국 촉탁으로 취직시킨다는 조건으로 백인기의 출자 승낙을 받아내기도 했다(《중외일보 자금융통계획의 건》, 《사상문제에 관한 조사서류》(4), 京鍾警高秘 제6917호, 1928년 6월).

그는 부도를 겪었음에도 여전히 국유 임야를 대부받아 식림 후 불하받았다. 대표적인 예로 전북 부안군 산내면山內面 마포리馬浦里 변산邊山 내 국유 임야 353정보를 조림목적으로 7년간 대부받아 식림 후 1938년 불하받았다. 또한 국유 임야를 매수하는 등 토지 매입에 주력했다.[54]

이렇게 볼 때 백씨 부자의 자본축적의 근간은 농업 경영이었으며, 거기에서 창출되는 지대 수익을 주로 토지에 재투자하는 구조였다고 할 것이다. 금융업 투자에 적극적이었던 것은 농업경영자금 조달을 위해서였다. 백인기의 경제 활동에서 한때 주요 비중을 점했던 기업 활동은 하나의 기업을 설립하여 이윤을 창출하기 위해 분투하고 그 수익을 재투자하여 확대재생산을 시도하는 경영자의 그것과는 거리가 멀었다. 여러 기업에 이사로 직함을 걸고 있었지만, 그가 경영 책임자로 분투한 것은 한일은행 이외에는 없었다. 그의 자본축적의 주요 부문은 기업 이윤보다 소작료가 압도적이었다. 당시 신문지상에서도 그는 종종 소작료 분쟁을 야기한 대지주로 지목되곤 했다.

권력 지향과 친일

백인기는 1900년 이후 탁지부 주사·혜민원 참서관으로 두 차례 임용되었으나 모두 허직이었다. 이후 백남신의 관직 코스대로 육군 보병 장교직을 겸하고 있다가 1907년 7월 군대해산 때 정위正尉로 해직되었다.

---

[54] 1932년 7월 황해도 신천군 문무면文武面과 초리면草里面의 조림 임야 995정보를 불하받았다(《조선총독부관보》 1932년 7월 23일). 1937년 4월에는 강원도 금화군金化郡 근남면近南面 소재 임야 3609정보를 다른 1명과 함께 불하받았다. 특히 강원도·황해도의 임야를 매수한 것은 당시 금광 개발 붐이었으므로 광산 개발을 염두에 둔 포석이 아닌가 한다. 실제 그는 1941년 강원도 화천군 화천면 95만 5천 평에 만엄광업권滿掩鑛業權을 설정했다(《조선총독부관보》 1937년 4월 5일, 1941년 8월 23일).

이 무렵 전국 각지에서는 자강단체가 설립되고 있었는데, 백인기는 호남
학회 설립에 참여하여 재무부장과 경리부장으로 재정 지원을 담당했다.[55]
그리고 대한학회의 발기인으로 참여하기도 했으나, 별다른 활동은 없었
다.[56] 손꼽히는 재산가였기 때문에 학교 설립이나 기타 사회기금 모집 등
에 수없이 지원을 요청받았을 텐데, 공성학교共成學校 발기인으로 참여한
것과[57] 사립 육영학교 설립 시 1백 원을 기부한 외에 별다른 기금 쾌척은
찾아볼 수 없다.[58] 그는 사회운동이나 학교 설립보다 야심찬 20대 실업가
로서 청년 실업가들을 모아 친목을 도모하는 한편 실업상 필요한 실무지
식과 소양을 익히는 청년실업구락부를 조직하는 데에 앞장섰다. 약 100명
의 부원을 규합하여, 상업에 필요불가결한 일본어, 부기簿記, 상업 관련 교
과를 교육하며 신문종람소新聞縱覽所를 설치했다. 사무소는 종로상업회의

---

[55] 그는 처음 총무부장으로 피선되었으나 고사하여 재무부장으로 선임되었다. 창립식 때 시종무관으로
후에 조선상업은행장이 된 대지주 박영철이 3백 환을, 경성방직 김성수의 부父 김경중金璟中이 1백
환을 기부한 데 비해, 그는 4백 환을 기부하여 재력을 과시했다. 학회의 궁핍한 재정을 해결하기 위해
스스로 수금위원收金委員을 자청하는 등 재정 지원에 힘썼는데, 이듬해에는 경리부장을 맡았다.

[56] 〈특별광고〉, 《황성신문》 1908년 5월 14일. 대한학회는 1908년 5월 동경 조선인 유학생들이 조직한
것으로 윤효정·유성준·장도張燾·상호尙灝·박승빈朴勝彬 등이 주도했다. 또한 대한협회에서 기관
지《대한공보大韓公報》를 창간할 때 백인기는 계약서를 쓰고 경비 4백 원을 빌려주기도 했는데(〈報費
借款〉, 《대한매일신보》 1909년 5월 15일) 회원이 아니었음에도 대부해준 것은 대한협회 주도 세력이
정계에서 차지하는 비중을 염두에 둔 지원이 아니었을까 생각된다. 그 외에 태극학회에 2환의 찬조
금을 낸 것 정도다(《태극학보》 제1호, 1907년 6월; 〈在日本東京大韓留學生 太極學會贊助金〉, 《황성신
문》1907년 6월 17일).

[57] 공성학교는 그가 거주한 다동茶洞의 퇴임 관료, 실업가 30여 명이 설립했다. 학교발기회는 조병택의
사저에서 열렸는데 발기인은 김종국金宗國·김희석金禧錫·이기록李基祿·박홍일朴泓溢·윤정석·유
신혁·김연학 등 자산가 및 관료들이었다. 당시 《황성신문》에서 "다동은 한성의 중심인데도 시무時務
의 필요를 불구不究하며 자제의 유탕遊蕩을 방임하고 학교를 건설하여 교육사업이 유유有爲함을 미문未
聞하니 국민의 의무를 폐기한 자라. …… 때문에 경제적 사회적으로 수준이 떨어지는 한강 및 왕십리
의 민족과도 어깨를 겨룰 수 없을 것이라"고 다동의 실업가들을 비판하는 데에서 이들의 학교 설립
에 대한 열의가 상대적으로 적었음을 알 수 있다(〈茶校發起〉, 〈茶校任員〉, 〈出捐公校〉, 《대한매일신
보》 1908년 4월 30일, 1908년 5월 1일; 〈發達可期〉, 〈논설: 漢城界月評〉, 《황성신문》 1908년 5월 1일,
1908년 4월 28일).

[58] 1909년 4월 공옥학교攻玉學校 건축비로 2환 50전을 낸 것뿐이다.

소 이층에 두었다.

한편 화폐재정정리사업 과정에서 일제 권력의 실체를 분명히 인지하게 된 서울의 정상政商들은 이제 권력 추구의 대상을 전환하게 되었다. 서울 정상들의 일제에 대한 해바라기는 반半식민지 시기 일련의 조직적 행동에서 극명하게 드러난다. 백인기 역시 그러한 대열에서 뒤떨어지지 않았다.

예를 들어 1907년 10월에 서울을 방문하는 일본 황태자를 환영하기 위해 장헌식張憲植(회장), 홍긍섭洪肯燮(부회장) 등 친일 정객들이 조직한 한성부민회民會에서 그는 내사위원장內事委員長으로 일했다. 민회는 한상룡·정영두·김기영金基永·조진태·백완혁 등 실업가들이 주도하다시피 했는데, 고문은 총리대신 이완용, 농상공부대신 송병준, 법부대신 조중응이었다.

1907년 11월 재정고문직에서 물러난 메가타가 일본으로 돌아갈 때, 그 송별을 목적으로 서울 실업가들은 '메가타남작송별한성실업회目賀田男爵送別漢城實業會'를 조직했는데, 백인기는 그 임원단의 평의원이었다.[59] 이 실업회에서 마련한 송별 규칙을 보면, 메가타에게 송별문서명첩送別文書名帖과 선물을 증여하는 한편 전체 회원이 남대문 역까지 송별하고 대표자 몇 명은 다시 부산항까지 배웅하여,[60] 조선 경제의 파탄을 야기한 장본인에게 국빈과 같은 예우를 하고 있었다. 1909년 11월에 이르러 이토 히로부미가 안중근에게 사살되자 친일 정객들과 실업가들은 추도회를 조직하느라 분주했는데, 백인기는 추도회의 사찰司察 담임위원으로 활동했다.[61]

---

[59] 〈財長送別宴〉, 《황성신문》 1907년 10월 31일. 이 실업회의 회장은 조진태, 부회장 김기영, 간사장: 한상룡, 평의장: 김동완金東完, 감사: 김시현·손석기孫錫基·함사진咸士振, 평의원: 백완혁·조병택·윤정석·성문영·박홍일朴泓溢·백주현白周鉉·조창한趙昌漢·김진옥金鎭玉·이승현李升鉉·최사영·김낙희였다.

[60] 심지어 한상룡과 조진태는 고베까지 메가타를 배웅하고 돌아왔다(〈帶同兩氏〉, 《황성신문》 1907년 11월 12일; 〈兩氏還國〉, 《황성신문》 1907년 11월 20일).

[61] 〈追悼會設行委員〉, 《황성신문》 1909년 11월 6일. 추도회는 위원장 한창수韓昌洙 하에 제문祭文, 제수祭需, 발첩發帖, 포진舖陳, 회계, 독제문讀祭文, 수부受付 담임위원으로 구성되어 있었는데, 실업

그가 한·일 정관계政官界 요인들과 매우 밀접한 교제관계를 유지했음은
1909년 가을 한·일 양국 인사 50여 명이 헌병보조원과 경찰 관리의 보호
를 받으며 행차한 개성원족회開城遠足會에 참여한 사실을 통해 짐작할 수
있다. 원족회의 진행 간사가 서울 측에서 전·현임 학부국장(윤치오 학무국
장, 장헌식張憲植 전 편집국장), 개성 측에서 현임 군수(박우현朴宇鉉)인 것으로
보아, 대신급 관료 및 통감부 인사·한일 일류 실업가들의 모임으로 추측되
는 이 원족회에서 그가 회계를 담당한 사실로 미루어 그 교제 범위를 짐작
할 수 있다. 동양척식주식회사 설립 시 설립위원 선정을 둘러싸고 이완용
과 송병준이 서로 자파를 임용하려 신경전을 벌였는데 이때 송병준이 백
인기를 밀었던 점으로 보아 당시 정·재계에 막강한 영향력을 행사하고 있
었던 송병준과도 친밀한 관계를 유지했음을 알 수 있다. 이러한 권력과의
유착관계로 그는 1910년 8월 6등훈장 태극장太極章을 하사받았다.

일제 강점 이후 일본실업시찰단이 조선에 오면 백인기는 일본인상업회
의소, 《매일신보》 관계자와 함께 수원 정차장까지 나가 영접하며 안내했
다. 또한 그는 1910년대에는 조중응·윤덕영 등 친일 귀족과 동척 총재 등
이 농사 개량을 표방하며 식민농정 대민협조 기구로 조직한 농담회의 찬
성원이었고, 1921년에는 조선농회의 이사였다. 그리고 1921년 일본인 유
력자와 친일 조선인 거물들의 사교 모임으로 조직한 조선구락부의 발기인
이었으며, 또한 쟁쟁한 실력자들로 구성된 경성도시계획연구회의 상임간
사를 지내기도 했다.

그가 조선 경제를 주무르는 대표적 관변 경제 기관인 동척(이사), 식산은
행(상담역), 조선거래소 증권거래원(사장) 등에서 두루 직책을 겸하며 재계
유력자 지위에 있을 수 있었던 것은 바로 일제 권력과의 관계 유지에 의한

가들이 일정수를 차지했다.

〈그림 3-6〉 백인기의 권력 지향과 친일

백인기는 일제 권력과의 관계 유지를 통해 재계 유력자 지위에 있을 수 있었다. 일본인 실업가와 연계하여 식민 정책 관련 대민협조 기구에서 활동해온 대가로 1927~1934년 중추원 참의를 역임하기도 했다.

* 출처: 〈중추원의 신인물 백인기군〉, 《매일신보》 1927년 9월 10일.

것이었다. 반면 밤중에 돌멩이가 집으로 날아드는 것과 같은 민심의 지탄을 피할 수는 없었다.[62]

1920년대에 중추원 참의 임명 기준을 종래의 귀족에서 사회 유력자로 바꾸면서, 그간 일본인 실업가와 연계하여 식민 정책 관련 대민협조 기구에서 활동해온 대가로, 그는 1927~1934년 중추원 참의를 역임했다. 그러나 이에 만족하지 않고, 앞에서 서술했듯이 1929년에는 동경에 머물며 요로에 도지사 임명운동을 하기도 했다.

3. 백남신·백인기의 자본축적 경로

백남신은 원래 아전 출신이었는데, 1897년 이후 전주진위대 향관으로서 군량 및 기타 군수물자 조달과 군인들의 월료 지급을 담당했다. 또한 궁내부 주사로 전라도 각 군에서 탁지부의 결세전을 지급받아 대궐의 소용 물자를 구입, 상납했다. 1902년 이후에는 내장원의 전라도 검세관으로서 탁지부에서 내장원에 외획한 결세전을 징수하여 이를 지역 내에서 미곡·목면 등으로 무역하여 서울로 운송하는 일을 담당했다. 이와 같이 관부물자 조달과 내장원의 외획을 담당하면서 상당한 부를 축적했는데, 이를 주로 토지 매입과 사채업에 투자했다. 1904년 11월 외획이 폐지되고 1905년 12월 독쇄관에서 해임되자, 이후 백남신은 농장 형태의 농업 경영에 주력했다. 한편으로는 전주 지역 내 계절 간 가격 차익과 서울—전주 지역 간 가격 차익을 겨냥한 미곡상도 겸했다.

---

[62] 1912년경 그의 집에 밤만 되면 누군가가 돌을 던져 경찰이 그 종적을 수색하기도 했다(〈白氏家에 投石〉, 《매일신보》 1912년 9월 17일).

백인기는 부친 백남신이 서울—전주를 오가며 외획 활동을 하던 때에 서울로 올라와, 17·18세 되던 무렵 객주 영업을 시작하면서 서울 상업계에서 두각을 나타내기 시작했다. 백씨 부자는 메가타의 금융기관 재편에 적극 동승했으니, 백남신은 전주 지역의 어음조합·농공은행·금융조합·동척에 참여했으며, 백인기는 한성공동창고회사의 관명이사官命理事로 활동했다. 각종 금융기관에 참여한 관계로 한일은행을 비롯한 식산은행·동척 등으로부터 수십만 원에서 수백만 원의 대출을 쉽게 받을 수 있었는데, 그 자금으로 농장을 신축하고 국유지를 불하받을 수 있었다.

백인기는 한일은행뿐만 아니라 여러 기업의 대주주, 중역으로 활동하기도 했는데, 특히 기업 활동을 활발하게 한 시기는 1905~1909년과 1920년대였다. 그 활동의 특징은 기업 설립을 주도하여 경영자로서 분투하기보다 대표적인 일본인 기업 또는 조선인 대자본가 및 귀족들의 기업에 투자하는 방식이었다. 그의 정체성은, 지주적 기반에 기초하면서도 점차 자본전환을 시도하여 기업을 설립하고 이윤을 창출하기 위해 노력한 자본가라기보다 토지 매수와 농장 확장에 골몰한 지주에 가까웠다. 그는 금융기관으로부터의 차입에 의한 과도한 투자로 인해 1929년 어음을 부도내고 동경으로 피신하기도 했으나, 이후에도 토지 매입을 지속했다.

이러한 백씨 부자의 자본축적 경로, 특히 백남신의 경우 대한제국 시기 관부물자 조달과 내장원 외획 과정에서 비교적 짧은 기간에 자본을 축적했다는 점에서 정상政商으로 분류할 수 있을 것이다. 식민지 정상의 자본축적 코스는 일본의 정상과는 달랐다. 일본의 정상은 메이지 정부가 1880년대에 민간에 헐가로 불하한 국영 기업을 기초로 산업자본으로 전환했고 이후 국가적인 산업 보호책에 의한 특혜 지원으로 각종 산업 분야로 확대, 재벌로 성장해 나갈 수 있었다. 그러나 조세 청부·관부물자 조달로 자본을 축적한 조선의 정상은 식민지 경제체제로의 재편 과정에 동승할 수는 있었으나, 종전의 배타적 특혜를 계속 누릴 수는 없었다.

이들의 자본축적의 근간은 일반적으로 기업 이윤보다 미간지 불하에 의한 초과 이윤과 지대 수익에 있었던 것이 특징이다. 이는 산미증식을 목표로 미간지 개척, 토지 및 농사 개량에 중점을 두었던 일제 산업정책에 적극 부응했음을 의미하기도 한다.

정상의 축적 자본이 산업자본으로 투자되지 못한 것은 그 기업가적 정신의 박약, 경영 방식의 저열低劣 등 주체적 요인에 기인한다고 할 수도 있다. 그러나 일제 당국의 산업정책과 제국주의 자본의 우위에 대해 누구보다 꿰뚫고 있는 정상이 권력을 배경으로 한 배타적 경제 권익에 익숙한 체질을 벗어던지고, 일본 대자본과 시장에서 경쟁하며 기업 이윤을 추구하는 '무모함'을 선택하기는 쉽지 않았다. 그보다는 '일선연계日鮮聯繫'라는 제국주의 산업정책에 동조하여 제국주의 자본에 추수追隨하는 손쉬운 길을 택했다. 대한제국에 의한 식산흥업 정책이 지속되었다면 일차적으로 그 수혜 대상이 되었을 정상은 식민지화로 그 기회를 향유하지 못하고, 제국주의 자본의 성대한 잔치에 말석으로 초대받은 '혜택'에 기꺼워할 뿐이었다.

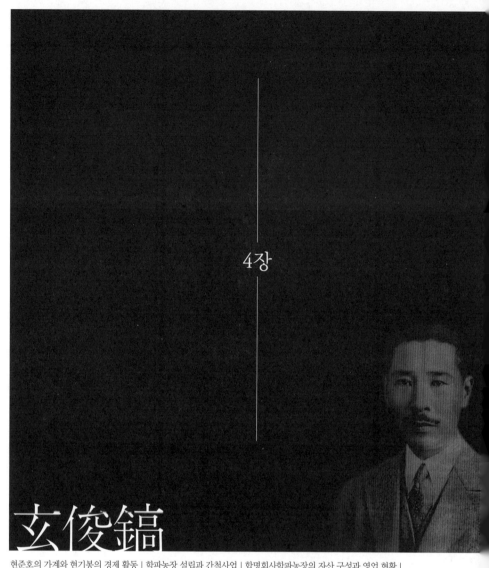

4장

玄俊鎬

현준호의 가계와 현기봉의 경제 활동 | 학파농장 설립과 간척사업 | 합명회사학파농장의 자산 구성과 영업 현황 |
학파농장의 자본축적 시스템 | 현준호의 자본축적 방식

호남은행장, 그러나 간척과
증미계획에 몰두한 현준호

1. 현준호의 가계와 현기봉의 경제 활동

식민지 시기의 경제 활동이 단절되지 않고 해방 이후 오늘날까지 연계된 기업이나 가계家系는 많지 않다. 호남 지역의 경우 대표적으로 고창 지주로 출발하여 경성방직을 설립한 김연수가家와 영암 지역 지주로 출발하여 이후 목포·광주로 기반을 옮겨 기업을 창립·경영한 호남은행의 현준호 가를 들 수 있다. 그런데 김연수의 기업 활동 무대가 서울이었던 데 반해, 현준호는 전남 지역을 근거로 활동한 재지지주라는 점에 양자의 차이가 있다.

현준호(1889. 8~1950. 9)는 일제 시기 호남의 대표적 지주이자 기업가였다. 그리고 해방 후에는 그 사업의 토대 위에 후손들이 설립한 기업체가 한국의 유수한 기업으로 주목받고 있다. 현준호는 1889년 8월 27일(음력) 영암군 학산면 학계리鶴溪里에서 현기봉玄基奉의 차남으로 태어났다. 현씨 집안은 본관이 성산星山(경북 성주)으로 증조부 때 조선 왕조 말기 혼란한 정세 속에 충청남도 천안으로부터 전남 영암 학계리로 이주했다고 한다.

부친 현기봉(1855~1924)은 1891년 진사시에 합격하여 영암군 향교 장의掌議, 향약소 도약장都約長 등을 지낸 향반이었다. 그는 칼날이라는 별명을 얻을 정도로 일 처리에 빈틈이 없었고, 조부 인묵麟黙이 남겨 놓은 3천 섬 농지를 두 배가 넘는 7천 섬으로 증가시킬 정도로 이재理財에 탁월한 능력을 발휘했다.[1] 1910년 10월경 2,500여 두락과 수백 원의 현금을 자식·사위·친척들과 고용인들에게 분배하여 칭송이 자자하다는 《매일신보》 기사와 그리고 이후 목포에서의 기업 투자를 감안하면, 이 무렵 실제 그가 소유한 재산은 이보다 몇 배에 달했을 것이다.[2]

현기봉은 한말 호남 지방에서 의병운동이 격화되면서 종종 지주들이 공격 대상이 되는 사태가 벌어지자, 1908년 치안 상태가 나은 목포부로 이주했다. 그는 목포에서 여러 공장과 기업체를 새로 설립하거나 혹은 주식회사 이사로 경영에 참가했다. 1914년 신흥철공소주식회사를 설립하여 사장으로 경영을 책임졌으며, 이후 광주농공은행 이사(1915)·일청생명보험회사日淸生命保險會社 상의원商議員(1916)·조선식산은행 목포지점 상담역(1918)으로 활동했다. 특히 1919년에는 내외국 물산의 수출입, 위탁 판매 및 상품 담보 대부를 영업 내용으로 하는 경성 소재 (주)해동물산(공칭자본금 30만 원)과 (주)목포창고금융(공칭자본금 30만 원)의 사장으로 활동했다. 그 외에 (주)조선생명보험 이사, (주)전남인쇄(1907년 설립, 공칭자본금 5만 원)와 (주)조일비누朝日石鹼(1920년 설립, 공칭자본금 60만 원)의 감사로 활동했다. 이와 같이 1910년대에 목포 지역의 대표적인 기업가로 활동함에 따라 목포상업회의소 상부위원과 평의원(1916~1917년)을 역임했다.

그의 기업가로서의 비중은 66세의 고령임에도 1921년 9월 조선총독부의 산업정책을 심의하기 위해 개최된 조선산업조사위원회의 전남 대표로 선정된 사실에서도 드러난다. 또한 그가 조선총독부 발간 시정施政 선전 잡지인 《조선》 1922년 10월호에 〈면작 및 제염업에 대하여〉라는 글에서

---

[1] 손정연, 《無松 玄俊鎬》, 전남매일신문사, 1977, 50쪽, 155쪽.
[2] 기사에서는 "이 재산을 분배하고 남은 나머지 답 기십석락幾十石落으로써 만년의 한양지계閒養之計를 도모한다"고 했다. 그러나 이후 목포에서 기업 경영에 투자한 자금을 보면 상당한 액수였으므로 이는 현기봉의 '선행'을 미화하려는 맥락의 내용으로 읽어야 할 것이다.

〈그림 4-1〉 현기봉

현기봉은 일제 시기 호남의 대표적 지주이자 기업가였던 현준호의 부친으로서 일 처리에 빈틈이 없었고 이재에
탁월한 능력을 발휘했다. 66세의 고령임에도 1921년 9월 조선총독부의 산업정책을 심의하기 위해 개최된 조선
산업조사위원회의 전남 대표로 선정될 정도로 목포 지역의 대표적인 기업가였다.
* 출처: 손정연, 《撫松 玄俊鎬》, 전남매일신문사, 1977, 30쪽.

"일본 회사가 면화구매조합을 결성하여 생산자 및 중매인을 위협하는 것과 같은 획책을 꾀하는 것은 장래 경작면적의 감소를 가져오고 당국의 십수 년 래의 면화정책을 수포로 돌아가게 하는 것이니, 면화구매조합을 해산하기 어렵다면 면화경작자들이 면화구매기관을 설치하여 생산자의 이익을 증가시켜야 한다"라고 기술한 것에서 전남 지역 조선인 대지주로서의 입지를 분명하게 읽을 수 있다.

현기봉은 이러한 경제 활동과 함께 사회정치적 활동도 활발하게 전개했다. 1909년 목포부 민의장을 거쳐, 목포부 참사(1911. 9~1919), 전라남도 참사(1919), 전남 관선 도평의회원(1920)을 두루 역임했다.[3] 1917년 데라우치 총독이 임기를 마치고 돌아갈 때 각 도부청道府廳 단위로 일본인과 친일 조선인 유력자들을 중심으로 기념품증정발기인회가 구성되었는데, 그는 목포 대표 5명 가운데 유일한 조선인이었다. 1921년 경성에서 개최된 평화박람회발기인회에도 그는 목포 대표 4명 가운데 역시 유일한 조선인이었다. 또한 1922년 목포개항25주년축하 실행위원으로 20명이 추대되었는데, 이때 세 명의 조선인 가운데 한 사람이었다.

조선총독부가 종래 귀족이나 고급 관료를 중추원 참의로 임명하다가 3·1운동 이후 지방 유력자에 대한 포섭으로 선회하자, 1921년 전남도지사가 그를 중추원 참의로 천거할 정도로 그는 목포를 대표하는, 친일 성향의 조선인 유력자였다. 그의 정치적 성향은 《조선공로자명감》에서 "1919년 만세소요 때 세력 있는 전남 여섯 군에서 가담자가 한 사람도 나오지 않게 한 국사國士"라고 평가한 것에서도 분명하게 드러난다. 이에 1924년에는 짧은 기간이기는 하지만, 사망하기 전까지 중추원 참의를 지냈다.

---

[3] 대통령소속친일반민족행위진상규명위원회, 《친일반민족행위진상규명위원회 보고서》 IV-19, 288~300쪽.

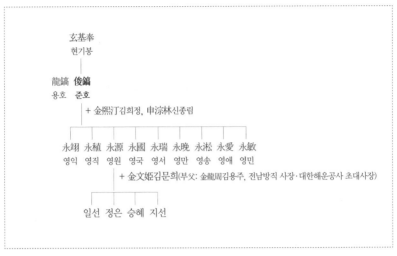

〈그림 4-2〉 현준호 가계도

식민지 시기의 경제 활동이 단절되지 않고 오늘날까지 연속된 기업이나 가계는 많지 않다. 호남 지역의 경우 고창 지주로 출발하여 경성방직을 설립한 김연수가와 영암 지역 지주로 출발한 후 목포·광주로 기반을 옮겨 기업을 창립·경영한 호남은행의 현준호가를 들 수 있다.

현기봉의 이러한 금융, 기업 방면 활동이나 일제 지배체제와의 밀접한 유착관계는 아들 현준호의 사회경제 활동에 상당한 영향을 끼쳤다. 형 용호가 백부에게 양자로 입적되었기 때문에, 부친 현기봉의 재산과 기업을 대부분 상속한 이는 현준호였다. 현준호가 이후 호남은행을 설립하고 여러 기업의 경영을 주도했던 데에는 현기봉의 광주농공은행과 기업 활동에서 터득한 경험과 지식이 크게 작용했던 것으로 보인다.

현준호는 후손으로 5남 3녀를 두었다. 장남 영익과 차남 영직은 현준호와 함께 6·25전쟁 때 사망했다. 때문에 삼남 영원(1927~2006)이 현준호의 학파농장과 재산을 대부분 물려받았다.[4] 현영원은 해방 후 1964년 신한해운회사를 창립하여 경영했는데, 1984년 신한해운이 해운산업 합리화 조치로 아세아상선(1976년 설립)과 합병되어 현대상선그룹으로 재설립되자 회장으로 활동했다. 또한 한국선주협회 부회장, 동아일보 이사, 전남방직 이사, 광주투자금융 이사 등을 두루 역임했으며, 1983년 전국경제인연합회 이사를 지내는 등 1970, 80년대 재계를 주름잡았다. 그의 둘째 딸 정은貞恩은 현대그룹 정몽헌과 결혼하여 현재 현대그룹 회장으로 있다.[5]

이렇게 볼 때 20세기 전반 현기봉이 이룬 자산의 토대 위에, 현준호가 학파농장을 설립하고 또한 은행과 기업을 경영 설립함으로써 거만巨萬의 자산을 축적한 것은 해방 후 현씨가의 성장과 자본축적 과정에서 매우 중요한 부분이다. 특히 현준호의 경제 활동은 식민지 시기 지역에서 재지지주이자 기업가로 활동한 자본가의 한 유형으로서도 주목할 만한 사례다.[6] 여

---

[4] 현영원은 일제 시기 포항합동운수·포항무역·경북수산, 해방 이후 조선우선朝鮮郵船(주)·전남방직·대한해운공사 사장을 지낸 포항 출신 기업가 김용주(일제 시기에는 경북도회의원, 해방 후 1950년 주일공사, 1960년 민주당 원내총무)의 딸 김문희(현 국회의원 김무성의 누나)와 결혼함으로써 경제적 입지를 더욱 확고히 할 수 있었다.

[5] 서울경제신문 편저, 《財閥과 家閥》, 지식산업사, 1969, 40~41쪽.

[6] 현준호의 경제 활동에 대해서는 호남은행의 설립과 경영에 관한 것이 대부분이다. 그리고 그의 사회적

〈그림 4-3〉 현준호

일제 시기 호남의 대표적 지주이자 기업가였던 현준호는 부친 현기봉이 이룬 자산을 토대로 학파농장을 설립하고 호남은행과 여러 기업을 설립·경영함으로써 상당한 부를 축적할 수 있었다. 사진은 1925년경 현준호의 모습 (호남은행 제작).

* 출처: 한국금융사박물관.

기에서는 1930~1940년대 학파농장의 간척사업과 자본 구성을 통해 호남의 대표적 지주이자 기업가인 현준호의 물적 토대와 자본축적 시스템에 초점을 맞춰 서술한다.

2. 학파농장 설립과 간척사업

학파농장 설립과 합명회사로의 개편

현준호는 1917년 메이지대학 법학부를 졸업하고 돌아온 후 호남은행 설립 준비에 나섰다. 1920년 8월 은행 창립 이후 전무, 1925년 1월 이후 대표이사로 일했다. 그가 은행에 주력하면서 1922년 무렵 목포를 떠나 광주 부동정不動町(이후 호남동으로 바뀜)에 새 터전을 잡고 1924년 완전히 이주했다.

1942년 4월 동일은행에 흡수 합병되기까지 현준호의 경제 활동은 '호남은행장'의 그것으로 규정되었다. 그러나 실제 현준호의 물적 토대와 그에 기초한 경제 활동을 고찰하는 데에 중요한 또 하나의 축은 바로 학파농장이다.

학파농장은 1924년 7월 현기봉이 사망하자 현준호가 모든 재산을 물려받으면서 현기봉의 호를 따서 곧바로 건립했다.[7] 초기 학파농장의 자본 구

활동과 광주부협의원·전남도평의회원·중추원 참의 등의 경력과 전시기에 행한 친일 행위에 관해서도 연구가 이루어졌다. 그러나 현준호의 농업적 기반이나 학파농장의 간척사업 등에 대해서는 구체적인 연구가 이루어지지 않았다(고승제, 《한국금융사연구》, 일조각, 1970, 267~278쪽; 조기준, 《한국기업가사》, 박영사, 1973, 151~168쪽; 金柄哲, 《인물은행사》 상, 은행계사, 1978, 170~201쪽; 朴載錄, 〈무송 현준호의 호남은행 창업과 기업 활동〉, 《한국경제의 역사적 기반과 경영이념》, 林園 金柄夏敎授 停年紀念論文集刊行委員會, 1995; 홍성찬, 〈한말 일제하 전남지역 한국인의 은행 설립과 경영—光州農工銀行, 湖南銀行의 사례를 중심으로〉, 《성곡논총》 30, 성곡학술문화재단, 1999; 정근식·김민영·김철홍·정호기, 〈현준호—호남은행 설립자〉, 《근현대의 형성과 지역 엘리트》, 새길, 1995, 97~102쪽; 박이준, 〈현준호의 자본형성 과정과 친일행위〉, 《한국근현대사연구》 40집, 한국근현대사학회, 2007).
[7] 〈京金 제154号 拓1,492号 合名會社鶴坡農場貸付金期限延長 ノ件〉(1943. 5. 22), 《東洋拓殖株式會社·

성이나 영업 실적에 대해서는 관련 자료가 남아 있지 않다. 이후 1934년 5월 합명회사 형태로 법인화하여 광주지방법원에 회사 설립등기를 접수하고, 7월 1일 정식으로 합명회사로 전환했다.[8]

〈표 4-1〉 합명회사학파농장의 주주와 출자사원

사원	출자금(원)	직위, 관계
현준호	200,000	대표사원
곽순경郭順卿	50,000	대표사원, 현준호의 계모
신종림申淙林	50,000	현준호 부인(1934년 6월 결혼)
현영익	200,000	현준호 장남
현영직	50,000	2남
현영원	50,000	3남

* 출처: 〈합명회사학파농장 정관〉, 〈현준호씨호적관계조서〉, 《東洋拓殖株式會社·木浦支店扱貸付金關係》(표지: 玄俊鎬, 청구기호: 2914).

〈표 4-1〉에서 보듯이 합명회사학파농장은 현준호 일가의 가족회사로 자본금 60만 원으로 창립되었다. 1934년 4월 '제2차 세제정리'에서 비법인非法人 개인소득자에게 누진종합과세하는 것을 골자로 하는 소득세령 개정이 발포되자,[9] 다른 고소득 지주들과 마찬가지로 고액의 세 부담을 덜기 위해 기존의 농업 경영을 법인 형태로 전환했던 것이다.

대표사원은 현준호와 그의 계모인 곽순경이었는데, 실제 현준호가 모든 업무를 주관했다. 합명회사학파농장의 업무는 ① 토지의 개량, 개간, 일반

京城支店扱貸付金關係》(표지: 鶴坡農場), 일본국립공문서관 분관 소장(청구기호: 2311).

[8] 〈합명회사학파농장 제1기 영업보고서〉(1935. 7), 《東洋拓殖株式會社·木浦支店扱貸付金關係》(표지: 玄俊鎬, 일본국립공문서관 소장(청구기호: 2194).

[9] 예를 들어 전북 부안군 김연수의 농장도 1934년 11월 '합자회사 삼양사三養社' (본점: 남대문, 지점: 부안군 줄포)로 법인화했다(《조선은행회사조합요록》 1939년판, 東亞經濟時報社, 299~300쪽).

〈그림 4-4〉 학파방조제와 수문

1924년 7월 현기봉이 사망하면서 모든 재산을 물려받은 현준호는 곧바로 현기봉의 호를 따서 학파농장을 건립했다. 1934년 7월 합명회사로 전환한 학파농장은 현준호의 주요 자산인 토지와 유가증권의 관리와 투자, 토지 간척과 개량을 주요 영업 내용으로 했다. 사진은 1944년 완공된 학파방조제와 수문.

* 출처: 〈군서면 구림마을 33—학파농장 소작분쟁으로 애환 깃들여 서호간척사업으로 광활한 농토 생겨〉, 《영
  암신문》 2005년 1월 21일.

농사, 조림, ② 공사채公私債·주식·토지·가옥의 취득 및 매매와 임대차, ③ 창고업, ④ 앞의 각 업무에 관련된 일체의 부대사업이었다. 즉 학파농장은 현준호의 주요 자산인 토지와 유가증권의 관리와 투자, 토지 간척과 개량을 주요 영업 내용으로 했다.

간척사업

학파농장 경영에서 간척을 통한 농지 확대는 중요한 사업 부문이었다. 학파농장은 합명회사로 개편하기 이전인 1932~1933년의 영암군 미암면 춘동리春洞里·호포리好浦里 매립, 그리고 1935년 영암군 미암면 신포리新浦里, 1936~1938년 해남군 계곡면溪谷面, 1940년 영암군 군서면郡西面과 서호면西湖面 등의 매립공사를 행했다.

통감부 시기에는 갯벌, 소택지沼澤地 등의 매립이 국유미간지이용법에 의해 규정되었다. 간척이 성공하면 그 토지를 불하받을 수 있었고, 준공 다음해부터 5년 동안은 도내道內 최열등지最劣等地 지세의 1/3만 납부해도 되는 감면 혜택이 주어졌다. 이후 조선총독부는 일본의 공유수면매립입법(1921년 4월 법률 제57호)에 의거하여, 1923년 3월 제령 제4호 공유수면매립령을 공포하고 1924년 8월부터 시행했다. 이에 따라 간사, 소택지와 같은 공유수면의 간척은 매립으로 간주, 시행되었다. 이 공유수면매립령에 의하면 조선 총독은 공사의 착수 및 준공 기간을 지정했으며, 매립권의 양도도 조선 총독의 허가를 받아야 했다. 그리고 매립공사가 완료되어 준공 인가를 받게 되면 매립지의 소유권을 획득할 수 있었다.

일제는 1920년 산미증식계획, 1926년 산미증식갱신계획産米增殖更新計劃, 1940년 증미계획增米計劃, 1942년 증미확충계획增米擴充計劃 등 미곡증산정책의 일환으로 간척사업을 포함한 토지개량사업 관계 법령과 제도를 정비

하고 국고보조금 교부, 저리자금 알선 등 정책적인 지원을 통해 본격적으로 간척사업을 추진했다.[10]

간척사업이 1920년 이후 전개된 일련의 미곡증산정책에 의해 본격적으로 추진되었다고는 하나, 실제 미곡 증산에서 간척사업이 차지하는 비중은 그렇게 크지 않았다.[11] 그러나 간척사업 역시 토지개량사업의 일환으로 중시되었으니, 그 이유는 조선의 간척사업 비용이 일본에 비해 매우 저렴했기 때문이다.[12] 조선에서 간척사업비가 저렴할 수 있었던 이유는 첫째, 조선의 간사지는 육지부에 만입灣入된 것이 많아 간척을 위해 축조해야 하는 방조제 길이가 짧으니, 일본에서는 1정보 간척에 15간間 정도의 방조제를 수축해야 하지만, 조선에서는 5간 내외로 충분한 곳이 많았던 것이다. 따라서 방조제 공사비가 일본에서는 1반보당 300백 원 내외 소요되는 경우가 적지 않았는데, 조선에서는 100원 내외로 충분한 곳이 많았다. 둘째, 조선의 간석지는 지반이 높고 또한 일본과 같이 빈번하게 폭풍우가 덮치는 경우가 적기 때문에 방조제가 낮고 구조가 비교적 간단해도 충분한 경우가 많았기 때문이다. 셋째, 조선에는 경작지를 원하는 소작인이 많은데 그들은 관개설비가 완비된 토지의 소작을 희망할 뿐 아니라 주택 건설과 이수가 비교적 쉽게 행해지기 때문에 소액의 경비로 소작인을 유치할 수 있기 때문이었다.[13]

[10] 박석두, 《민간소유 대규모 간척농지의 소유 및 이용실태에 관한 조사연구》, 한국농촌경제연구원, 1989, 9쪽.

[11] 조선총독부 토지개량부, 《朝鮮の土地改良事業》, 1927, 13~14쪽. 산미증식계획 시기(1920~1926) 총 599,083정보의 토지개량사업에서 간척사업은 13퍼센트(79,760정보)로, 관개 개선 50퍼센트(300,832정보), 지목 변환 22퍼센트(132,189정보)에 비해 비중이 작았다.

[12] 박석두는 단보당 66원으로 일본의 400원에 비해 16.5퍼센트에 불과하다고 한다. 그러나 간척 대상 지역의 자연 조건별로 차이가 매우 컸으니 일반적으로 실제 간척을 완전히 행하는 데에 드는 공사비는 반당 130원 내지 150원이었다(조선총독부 토지개량부, 《朝鮮の土地改良事業》, 1927, 64쪽). 30원 내외의 공사비가 드는 경우도 없지 않았지만 이는 지반이 높고 자연적으로 제염除鹽된 경우에 한했다.

[13] 조선총독부 토지개량부, 《朝鮮の干拓事業》, 연도미상(1929년 말?), 7~8쪽; 《朝鮮の土地改良事業》,

　　이러한 지리적 사회적 조건 이외에 조선총독부가 행한 각종 금융 지원과 같은 정책적 지원도 간척사업의 활발한 시행을 촉진했던 중요한 요인이었다. 조선총독부는 〈토지개량사업보조규칙〉을 제정하고 사업비의 3할 이내에서 보조금을 교부했는데, 이는 1929년부터 5할로 증액되었다.[14] 또한 간척사업은 투자자금 회수에 장기간을 요할 뿐만 아니라 다액의 비용을 투자해야 하므로, 조선총독부는 대장성예금부로 하여금 동척과 식산은행을 통해 사업자에게 장기저리자금 알선의 혜택을 제공하게 했다.[15] 그리고 간척지 준공 후 우량한 경작자를 초치하기 위해 기업가가 이주비를 지급할 경우 당국에서 이주자 1호당 50원 이내의 보조금을 교부하여 지원했다. 이러한 일제 당국의 적극적인 정책적 지원은 학파농장이 간척사업을 시행하는 데에 중요한 유인력으로 작용했을 것이다.

1932~1933년 영암군 미암면 춘동리, 호포리 매립사업

　　영암군 미암면 춘동리와 호포리 매립면허권(殖殖 전남 제288호)은 원래 경성의 유경근劉景根이 1926년 9월에 획득했는데, 이를 1932년 6월 현준호가 매입했다.[16] 매립 대상 지역은 북쪽으로 만입된 간사지로 동서의 넓이가 평균 400간, 남북은 최장 약 1천 간의 종鍾이 세워져 있는 모양으로 북쪽과 동서는 주로 산악이나 논에 경계해 있고 남쪽으로는 바다에 면面한 곳이었다. 이곳의 토질은 충적토여서 비옥하기 때문에 벼농사에 적당했다.

1927, 62~63쪽.
[14] 조선총독부 토지개량부, 《朝鮮の干拓事業》, 연도미상(1929년 말?), 10~11쪽.
[15] 박석두, 《민간소유 대규모 간척농지의 소유 및 이용실태에 관한 조사연구》, 14~15쪽. 산미증식계획의 경우 토지개량사업자금의 24.8퍼센트, 갱신계획에서는 69.5퍼센트, 증미확충계획에서는 51.2퍼센트를 정부 알선 저리자금에 의해 충당하도록 했다.
[16] 〈공유수면매립면허〉, 《공유수면매립면허권양도허가관계서류》; 〈國有未墾地利用法二依ル處分事項〉, 《조선총독부관보》, 1932년 6월 21일.

현준호는 면허권을 양도받은 후 곧바로 공사를 시작했으나, 면허권 획득 당시 약정했던 기간인 1932년 12월 말 내에 준공할 수 없어 준공 기간을 1934년 12월 31일로 연장 허가받았다.[17]

당초 유경근의 설계에 의하면 111.761정보(33만 5,283평)의 간사지를 매립하여 86.54정보의 답을 조성하는 것이었다. 그러나 처음 면허를 받았을 때와 달리 방조제 축조 위치, 배수갑문, 저수지의 위치를 변경했다. 이는 공사 과정에서 수반되는 시행착오 때문일 수도 있지만, 경지 증가를 위한 의도적 설계 변경의 측면이 컸다. 즉 당초에는 개답開畓 면적이 약 87정보였으나, 저수지 위치 등의 설계 변경으로 인해 실제 경작 면적이 100정보로 증가되었던 것이다.[18]

공사비는 당초 22만 2천 원 정도로 계획되었으나, 실제 투여된 총사업비는 19만 3,726원이었다. 이 가운데 유경근이 1931년도의 방조제와 배수갑문 총공사비 3만 12원 가운데 1만 5천 원의 토지개량사업 보조금을 조선총독부로부터 교부받았으며, 현준호가 1932년과 1933년도분 2만 7천 원을 지급받았고 다시 1933년 3월 말 4만 6,594원을 청구했다.[19] 따라서 총사업비의 약 46퍼센트(8만 8,594원)를 총독부로부터 보조받은 셈이었다. 그리고 공사비 6만 5천 원(34퍼센트)은 동척으로부터 두 차례에 걸쳐 22년 장기연부 상환으로 6.5퍼센트와 4.7퍼센트의 저리로 대출받았다. 따라서 공사에 투자

---

[17] 《公有水面埋立免許效力復活ノ件》:〈朝鮮公有水面埋立令ニ依ル處分事項〉,《조선총독부관보》, 1933년 2월 22일. 1932년 12월 20일부로 준공 기간 연장을 신청했으나, 1933년 1월 1일자로 매립면허권은 실효되었는데, 이에 앞서 신청한 기간 연장으로 곧 면허권 효력이 부활되었다.《무송 현준호》, 225쪽에서는 1933년 봄부터 공사가 시작되었다고 서술되어 있으나 이는 사실과 다르다.

[18] 〈全羅南道靈岩郡美岩面 干拓事業設計變更認可申請書〉(1932. 12),〈公有水面埋立事業設計變更並ニ公有水面埋立事業面積更正ニ關する件〉,《土地改良事業補助 其2》. 매립 면적은 현준호가 매립면허권을 매입하기 이전인 1931년 4월 유경근의 청원에 의해 이미 33만 5,290평으로 변경되었다. 공사비는 당초 16만 2천 원이었으나, 설계 변경 후 22만 3천 원으로 증가했다.

[19] 〈昭和9年 土地改良事業補助金請求書〉,《土地改良事業補助ノ件 其1》.

된 자기자본은 총공사비의 20퍼센트에 해당하는 4만 132원에 불과했다.

공사는 거의 2년 6개월 후 완공되어 1934년 11월 25일자로 조선총독에게 매립공사 준공 인가를 신청하여 12월 12일 인가받았다. 현준호 개인 명의로 시행된 이 간척지는 1935년 10월 초에 학파농장에 명의 양도되었다.

경지 정리가 잘 되어 있지 않던 당시에 단일 농지 100정보는 큰 농토였다. 이 간척지가 완공되던 날 그는 경성의 친구들까지 초청하여 현지에서 잔치를 벌일 정도로 매립사업의 첫 성공에 감격해했다.

1935년 이 간척지 60여 정보에 이민 20호를 들여 농사비와 생활비 등을 대여해주고 직파하도록 농사를 지도했다.[20] 그 결과 6백여 석을 수확할 수 있었는데, 비료대금과 기타를 공제하고 직영답을 합해 2백여 석의 수입을 올린 것은 초년도 성적으로는 매우 양호한 것이었다.[21]

〈표 4-2〉 춘동리 · 호포리 간척지의 시가 및 소작료

시기	면적(평)	시가(원)	추수소작료(근斤)	시가 (원)
1936.6	287,931	150,000	33,962	
1939.10	276,293	169,383	156,960	12,195.79

* 출처: 〈合名會社鶴坡農場資産負債調〉(1939. 10), 〈玄俊鎬資産信用及償還能力調書〉(1936. 10), 《東洋拓殖株式會社·木浦支店扱貸付金關係》(표지: 玄俊鎬).

〈표 4-2〉를 보면 보조금과 차입금을 제외하고 자기자본 4만여 원을 투자하여 1934년 말 완공된 춘동리 호포리 간척지가 2년이 채 못 된 1936년 6월경 시가 15만 원의 자산으로 평가받고 있으며, 1939년에는 그 자산 가

---

[20] 〈합명회사학파농장 제1기영업보고서〉(1935. 7), 〈鶴坡農場資産信用及償還能力調書〉(1936. 10. 24), 《東洋拓殖株式會社·木浦支店扱貸付金關係》(표지: 현준호).
[21] 〈합명회사학파농장 제2기영업보고서〉(1936. 7), 《東洋拓殖株式會社·木浦支店扱貸付金關係》(표지: 현준호).

치가 더욱 상승했다. 더구나 연간 소작료는 간척 초기인 1936년에 3만 3,962근이었으나 1939년에는 4.6배 이상 증가했다.

한편 1940년 5월경 동척 조선지사 농업과 감정에 의하면, 본 간척지는 실적이 순조로워 반당反當 9두 9승의 사정소작료가 확실하며 또한 가까운 장래의 풍년에는 5할이 증수되어 반당 1석 5두의 소작료 징수도 가능할 것으로 보았다. 이 간척지는 해방 후 농지개혁에 의해 3,672.2석을 보상받고 농민들에게 분배되었다.[22]

이 춘동리와 호포리 간척공사의 성공에 힘입어 1935년에는 인접한 미암면 신포리 공유수면(2만 7,792평) 매립면허권을 획득했다. 곧바로 공사에 착수하여 1936년 5월 말 방조제, 저수지 등 기타 일체 공사를 완성했다.[23]

1936~1938년 해남군 계곡면 매립사업

현준호는 1932년 2월 해남군 계곡면 덕정리德鼎里와 사정리土丁里 공유수면 매립면허원을 제출했다. 산미증식사업이 실시 중이었으나 허가가 나지 않아, 1934년 8월 재신청했는데 역시 허가가 나지 않았다.[24] 그 이유는 매립 대상 지역이 원래 '토지개량기본조사' 해남지방 갑甲 제1호 간척 예정지의 일부였기 때문인데[25] 이 계획의 실시가 당시 정세상 용이하지 않았고, 또

---

[22] 박석두, 《민간소유 대규모 간척농지의 소유 및 이용실태에 관한 조사연구》, 55쪽. 그러나 이외에도 부속시설 보상액 1천 773만 8,722원을 더 받았는데, 처음 지급액은 317만 6,322원이었으나 소송을 통해 보상을 더 받았다.

[23] 〈합명회사학파농장 제2기 영업보고서〉(1936. 7), 《東洋拓殖株式會社·木浦支店扱貸付金關係》(표지: 현준호); 〈京金第154号 拓1,492号 合名會社鶴坡農場貸付金期限延長 ノ件〉(1943. 5. 22), 《東洋拓殖株式會社·京城支店扱貸付金關係》(표지: 학파농장).

[24] 〈公有水面埋立免許願 ノ件〉(1932. 3. 4); 〈公有水面埋立免許願 ノ件〉(1934. 8. 31), 《災害地方ニ於ケル公有水面埋立免許願 ノ件》; 〈公有水面埋立免許願ニ付陳情 ノ件〉(1936. 6. 22), 《災害地方ニ於ケル公有水面埋立免許 ノ件》.

[25] 산미증식계획을 수립하면서 조선총독부 토지개량부는 토지 개량 기본조사를 실시하여 관개 개선·지목 변환·개간·간척 등에 적합한 가능 지역과 그 실태를 조사했다. 수계별水系別, 지구별地區로 개

한 그 이용도 어려울 것으로 판단했기 때문이었다.[26]

<표 4-3> 해남군 계곡면 공사계획 내역

	1932년 2월 제출 계획	1936년 11월 면허안
공사총면적	418,285평(135정町 4반反 6무畝 25보步)	289,800평(96정 6반)
답	317,921평(105정 9반 7무 2보)	65정 4반
공사비	223,800원	80,000원 (반당反當 122원 13전으로 사정)

* 출처: 〈事業費槪算査定調書〉, 〈公有水面埋立免許願ノ件〉(1932. 3. 4); 〈公有水面埋立免許願ノ件〉(1934. 8. 31),
《災害地方ニ於ケル公有水面埋立免許ノ件》; 〈朝鮮公有水面埋立令ニ依ル處分事項〉, 《조선총독부관보》,
1936년 12월 4일.

그러자 1936년 6월 〈표 4-3〉에서 보듯 공사총면적과 개답 면적을 30퍼
센트 축소하고 또한 보조금 지급이 없어도 자력으로 공사를 실시하여 지
역민의 간절한 바람을 이루고 농촌 진흥에 기여하겠다는 진정서를 제출하
여, 이 해 11월 27일 비로소 매립면허를 받았다.[27] 4년 동안이나 허가가 나
지 않다가 이 때 비로소 허가를 받을 수 있었던 것은 당시 이재민 구제가
시급한 상황 때문이었다. 즉 1935년에 호남 지방을 비롯해 전국에 미증유

량 확장이 가능한 지구의 소재, 면적, 용수관계, 공사비 개산槪算 등에 대해 조사하여 그 결과를 도부
군청道府郡廳에 비치하고 기업가들로 하여금 참고하도록 했다(조선총독부 토지개량부, 《朝鮮の土地
改良事業》, 1927, 13~15쪽).

[26] 간척사업을 담당했던 토지개량부 간척과에서 매립면허 시 채택하고 있는 방침 중 하나는 "단지로 이
용하기 적당하다고 생각되는 지구地區에 있어서는 일부 소지적小地積의 출원出願은 이를 면허하지
않는다"였는데, 이러한 점도 면허 불인가의 이유로 고려되었을 것 같다(조선총독부 토지개량부, 《朝
鮮の干拓事業》, 연도미상(1929년 말?), 8~9쪽).

[27] 《陳情書》, 《災害地方ニ於ケル公有水面埋立免許ノ件》; 〈朝鮮公有水面埋立令ニ依ル處分事項〉, 《조선
총독부관보》, 1936년 12월 4일; 조선총독부 농림국, 《조선토지개량사업요람》(1936), 1938, 198쪽. 이
진정서에서는 출원지의 매립이 필요한 이유에 대해 ① 동同 지방에 경지 부족으로 불농호수不農戶數
가 많은 점, ② 수리가 충분하여 간척사업에 적당한 지대라는 점, ③ 원래부터 농가가 조밀하여 이민
의 요구를 전혀 인정할 수 없는 점, ④ 동 지방은 출원인의 농장 경영지로서 창고 기타 설비가 있어서
사업 시행상 적지 않은 편의가 있는 점을 들었다.

의 가뭄이 들어 1936년 보릿고개부터 농민 생활이 극도로 궁핍해지면서 사회문제화되고 있었다. 이에 조선총독부는 한재旱災 대책으로 육도陸稻를 적극 장려하는 등 예방 대책과 함께 이미 발생한 재해민들에 대한 대책으로 대규모 간척공사를 추진했다.[28] 당시 조선총독부는 재해 발생 지역에서 공유수면 매립면허를 출원하면 조속히 처리함으로써 "노임을 살포하여 재해궁민을 구제"하도록 하는 방침을 취했던 것이다. 따라서 산미증식갱신계획이 중단된 1934년 이후 간척사업의 착수 실적이 급격하게 감소하여 전무했는데, 1938년에 이르러 그간 착수했다가 준공되지 않은 간척사업이 거의 모두 준공되었다.[29]

이러한 분위기에 편승하여 학파농장의 매립면허도 이재민 구제사업의 일환으로 급속하게 처리되었다.[30] 앞서 불인가의 원인이었던 토지개량기본조사 해남 지방 갑 제1호 간척 예정지의 일부라는 점도 용수원用水源을 달리하고 또 작은 면적이므로 하등 지장이 없다고 하여 그대로 인가되었다.

이 매립공사는 허가를 받은 1936년 11월 이후 곧바로 시작하여 1938년 12월 말까지 준공을 목표로 했다. 그리고 〈사업계획설명서〉에 의하면 당초 사업비는 총 22만 3,800원이었는데 이 중 50퍼센트인 11만 1,900원의 국고 보소를 받고 나머지 11만 1,900원을 자체 조달하는 것으로 계획되었다.

그러면 이 매립사업의 수입·지출 예상액을 살펴보자.

[28] 대표적으로 1936년 4월 전북 고창군 심원면心元面·상하면上下面·해리면海里面·부안면의 한재를 구제하기 위해 중단되어 있던 해리면 대간척공사를 부활시켜 김연수(삼양사)가 공사를 진행하도록 총독부에서 허가해준 사실을 들 수 있다. 이 사업은 공사 면적 7백여 정보, 공사비 1백만 원, 소요 기간 4년의 대규모 사업이었다(〈백만 원의 예산으로 고창에 대간척공사, 일대 재해민에 반가운 소식〉, 《동아일보》 1936년 4월 25일).
[29] 박석두, 《민간소유 대규모 간척농지의 소유 및 이용실태에 관한 조사연구》, 16쪽.
[30] 전라남도, 《災害地方ニ於ケル公有水面埋立免許ノ件》, 1935.

〈표 4-4〉 계곡면 매립사업 수입·지출 예상액(단위: 원)

연도	지출			수입	공제손익	누가투자액 累加投資額	적요摘要
	사업비	이자	계				
제1	50,782	1,524	52,306	–	–	52,306	금리는 연 6%로 하고 투자연도는 반액을 계상함
제2	29,218	4,016	33,234	–	–	85,540	
제3	–	5,133	5,133	1,144	3,989	89,529	
제4	–	5,372	5,372	3,022	2,350	91,879	
제5	–	5,513	5,513	4,331	1,182	93,061	
제6	–	5,584	5,584	5,360	224	93,285	
제7	–	5,598	5,598	6,277	+ 679	92,606	
제8	–	5,557	5,557	7,194	+ 1,637	90,969	
제9	–	5,459	5,459	7,992	+ 2,533	88,436	
제10	–	5,307	5,307	8,235	+ 2,928		착수 후 9년째 연이윤 9.31% 여

* 출처: 〈事業ニヨル收支計算表〉, 《災害地方ニ於ケル公有水面埋立免許ノ件》.

〈표 4-4〉를 보면 사업비 8만 원을 투자하여 2년여간 공사한 결과 공사 착수 후 7년째부터는 이자를 공제한 순수익이 창출되기 시작하여 9년째부터는 연 9.3퍼센트의 이윤을 낼 것으로 예상했다. 이와 같이 비록 투자 기간이 장기라고는 하지만, 앞의 춘동리 사업에 비추어, 이 간척사업의 수익도 상당할 것으로 예상했던 것이다.

그러나 계곡면 매립공사는 정확한 이유를 알 수는 없지만, 공사 도중 중단되어 1939년도에 매립권 면허가 취소되고 말았다.[31]

---

[31] 〈合名會社鶴坡派農場の沿革〉에도 계곡면 매립사업은 기재되어 있지 않다(〈京金 제154호 拓1,492호 合名會社鶴坡農場貸付金期限延長ノ件〉(1943. 5. 22), 《東洋拓殖株式會社·京城支店扱貸付金關係》(표지: 鶴坡農場).

1940년 영암군 군서면과 서호면 간척사업

학파농장은 1939년 11월 군서면郡西面 양장리羊場里·모정리茅亭里·서구림리西鳩林里, 서호면西湖面 소산리蘇山里·쌍풍리双豊里·엄길리奄吉里·몽해리夢海里 공유수면 매립면허를 신청했다. 이곳은 영암군의 중앙인 군서면과 서호면의 경계에 만입된 간사지였다. 이곳 토질은 화강암과 충적토로 이루어져 다량의 비료 성분을 함유하여 벼농사에 가장 적합하므로 이전에도 이 지역의 매립권을 허가받은 자가 있었으나, 사업이 지지부진하여 8, 9년 후 마침내 면허권이 실효되고 말았다.

현준호는 첨부한 〈출원이유 및 지급시공至急施工을 요하는 사유서〉에서 본 사업을 가장 경제적으로 신속하게 수행하여 부근 농촌을 구제하겠다는 결의를 진술하고, 사업의 완수 시 농촌 진흥을 꾀하고 모범 농촌을 건설하여 불후의 사업을 남기려고 한다며 '향토애의 정신'을 강조했다.

〈사업계획설명서〉에 의하면 매립 면적은 총 265만 1,319평(883정 7반反 9무畝 9보步)이고 이중 개답 면적은 188만 1천 평(627정보)이었다. 공사는 3기로 나누어 수행하도록 계획되었는데, 1기에는 면허일로부터 1년 6개월 내에 방조제방·배수갑문 등 제방 공사 일체, 2기에는 2년 6개월 내에 저수지·배수산선 공사, 3기에는 용수로 및 배수로 공사·경지 정리를 행하여 공사 기간을 총 5년으로 예정했다.

〈사업수지예산서〉에 따르면 총 공사비 99만 2,350원[32] 중 1기의 방조제 공사비 31만 7,100원은 자기자금만으로 충당하고, 제2, 제3기 사업비 65

---

[32] 공사비 예상액에 대해 동척 조선지사 농업과장이 작성한 〈玄俊鎬氏干拓事業收支槪算書〉에 의하면 예비비 5만 1,000원을 포함한 사업비 총액은 111만 원으로 계산되어 있다(〈朝金第2,118号 木浦支店扱鶴坡農場貸出ノ件〉, 1939. 12. 20). 반면 목포지점에서는 총공사비를 97만 원으로 산정했다(〈朝金第762号 木浦支店扱鶴坡農場貸出ノ件〉(1940. 5. 2). 총독부에서는 현지답사 후 111만 원으로 계산했다(〈朝農第435号 木浦支店扱鶴坡農場貸出ノ件〉(1940. 3. 14),《東洋拓殖株式會社·木浦支店扱貸付金關係》(표지: 玄俊鎬).

만 2천 9백 원은 산미증식계획이 부활된다면, 그 50퍼센트인 32만 6,450
원의 국고 보조금을 받을 것으로 예상했다. 그러나 산미증식계획이 부활
하지 않아 국고 보조금의 예상이 달라질 경우에 대한 자금 조달도 강구되
어야만 했다.

〈표 4-5〉 서호면 매립사업비 조달 계획

조달내역	액수(원)
동척 차입금	300,000
처분할 주권을 담보로 한 차입금	98,596
호남은행 주권 담보 차입금	139,000
현준호 개인명의 주권매각대금	460,184
학파농장 3년간 순수익	150,000
합 계	1,147,780

* 출처: 〈木金 第1291号 鶴坡農場貸出 ノ件〉(1939. 12. 16),《東洋拓殖株式會社·木浦支店扱貸付金關係》(표지: 玄俊鎬).

〈표 4-5〉는 매립사업비 조달 내역이다. 이를 보면 1기 공사비는 토지 담
보에 의해 조달된 동척 차입금 30만 원으로 충당되었다. 2, 3기 공사비는
학파농장과 현준호 개인 소유 잡주雜株를 담보로 한 차입금과 호남은행 주
식 담보 차입금, 현준호 개인 명의 주식 매각 대금, 향후 3년간의 학파농장
순수익으로 조달하기로 했다. 예상 공사비보다 17만여 원의 여유가 있게
자금 조달 계획을 수립했는데, 이러한 내역으로 보아 이 사업이 학파농장
과 현준호 개인 명의 자산을 총투입하는 대공사였음을 알 수 있다.

이 매립공사의 수입·지출 예상에 의하면, 사업 완성연도인 제14년도에
대략 연7.5퍼센트의 이윤을 기대했다.[33] 공사비 대출 금융기관인 동척에서

---

[33] 〈朝金第2,118号 木浦支店扱鶴坡農場貸出 ノ件〉(1939. 12. 20), 〈朝農第435号 木浦支店扱鶴坡農場貸
出 ノ件〉(1940. 3. 14),《東洋拓殖株式會社·木浦支店扱貸付金關係》(표지: 玄俊鎬). 누가고정자금累加

도 "내용이 충실하여 이윤이 양호하고 장래 산미증식계획에 의한 보조금의 교부 및 당점當店 야마우치山內 기수技手가 경정更正한 계산과 같이 공사비가 감소된다면 훨씬 더 좋은 이윤을 낼 것"이라고 평가했다.

학파농장은 1940년 4월 9일부로 매립면허권을 총독부로부터 처분받고 본격적으로 간척사업에 나섰다. 먼저 영암군 서호면 성재리聖才里와 군서면 양장리 사이의 1.2킬로미터 갯벌을 막는 제방 공사에 나섰다. 병의 모가지 부분인 이곳만 막으면 직선길이 6킬로미터, 총면적 9백 정보의 간척지를 획득할 수 있었다. 그러나 일본인 기사들의 측량 결과 당시 기술로서는 제방 길이가 너무 길고 지반이 무르다는 점, 특히 결정적으로 썰물 때 유속流速이 공사를 진행하기에 너무 빨라 성공률이 희박하다는 평가였다.[34]

영산강 하류 각지에서 돌과 흙을 운반하여 강물을 막았으나 빠른 강물에 휩쓸려 내려가 공사는 순조롭지 못했다.[35] 원래 면허를 받을 당시 준공 기간은 1944년 12월 31일까지로 예정했으나 이후 사업은 난항을 겪었다. 결국 1기 방조제 공사를 끝내고 더 이상 진척되지 못하다가 1944년 7월 초 280만 2,540평의 매립권을 동양척식주식회사에 양도하고 말았다.[36] 이는 아마도 1943년 6월경에 상환 후 잔액 85만 9천 원에 달하는 동척 차입금에 내한 과노한 이자를 부담하기 어려웠기 때문이 아니었을까 생각된다. 해방 후 현준호의 삼남 현영원이 간척공사에 재착수하여 6억 8천 3백여만 원을 투여하여 완공, 1962년 10월 26일 농림부로부터 준공인가를 받았다.

固定資金 142만 9,660원 대비 순수익 1만 7,164원으로 계산한 것이다. 그러나 목포지점의 윤범준이 조사한 〈借入金用途調査並其ノ槪況〉에 의하면 10년간 누가고정자금을 116만 8,369원으로 계산하여 이율을 8푼 3리로 예상했다. 이는 벼의 기준 석가石價를 얼마로 설정하느냐에 따라 달라진 것이다.

34 손정연, 《無松 玄俊鎬》, 231~232쪽, 250쪽. 동경의 오소 회사도 서호면 간척사업에 관심을 가졌으나 타당성 조사 결과 수심이 너무 깊고 물살이 거세 승산이 없다고 포기했다.

35 손정연, 《無松 玄俊鎬》, 290~291쪽에서는 1943년에 공사를 시작하여 1년 만에 완공되었다고 하나, 이는 오류다. 공사는 1940년부터 시작되었다.

36 〈朝鮮公有水面理立令二依ル處分事項〉, 《조선총독부관보》, 1944년 7월 13일.

3. 합명회사학파농장의 자산 구성과 영업 현황

합명회사학파농장의 초기 영업 방침은 적극적인 큰 사업계획은 일단 보류
하고 농사 개선과 내부 조정에 주력하는 것이었다. 이에 먼저 우량종 벼
250여 석과 화학비료 4,500여 석을 소작인 모두에게 무이자로 대부하여
가을 수확기에 원가로 상환하도록 했다.[37] 그리고 앞서 서술했듯이 미암면
간석지에 이민 20호를 들여 60정보의 경지에 직파하도록 하고 생활비와
농사비용을 대여하는 등 농사 지도에 주력했다.

그러면 대차대조표와 손익계산서를 기초로 합명회사학파농장의 자산
구성과 영업 현황에 대해 살펴보자.

〈표 4-6〉 합명회사학파농장 대차대조표(단위: 원)

구분	항목	1935.6	1936.6	1939.6	1942.6
자산	현금	43.23	52.23	90.81	726.75
	예금	2,540.00	26,656.86	3,099.11	58,294.04
	주식	350,720.00	367,560.00	726,212.50	663,596.50
	국채				11,546.00
	동산	87.50	177.00	177.50	6,476.50
	부동산	864,432.31	886,188.36	1,099,239.41	1,131,245.85
	집기		2,959.00	1,216.55	2,472.00
	비료				2,995.32
	가불금	30,827.60	12,427.25	10,752.54	17,363.92
	비료 및 농기 대부	3,765.40	55,392.40	2,611.86	1,183.08
	서호간척지				674,287.46
	재고在庫 벼		2,069.68		
	합계	1,256,116.59	1,353,483.38	1,843,400.28	2,570,187.42

---

[37] 〈합명회사학파농장 제1기영업보고서〉(1935. 7).

부채	자본금	600,000.00	600,000.00	600,000.00	600,000.00
	법정준비금		10,000.00	40,000.00	80,000.00
	별도준비금			85,000.00	150,000.00
	전기이월금		8,463.07	50,722.80	16,241.45
	직원퇴사위로기금		1,500.00	10,000.00	16,600.00
	차입금	633,759.92	705,998.94	805,262.40	1,603,633.03
	가수금假受金		2,007.38	157,691.98	33,986.49
	세금충당금				29,660.38
	당기순익금	20,463.07	25,513.99	145,445.90	56,307.32
	합계	1,256,116.59	1,353,483.38	1,843,400.28	2,570,187.42

* 출처: 〈학파농장 제1기영업보고서〉, 〈학파농장 제2기영업보고서〉, 《東洋拓殖株式會社·木浦支店扱貸付金關係》
(표지: 玄俊鎬); 〈京城支店長 合名會社鶴坡農場貸出ノ件〉, 〈拓1,492号 合名會社鶴坡農場 貸付金期限延長
ノ件〉(1943. 5. 22), 《東洋拓殖株式會社 京城支店扱貸付金關係》(표지: 鶴坡農場).

〈표 4-6〉을 보면 창립기 학파농장의 자산은 총 125만 6,116원이었는데,
1936년 6월에 135만 3,483원, 1939년 6월 184만 3,400원, 1942년 6월 257
만 187원으로 계속 증가했음을 알 수 있다.

총자산 중 부동산의 비중은 초기에 86만 4,432원(69퍼센트), 유가증권 35
만 720원(28퍼센드)으로 거의 부동산 대 유가증권이 / 내 3의 비율을 보였다.
1936년 6월에는 부동산: 유가증권 비율이 약 66퍼센트: 27퍼센트, 1939년
6월 60퍼센트: 39퍼센트, 1942년 6월 70퍼센트(소유부동산+서호간척지): 26
퍼센트였다. 따라서 총자산 중 부동산 비율이 대략 60~70퍼센트, 유가증
권 26~39퍼센트를 점했다. 민규식 일족의 자산관리회사인 영보합명의 경
우 1942~1944년의 총자산 중 부동산 비중이 86.9~89.9퍼센트, 유가증권
은 6~7.5퍼센트였던 것에 비교하면, 학파농장은 유가증권의 비중이 매우
큼을 알 수 있다.

〈표 4-7〉학파농장 소유 유가증권 내역(1936년 6월경)

유가증권	수량(주株)	불입금(원)		시가(원)		배당금	
		주당株當	총액	주당株當	총액	배당율(%)	금액
호남은행	구舊 9,815	37.50	368,062.50	28.50	279,727.50	7	25,764.37
호남은행	신新 1,570	25.00	39,250.00	18.80	129,516.00	7	2,747.50
조선생명	1,535	12.50	19,187.50	18.70	28,704.50	8	1,535.00
조선신탁	200	12.50	2,500.00	13.30	2,660.00	6	150.00
경성방직	구 280	50.00	14,000.00	48.50	13,580.00	7	980.00
경성방직	신 1,220	25.00	30,500.00	24.30	29,646.00	7	2,135.00
조선해상화재보험	100	12.50	1,250.00	15.50	1,550.00	7	87.50
북선제지	200	12.50	2,500.00	25.40	5,080.00	–	–
조선석유	500	12.50	6,250.00	35.70	17,850.00	–	–
계	15,420		483,500.00		408,314.00		33,399.27

* 출처: 〈合名會社鶴坡農場 資産信用及償還能力調書〉(1936. 10. 24),《東洋拓殖株式會社·木浦支店扱付金關係》
  (표지: 玄俊鎬).

〈표 4-7〉은 1936년 6월경 학파농장 보유 유가증권 내역이다. 이를 보면 현준호가 대표로 있는 호남은행 주식이 압도적 비중을 점하고 있으니, 불입금으로 계산하면 약 84퍼센트에 상당했다. 그 다음으로 경성방직 9.2퍼센트, 조선생명 3.9퍼센트, 조선석유 1.3퍼센트 순이었다. 경성방직과 조선석유의 주식을 소유했던 배경에는 현준호가 김연수와 밀접한 관계였다는 점(김연수는 조선석유의 이사이기도 했음)이, 조선신탁은 거래 금융기관이었다는 점이 작용했을 것으로 보인다.

〈표 4-8〉은 1939년 무렵 학파농장의 유가증권 보유 내역이다.

〈표 4-8〉 학파농장 소유 유가증권 내역(1939년 10월 말)

유가증권	수량	불입액(원)		시가時價(원)		배당금	
		주당株當	총액	주당株當	총액	배당률(%)	금액
호남은행	9,815	50	490,750	51	500,565	7	34,352.50
호남은행 신新	1,570	37.50	58,875	38	59,660	〃	4,121.25
조선생명	1,535	12.50	19,187.50	25.60	39,296	8	1,553
경성방적	280	50	14,000	69	19,320	12	1,680
경성방적 신	1,220	25	30,500	36.50	44,530	〃	3,360
조선신탁	200	12.50	2,500	18	3,600	6	150
조선화재	100	12.50	1,250	19	1,900	8	100
조선석유	200	50	10,000	69	13,800	〃	800
조선석유 신	200	25	5,000	39	7,800	〃	400
북선제지	350	25	8,750	55	19,250	10	875
동방펄프	8,200	12.50	102,500	23	188,600	6	6,150
계	23,670		743,312.50		898,321		53,823.75

* 출처: 〈合名會社鶴坡農場資産負債調〉(1939. 10),《東洋石殖株式會社·木浦支店扱貸付金關係》(표지: 玄俊鎬).

앞에서 언급했듯이 1939년에 이르러 유가증권 보유 비중은 1936년에 비해 12퍼센트 이상 더 증가했다.[38] 1939년에 유가증권의 비중이 대폭 커진 주요한 이유는 1937년 상반기에 단행한 호남은행 추가 불입 때문인 것으로 보인다.[39] 또한 1939년 상반기에 유가증권 액수가 급증한 것은 동방펄프 주식 구입에 따른 것이었다.

이와 같이 유가증권 비중이 큰 점에 대해, 주거래 금융기관인 동척은

[38] 〈合名會社鶴坡農場資産負債調〉(1939. 10)의 〈자산〉 항목을 보면 유가증권 총액이 72만 8,712원 50전으로 되어 있는데, 〈유가증권명세서〉에서는 74만 3,312원 50전으로 되어 있어 오차가 있다. 여기에서는 72만 8,712원 50전으로 계산했다.

[39] 1937년 6월경 호남은행 추가 불입으로 학파농장의 유가증권 액수는 51만 5,352원 50전으로 전기에 비해 약 14만 7천여 원이 증가했다. 호남은행은 창립 시 자본금 150만 원(불입금 37만 5,000원)으로 출발했는데, 1923년 하반기 불입금 75만 원, 1929년 상반기 112만 5,000원, 1933년 자본금 200만 원(불입금 137만 5천 원), 1937년 상반기 불입금 175만 원으로 증가했다(홍성찬, 〈한말 일제하 전남지역 한국인의 은행 설립과 경영─光州農工銀行, 湖南銀行의 사례를 중심으로〉, 1999, 121쪽).

1939년도의 학파농장 자산부채 조사에서 "농사회사로서 다액의 주식을 소유한 것은 바람직하지 않다. 그러나 간척지 사업비로 조만간 처분해야 할 것이므로 현재 상태로는 경계해야 할 필요는 없다"고[40] 평가했다.

〈표 4-9〉 현준호 개인명의 보유 유가증권 내역(1939년 11월)

소유자	유가증권	수량 (株)	불입금(원)		시가(원)		배당금	
			주당 株當	금액	주당	금액	배당률 (%)	금액
현준호	호남은행 구舊	1,475	50	73,750	51	75,225	7	5,162.50
	호남은행 신新	640	37.50	24,000	38	24,320	〃	1,680
	조선생명	500	12.50	6,250	25.60	12,800	8	500
	영암운수	200	12.50	2,500	12.50	2,500	10	250
	남조선흥업	128	20	2,560	20	2,560	4	102.40
	창평상회昌平商會	50	31.25	1,562.50	31.25	1,562	8	125
	전남도시제사 全南道是製絲	1,220	12.50	15,250	8	9,760	-	-
	목포제빙木浦製氷	15	29	435	29	435	10	43.50
	경성방직 신	420	25	10,500	36.50	15,330	〃	1,050
	조선제련	900	37.50	123,750	45	40,500	8	2,700
	조선석유	300	50	15,000	69	20,700	8	1,200
	조선석유	280	25	7,000	38.90	10,892	〃	560
	임업개발	1,000	10	10,000	10	10,000	25	250
	경춘철도	620	10	6,200	12.50	7,750	5	310
	광주도매光州卸賣	50	12.50	625	12.50	625	8	50
	금강산철도	150	50	7,500	85.80	12,870	9	675
	조선식은 신	425	12.50	5,312.50	23.60	10,030	〃	478.12
	한강수전漢工水電	500	12.50	6,250	17.30	8,650	5	312.50
	전남산업	530	25	13,250	25	13,250	7	927.50
	화신무역	1,400	12.50	17,500	13.50	18,900	4	700
	남선합동전기	300	50	15,000	70.30	21,090	10	1,500
	종연방적鍾淵紡績 구	500	50	25,000	175	87,500	20	5,000
	조선공영	100	25	2,500	25	2,500	20	
	호남제탄	928	20	18,560	20	18,560	20	

40 〈合名會社鶴坡農場資産負債調〉(1939. 10).

현무송玄撫松 (현준호)	호남은행 구舊	100	50	5,000	51	5,100	7	350
현영익	호남은행 구	25	50	1,250	51	1,275	7	87.50
현영직	호남은행 구	300	50	15,000	51	15,300	7	1,050
현영순	호남은행 구	150	50	7,500	51	7,650	7	525
현영원	호남은행 구	50	50	2,500	51	2,550	7	175
	계	13,256		351,505		460,184.50		25,764.02

* 출처: 〈玄俊鎬資産信用及償還能力調書〉(1939. 11. 20),《東洋石殖株式會社·木浦支店扱貸付金關係》(표지: 玄俊鎬).
* 비고: 소유 주식 중 평가하기 곤란한 지방 잡주雜株가 상당히 있는데, 이는 불입액을 시가時價로 계산함. 다만 시가에 비해 떨어진 것은 시가로 계산.

〈표 4-9〉는 1939년 11월경 학파농장에 출자하지 않은, 현준호 개인 명의로 보유한 유가증권 내역이다. 이를 보면 〈표 4-8〉에서 학파농장 보유 유가증권이 호남은행·경성방직 주식을 제외하고는 모두 우량주식인 일본 독점기업 증권인 데 반해, 현준호 개인 명의 보유 주식은 대개 지방 중소기업 주식이 많은 점이 특징이다. 즉 영암운수(목포, 자본금 10만 원)·남조선흥업·창평상회(담양, 6만 원, 대부업, 잡화상)·광주도매光州卸賣(광주, 10만 원, 어물·과일 매매)·전남산업(광주, 50만 원, 새끼 가마니 제조)·전남도시제사全南道是製絲(광주, 2백만 원)·목포제빙(목포, 15만 원)·호남제탄湖南製炭(목포, 15만 원) 등의 지방중소기업 주식 총 3,121주(시가 4만 9,252원)가 그것이다. 이는 보유 총주식수의 23.5퍼센트(시가총액의 10.7퍼센트)에 달했다. 현준호 개인 명의(그 자제 명의도 포함) 주식은 1만 3,256주로, 시가 총액 35만 1,505원이었다. 개인 명의 자산 가운데 주식 비중이 무려 53퍼센트에 달했으니,[41] 학파농장의 주식 비중이 26~39퍼센트였던 것과 비교해, 그 비중이 훨씬 컸음을 알 수 있다.

그러면 현준호의 총자산 가운데 유가증권의 비중은 어느 정도였을까?

[41] 〈현준호자산신용급상환능력조서〉(1939. 11. 20). 1939년 현준호 개인 명의 총자산은 65만 806원, 증권은 34만 6,005원이었다. 증권 액수가 〈표 4-9〉와 약간 오차가 있다.

〈표 4-8〉과 〈표 4-9〉를 보면, 1939년 10~11월 무렵 현준호는 학파농장 소유 주식과 개인 명의 주식을 합하여 약 109만여 원의 주식을 보유하고 있었다. 1939년도가 자산 구성에서 유가증권 비중이 가장 컸던 시기임을 감안하더라도, 총자산(249만여 원)의 약 44퍼센트에 상당하는 주식을 보유하고 있었다는 사실은 현준호가 자본축적의 한 방식으로 유가증권의 보유 혹은 기업 투자에 적극적인 의지를 가지고 있었음을 보여주는 것이다. 그러나 일본 독점기업이나 대기업의 주당 시가가 불입액보다 훨씬 높고 배당률이 비교적 안정적인 데 비해, '비고'에서 지적하듯이 지방 중소기업의 경우 전남도시제사와 같이 시가가 불입액보다 훨씬 떨어지거나, 남조선흥업과 같이 배당률이 4퍼센트에 불과하여 상대적으로 투자 성적이 좋지 않거나 불안정했음을 알 수 있다.[42]

다음으로 차입금 추이를 살펴보자. 〈표 4-6〉을 보면, 1935년 6월경 자본금 60만 원보다도 많은 63만 3,759원의 거액을 대개 연부상환 형태로 차입하여, 1936년 70만 5,998원, 1939년 6월경 80만 5,262원, 1942년 6월경 160만 3,633원으로 계속 증가했다. 1943년 6월에도 동척 경성지점과 목포지점으로부터의 차입금 잔액만 85만 9,000원이었다.[43]

1939년 6월~10월 사이에 약 20만 원의 차입금이 급증한 것은 서호 간척사업비 조달을 위한 것이었다. 이때 동척뿐만 아니라 종래 금융거래가 없던 추전주식점秋田株式店으로부터도 동방펄프 주식 담보로 10만 8천 원을 차입

---

[42] (주)목포제빙(자본금 7만 7,000원)의 10퍼센트 배당은 예외적이었다. (주)영암운수창고의 경우 배당률이 10퍼센트로 되어 있으나 《조선은행회사조합요록》 1937년, 1939년판에는 배당률이 4퍼센트로 기재되어 있다. (주)호남제탄(자본금 15만 원)의 배당률 20퍼센트도 1938년 10월에 설립되어 1년도 채 안 된 점을 감안하면 신뢰하기 어렵다. 더구나 《조선은행회사조합요록》에도 배당률은 기재되어 있지 않다.

[43] 〈京城支店扱拓1,492号 鶴坡農場貸付金期限延長ノ件〉(1943. 6. 14), 《東洋拓殖株式會社·京城支店扱貸付金關係》(표지: 鶴坡農場).

했다.[44] 1941년 이후 차입금이 급증한 것도 역시 서호간척사업자금 때문이었다. 이와 같이 학파농장의 운영에 차입금은 절대적인 비중을 점하고 있었으니, 차입이 제때 원활하게 이루어지지 않는다면 농장 경영에 막대한 타격을 입을 수밖에 없었다.

그러면 학파농장의 차입처와 차입금 용도 등에 대해 살펴보자.

〈표 4-10〉 학파농장 부채 내역(1936년 10월 16일 현재)

차입처 (번호)	차입 시기	당초 차입액(원)	현재 잔액	차입 이율 (%)	불입금	상환기한	담보 종류	차입금 용도
동척 (식殖1,799호)	1928.12.21	440,000	280,576.90	7.0		1956.2.20	토지	유가 증권 구입
동척 (토자식土自殖12호)	1934.2.21	32,500	32,500	6.5	3,003.28	1956.2.20	토지 건물	토지 개량
동척 (토저식土低殖12호)	1934.2.21	32,500	32,500	4.7	2,605.22	1952.2.20	〃	〃
동척 (토자식17호)	1936.3.16	17,500	17,500	6.5	3,424.31	1952.2.20	토지	〃
동척 (토저식17호)	1936.3.16	17,500	17,500	4.8	1,650.00	약속어음	〃	〃
조선신탁	1935.9.12	110,000	110,000	6.2	6,820.00	〃	유가 증권	유가 증권
호남은행	1932.5.13	65,000	65,000	6.8	4,420.00	〃	〃	비료 구입
호남은행	1932.5.13	63,000	63,000	3.8	4,480.00	〃	예금 담보	판독 불가
현준호	1934.7.2	7,573	87,573	7.0	6,130.11	〃	신용	토지 구입
현정호玄貞鎬	1935.3.1	2,849.10	2,849.10	7.0	199.43	〃	신용	토지 구입
계		868,422.10	705,999		32,732.35			

* 출처: 〈합명회사학파농장자산신용급상환능력조서〉(1936. 10. 24).

---

[44] 〈鶴坡農場借入金明細書〉(1939. 11. 20).

1936년도 부채내역을 정리한 〈표 4-10〉을 보면 학파농장의 거래 금융
기관은 동척과 조선신탁주식회사, 호남은행이었다.[45] 거래기관별 차입 상
황을 보면 총 70만 5,999원의 차입금 중 동척에서 토지 담보로 약 54퍼센
트에 해당하는 38만여 원을, 호남은행에서 주식 담보로 12만 8천 원(17.7퍼
센트), 조선신탁에서 유가증권 담보로 11만 원(15.5퍼센트)을 차입하여 주거
래 기관이 동척임을 알 수 있다. 또한 학파농장은 현준호 가족으로부터도
소액을 차입했다. 차입금 용도를 보면, 1928년 12월에 동척으로부터 차입
한 44만 원의 용도는 '유가증권 구입'으로 되어 있다. 이는 1929년 상반기
에 호남은행 불입금이 종래 75만 원에서 112만 5천 원으로 추가된 시기와
일치하므로 당행當行 추가 불입 목적의 차입이었음을 알 수 있다.

1934년 2월에 이루어진 2건, 총 6만 5천 원의 '토지 개량' 용도의 차입
은 미암면 매립공사자금 용도였다. 이미 서술했듯이 총공사비의 34퍼센트
를 동척에서 차입했던 것이다. 그리고 1936년 3월에 받은 '토지 개량' 용
도의 2건, 총 3만 5천 원은 해남군 계곡면 매립사업에 대한 대출로, 총공사
비 8만 원 중 44퍼센트를 동척으로부터 조달했던 셈이다. 특히 매립공사자
금의 일부는 시중은행 연 6.5~7퍼센트보다 훨씬 저렴한 4.7~4.8퍼센트라
는 특혜적 이자율의 토지개량저리자금으로 대출받았다.

액수가 큰 차입금은 대개 토지 개량과 유가증권 구입 용도인데, 토지 개
량 용도는 동척에서, 그리고 유가증권 구입자금은 주로 조선신탁에서 조
달되었음을 알 수 있다. 호남은행에서는 주로 비료 구입자금과 같은 소액
대출을 받았다.

그러면 학파농장의 수입·지출 구조와 영업현황에 대해 살펴보자.

---

[45] 〈合名會社鶴坡農場資産負債調〉(1939. 11. 20).

<표 4-11> 학파농장 손익계산서(단위: 원)

구분	항목	제1기 (1934. 7~1935. 6)	제2기 (1935. 7~1936. 6)	제5기 (1938. 7~1939. 6)	제8기 (1941. 7~1942. 6)
이익 (수입)	농지수확	94,728.24(75%)	92,555.80(71%)	119,017.31(66%)	162,983.72(74%)
	주식배당금	28,308.12(22%)	32,654.76(25%)	46,605.18(25%)	50,464.60(23%)
	예금이자	115.79	120.95	142.32	703.69
	반입이자	1,800.55(1.4%)	2,098.80(1.6%)	2,797.01(1.5%)	3,450.03(1.5%)
	잡이자雜利子	563.84	14.87		
	수입수수료	659.95	700		
	잡손익雜損益		801.1	11,636.55	
	계	126,176.49	128,946.28		217,602.04
	전기이월금			30722.8	16,241.45
손실 (지출)	지불이자	50,182.22(47%)	44,797.12(43%)	46,536.91	81,681.78(46%)
	지불수수료	896.49			
	농사비	817.25(0.7%)	350.31(0.3%)	2,093.98(2.4%)	3,999.41(2.2%)
	집기가액什器價額 소각消却	4,800.00	1,900	700	
	비료결손 소각				
	세금	25,783.84(24.3%)	13,186.48(12.7%)	17,944.50(20.9%)	23,852.74(13.4%)
	급료	3,369.50	3,774		
	수당	2,400.00	2,400	1,200.00	5,501.10
	직원 기말상여금		1,916.97	1,320.00	3,957.41
	제보수금諸報酬金				
	여비	573.93	748.89	658.79	4,551.36
	잡비	8,130.59	8,477.68		24,571.04
	간척지경비	8,759.60	2,163.84		
	잡손雜損				18,944.60
	계	105,713.42	103,432.29		177,536.17
	당기순익금	20,463.07	25,513.99	94,723.10	40,065.87
	합계	126,176.49	128,946.28	230,921.17	233,843.49

* 출처: 〈학파농장 제1기영업보고서〉, 〈학파농장 제2기영업보고서〉, 《東洋拓殖株式會社·木浦支店扱貸付金關係》 (표지: 玄俊鎬), 〈京城支店長 合名會社鶴坡農場貸出 ノ件〉, 〈拓1,492号 合名會社鶴坡農場 貸付金期限延長 ノ件〉(1943. 5. 22), 《東洋拓殖株式會社 京城支店扱貸付金關係》(표지: 鶴坡農場).

〈표 4–11〉의 수입·지출 계산을 보면 지출 항목에서[46] 차입금에 대한 이
자가 거의 절반을 차지할 정도로 제일 큰 비중을 점했다. 즉 '지불이자'는
1기(1934. 7~1935. 6)에 47퍼센트, 2기(1935. 7~1936. 6) 43퍼센트, 5기(1938.
7~1939. 6) 54퍼센트, 8기(1941. 7~1942. 6) 46퍼센트를 차지했다. 즉 총지
출 경비의 거의 절반 정도를 차입금 이자로 지불한 셈이었다. 다음으로 세
금이 1기 24.3퍼센트, 2기 12.7퍼센트, 5기 20.9퍼센트, 8기 13.4퍼센트로
2위를 점했다. 그 다음으로는 급료와 수당, 기말상여금 등이 큰 비중을 차
지했다.

또한 농사비는 1기와 2기에 각각 817원, 350원이었으나, 5기에 2,093원,
8기에 3,999원으로 1938년 하반기~1939년 상반기에 크게 증가했다. 그런
데 급료/수당/기말상여금은 1기 3,369원/ 2,400원/0원, 2기 2,400원/3,774
원/ 2,400원, 5기 3,800원/ 1,200원/ 1,320원으로 거의 같은 추이를 보이
다가, 8기에 8,560원/5,501원/3,597원으로 크게 증가했다.

이로 보아 600~700여 정보의 경지 면적에[47] 비해 농사비가 매우 적다는
점에서 학파농장은 직영지(자작 경영)가 극히 적었고 대부분 소작 경영이었
음을 알 수 있다. 1940년대 초 농장 경영은 자작 경영과 소작 경영의 두 가
지 형태였는데, 인근 나주 지역 대지주 이계선李啓善의 경우 30여 정보에
달하는 대규모의 자작 경영을 전개하고 있었다.[48] 그러나 학파농장은 거의
대부분 소작 경영이었던 것으로 보인다. 또한 농사 개량에 매우 많은 자본
을 투자하지는 않았다고 볼 수 있다. 그러나 1938년 이후 농사비가 크게

---

[46] 1기와 2기에는 간척지 경비(미암면 매립공사 비용으로 보임)가 계산되어 있으나, 서호면공사가 진행
되고 있던 8기에는 간척지 경비가 기재되어 있지 않다.
[47] 학파농장의 경지(전답) 면적은 1936년 6월 578.8정보였고, 1938년에는 706.3정보였다. 〈합명회사학
파농장자산신용급상환능력조서〉(1936. 10. 24, 1938. 6. 12).
[48] 김용섭, 〈羅州 李氏家의 地主經營의 성장과 변동〉, 《한국 근현대농업사연구》, 일조각, 1992, 164쪽.

증가했는데 급료, 수당, 상여금의 증가는 그렇게 크지 않다는 점에서 직영지 증가도 있을 수 있으나, 주로 소작인에 대한 종자와 비료의 배부 또는 대부 등에 의한 농사 개량비 증가 요인에 의한 것으로 보인다.[49]

주목할 점은 1936년 봄에 학파농장이 황산암모늄과 기타 화학비료를 대량 취급하는 비료 영업 허가를 받았다는 사실이다. 소작인들에게 농사 개량을 지도하는 한편, 비료 대부와 함께 본격적으로 비료 판매 영업에 나선 것으로 보인다. 그러나 높은 가격으로 구매한 비료 가격이 당국의 가격 인하 압력과 또한 경제계의 동요로 시세가 하락하면서 상인들이 투매投賣하기 시작하자, 화학비료는 1가마니에 약 2원 정도로 대폭락했는데, 그나마 재빨리 처분에 힘써 2만여 원의 손실에 그쳤다.[50] 제2기의 '비료결손 소각 2만 3,717원' 항목이 바로 이것이다. 요컨대 학파농장은 창립 3주년 되는 1936년부터 화학비료 판매로 사업다각화를 꾀했으나 그 결과는 대손실로 끝났던 것이다.

한편 총수입은 1기에 12만 6,176원, 2기 12만 8,946원, 5기 23만 921원, 8기 23만 3,843원으로 지속적으로 증가했다. 그러나 당기순익금은 1기 2만 463원, 2기 2만 5,513원, 5기 9만 4,723원, 8기 4만 65원으로 단속적인 증가 추이를 보였다. 특히 앞에서 서술했듯이, 1935년과 1936년 남부 지방에 대한발이 있었던 상황을 감안하면 2기에도 수입과 순이익금이 증가한 것은 매우 고무적인 현상이었다. 대한발에도 불구하고 순익금이 오히려 증가할 수 있었던 이유는 1934년부터 각지에 산재한 수원水源이 부족한 논과 무안군 소재 토지 전체와 해남군 일부 토지를 매각하고 다른 토지를 구입하면서 한발의 영향을 적게 받았으며, 오히려 한발로 벼 시세가 높아

---

[49] 만약 직영지가 증가했다면 농사비와 함께 고용노동에 대한 급료가 증가해야 할 것이다.

[50] 〈합명회사학파농장 제2기 영업보고서〉(1936. 7).

졌기 때문이었다.[51] 그리고 1930년대 후반에 순이익이 계속 증가하다가 태평양 전쟁 무렵 크게 감소한 것은 서호 간척공사에 대한 무리한 투자와 전시기 경제 상황 때문인 것 같다.

가장 많은 수입을 낸 항목은 농지 수확 즉 소작료로 제1기에는 총수입의 75퍼센트, 2기 71퍼센트, 5기 66퍼센트, 8기 74퍼센트였다. 그 다음에 주식 배당금 수입은 1기 22퍼센트, 2기 25퍼센트, 5기 25퍼센트, 8기 23퍼센트였다. 그 다음으로는 대부금 반입 이자가 1.4~1.6퍼센트를 점했다.

그러면 학파농장의 수익률 추이에 대해 살펴보자.

〈표 4-12〉 학파농장의 수익률 추이

기별期別	수익액(원) (순수익)	처분방법		자본금에 대한 수익률(%)
		제적립금諸積立金(원)	기타의 보류保留(원)	
제1기(1934. 7~1935. 6)	20,463.07	12,000(58.6%)	8,463.07	3.41
제2기(1935. 7~1936. 6)	25,513.99	22,200(87%)	3,313.99	4.25
제3기(1936. 7~1937. 6)	64,250.62	38,000(59.1%)	27,250.62	10.8
제4기(1937. 7~1938. 6)	66,777.33	60,000(89.8%)	6,777.33	11.12
제5기(1938. 7~1939. 6)	94,723.10	59,000(62.2%)	35,723.10	15.78
제8기(1941. 7~1942. 6)	40,065.87	11,000		6.67

* 출처: 〈合名會社鶴坡農場資産負債調〉(1939. 11), 〈京城支店長 合名會社鶴坡農場貸出ノ件〉, 〈京金第154号 拓1,492号 合名會社鶴坡農場貸付金期限延長ノ件〉(1943. 5. 22),《東洋拓殖株式會社·京城支店扱貸付金關係》(표지: 학파농장).
* 비고: '제적립금'의 (%)는 수익액 대비 비율임.

〈표 4-12〉를 보면 창립 초기에는 자본금 대비 연수익률이 3.4~4.2퍼센트였으나, 3년 만에 10.8퍼센트로 급증했으며, 5년째에는 15퍼센트로 증

---

51 〈합명회사학파농장 제2기 영업보고서〉(1936. 7).

가했다. 학파농장은 1935~1939년 5년간 평균 수익률이 9.07퍼센트로 시중 보통은행의 정기예금 금리 연 4퍼센트의 2배를 상회했다.[52] 그러나 1941년 하반기~1942년 상반기 학파농장의 수익률은 6.67퍼센트로 급감했다. 1942년 무렵 학파농장의 수지가 악화되어 영업 상황이 좋지 않았다는 것은, 앞에서 서술했듯이 서호면 매립면허권을 1944년 7월 동척에 양도했던 사실로 봐도 알 수 있다.

학파농장 〈정관〉의 〈회계〉 규정에 의하면 손익계산은 총수입금 중 농사경영비, 차입금 이자, 영업비, 기타 손실금을 공제한 잔액을 이익금으로 했다. 그리고 이익금 가운데 10/100 이상 적립금, 5/100 이내 직원퇴사위로기금職員退社慰勞基金을 빼고 그 잔액을 사원배당금과 후기이월금으로 했다. 〈표 4–12〉에 나타나듯이 순수익액 가운데 적립금의 비율이 대개 60~90퍼센트였으며, 배당률은 대개 연3퍼센트 정도에 그쳤다. 이와 같이 "사원에게 이익분배를 하지 않고 준비적립금 이외에는 이를 내부 보류로 하여 매우 견고하게 경영"했기 때문에 학파농장은 금후에도 종래 이상의 수익을 올리는 것이 어렵지 않다고 평가받았다.[53] 사실상 현준호 개인회사이므로 배당 자체는 문제가 될 수 없었던 것이다.

4. 학파농장의 자본축적 시스템

1930년 말 무렵 현준호는 광주 장흥 강진 해남 영암 무안군에 논 673정보,

---

[52] 《朝鮮總督府統計年報》 1938년판, 1940, 183쪽. 시중 금리는 1920년대~1931년에 6푼이었으나 이후 1933년경에는 5푼대로 하락했고, 1934년 이후에는 다시 4푼대로 추락했다.
[53] 〈合名會社鶴坡農場資産負債調〉(1939. 11. 20).

밭 40정보 등 총 713정보를 소유하고 있었다.[54] 이 토지는 그의 주요 물적 토대로, 따라서 토지 관리와 농업 경영은 그의 경제 활동을 분석하는 데에 핵심적인 부분이다. 동척에서 작성한 〈현준호 자산신용 및 상환능력조서〉에도 그의 직업은 '은행장 겸 농업'으로 기재되어 있다.

현준호의 소유 자산은 1938년 무렵 시점에 순자산 약 110만 원 이상의 학파농장과[55] 함께 여기에 출자하지 않은 개인 명의 자산 약 62만 원으로 이루어져 있었다.[56]

앞에서 서술했듯이 학파농장은 1935~1939년 5년간 평균 수익률이 9퍼센트로 시중 보통은행의 정기예금 금리 연 4퍼센트의 2배 이상이었고, 특히 1938년도 수익률은 15퍼센트에 이르렀다.[57] 이는 같은 시기 조선의 대표적 '재벌'급 가족회사였던 민규식의 영보합명회사 수익률과 비슷한 수준이었다.[58] 여기에서는 이와 같이 학파농장의 평균 수익률이 높은 이유를 먼저 금융거래의 측면에서 접근해보기로 한다. 즉 차입금을 이용한 자본 조달과 투자 구조에 대해 살펴볼 것이다.

---

[54] 〈全羅北道全羅南道地土調〉(1930년 말 조사), 《농지개혁시 피분배지주 및 일제하 대지주명부》, 한국농촌경제연구원, 1985, 199쪽.

[55] 동척에서 조사한 〈자산신용급상환능력조서〉에 의하면, 합명회사학파농장의 순자산은 1938년 6월경 134만 6,123원, 1939년 11월과 1940년 1월경 114만 9,000원이었다.

[56] 〈玄俊鎬 資産信用及償還能力調書〉(1938. 6. 12)에 의하면 1938년 6월경 현준호 개인 명의 순자산은 122만 2,771원이었다. 그러나 이는 학파농장 출자금 60만 원이 포함되어 계산된 것으로, 이를 제외하면 62만 2,771원이다. 〈木金第884号 合名會社鶴坡農場生産物擔保貸出 ノ件〉(1938. 6. 17)에서도 현준호 개인 명의 순자산을 62만 2,771원으로 기재하고 있다. 1940년 1월경 현준호의 순자산은 약간 증가하여 65만 600원이었다(〈京城支店扱合名會社鶴坡農場貸出 ノ件〉(1940. 1. 11), 《東洋拓殖株式會社·京城支店扱貸付金關係》(표지: 鶴坡農場).

1940년 5월경 현준호의 순자산은 학파농장 110만 원과 현준호 개인 명의를 합하여 총 170만 원으로 추산되었다(〈朝金第762号 木浦支店扱鶴坡農場貸出 ノ件〉(1940. 5. 2).

[57] 그러나 개인 명의 자산의 수익률은 1938년도의 경우 3퍼센트였다(〈木金第884号 合名會社鶴坡農場生産物擔保貸出 ノ件〉(1938. 6. 17), 《東洋拓殖株式會社·木浦支店扱貸付金關係》(표지: 玄俊鎬).

[58] 영보합명의 자본금 대비 순수익률은 1941년 9.5퍼센트, 1942년 8.8퍼센트, 1943년 10퍼센트, 1944년 8.2퍼센트로 4년간 평균 수익률은 9.1퍼센트였다(이 책 1장 참조).

그리고 학파농장의 자산 내용은 앞에서 서술했듯이 부동산 대 유가증권이 대략 7대 3으로 구성되어 있었다. 따라서 총수입 중에서 소작료와 임대료 등 부동산 수입이 유가증권 수입보다 큰 비중을 점했다.[59] 그러므로 평균 수익률이 높은 이유를 수입의 큰 비중을 점하는 소작료와 관련된 토지 관리와 경영의 측면에서도 검토하는 것이 필요하다고 본다.

또한 총자산의 30퍼센트를 차지하는 유가증권은 비록 절대적 수입액은 농지 수확보다 적었지만 무시할 수 없는 비중이고, 또한 민규식과 같은 지주적 기반의 다른 자본가들에 비해 상대적으로 그 보유 비중이 컸다는 점에서 역시 검토가 필요하다고 본다.

이와 같이 금융거래와 자산 운용이라는 두 가지 측면의 분석을 통해 학파농장의 자본축적 시스템에 대해 접근할 수 있을 것이다. 그리고 현준호의 자본축적 활동이 당시의 경제 구조 상황 속에서 가지는 의미에 대해서도 고찰해보려고 한다.

학파농장의 평균 수익률이 시중 은행 금리보다 훨씬 높았던 것과 관련하여 주목할 점은 현준호의 소유 자산의 대부분을 점하는, 자산 유동성이 떨어지는 토지를 가장 유리한 입장에서 담보 설정하여 최저 이율로 차입함으로써 원활한 투자와 수익의 극대화가 가능했다는 점이다. 이를 학파농장의 동척 대출 현황을 통해 살펴보자.

우선 현준호는 금리가 하락하면 동척으로부터 새로운 대출을 받아 기존

---

[59] 〈표 4-11〉을 보면 수입 중 농지 수확이 대략 66~75퍼센트를, 주식 배당금이 22~25퍼센트를 차지했다. 1938년 학파농장 자산 내용을 보면 총자산 201만 9,509원 중 부동산 67퍼센트(40만 2,278원), 유가증권 31퍼센트(63만 752원)였다. 그리고 총수입 12만 473원 중에서 부동산(소작료와 임대료 등) 78퍼센트(9만 4,260원), 유가증권(배당금) 19퍼센트(2만 2,805.73원)였다. 이는 개인 명의 자산에서도 마찬가지였다. 1938년도 〈현준호자산신용급상환능력조서〉(1938. 6)에 의하면 총자산 73만 7,771원 중 부동산 55퍼센트(40만 2,278원), 유가증권 32퍼센트(23만 7,570원)였다. 그리고 총수입(3만 7,831원) 중에서 차지하는 비중은 부동산 61퍼센트(2만 2,942원), 유가증권 23퍼센트(8,758원)였다.

대출금을 변제하고 나머지 대출금으로 농지를 구입하는 형태로 차입금의 부담을 줄이는 동시에 토지 확대를 계속해나갔다. 당시 일반 상업은행뿐 아니라 조선식산은행, 동척 등 주요 국책금융기관의 경우에도 각기 고객을 유치하기 위해 경쟁이 치열했다. 따라서 각 은행의 대출금리가 달랐을 뿐만 아니라, 같은 금융기관의 지점 간에도 달랐다. 예를 들어 1941년도 조선식산은행 부동산 담보 어음대출(보통)의 경우 전주와 이리 지점은 일보日步 2.0이었으나, 김제와 남원은 2.1, 2.3이었다.[60] 현준호는 이러한 금융기관 사이의 대출 경쟁을 이용하여 최저이율 차입 내지 특별할인율 적용, 수수료 면제, 동일 담보 재대출 등을 적절하게 구사했다.

예를 들어 현준호는 1936년 6월경 식殖1,799호 대출에 대해 이자율 7퍼센트를 6.5퍼센트로 인하할 것과 상환 기일 전 원금 상환 수수료 1,100원 면제를 신청했다. 이 식1,799호는 1935년 5월 10일부로 당시 표준 이율이 연 7.3퍼센트였지만 특별 할인율을 인정하여 7퍼센트로 인하하여 대출을 승인했던 것인데, 금리 저하를 이유로 1년 만에 다시 인하를 요구한 것이었다. 그러자 목포지점에서는 "현씨의 요망은 여러 차례의 일로 이례적인 것"이지만, 그에 대해 편의를 제공하지 않을 수 없다는 의견을 제출했다. 그 이유는 최근 조선신탁과 식산은행에서 유리한 조건을 제시하며[61] 적극적으로 현준호를 유인하니 그를 붙잡을 계책이 필요하고, 또한 현씨가 오랫동안 거래관계를 유지해왔으므로 최대 편의를 받으며 거래를 계속하기를 원하니, 금리 인하의 시기에 호남은행 사장이자 "중추원 참의로 인물·

60 〈裡金第374号 昭和16年下期 貸付金利率決定ノ件〉, 《東洋拓殖株式會社·貸付金利關係》(簿册番號 前 17C番290号).
61 〈木金第861号 殖第1,799号 玄俊鎬氏貸出金利子率引下ノ件〉(1936. 8. 5); 〈木浦支店扱殖第1,799号 玄 俊鎬氏 貸付金利下並二擔保一部解除ノ件〉. 동척 조선지사 금융과장이 조사한 바 현씨에 접촉한 조선신탁은 연 6푼, 기일전期日前 상환수수료 무료, 감정료 실비 등의 조건이었고, 식산은행은 연 6푼 2리의 조건이었다.

자산·신용 모두 전남 일류로 당사의 거액 우량거래처"인 그의 요구를 들어주는 편이 좋겠다는 것이다. 그런데 현준호는 5개월 후인 1936년 11월경 다시 식1,799호 담보 물건을 재담보로 설정하고 초기 5년간 연 6.2퍼센트, 이후 표준 이율로 복구하는 조건으로 39만 원의 대출을 신청했다.

금리 하락의 시절이라고 하지만 이와 같이 표준 이자율보다 낮은 특별 할인율을 제공받고, 이후 갈아타기를 통해 당초의 차입 이자율을 인하한 데다, 다시 동일 담보를 이용하여 저금리의 대출 증가를 꾀하고, 나아가 금융 수수료 인하와 같은 부대 서비스까지 요구하는 이러한 양태에 대해 동척은 "매번 조금 뻔뻔스럽게 신청한다"고 묘사하기도 했다.

토지를 담보로 모든 금융적 특혜와 함께 사업자금을 제공받을 수 있었던 점은 그의 자본축적을 가능하게 했던 주요 요인이었다. 즉 토지 매매를 통한 자금 조달로는 자본 유동성을 확보하기가 쉽지 않다는 사실을 고려하면, 자산의 거의 50퍼센트에 달하는 차입금은 자본축적의 중요한 동인動因이었던 것이다. 호남은행을 비롯하여, 현준호가 관여하고 있었던 모든 기업의 운용, 투자자금이 토지에서 조달되었는데, 그것이 자본으로 전환할 수 있었던 것은 주거래 금융기관인 동척으로부터의 차입 덕분이었다. 유가증권을 담보로 한 조선신탁이나 호남은행으로부터의 차입이 있었지만, 이는 부차적이었다.[62]

결국 학파농장의 자본축적 시스템은 토지를 담보로 한 동척의 차입금으로 간척 혹은 토지 구입을 한 후, 이 토지를 담보로 다시 동척으로부터 차입하여 토지에 재투자함으로써 이윤을 창출하는 방식이었다. 마찬가지로 유가증권을 담보로 한 조선신탁의 차입금은 다시 호남은행이나 기업에 투

[62] 예를 들어 학파농장은 동척으로부터 일시에 30~40만 원을 차입하기도 했는데, 불입자본금 총액이 175만 원인 호남은행으로부터 이러한 거액을 차입하는 것은 불가능했다.

자했다.

학파농장의 금융거래에서 주목할 또 한 가지 점은 국책자금의 차입이
다. 예를 들어 학파농장은 1935년경 산미증식토지개량자금을 대출받았다.
이 자금은 동척과 식산은행에서 방출되었는데, 동척의 경우 수리조합과
개인사업자로 분류하여 배부했다. 현준호는 이 해 개인사업자 대출액 7만
4,600원 중 31퍼센트에 해당하는 2만 3,250원을 지급받았다.[63]

이자율 연 4.7퍼센트 정도의 토지개량저리자금을 대출받기는 쉽지 않
다. 이는 이 때 같이 받은 개인사업자가 동척(기업지: 황해도, 대출액 3만 100
원), 김시권金時權(전남, 대출액 5천 원, 경상북도 참여관 겸 산업부장), 문봉의文
鳳儀(황해도 옹진군 봉구면 34만 8,360평 매립, 대출액 5만 3,500원, 평양 지역 변
호사), 요시모리吉森國義(전남 고흥군 봉협면蓬莢面·외초리外草里 6만 9,149평 매
립, 1만 4,000원, 여수전기주식회사 대주주) 등 국책 기관이나 유력자인 것으
로 보아도 알 수 있다.

현준호 역시 특혜적 조건의 국책자금을 차입할 수 있었던 데에는 '전남
제일류第一流' 자본가일 뿐만 아니라, 광주부협의회원(1923)·전남도평의회
원(1924~1930)·조선총독부 중추원 참의(1930~1945)라는 특권적 사회 지위
가 배경으로 작용했을 것이다.[64] 그는 1927년 일왕 다이쇼 장례식 참석 전
남 대표로 선정되고, 이후 일본 정부로부터 소화대례기념장昭和大禮記念章
(1928. 11)과 조선총독부시정25주년기념표창(1935. 10)을 받을 정도로 일제

---

[63] 〈産米增殖土地改良資金融通ニ關スル件〉(1935. 10. 23), 〈産米增殖土地改良資金融通ニ關スル件〉
(1935. 10. 29), 《東洋拓殖株式會社 朝鮮支社及貸付金關係》; 〈産米增殖業務 十萬圓以上貸付金個人別
明細表〉(1935년 12월 말 현재), 《本邦會社關係雜件·東洋拓殖株式會社會計關係公文書》. 동척의 수리
조합 방출 액수는 17만 7,550원, 개인사업자는 7만 4,600원이었다. 참고로 대장성 예금부의 동척, 식
산은행 등 금융기관 융통 이율은 3푼 6리였으나, 대부 이율은 4푼 6리 이내였으며 상환 기한은 25년
이내로 설정되었다.

[64] 1939년도의 경우 현준호는 수당 및 상여금으로 총 1만 1,570원을 받았는데, 중추원 참의 수당이
1,200원으로 호남은행 7,760원 다음으로 많았다(〈현준호자산신용급상환능력조서〉(1939. 11. 20)).

지배체제와 협력관계를 유지하고 있었다.

한편 학파농장의 수입 중 소작료가 큰 비중을 점했으므로 평균 수익률이 높은 데에는 토지 관리와 농업 경영의 요인도 중요하게 작용했을 것이다. 현준호는 부친의 토지를 물려받은 직후부터 10여 년에 걸쳐 지속적으로 원격지에 산재하여 관리하기 어려운 100여 정보의 토지는 매각하고 가능한 관리가 용이한 집단적인 형태의 경지를 매집하여 집약 농법에 의해 토지를 관리하려고 했다.[65] 즉 토지 집중화를 통해 대단위 농지를 만들려고 했던 것이다. 여기에는 또한 관리가 불편한 토지를 처분하여 부채 정리를 하고 차입금을 감소시킴으로써 자산 구조를 강고하게 하려는 의도도 있었다.

매도와 매입을 통한 토지 집중화에는 오랜 세월이 소요되었다. 그러나 이후에도 그가 원하는 '한 곳에서 1만 섬 수확'은 쉽지 않았다. 그가 1932년부터 매립공사에 적극 나섰던 것은 간척사업이 일시에 대단위 구획 농지를 얻을 수 있는 지름길이라는 점을 고려한 결과였을 것이다. 이와 같이 현준호가 매매를 통한 경지 정리와 간척사업을 단행한 것은 이미 1920년대 중반부터 농장형 경영을 의도했음을 나타낸다.

1935년 9월 9일자 《군산일보》에서는 〈구마모토형型과 현준호형〉이라는 기사를 통해 전북의 구마모토熊本利平, 다키多木久米次郎 농장의 경영과 현준호 농장의 경영을 비교했다.

---

[65] 〈借入金用途調書〉(1936. 6), 〈木金第1291号 鶴坡農場貸出ノ件〉(1939. 12. 16), 〈木金第627号 殖第1799号 玄俊鎬氏貸付金利下ノ件〉(1936. 6. 20). 예를 들어 그는 1935년에도 자신의 개인 소유 무안군과 완도의 전답, 광주·영암·해남·보성의 대지垈地·잡雜 지목을 합하여 총 18만 원을 매도했다. 1940년 학파농장에서 동척으로부터 대출받기 위해 저당한 토지(시가 감정액 약 112만 9천 원)의 감정표에 의하면 토지가 영암군(간척지 포함, 60.5퍼센트)과 해남군(23.5퍼센트)에 집중되어 있으며, 그 다음 학파농장 사무실이 있는 광주와 인근 광산군, 그리고 나머지는 보성과 장흥에 소재해 있다. 이로 보아 사무실이 있는 광주와 서호 간척사업으로 대단위 농지를 구성하고 있는 영암 지역으로 집중시켰음을 알 수 있다(〈현준호자산신용급상환능력조서〉(1936. 10. 24) 중 〈農耕地時價調書〉; 〈현준호자산신용급상환능력조서〉(1939. 11. 20).

전북의 구마모토, 다키 양 농장은 토지 개량, 농사 개량을 모두 열심히 하고 소작인의 농사 지도에도 진력하는 데 반해, …… 전남의 현준호는 대지주이기는 하지만 상당히 원시적으로, 소작료는 부친 시대 그대로 두었으며 소작인 지도 등은 뒤도 돌아보지 않는 모양인데, 소작인들도 완전히 감탄하는 것은 아니니 많이 경작하여 많이 수취하는 지주보다도 도리어 좋지 않다고 하는 비평도 있을 정도다.

이와 같이 소작료는 부친대의 것 그대로이고, 농사 개량과 소작인 지도를 하지 않는다면서 학파농장의 경영 방식을 상당히 원시적인 것으로 묘사하고 있다. 그러나 이러한 기사 내용 중 일부는 사실이지만 일부는 사실을 반영하지 못한 것이다.

학파농장은 1930년 이래 매년 우량 종도種稻와 화학비료를 소작인들에게 무이자로 대부해주고 농사를 장려해왔다. 1934년 말에 준공인가를 받고 1935년부터 식부하기 시작한 미암면 간척지의 경영을 예로 들면, 현준호는 이곳에 농장출장소를 설치하고, 전 광산군光山郡 기수技手를 주임으로, 그리고 일가친척이나 연고가 있는 3명을 사무보조원으로 두었다. 이출장소 직원들은 미암면 간척지뿐만 아니라 인근 군서, 학산, 서호, 산호면 각지를 순회하며 못자리 개량, 경종법 개선 등 실지지도實地指導를 담당했다. 특히 출장소에는 자작 겸 시험답 2정보를 설치하고 직접 농사 개량을 선도했다.[66]

또한 각 부락에 소작인조합을 조직시켜 조합총대를 두고 농장과 연락을 확보하게 하여, 이후 각종 농사 개량 관련 새로운 사항을 전달했다. 예를

---

[66] 〈玄俊鎬氏干拓地狀況〉(1939), 〈玄俊鎬氏擔保地ニ關スル 狀況〉(1939), 《東洋拓殖株式會社·木浦支店 扱貸付金關係》(표지: 玄俊鎬).

들어 지력을 증가시키기 위해 달마다 지급하는 비료의 증산시비增産施肥를 유도했다. 원비原肥로 퇴비堆肥, 추비追肥로 전남배합全南配合을 시용施用하도록 지도하고 농장에서 비료를 대부해준 것이다. 현준호 소작지는 대개 정조지正租地로 공과는 전부 지주 부담이었고, 비료는 소작인이 부담했다. 그리고 식부 품종도 은방주銀坊主, 영광榮光으로 하도록 권유했다. 특정 비료와 품종까지 지정하여 권장하는 이러한 적극적인 농사 지도와 합리적인 관리 경영으로, 앞에서 언급했듯이 미암면 간척지는 원래 계획 이상의 소작료를 징수할 수 있었던 것이다.

현준호는 이와 같이 농사 지도에 힘쓰는 한편, 소작료 인상과 징수 방법 개선을 통해 수익 증가를 도모하고자 했다. 대개 선대부터의 전속 소작인들이 토지를 경작해와서, 지주 소작인 간의 관계는 좋은 편이었다. 그러나 소작료가 주변 농장 등과 비교해 매우 저렴했으므로 1938년경 소작료 인상을 시도했다. 하지만 당국에서 중일전쟁 이후 시국 정세를 감안하여 중지하라고 해서 실행되지는 못했다. 이와 같이 적극적인 농사 지도와 품종 개량, 소작료 징수 방법의 개선, 마름의 경질이나 폐지, 기타 토지관리 개선은 어느 정도 소작료 증대와 수익률 증가로 연결되었다.[67]

또한 학파농장이나 현준호의 자산 구성을 보면 유가증권 보유율이 다른 자본가에 비해 상당히 높았다. 이는 그가 자본축적의 주요한 방법으로 적극적으로 유가증권에 투자했음을 의미한다. 앞의 〈표 4-7〉과 〈표 4-8〉에 의하면 학파농장 보유 유가증권 평균 배당률은 1936년 7퍼센트, 1939년

---

[67] 소작료 증가는 〈표 4-11〉에서 보듯이 농지 수확의 증가 추이에서 확인할 수 있다. 그러나 이는 소유 토지 증가에 따른 소작료 증가이므로 당연한 것이다. 문제는 평당 소작료가 증가했느냐다. 하지만 평당 소작료 증가도 순수하게 농사 개량에 따른 생산성 증가에 의한 것인지 그렇지 않으면 소작료 자체를 인상해서 그런 것인지 구별하기 어렵다. 지주문기나 농장 경영 문서가 발굴되지 않은 현재 상황에서 농업 경영이나 토지 생산성과 연계된 평당 소작료의 증가를 확인하기는 어렵다.

8.3퍼센트로 계산된다. 이는 당시 시중은행 예금 금리가 연4퍼센트대였음을 생각하면 매우 높은 수익률이라고 할 것이다. 그런데 〈표 4-12〉를 보면 학파농장 수익률이 1935년 7월~1936년 6월 4.25퍼센트에서 1938년 7월~1939년 6월에 15.78퍼센트로, 유가증권 평균배당률 상승보다 훨씬 크게 증가했음을 알 수 있다. 따라서 농장의 평균 수익률 증가에 유가증권 배당률 상승 이외에 다른 추가요인이 작용했음을 짐작케 한다.

이상에서 살펴보았듯이, 1930년대 후반 학파농장의 평균 수익률이 정기예금 금리의 2배를 상회할 정도로 높았던 배경에는 자산의 상당 부분을 차지하는 토지를 저당하고 시중 금리보다 저리로 확보한 차입금을 이용한 간척사업과 농지 구입, 이를 담보로 한 재차입과 재투자라는 활발한 경제활동이 존재했다. 또한 소작인 지도를 통해 생산 과정에 적극적으로 개입하고 소작료 징수 방법의 개선을 시도한 것도 생산성 및 소작료 증가로 연결되었을 것으로 보인다. 특히 유가증권에 적극 투자하여 시중은행 정기예금 금리의 거의 두 배에 이르는 배당금 수입을 획득한 것도 농장의 평균 수익률 상승에 작용했을 것이다.

한편 현준호는 임업개발·조선생명·식산은행·종연방적 등 국책기업이나 일본 재벌기업 혹은 경성방직·화신무역과 같은 조선인 유망기업 이외에, 특히 지방 중소기업의 주식을 상당 부분 소유하고 있었다. 그는 주식을 보유한 여러 지방 기업의 이사로 활동했다.

현준호가 호남은행 대표이자 또한 지방 소재 여러 회사의 이사로 활동한 기업가였지만, 거기에 투자된 자본이 토지에서 동원되었고 또한 자본축적의 근간이 농업 부문이었다는 사실은 일제 시기 자본가의 일반적인 자본축적의 특징을 보여주는 것이다. 즉 당시 현준호와 같은 자본가들은 대개 토지에서 동원된 자본을 기업에 투자하려는 의지를 가지고 있었다. 그러나 이들은 자본을 투자하여 주식을 소유함으로써 비교적 장기적으로 배당금을 기대할 만한 기업이 식민지 조선에 많지 않고, 또한 기업을 직접 경영함으로써 배당금이나 소작료 수입 이상의 순수익을 안정적으로 획득하기 어려운 경제 환경이라고 판단하고 있었다.

현준호가 '조선 공업화'가 한창이던 시기에 산미증식사업의 부활을 당국에 계속 헌책하고 주장했던 것은 이러한 당시의 전반적인 경제 상황, 그리고 그의 주요 물적 토대가 토지인 것과 무관하지 않았다. 그는 1938년 9월 개최된 조선시국대책조사회 제2분과회의에 참석하여 다음과 같이 산미증식계획의 부활을 적극 주장했다.

국가 백년의 대계大計를 세우는 데에 있어서는 무엇보다도 국민의 식량 문제를 중시하지 않으면 안 된다. 우리 제국의 1년 인구 증가는 1백만 명 혹은 1백 2, 30만 명이라고도 말한다. 1년에 1백만 명이 증가한다고 해도 5년, 10년이 되면 기하급수적으로 1천 3백만, 1천 5백만을 헤아리게 된다. 그러나 지금 총독부에서 계획하는 안을 보면 기성답既成畓에 대한 종자 개선을 하든가 혹은 기타의 개선을 가하여 3년간 약 2백만 석의 증식을 도모한다 하더라도 이는 인구 증가에 수반하여 기하급수적으로는 증가하지 않는다. …… 여기에서 고故 시모오카下岡 정무총감을 주억함과 함께 그가 대책으로 수립한 산미증식계획을 부활해야 한다.[68]

그의 주장의 핵심은 바로 간척지·황무지 개간에 있었다. 즉 그는 "적어

---

[68] 조선총독부,《조선총독부시국대책조사회회의록》, 1938, 314~315쪽. 조선시국대책조사회는 조선총독부가 "전진병참기지인 조선의 특수사명에 비추어 시국에 대응하기 위해 긴요한 18가지의 사항에 대해 유효적절한 방책을 자문"하기 위해 개최했다. 현준호는 제2분과회의와 제3분과회의에 참여했는데, 제2분과회의 심의항목 가운데 하나가 "미米의 증산增産에 관한 건"이었다(조선총독부,《조선총독부시국대책조사회회의록》, 1~2쪽, 197~198쪽).

도 1년에 1만 정보 이상의 간척지 또는 황무지를 개간한다면 1반보 당 3석
으로 1년에 약 30만 석을 얻을 수 있다. 이를 10년, 20년의 원대한 계획을
세워서 10년 계획으로 300만 석, 20년 계획으로 600만 석과 같이 적어도
그러한 정도의 계획을 세워서 국민의 인구 증가에 대비해야 한다"고 주장
했다. 그는 자문답신서 문구 작성에 대한 토론에서 "조선에서도 산미증식
을 도모할 필요가 있다고 생각한다"라는 문구를 주장하는 다른 위원들에
대해, 그것은 주저하는 미온적인 분위기를 보인다면서 "속히 산미증식계
획을 수립 실시할 필요가 있다고 생각한다"로 할 것을 강력하게 주장했다.
결국 자문답신서에는 현준호의 주장이 그대로 반영되었다.[69]

이러한 논리는 서호면 간척공사 매립면허원 제출 시에도 그대로 개진되
었다. 그는 매립면허원에 첨부한 〈출원이유 및 지급시공至急施工을 요하는
사유서〉에서 "인구 증가가 1백만 명을 헤아리기에 이르러 재래답의 개량
에 의해서는 항구적 식량 문제를 해결할 수 없음이 자명하다. 최근 더욱 산
미사업 부활책을 강구하지 않으면 안 된다"고 피력했다. 대개 수리조합에
나 주어지는 토지개량자금을 연리 4.7퍼센트의 초저리로 동척으로부터 교
부받은 바 있는 현준호에게, 산미증식사업의 부활은 곧 저리자금 차입을
이용한 토지 구입과 간척사업을 통한 자본축적을 보장했기 때문에 이와
같이 주장했던 것이다.

일제가 군량 조달을 위해 1940년 증미계획, 1942년 증미확충계획과 같
은 미곡증산정책을 시행하면서 학파농장은 국책에 부응하는 대가로 농장
사무원이 징병에서 제외되는 혜택까지 받았다.[70] 당시 조선총독부는 군수

---

[69] 조선총독부,《朝鮮總督府時局對策調查會諮問答申書》, 1938, 333쪽, 153쪽.
[70] 〈위대한 세대의 증언(2)─1932년생 高京錫씨 이야기〉,《월간조선》2003년 12월, 조선일보사. 고경석
은 부친 고재섭高在燮이 고모부인 현준호에게 부탁하여 일제 말기 징용을 피하기 위해 학파농장에
취직했는데, "일제의 식량증산운동의 일환으로 간척지를 개간해 농사를 짓고 있던 학파농장은 요즘

물자의 안정적인 조달 목적으로 군수업체에게 노동력을 지원, 보장하기 위해 당해 사업장 근무 직원과 노동자들에게 징병을 면제해주었다. 이러한 상황에서 현준호에게는 새로운 군수산업에 진출하는 것보다 간척지 개간과 농업 경영이 훨씬 안전한 자본축적 방법이었을 것이다. 그가 "중요 농산물의 증산을 도모하기 위해 필요한 농지의 조성 및 개량에 관한 사업"을 시행하기 위한 목적으로 제령 제34호에 의거하여 설치한 조선농지개량영단에서 조선 총독이 임명하는 평의원으로 활동한 것도 전시기에 그의 투자 관심이 농업 경영과 토지 확대에 있었던 사실과 무관하지 않을 것이다.

5. 현준호의 자본축적 방식

호남 지방의 대표적 자본가인 현준호는 호남은행장, 그리고 전남도시제사·동아고무공업·영암운수창고·경성방직·조선생명보험의 중역으로 활동한 기업가로만 알려져왔다. 그러나 그의 물적 토대의 근간을 이룬, 그의 자본축적 시스템에서 가장 중요한 부분은 학파농장이었다. 현준호의 경제 활동의 축은 1920년에 설립되어 1942년 해산되기까지 은행장으로 있었던 호남은행과 함께 그의 기업 활동의 원천이었던 학파농장이었다. 학파농장은 현기봉이 사망한 1924년 설립되어 1934년 합명회사로 법인화되었다.

학파농장은 그의 주요 자산인 토지와 유가증권의 관리, 그리고 토지간척과 개량을 주요 영업 내용으로 했다. 그는 부친으로부터 토지를 물려받은

으로 치면 일종의 군수사업체였다"고 증언한다.

1920년대 중반부터 대단위 농지를 조성하기 위해 매도와 매입을 통해 경지 정리를 추진했다. 그러나 이러한 방식으로는 대단위 농지 조성이 요원하자 1932년부터 간척사업을 전개했다.

1938년 무렵 현준호의 소유 자산은 부채를 제외한 순자산 약 110만 원 이상의 학파농장과 함께 이와 별개로 소유한 개인 약 62만 원의 개인 명의 순자산으로 이루어져 있었다. 학파농장 자산은 부동산과 유가증권이 대부분을 차지했는데 특히 부동산의 비중이 압도적이었다. 학파농장에 출자하지 않은 현준호 개인 명의 자산도 이와 마찬가지였다.

학파농장은 1935년부터 1939년까지 5년간 평균 수익률이 연 9퍼센트였다. 이는 시중 보통은행의 정기예금 금리 연 4퍼센트의 두 배가 넘는 것이었다. 이와 같이 학파농장의 평균 수익률이 높았던 이유 중의 하나는 토지를 담보로 한 특혜적 금융거래 덕분이었다. 자산의 대부분이 부동산인 학파농장의 주거래 금융기관은 동척이었고, 그 외에 조선신탁과 호남은행이었다. 학파농장의 자본축적 시스템은 부동산을 담보로 동척에서 차입금을 받아 그것으로 토지를 간척 또는 구매하거나 유가증권을 구입하고, 이를 담보로 다시 동척으로부터 차입하여 주로 토지에 재투자하는 시스템이었다. 마찬가지로 조선신탁으로부터 유가증권을 담보로 차입하여 다시 호남은행이나 기업에 투자했다.

또한 학파농장은 동척이나 식산은행에서 방출했던 산미증식토지개량 자금과 같은 저리의 국책자금을 차입함으로써 높은 수익률을 올릴 수 있었다. 이러한 특혜자금을 받을 수 있었던 데에는 단지 '우량 거래처'이기 때문만 아니라, 전남도평의회원(1924~1930)·중추원 참의(1930~1945)로 일제 지배체제와 긴밀한 협력관계를 맺고 있었던 점도 작용했을 것이다.[71]

---

[71] 그는 일제 말기 시국대응전선사상보국연맹 광주지부장(1938~1941), 국민정신총동원전라남도연맹

〈그림 4-5〉 호남은행 목포지점 개점일

현준호는 호남은행의 대표이자 지방 소재 여러 회사의 이사로 활동한 기업가로 알려져왔다. 그러나 자본축적의 근간은 농업 부문이었다. 그의 물적 토대의 근간을 이룬, 즉 자본축적 시스템에서 가장 중요한 부분은 학파농장이었다. 사진은 호남은행 목포지점 개점일 당시의 모습. 앞줄 가운데가 현준호다.

* 출처: 손정연, 《撫松 玄俊鎬》, 전남매일신문사, 1977.

〈그림 4-6〉 호남은행 본점

현준호는 호남은행뿐 아니라 동척과 조선신탁 등 여러 금융기관에서 토지를 담보로 저리의 국책 차입금을 받아 그것으로 토지를 간척 또는 구매하는 방법을 통해 높은 수익률을 올릴 수 있었다. 사진은 1924년 말 신축된 광주 호남은행 본점의 모습.

* 출처: 손정연,《撫松 玄俊鎬》, 전남매일신문사, 1977.

또한 학파농장의 평균 수익률이 높았던 요인으로는 농장형 지주 경영과 농사 개량 등의 요인을 들 수 있다. 그리고 우량 유가증권에 대한 투자를 통해 정기예금 금리의 두 배에 이르는 배당 수익을 올린 것도 평균 수익률 증가에 기여했다.

금융기관으로부터의 차입 시 학파농장 명의로 차입할 경우에는 현준호가 보증을 섰다. 그러나 현준호 명의로 대출할 경우에는 대개 농장 지배인이 보증을 섰다. 예를 들어 1935년경 보증인은 현영재玄永宰와 임경식任京植 두 사람으로 이들의 〈자산신용급상환능력조서〉에는 채무자와 보증인의 관계가 '고용雇傭', '지인知人'으로 기재되어 있다. 현영재는 자산이 7만 900원(부채 4만 7,000원 포함)으로 근린 동업자나 관청에 대한 신용이 확실하고 소작료 수입이 850석에 달하는 중소 지주였다.[72] 임경식은 1910년부터 해남군 계곡면 서기書記로 재직하다가 1915년 사직 후 농업 경영에 투신했다. 이후 자본을 축적하면서 기업 투자에도 나섰다. 목포의 대표적 자본가인 후쿠다福田有造가 경영하는 (주)전남백화점(1930년 설립, 자본금 20만 원)의 감사였고 (주)호남정미(1938년 설립, 자본금 13만 원)의 이사로도 활동했다. 게다가 계곡면협의원, 계곡면금융조합장, 전남도회의원(1933)을 역임한 해남군의 유지였다. 그는 1936년도 〈자산신용급상환능력조서〉에는 '농장 지배인'으로 기재되어 있으며, 자산 8만 3,580원(부채 2만 2,000원)으로 소작료 수입과 대부금, 각종 봉급 수입이 상당했다.[73] 농장 지배인은 농업 경영에 숙련된 지식뿐만 아니라, 금융기관으로부터의 일상적인 대출

이사장·광주대화숙 고문·흥아보국단 준비위원·조선임전보국단 이사(1941) 등으로 활동하며 전시체제에 협력했다(《친일반민족행위진상규명보고서》 IV–19, 401~447쪽 참조).
[72] 〈현영재자산신용급상환능력조서〉(1935. 5).
[73] 〈임경식자산신용급상환능력조서〉(1935, 1936. 10. 24); 민족문제연구소, 〈일제식민통치협력자편람 —국내 편〉('2005년 반민족행위연구사업' 연구결과보고), 2005, 725쪽.

시 보증인이 될 정도의 능력이 있는 자산가여야 했다. 때문에 학파농장의 지배인은 대개 면협의원, 금융조합장 등으로도 활동하는 지역 유지급의 인물이었다.

현준호는 여러 지방 중소기업의 주식을 보유하고 이사로 활동하고 있었지만, 여기에 자신의 많은 자본을 투자하여 직접 경영하려고 하지는 않았다. 그가 토지에서 동원된 자본을 기업에 투자하려는 의지를 가지고 있었음에도 직접 경영에 그렇게 적극적이지 않았던 이유는 지방 중소기업 경영을 통한 이윤이 크지 않았기 때문이었을 것이다. 현준호가 '조선공업화'가 한창이던 시기에 산미증식사업의 부활을 계속 당국에 건의하고 간척사업을 통한 농지 확대와 농업 경영을 자본축적의 길로 삼았던 것은 식민지 말기 지역 자본가의 존재 양상의 한 유형을 보여준다.

5장

申泰和

신태화와 박흥식 | 소공업체의 자영과 공장으로 확대 성장 | 화신상회 설립과 백화점으로의 전환 |
신태화의 경영관과 경제적 조직 활동 | 자본축적의 수준과 그 의미

금은세공업자에서
화신백화점 창업주로
성공한 신태화

1. 신태화와 박흥식

일반적으로 화신백화점하면 대개 박흥식을 연상한다. 그러나 실상 화신
상회를 창립한 이는 신태화이며, 박흥식은 자금 대부를 빌미로 이를 갚지
못하자 대신 차지했던 것이다. 미쓰코시, 조지아, 미나카이 등 일본계 백
화점의 성세를 보면서 백화점사업에 진출하려는 야심을 갖고 있던 박흥
식은 새로 창업하기보다 기존 업체를 인수하는 방법을 선택했고 '화신상
회 매수공작'을 모색했다. 이에 경제공황 때 자금 유동성 위기에 봉착한
신태화에게 자금을 빌려주고 1931년 인수했다. 주식회사체제로 변경한
후에도 3년여 동안 신태화를 회장으로 추대한 것은 화신상회의 전통을 계
승했다는 기업 이미지를 부각시키는 한편 '매수공작'의 소문을 의식하여
이를 무마하려는 의도였을 것이다. 박흥식은 화신상회를 토대로 ㈜화신,
화신연쇄점, 화신무역 등 화신왕국을 건설함으로써 '백화점 왕'으로 불
렸다.

　신태화는 한말~1920년대 격변의 경제상황 속에서 금은세공업계의 '패
왕'이라 불린 신행상회를 남대문통에 설립 경영하고, 이후 백화점의 대명
사로 불린 화신상회를 창립한 인물이다. 그는 1877년 서울 남촌 무반가에
서 독자로 태어났다. 가세가 기울자, 13세 때 종로 은방銀房의 사환으로 취
직하여 집안의 생계를 책임져야 했다. 그가 직공으로 출발하여 자본을 모

〈그림 5-1〉 박흥식과 화신백화점

화신백화점은 조선인 자본에 의해 설립되었던 최초의 백화점으로서 흔히 박흥식을 설립자로 알고 있다. 그러나 화신백화점의 설립자는 신태화이고, 박흥식은 신태화에게 자금을 빌려준 뒤 이를 갚지 못하자 대신 차지한 것이다. 박흥식은 1931년 신태화로부터 인수한 화신상회를 토대로 (주)화신, 화신연쇄점, 화신무역 등 화신왕국을 건설함으로써 '백화점 왕'으로 불렸다. 사진은 박흥식과 1930년대 화신백화점의 모습.

＊출처:《和信五十年史》, 화신산업주식회사, 1977.

아 소공업체를 자영하다가 마침내 공장을 설립·경영하는 과정은 자본축적의 새로운 양상과 경로를 보여주는 대표적 사례. 종래 지주·상인 자본의 제조업 투자나 자본전환에 대한 연구가 주로 이루어져온 반면, 수공업자·기술자 출신의 자본축적 과정에 대한 분석은 많지 않다. 1902년 무렵 중곡염직공소를 설립한 직물업계의 김덕창과 함께, 신태화는 수공업자 출신으로서 기업가로 성장한 사례의 전형이라 할 수 있다. 특히 신태화의 자본축적 과정은 개별 자본가의 경영 활동의 부침이 당시의 경제주기 및 상공업 동향과 어떻게 관련되고 있었는가를 알려준다는 점에서도 중요한 의미를 가진다.

수공업자 출신 자본가로 그 성장이 중도에 좌절된 경우 활용할 수 있는 자료가 많지 않다. 이에 신문광고를 최대한 이용했다. 신행상회 광고는 《황성신문》, 특히 《매일신보》에서 빈번하게 접할 수 있는 광고 가운데 하나였으며, 화신상회는 신행상회 시절보다 빈도는 떨어지나 역시 《매일신보》 및 《동아일보》, 《조선일보》에 많은 광고를 게재했다. 이들 광고와 기타 《경성부관내지적목록京城府管內地籍目錄》(이하 《지적목록地籍目錄》으로 줄임) 등의 자료를 활용해 문헌자료의 공백을 보완하거나 새로운 사실을 유추할 수 있었다. 자본축적 실태를 정확하게 파악하기 위해서는 금융기관 거래에 관한 검토가 필요하다. 그러나 박흥식의 화신 인수자금이 조선식산은행 차입금이라는 사실과 대조적으로 수공업자 출신인 신태화에게는 금융기관으로부터의 대출이 쉽지 않았다. 따라서 금융기관 거래 자체에 접근하기 어렵다는 사실을 밝혀둔다.

〈그림 5-2〉 신태화와 화신상회

신태화는 한말~1920년대 격변의 경제상황 속에서 금은세공업계의 '패왕'이라 불린 신행상회를 남대문통에 설립 경영하고, 이후 백화점의 대명사로 불린 화신상회를 창립한 인물이다. 직공으로 출발하여 자본을 모아 소공업체를 경영하다가 마침내 공장을 설립·경영한 신태화의 모습은 자본축적의 새로운 양상과 경로를 보여주는 대표적 사례다.

* 출처: 〈사업성공자열전―사십년간적공이 유수한 금은상〉,《동아일보》1927년 1월 16일.

2. 소공업체의 자영과 공장으로 확대 성장

직공에서 입신, 소공업체 자영(1895~)

신태화는 1877년 서울 남촌 무반가武班家에서 독자獨子로 태어났다. 한학을 배우다 가세가 기울자 13세 되던 1889년 종로의 김봉기은방金鳳基銀房에 직공으로 취직했다.[1] 13세의 어린 나이로 직공 생활을 시작했으나, 고용살이의 타성에 빠지지 않고 "이미 남의 집에 들어온 이상에는 열심히 배워 가지고 자기도 장차 그 업業을 경영하여 보겠다는 결심"을 했다.[2] 따라서 일을 마친 후에는 제조 방법을 견습하며 나름대로 기술 연구도 했다.

약 7년간 직공으로 일하여 겨우 40원의 자금을 마련할 수 있었다. 그러자, "평생 남의 집 고용살이만 하여서는 도저히 유족한 생활을 한번 못하여 볼 뿐 아니라 장래가 가련케 되리라"는 생각에 마침내 직공 생활을 그만두고 자영에 나섰다. 19세 되던 1895년 동현銅峴(오늘날의 남대문로)에 셋방을 얻고 조그만 풀무 하나를 사서 금은세공에 착수했다.

이는 노동자를 고용하지 않고 자신의 노동력과 기술에 의거하는 가내공업단계의 소공업체였다. 제조 작업장과 판매점이 별도로 분리되어 있는 것이 아니라, 공간 한 편에서 작업하여 이를 한쪽 공간에 진열하여 판매하는 형태였다.

그런데 이 소공업체는 비교적 영업 성적이 좋았던 것 같다. 이 소공업체가 성장하는 데에 중요한 계기가 되었던 것은, 사업을 시작한 첫 해에 갑오

---

[1] 엑쓰생, 〈새 실업가와 새 성공가—最初資金 四十圓으로써 二十萬圓의 富를 致한 바 申泰和君〉, 《반도시론》 2-10, 1918년 10월.

[2] 〈사업성공자열전 15: 金銀商成功 京城 申泰和氏〉, 《동아일보》 1927년 1월 16일.

개혁으로 '전당포취체법'이 발포되면서 이전에 대금업자나 곡물업자들이
겸하던 전당업이 독자적인 영업체로 발달하여 전당포가 다수 설립되었는
데,[3] 여기에서 유질流質되어 나오는 귀금속류를 헐값으로 사들여 세공·판
매함으로써 원료비를 절감하여 많은 이익을 남길 수 있었기 때문이다. 즉
토지문권의 전당이 허용되지 않았던 시기였으므로 전당물은 대개 금은 귀
금속류였는데, 인플레가 심했던 경제 상황이어서 그 유질이 꽤 많았던 것
이다. 그러자 신태화는 직접 전당포를 겸영함으로써 영업에 더욱 유리한
조건을 만들었다. 그는 소공업체의 영업 성적이 좋아 자금 여유가 생기자
어느 시기엔가 전당포 영업을 시작했다. 1908년 신행상회를 창립한 이후
에도 계속 겸영하여, 1912년 3월 결성된 경성전당포조합소의 회원으로 등
재되어 있다.

또한 이 시기 수입품으로 인해 시장을 빼앗겨 위축되거나 몰락하고 있었
던 다른 업종과 달리, 금은 광물 산출이 풍부하여 전통적으로 발달해온 금
은세공업은 수입품의 시장 점유 타격이 별로 없었고 또한 거류 일본인의
주요 업종도 아니었기 때문에 지속적인 발전이 가능했던 것이다. 금은 장
식품은 1920년대에도 "아직까지 조선 사람의 경영으로 세력을 지지支持하
는 상품"이었으며, 또한 "외국에 다수 수출되는 경성의 특산"으로 직물·면
사·견사와 함께 소개되는 물종이었다.[4]

---

[3] 경성전당포조합 편, 《京城典當鋪組合所規約 附細約及組合員名簿》, 1912, 6쪽; 藤戶計太, 《質屋及典當
鋪之研究》, 경성: 大東學會, 1930, 30~33쪽. 《황성신문》 1898~1900년경의 〈雜報〉 및 〈광고〉에는 분실
한 전당표에 관한 내용이 빈번하게 게재되고 있는데, 이는 당시에 그만큼 전당포 이용이 많았음을 반
증하는 것이다.
[4] 國分弘二, 《京城商工名錄》, 경성: 경성상업회의소, 1923, 74쪽 참조; 〈京城各商店陳列窓品評會〉, 《별
건곤》 4, 1927년 2월, 131쪽; 〈경성의 특산〉, 《개벽》 48, 1924년 6월.

공장으로 확대, 신행상회 창립(1908~)

소공업체를 영위한 지 어언 13년 동안에 얼마간의 자본을 축적할 수 있었다. 그러나 이 자금으로는 그가 원하는 공장을 설립하기에 부족했으니 집안의 불행사로 수천 원의 자금을 소모했기 때문이었다. 그가 생각해낸 것은 자신의 기술과 경력을 믿는 자본가와의 동업이었다. 마침내 1908년 11월 자신의 자본금 4천 원과 투자주 자금 4천 원을 합하여[5] 비로소 타인의 노동력을 고용하는 작업장을 갖춘 신행상회를 설립했다.[6]

모든 자료에는 신행상회의 창립일을 1908년 11월로 기재하고 있으나, 실상 신행상회의 창립 연원은 소공업체를 개설한 시기로 봐야 할 것이다.[7] 1928년 화신상회가 40주년 기념으로 3층 건물을 신축하여 백화점 설비를 완비하고 11월 10일부터 사은경품 지급 기념대매출을 대대적으로 실시한 것을 보더라도 소공업체단계인 1898년을 화신상회의 출범시기로 상정했음을 알 수 있다.[8] 실제 신행상회는 그 위치도 소공업체 시기 존재했던 동현 지역에 그대로 설립되었으며, 실상 이 소공업체가 확대 창립되는 경로를 거쳤기 때문이다.

신행상회는 동현 4가 서쪽변 20통 2호에 위치했는데, 이곳은 1914년 부

---

[5] 엑쓰생, 〈새 실업가와 새 성공가─前途多望한 새 실업가 金㤼圭君〉. 같은 자료의 신태화 편에서는 이 때 총재산이 2만 원이었다고 기재하고 있으나, 만약 그렇다면 굳이 자본금 4천 원을 확보하기 위해 김연학과 동업했을까라는 점에서 받아들이기 어렵다.

[6] 〈사업성공자열전 15〉. "그때부터는 비로소 공장을 따로 두고 고용을 쓰게 되어서 경성에서 처음되는 금은상회를 차리게 되었는데 신행상회라고 명칭했다."

[7] 예를 들어 《조선공장명부》에서는 한말~1920년대에 가내공업체로 창립되었다가 1930년대에 공장으로 확대된 업체의 경우, 대개 창립연도로 공장 확장 시기가 아닌 가내공업체 출범 시기를 기재했다. 그런데 신행상회는 투자주와 동업 형태를 취하고, 이후 동업자에게 신행상회가 인계되는 사후 전개로 인해 그 창립 시기가 1908년으로 알려진 것이다.

[8] 〈화신상회발전 사십년기념발매〉, 《중외일보》 1928년 11월 11일; 〈종로화신상회 사십주년기념대매〉, 《매일신보》 1928년 11월 6일.

〈그림 5-3〉 신행상회의 위치

신태화는 1908년 11월 자신의 자본금과 투자주의 자금을 합하여 신행상회를 설립했다. 신행상회는 장곡천정(오늘날의 소공동)에서 남대문통 2정목 대로를 따라 황금정 1, 2정목(오늘날의 을지로 1, 2가)으로 나가는 모서리 길목의 요지에 위치해 있었다.

* 출처: 川合新一郎,《京城府一筆每地形明 細圖》, 京城都市地形圖刊行會, 1929.

제府制 개정 이후에는 남대문통 2정목(오늘날의 남대문로 2가) 150번지로 바뀌었다.[9] 〈그림 5-3〉에 나타나듯 신행상회의 위치는 장곡천정長谷川町(오늘날의 소공동)에서 남대문통 2정목 대로를 따라 황금정 1, 2정목(오늘날의 을지로 1, 2가)으로 나가는 모서리 길목의 요지였다. 남대문통 2정목(평당 160원)은 1911, 1912년도의 경성부내 정동별町洞別 지가地價 조사에 의하면, 남대문통 3정목(180원) 다음으로 경성부내 평당 지가가 가장 비싼 상업 구역이었다. 신행상회가 접하고 있는, 종로에서 남대문을 지나 서울역으로 가는 남대문통 2정목 도로는 1912년 11월 경성시구개수예정계획京城市區改修豫定計劃에 따라 폭 27미터로 1916년까지 확장되었다. 신행상회가 존재했던 오늘날의 남대문로 2가 연변에는 보석상가가 형성되어 그 지역적인 역사적 유래가 지속되고 있음을 알 수 있다.[10]

생산 품목은 각종 기명器皿과 부인용 패물 및 장식품, 은제銀製 문방구 등이었다. 판매 시장은 경성을 위주로 하며 그 외 전라남북도 및 평양이었다. 지방 판매의 경우 지점이나 대리점을 두어 판매하는 방식이 아니라, 지방의 상점이나 고객이 주문하면 소정의 우편료를 받고 소포로 보내는 형태였다.

신행상회의 투자주는 김연학이라는 이였다. 김연학은 신행상회 설립 시 신태화보다 6살 많은 38세의 실업가였다. 그는 도남합명회사圖南合名會社(1902), 경성융흥주식회사京城隆興株式會社(1908)의 주주이자 중역이었으

---

[9] 《황성신문》 1910년 2월 20일~3월 23일 광고; 《매일신보》 1914년 1월 1일 제3, 광고. 모든 광고에는 '남대문통 2정목 150번지'로 나온다. 그런데 1917년경 지적도를 확인해보면 150번지는 없고 150-1번지가 신태화와 김석규金奭圭의 공동 소유로 되어 있다(和田一郎, 《京城府管內地籍目錄》, 1917, 9쪽).

[10] 靑柳南冥, 《新撰京城案內》, 조선연구회, 1913, 62~66쪽; 서울시사편찬위원회, 《洞名沿革考》 II, 1968, 198쪽.

며,[11] 또한 한성어음조합 조합원(1906), 한호농공은행 중역이기도 했다.[12] 사회적 지위를 보면, 1901년 통신사通信司 전화과電話科 주사로 임명되었으나 의원면관依願免官했는데 한말 부상富商·실업가가 명예로 산직散職을 제수받는 것이 일반적이었던 당시 관행에 의한 것으로 보인다. 또한 1910년 ~1912년 종로상업회의소 의원으로 활동했다.[13] 그는 적어도 1890년대부터 이미 경제계에 입문하여 상업·금융계통 회사 설립을 주도하는 등 활발하게 경제 활동을 전개했던 "경성 유수의 실업가"였다.

신태화가 신행상회를 설립한 때는 경제 활동 및 사업에서 아직 특권적 배경이 주요한 변수였던 시대 상황이었으므로, 김연학의 자본력뿐만 아니라 "한성 사교계 귀신사貴紳士"[14]로 알려진 그 사회적 영향력도 중요하게 고려했을 것이다. 신행상회에 관한 신태화와 김연학의 관계는 각기 4천 원씩 투자했으므로 동업자관계였다. 그러나 앞에서 서술했듯이, 신행상회는 신태화의 소공업체가 확대창립된 것이고 또한 금은세공업계에서 약 20년의 기술과 연륜을 쌓은 신태화가 제조와 경영을 주도했으므로 엄밀히 말하면 김연학은 투자주였다. 《매일신보》의 신행상회 광고는 경영주를 기명한 경우도 있고 그렇지 않은 경우도 있는데, 1915년 상반기까지의 기명 광

---

[11] 도남주식회사는 남대문시장과 이현시장梨峴市場의 잡화상들이 1902년경 합명회사로 설립한 것으로 자본 부족으로 경영이 여의치 않자, 김연학과 미곡객주 윤정석 등의 자본을 유치하여 자본금 10만 원의 주식회사체제로 전환하고 내외국잡화를 직수입 판매했다(〈圖南擴張〉,《황성신문》 1908년 5월 1일). 경성융흥주식회사(자본금 100만 원)는 1908년 9월경 서울 재계의 일류 실업가인 백완혁·김한규·김시현·김용태金溶泰 등이 공장 상점을 건축해서 임대하고 자금을 대부해주는 금융업 일반을 영업 목적으로 설립한 것이다(靑柳南冥,《新撰京城案內》, 253쪽; 〈隆熙會社開業〉,《황성신문》 1908년 7월 22일; 〈隆熙會社總會〉,《황성신문》 1908년 9월 22일; 〈제6회 상반기 대차대조표〉,《매일신보》 1911년 7월 26일 광고; 張在洽,《조선인회사대상점사전》, 부업세계사, 1927, 63쪽).

[12] 그는 1909년에는 대한천일은행의 증자주식增資株式(130주, 1625원)을 취득하기도 했다(《황성신문》 1906년 7월 17일 광고; 牧山耕藏,《朝鮮紳士名鑑》, 일한인쇄주식회사, 1911, 208쪽; 이승렬, 〈韓末·日帝初期 大韓天一銀行 硏究〉, 연세대학교 박사학위논문, 2003, 188쪽).

[13] 牧山耕藏,《朝鮮紳士名鑑》, 311쪽; 〈회의소역원 선거〉,《매일신보》 1912년 3월 27일. 1910년에 경성 상업회의소 의원인 여러 실업가들과 함께 일본 관광단으로 일본을 시찰하고, 아울러 경성에 온 도쿄 관광단을 환영하는 등의 활동이 눈에 띈다(《매일신보》 1910년 10월 8일 3면 광고).

[14] 〈한성의 사교계〉,《매일신보》 1914년 1월 1일 제4.

고는 모두 신행상회의 "주임", "주무主務" 혹은 "주主"로 신태화만 명시했
다. 김연학을 경영주로 표기한 자료는 《경성상공업조사》(1913)뿐이었다.

신행상회의 경쟁업체들과 업계 제패

1910년대 초 신행상회는 서울의 대표적 공장으로 알려져 있었다. 1913년
3월 발행한 《신찬경성안내》에는 경성 지역 자본금 1만 원 이상의 조선인
공장으로 모든 업종을 망라하여 7개 업체가 열거되어 있다. 그것은 중곡염
직공소(1904년 창립, 자본금 1만 80원), 경성직뉴주식회사(1909년 합명회사
→1911년 주식회사, 10만 원), 분원자기주식회사(1911, 4만 원), 조선제지합자
회사(1912, 12만 원), 한성미술품제작소, 경성미술관(=조선금은미술관), 그리
고 신행상회였다.[15]

　1910년대 초 금은세공업계의 현황을 보면, 서울의 금은세공업자는
140~150호의 다수를 헤아렸는데 대부분 종로 부근에서 영업하고 있었다.
그런데 이름이 알려진 세공업자라도 그 영업규모는 아직 작아서 유력한
세공업자들조차 1년 수익이 약 1천 원을 넘지 않는 상황이었다.

〈표 5-1〉 1910년대 초 금은세공업 공장 현황

연도		공장수	자본금 (원圓)	종업자수			기관수	마력	생산품가액 (원圓)
				일본인	조선인	합계			
1911	일본								
	조선	3	85,000	기技 7, 직職 4	기技 4, 직職 174	189	2	8	111,533
	합계	3	85,000	11	178	189	2	8	111,533

[15] 靑柳南冥, 《新撰京城案內》, 366~367쪽. 공장명이 "금은공장"으로만 기재되어 있으나 공장 위치가
"남부 동현"인 것으로 보아 신행상회임을 알 수 있다.

1912	일본	1	300	기 1, 직 2	기 0, 직 1	4	1	3	2,000
	조선	5	85,450	기 5, 직 8	기 6, 직 152	171	2	8	94,213
	합계	6	85,750	기 6, 직 10	기 6, 직 153	175	3	11	96,213

＊출처: 조선총독부, 《조선총독부통계연보》, 1911, 1912년판.
＊비고: 공장 기준은 종업자 10인 이상 사용하며 원동력을 사용하는 공장임.
　　　종업자수에서 '기技 7, 직職 4'는 기술자 4명, 직공 4명을 뜻함.

　　그리고 민족별로 구분해보면 일본인 금은세공업체가 몇 개 있었으나 매우 영세하여 업계 내에서의 비중은 미미했다. 〈표 5-1〉에서 보듯이 '종업자 10인 이상이며 원동력 사용' 기준의 공장은 1911년에 조선인 경영 업체가 3개인 반면, 일본인 업체는 전혀 없었다. 1912년도에는 조선인 업체가 3개인 데 비해, 일본인 업체는 1개로 총직공 수에서 2.2퍼센트, 총생산 가액에서 2.0퍼센트밖에 되지 않아 그 비중은 극히 미미했다. 1919년 12월 조사 《경성상공회의소월보》(1920년 5월호)에 의하면 한말~1910년대 초에 창립되어 1919년까지 존속한 일본인 금은세공업체로는 1905년 창립된 다카키금세공소(주: 다카키 이사무, 본정)와 1908년 창립된 도바시금광당(주: 도바시 시이마츠土橋珍松, 본정)이 있었다. 그런데 두 업체는 창립 후 11~14년이 경과한 1919년 시점에서도 지본금 4500원·5500원, 공장평수 4평·10평, 직공 수 7명·5명(견습공, 유년공 포함)인 것으로 보아 초창기의 영세함을 짐작할 수 있다. 따라서 금속공업 가운데에서도 금은세공업은 철공업과 달리 조선인의 비중이 압도적이었으니, 조선인 금은세공업계 내의 비중이 곧 전체 금은세공업계의 비중이라고 해도 무방할 정도였다.

　　1910년대 초 금은세공업계에서 비교적 영업 규모가 크고 미술 공예품 제조에 종사한 업체는 신행상회와 한성미술품제작소, 조선금은미술관이었다. 즉 신행상회의 주요 경쟁업체는 한성미술품제작소와 조선금은미술관이었다.

한성미술품제작소는 〈표 5-2〉에서 보듯이 1908년 10월 창립되었다.[16] 처음 이봉래李鳳來·백완혁·이건혁李健㷛·김시현이 발기하고 송병준 자작이 고문으로 참가하여 경영했다. 결손이 누적되자 1911년부터 이왕직李王職에서 매년 1만 원씩 보조하다가, 1913년 6월 이후 각종 물품 조달과 재원 마련을 위한 부속사업으로 직영하면서 업체 명칭도 '이왕직소관미술품제작소'로 바꾸었다. 따라서 판로는 주로 이왕직, 관아, 은행, 회사 등이었고 그 외 일반인에 대한 주문 판매도 했다. 판로가 어느 정도 보장되어 있었으므로 신행상회나 조선금은미술관보다 생산고 대비 판매고 비율이 훨씬 높았다.[17]

영업 과목은 금공金工(금은세공·주로鑄爐·도금鍍金·철공) 이외에 염직(견직물·염색·자수), 제묵製墨(묵墨·건축용 묵즙墨汁), 석공(옥석소세공玉石小細工·건축장식용재建築裝飾用材), 목공(지물각종指物各種) 등이었다. 그러나 이후 자기·칠공 부문도 영업 과목에 추가되었다. 따라서 1911년도를 기준으로 총자본금 4만 원 가운데 금은세공 부문의 자본금은, 한성미술품제작소의 주력이 금은세공·염직이라는 점을 감안하더라도,[18] 1~2만 원이라고 봐야 할 것이다. 그런데 1920년에 이왕직 직원의 금전 소모로 자본금 일부가 결손되어 유동자금이 부족하고, 또한 판매가 부진한 문제 등으로 결국 1922년 8월 민간에 매각되었다. 이후 자본금 100만 원(초기 불입금 43만 7,500원)의

---

[16] 《통계연보》 1911, 1912년판에는 창립 연도가 1909년 9월이라고 기재되어 있으나, 《통계연보》 1913, 1914, 1915년판과 《경성상공업조사》에는 1918년 10월로 되어 있다.

[17] 《경성상공업조사》 34~35쪽을 보면 1911년도 금은세공 부문 생산액이 총 4만 7,315원인데 판매액은 4만 809원으로 86.2퍼센트가 판매된 셈이었다. 이는 조선금은미술관의 생산액(3,000원) 대비 판매액 (1,237원) 비율 41.2퍼센트, 신행상회의 생산액(1만 5,000원) 대비 판매액(1만 80원) 비율 67.2퍼센트에 비해 매우 높은 비율이었다(〈표 5-2〉, 〈표 5-3〉, 〈표 5-4〉 참조).

[18] 〈표 5-2〉를 보면 1913년도 생산액 가운데 금은기金銀器가 1만 9,978원으로 가장 많고 직물이 4,190원으로 그 다음이다. 주조물의 생산액은 그보다 적고 필묵·석기의 생산액 비중은 미미하다.

〈표 5-2〉 한성미술품제작소의 현황

위치	창립시기	자본금(원)	건평(평)	직공수	생산품	생산액(원四)	기관수/마력수	취업일수	출전
서부 황토현 黃土峴	1909.9	100,000	370	기技9, 일직日職 1, 조직朝職 107		60,000		312	통계연보(1910)
신교통 新橋通	1909.9	40,000	1,273	140(기술자8, 일3, 129)		70,693		336	통계연보(1911)
서부 광화문통	1909.10	40,000	566	103(기술자7,일 8,15+73)		51,885	1/3	335	통계연보(1912)
신교통	1908.10			64(조61, 일3)	화병 156 향로 119 배류盃類 442 은잡기銀雜器 2,912 금잡기金雜器 48	10,732 3,581 3,190 27,282 2,530 총 47,315 (판매고40,809)			경성상공업조사(1913)
서부 황토현		40,000		108		52,000			신찬경성안내(1913.3)
광화문통	1908.10	50,000	586	99(일4,조69, 여공14,유년공8, 여성유년공4)	금은기金銀器 3189개 주조물 1,623 직물 1,175반反 필묵 5,318개 석기 42	19,978 1,660 4,190 607 70	1/3		통계연보(1913)
태평통1정목	1908.10	50,000	506	100(일14,조86)	귀금속류 16,985개 직물 및 자수 1,415점 제묵 및 필筆 18,781동同 석공 및 잡공 58동	31,530 6,592 3,694 2,088	1/5		통계연보(1914)
태평통1정목	1908.10	50,000	617	137(일19, 조유년공8,견습13, 유년견습6, 조91)	금은동제품 직물자수 묵필 칠공漆工 및 석공품	72,044 8,213 7,111 5,008	1/5		통계연보(1915)
태평통1-63	1913.8	1,000,000	255	153(일27,조126)	금은기 7,212 주물 10,667 칠기기타 77,445	25,639 11,711 19,065	전력 1/5	306	경성공장표(1922.12월조사)
태평통1-63						1931년도 영업세액 64.24원			경성상공명록(1930)
태평통1정목	1922.8			A급	기류器類				공장명부(1932)
태평통1정목64				B급	기류				상동(1938)

조·일 합작 주식회사체제로 개편되었다.[19]

〈표 5-3〉조선금은미술관의 현황

위치	창립시기	자본금 (원圓)	건평	직공수 (명名)	생산품 (개個)	생산액 (원圓)	기관수/ 마력수	취업 일수	출전
중부 장교長橋	1911.9	30,000	20	26(일직日職 1, 조직朝職 25)		10,840		326	통계연보 (1911)
중부 장교	1911.9	30,000	30	24(기技1, 조직 朝職23)		10,800		326	통계연보 (1912)
중부 장교		30,000		25		10,000			신찬경성 안내 (1913.3)
중부 장교	1911.10			30	화병 20, 남녀장식품 400, 주준酒罇 5, 주도찬정周饗餐鼎 3, 주배酒盃 200, 조선약 기朝鮮藥器 4	3,000 (판매고 1,237)			경성상공 업조사 (1913.3)
중부 장통방	1911.9	15,000	30	9	금은세공 5,802	17,034			통계연보 (1913)

* 비고: 일직日職은 일본인 직공, 조직朝職은 조선인 직공, 기技는 기술자임.

한편 〈표 5-3〉에 보듯이 광산업을 하고 있던 이상필李相㢼이 1911년 9월 자본금 3만 원으로 장교長橋에 설립한 조선금은미술관은 당시 금은세공업계에서는 가장 큰 규모로 '제품진열소'(상점)를 종로에 별도로 두었다. 그는 미국에서 육군대학을 졸업하고[20] 돌아온 후 실업계에 투신하여 두각을 나타냈던 이다. 1910년대에는 한일은행 주주였으며, 종로상업회의소 특별의원·시장조합柴場組合 전무·시정오년기념조선물산공진회 발기인으로도 활동했고,[21] 1920년대에는 잡화 판매상점인 대복양행戴福洋行과 맨포드스

[19] 《조선은행회사조합요록》(1923), 86~87쪽. 주식회사조선미술품제작소의 창립 초기 경영진은 조진태(사장), 무라이 분타로村井文太郎(전무), 백완혁·도미타 기사쿠富田義作·진전마進展馬·김한규·이병학(이사), 가타오카 사부로片岡介三郎·한천석韓天錫(감사역), 가네코 도시오金子俊雄였다.

[20] 《조선인회사대상점사전》, 97쪽. 그는 경성서양구락부의 회원이기도 했다.

[21] 石原留吉, 《京城案内》, 179~181쪽; 三浦虎平, 《경성협찬회보고》, 京城協贊會殘務取扱所, 1916, 2쪽.

상회를 경영했다.[22] 조선금은미술관은 영업 부진으로 1914년 3월 무렵 폐업되고 말았다. 그 재고 상품 전부를 인수한 곳은 바로 신행상회였다. 신행상회는 1914년 4~7월 기간 조선금은미술관으로부터 인수한 상품을 특별염가 방매한다고 광고하기도 했다.

결국 1908년 후반~1911년에 설립된 금은세공업계의 상위 3개 업체 가운데 확대 성장하며 지속적으로 존립했던 것은 신행상회였다. 이러한 확대성장의 일면은 다른 업체와 비교하여 자본액 대비 높은 생산액에서도 나타난다. 즉 〈표 5-3〉과 〈표 5-4〉에서 1911년도 투하자본 대비 생산액을 보면 조선금은미술관은 자본금 3만 원 대비 생산액이 1만 840원인 데 비해, 신행상회는 자본금 1만 5천 원 대비 생산액 3만 원으로 신행상회의 생산액이 매우 컸다.

신행상회가 초창기에 다른 경쟁업체보다 자본이나 판로, 그리고 경영진의 정치사회적 배경 등에서 오히려 열세였으나 빠른 기간에 이들을 추월하여 업계 선두를 점할 수 있었던 것은 신태화의 오랜 기술 축적과 경영 능력 덕택이었다. 특히 금은세공업이라는 업종의 특성상 고도의 축적된 기술이 무엇보다 중요한데, 신태화의 기술은 수차례 수상受賞 경력으로 알 수 있듯이 업계나 고객으로부터 인정받고 있었다.

신태화는 신행상회 창립 이전인 1907년 경성박람회에 출품하여 은패를 수상했다. 1913년 동경에서 개최된 척식박람회에도 출품하여 은패를 수상했으며, 이후에도 1915년 가을 열린 조선물산공진회 때에도 금속 및 옥석

그는 1925년 무렵에는 경성도시계획연구회의 평의원이기도 했다(靑柳綱太郎, 《대경성》, 조선연구회, 1925, 17쪽).

[22] 〈세계의 商戰에 참가할만한 조선수출물〉 중 〈戴福洋行 李相兩談〉, 《개벽》 34, 1923년 4월; 《조선인회사대상점사전》, 97쪽. 맨포드스상회는 1923년 11월 자본금 20만 원으로 설립하여 직물·모포·모사毛絲·화장품 등 수입품을 직수입 판매했다.

제품玉石製品 부문에 신행상회와 김석규(김연학의 아들)의 명의로 각기 출품하여, 김석규가 조동화병鳥銅花瓶으로 금패를 수상했다. 각기 출품했던 것은 입상의 기회를 높이기 위한 방법이었던 것 같은데, 김석규의 수상은 곧 신행상회의 기술력에 의한 것이었다. 동업관계를 해제하고 신행상회를 김석규에게 양도한 이후인 1918년 6월 경성금은세공상조합에서 개최한 제작품평회에서는 신태화가 김석규와 함께 1등을 수상했다. 1921년 5월에 열린 경성생산품품평회에서도 신태화의 화신상회는 동양염직주식회사와 함께 1등을 공동 수상했는데, 김석규의 신행상회는 다른 4개 업체와 함께 2등을 공동 수상했다.

반면 이상필은 자본력은 있었지만 이 업종에 관해 문외한이었으므로 2년 6개월 만에 폐업하지 않을 수 없었으며, 또한 어용물품 조달기관 성격이 강한 한성미술품제작소도 개인기업에 비해 비효율적인 방만한 운영으로 결국 매각되고 말았던 것이다.

신행상회의 성장 추이와 분립

신행상회의 시기별 확대 성장 현황을 〈표 5-4〉를 기초로 살펴보자. 먼저 자본금은 창립 당시 8천 원이었으나 1911년경 1만 5천 원으로 1.8배 정도 성장했다. 1916년 이후 성장세의 폭이 가장 커 1919년 12월 조사에서는 14만 원이었다. 그런데 1918년 10월경 자료에서 신행상회의 자본금이 10만 원 이상에 달했다고 하는 것으로 보아,[23] 이미 1918년 이전에 10만 원

---

[23] 엑쓰생, 〈새 실업가와 새 성공가―前途多望한 새 실업가 金㷦圭君〉. "동상회同商會의 자초自初 자본금이 8천 원에 불과하던 바 연연年年히 증자한 결과 금일에 지至하야는 총자본금이 10만 원 이상에 달하얏다."

이상이었던 것 같다.

상점 면적(건평)을 보더라도 1910년경 10평, 1911~1915년간 20평이었는데 1919년경 조사 자료에서는 40평인 것으로 보아, 1916년 이후 상점 혹은 작업장의 확장세가 두드러졌음을 알 수 있다. 신행상회 소재지인 남대문통 2정목 150-1번지는 1917년판《지적목록》에 의하면 신태화와 김석규의 공동 소유로 되어 있는데,[24] 이곳은 대지 25평으로 그 건평이 〈표 5-4〉의 공장평수 20평이었을 것이다.

〈표 5-4〉 신행상회의 현황

위치 (공장주)	창립시기	자본금	직공수	건평	생산품	생산액	기관수/마력수	취업일수	출전
남부 공동公洞	1909.12	9,500	기술자 1, 직공 10	10		18,000		312	통계연보 (1910)
남부 동현	1908.11	15,000	기술자 3, 직공 20	20		30,000		341	통계연보 (1911)
	1908.11	15,000	기술자 3, 직공 20	20		30,000	1 / 5	340	통계연보 (1912)
남부 동현		15,000	20			30,000			신찬경성 안내 (1913.3)
남부 동현	1908.11		조선인 20		은제반상용 銀製盤床用 375	3,750			경성상 공업조사 (1913.3)
					은제주배 銀製酒盃 350	2,800			
					은제문방구 銀製文房具 100	3,750			
					은제다용구 銀製茶用具 50	1,900			
					은제주전자 70	2,800			
						총 15,000 (판매 10,080)			
	1908.11	15,000	직공 20, 유년공 1, 유년견습 1	20	은세공품	30,000			통계연보 (1913)

[24] 《경성부관내지적목록》, 1917, 9쪽; 〈표 5-7〉 참조. 이 150-1번지의 소유는 당초에는 신태화와 김연학의 공동 소유였을 것이나, 김연학의 아들 김석규가 가업을 계승한 1915년경 이후 김석규와의 공동 소유로 변경되었을 것이다.

남대문통 2정목	1908.11	10,000	조선인 11	20	은세공품	15,000			통계연보 (1914)
남대문통 2정목	1908.11	15,000	조선인 33	11	금은세공	30,000			통계연보 (1915)
(김석규)	1908.11	14만 원	남공男工 20, 남자 견습 10	40	은배 기타 15,500 금반지 1,100 기타잡종 50,000 총62,300	26,200 26,100 10,000		365	경성공장표 (1919.12 조사)
지점: 종로통 2-5 (이수봉)	1917. 3	1만 원	남공 5	6	목걸이 2,800 반지 6,450 식기 250 패물품 200 총 24,600	7,600 11,500 3,500 2,000			경성공장표 (1919.12 조사)
남대문통 2-150 (김석규)	1908.11	10,000	15	110	은주전자 40 은배 200 순금비녀 40 순금반지 500 기타각종 30,000 총 75,200	1,600 1,600 2,000 10,000 60,000	공압空壓, 1/5, 목탄 500관	345	경성공장표 (1920년 조사)
지점: 종로통 2-5 (이수봉)	1917.3	70,000	남공 4	6	금목걸이 120 금반지 250 은목걸이 150 은그릇 150 은패물 120 금반지 4,000 총 15,000	2,400 4,000 1,500 1,800 2,100 3,200	목탄 77관	270	경성공장표 (1920년 조사)
남대문통 2-150 (김석규)	1908.11	80,000	조선인 18	75	은주전자 100 은배 300 은,순금 각종 22,000 총 96,700	4,000 2,700 90,000	목탄 500관	353	경성공장표 (1922.12 조사)

* 비고: 《조선총독부통계연보》 1910년판의 창립연도와 1915년판의 건평 11평은 오기誤記로 보인다.

처음에는 이 20평의 공간에 공장과 상점이 함께 있었는데 사업이 번창하면서j269 김연학이 바로 옆의 149-1번지 대지(14평)를 구입하여 상점을 확대했다(《그림 5-3》 참조).[25] 이후 141-1번지(22평)를 신태화 명의로, 그리고 그에 접해 있는 142-1번지(21평)를 김연학 명의로 구입했는데, 이는 《그림 5-3》에 보듯 상점과 얼마간 거리가 떨어져 있기에 공장 및 창고로

---

[25] 《경성부관내지적목록》, 1917, 9쪽 참조. 《그림 5-3》에는 141-1번지와 142-1번지가 없고 141, 142번지만 있는데 《지형명세도地形明細圖》가 제작된 1929년 무렵에는 여기에 합번合番된 것으로 보인다. 왜냐하면 《경성부관내지적목록》(1927), 181쪽에도 141-1, 142-1번지는 존재하지 않기 때문이다.

사용했을 것으로 보인다.[26] 비로소 판매상점(150-1번지 및 149-1번지)과 제
조공장(141-1번지 및 142-1번지)의 분리가 이루어졌던 것이다.

직공수는 〈표 5-4〉에 나타나듯 창립 초 10명 정도였으나 1911년 이후
20~33명이었다. 1911년 6월과 1914년 8월 광고에 "공장工匠 삼사십명 고
빙雇聘"이 연속 게재되었는데, 광고와 같이 30~40명을 신규채용하지는 않
았으나 직공수가 이 시기 이후 상당히 증가했음을 알 수 있다.

생산액은 〈표 5-4〉에 나타나듯 1910년 1만 8천 원에서 1911년 3만 원으
로 증가했고, 1912~1915년 기간 이 추세를 유지하다가, 1916~1919년 기
간 어느 시기에 6만여 원으로 증가했다.

이상에서 자본금은 1911년과 1916~1918년, 상점의 건물 면적은 1911
년과 1916~1918년, 직공 수는 대개 1911년 하반기와 1914년 하반기 이후,
생산액은 1911년과 1916~1917년에 증가했음을 알 수 있다. 따라서 신행
상회의 역사를 경영 주도권의 향방을 참고하여, 성장 추세를 기준으로 몇
시기로 나눈다면 1기: 1908년 11월~1910년, 2기: 1911~1915년, 3기:
1916~1918년 3월, 4기: 1918년 4월~1920년대 말 1930년대 초 폐업까지
로 시기 구분할 수 있을 것이다.

1기는 창립 직후라 공상의 틀을 갖추며 내실 경영에 주력했던 시기다.
1911년을 계기로 한 2기에 들어서 자본금이 증가했고, 따라서 상점의 면
적이 확장되었으며, 직공수와 생산액도 전년도 대비 거의 1.6~2배 정도로
증가했다. 이러한 영업 호조로, 1914년 3~7월경에는 경쟁업체였던 조선
금은미술관이 문을 닫으면서 남긴 재고상품을 전량 인수하여 특별 염가판
매하기도 했다. 1기와 2기에는 투자주 김연학이 거의 경영에 관계하지 않
았으며, 신행상회의 성장을 주도했던 이는 신태화였다.

---

[26] 화신상회도 상점은 종로 2정목에, 공장은 인근 인사동에 있었다.

　3기는 신행상회의 성장세가 가장 두드러졌던 시기다. 이 시기 짧은 기간에 상당한 자본축적을 이룰 수 있었던 것은 1차 세계대전으로 인한 전쟁 호황의 경제 흐름을 탈 수 있었기 때문이다. 이 시기 경제 상황을 보면 물가 등귀가 극심했는데 특히 쌀값 등귀가 "희유稀有의 현상"이라 할 정도였다. 이러한 물가 및 곡가 등귀는 도시 서민, 월급 생활자에게는 가혹한 생활난을 초래했으나 지주 및 제조업자에게는 그 산출재로써 폭리를 취하여 자본을 축적할 기회로 작용했다. 특히 제조업자에게 있어, 1916·1917년의 풍작으로 인해 더욱 여유자금을 가지게 된 지주층이나 농민층의 구매력 제고는 유리한 사업 환경을 조성했다. 더구나 일본의 과잉 자본이 조선 내로 유입되면서 정화正貨가 팽창되어 새로 창업하거나 기존 사업을 확대하는 데에 매우 고무적인 금융 여건을 마련해주었다.[27] 이러한 경제 상황으로 업종의 특성상 민감하게 경기의 영향을 받는 금은세공업계 그리고 신행상회도 유례없는 영업 성적을 거둘 수 있었던 것이다.

　호황 경기를 타고 신행상회는 1915년 중반 이후 공격적인 경영과 사업 확장에 나섰다. 이러한 사업 확장 분위기는 《매일신보》 1915년 8월 22일자의 광고부터 "대확장 신행상회 제반물품諸般物品 정가正價를 염가廉價로 개정함"이라고 연속 광고하는 데에서도 충분히 감지할 수 있다. 아마도 이 무렵에 또 한 번 상점 및 공장의 확장이 이루어졌던 것으로 보인다. 또한 조선인 상권의 중심인 종로통(2정목町目 5번지)에 지점을 설치했다. 지점 설치 사실을 처음 확인할 수 있는 것은 〈그림 5-4〉 ①에서 보듯이 1915년 11월 13일자 광고인데, 12월 14일과 16일에는 〈그림 5-4〉 ②, ③과 같이 지

27 〈조선경제계의 현황 及 물가문제〉; 三島 鮮銀理事 談, 〈新事業의 발흥〉, 《매일신보》 1917년 2월 27일; 靑柳綱太郎, 《大京城》, 42쪽. 1910년대 중·후반에 조선인 공장의 창립과 확장이 주목할 만한 경제 현상이었음은 오미일, 《한국근대자본가연구》, 서울: 한울, 2002, 73~93쪽 참조.

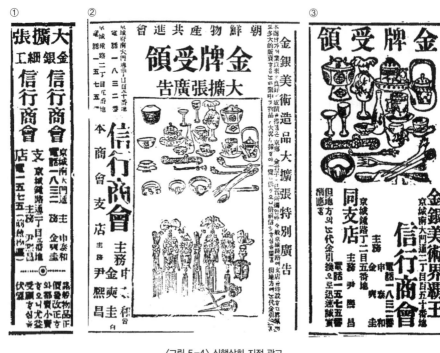

〈그림 5-4〉 신행상회 지점 광고

신행상회는 1차 세계대전으로 인한 전쟁 호황 경기를 타고 1915년 중반 이후 지점을 설치하는 등 공격적인 경영과 사업 확장에 나섰다. 지점 설치 사실은 《매일신보》 1915년 11월 13일자 광고(①)에서 처음 확인할 수 있다. 12월 14일(②)과 16일(③)에는 지점 설치와 대확장을 알리는 특별 광고까지 게재했다.

＊ 출처: ①《매일신보》 1915년 11월 13일, 12월 4일, 12월 5일, 12월 26일~.
　　　　②《매일신보》 1915년 12월 14일, 16일.
　　　　③《매일신보》 1916년 3월 9일, 3월 25일, 3월 28일~.

점 설치, 대확장을 알리는 특별 광고를 게재했다.

이러한 공격적 경영을 주도한 이는 신태화와 함께 투자주 김연학의 아들 김석규였다. 종래 김연학은 투자주로서 경영에는 관계하지 않았으나, 김석규는 달랐다. 그는 휘문고등보통학교를 졸업한 후 실업계에 뜻을 두고 가업을 계승하면서, 1915년 하반기 이래 신행상회의 경영에 적극 개입했다.[28] 종래 경영주 기명 광고에서 항상 신태화만 명시되었는데, 1915년 8월 22일자 이후 모든 광고에 신태화와 김석규가 함께 명시된 것으로 보아 1915년 하반기 이후 동업자로서의 권한을 적극 행사했음을 알 수 있다(〈그림 5-4〉 참조).

그런데 사업 확장과 김석규의 경영 참여가 비슷한 시기에 함께 시작되었다는 점에서 사업 확장을 특히 주도했던 이는 김석규라고 생각한다. 투자주가 아닌 경영주로서의 권한을 주도적으로 행사하기 위해서라도 그는 사업 확장 추진에 적극적이었을 것이며, 특히 추가 투자자금의 다수를 그가 조달했던 것으로 보인다. 사업 확장 이후 1년이 지난 1916년 8월 신태화가 한일은행으로부터 1만 8천 원을 대출했는데, 이는 증자분에서 자신의 몫을 이때 김석규에게 지불한 것으로 생각된다.[29]

김석규의 경영 개입은 종래 경영권을 전적으로 주도해왔던 신태화와 사업 방식을 둘러싸고 상당한 마찰을 일으켰을 것이다. 신태화의 입장에서 볼 때 자신이 처음 창립했고 평생 일구어온 사업체에 투자주 김연학 본인도 아닌, 그 아들 김석규와의 동업은 탐탁지 않을 수밖에 없었다. 결국 신태화는 〈그림 5-5〉에서 보듯이 1918년 3월경 10년간의 동업을 해제하고

---

[28] 엑쓰생, 〈새 실업가와 새 성공가―前途多望한 새 실업가 金奭圭君〉. "同商會(신행상회: 필자)의 주인공이 되어 천재적 실무수완을 발휘하는 바 금일일너라".
[29] 주식회사한일은행, 《貸出에 關하난 取締役會決議錄》(一), 7쪽. 신태화가 발행하고 김석규가 이서裏書한 약속어음을 할인 대출한 것으로 보아 김석규에게 지불한 것이다.

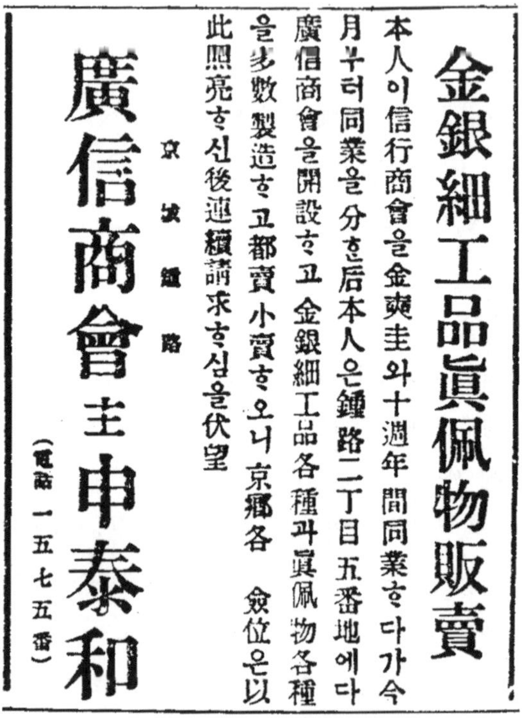

〈그림 5-5〉 신태화와 김석규의 동업 해제 광고

1915년 중반 이후 신행상회의 공격적 경영을 주도한 이는 신태화와 투자주 김연학의 아들 김석규였다. 그러나 김석규의 경영 개입은 종래 경영권을 전적으로 주도해왔던 신태화와의 갈등으로 이어졌다. 신태화의 입장에서는 자신이 창립하고 일구어온 사업체에 투자주 김연학도 아닌 그의 아들 김석규가 개입하는 것이 탐탁지 않을 수밖에 없었다. 결국 신태화는 1918년 3월경 10년간의 동업을 해제하고 김석규와 결별했다.

* 출처:《매일신보》1918년 3월 23일 광고.

김석규와 결별했다. 신태화는 종로지점을 인계하여 분리해나갔다.[30] 결국은 남대문 본점은 김석규, 그리고 종로지점은 신태화가 분리 소유하게 된 것이다.

따라서 4기는 신행상회의 경영이 김석규에 의해 독자적으로 이루어졌던 시기다. 그러나 신태화가 존재하지 않는 신행상회의 번영은 그리 오래 지속될 수 없었다. 김석규는 신태화가 분리해나간 후 초기에는 본점의 확대 경영에 주력했다.[31] 그러다가 1918년 12월경 종로 2정목 5-1번지 금은세공상 삼창상회三昌商會를 인수하여 다시 지점을 설치했다. 그런데 이 종로지점은 그 주무로 종전 삼창상회의 경영주(=주무)였던 이수봉李壽鳳(금은계金銀系)과 권성연權性淵(진패물계眞佩物系)을 그대로 기용한 것으로 보아 흡수합병 형태가 아니라 양자 간의 합의에 의한 전략적인 제휴로서 지점관계를 설정한 것이 아닌가 생각된다. 〈표 5-4〉에 보듯 삼창상회(지점: 종로통 2-5)는 1919년경 자본금 1만 원, 직공 4~5명 규모로 영세했었는데, 바로 옆에 새로 설립된 화신상회와의 경쟁으로 곤란을 겪자 신행상회 지점으로 전환함으로써 경영 난관을 돌파하려 했던 것으로 보인다. 화신상회 바로 옆에 지점을 재설치함으로써 신태화와 경쟁하려는 의도였을 것이다.

그러나 이러한 공격적 경영이 호황이었던 3기에는 도약 성장하는 좋은 결과를 가져올 수 있었지만, 1919년 중반 이후 공황으로 미가가 폭락하고 금융권이 자금을 회수하는 등 경성 상업계가 침체하면서 4기에는 위기로

---

[30] 신태화가 종로지점을 인수해 나가는 형식으로 동업관계를 해제했음은 1918년 1월 광고에 나오던 지점이 1918년 3월 철폐되었다고 하는 데에서 알 수 있다. 또한 신태화가 새로 설립한 화신상회 전화번호가 종전 신행상회 종로지점의 전화번호와 같은 사실을 통해서도 확실하게 알 수 있다(韓生, 〈경성의 상업계〉, 《반도시론》 3-1, 1919년 1월; 《반도시론》 2-4, 1918년 4월 광고; 《매일신보》 1918년 3월 16일~21일 신행상회대확장 광고; 〈그림 5-4〉와 〈그림 5-5〉 비교 참조).

[31] 1918년 3월을 획기로 하여, 이전과 이후의 자본금이 각기 14만 원으로 같은 것으로 보아 종전 신태화 소유의 자본금 절반만큼 김석규가 추가 투자했음을 알 수 있다.

작용했다. 화신상회에 경쟁하고자 설치했던 종로지점은 수익성이 좋지 않았는지 결국 1921년 하반기 무렵에 폐업했다.[32] 또한 신행상회 본점은 1920년대 중반부터 사업이 위축되다가 1920년대 말 1930년대 초 공황기에 폐업한 것으로 보인다.[33]

3. 화신상회 설립과 백화점으로의 전환

종로 진출과 화신상회 창립

앞에서 서술했듯이 신태화는 1918년 3월[34] 동업으로 경영해오던 신행상회의 본점을 넘기고 종로지점으로 분립했다. 신행상회가 신태화의 소공업체가 확대 창립된 데에서 연원하고 또한 그간의 경영 과정 등 신행상회의 역

---

[32] 1919년, 1920년 조사 자료나 1921년 중반까지의 《동아일보》《조선일보》 광고에서는 찾아볼 수 있으나, 1922년 자료에서는 나타나지 않는다. 또한 《동아일보》 1922년 1월 1일 "금은세공미술품 각종진패물各種眞珮物 판매" 원신상회元信商會 광고를 보면, 이 상점의 위치가 종로지점이 있던 2정목 5번지이고 또한 그 사용 전화번호가 신행상회 종로지점의 전화번호와 같기 때문에, 지점이 문을 닫고 그 자리에 원신상회가 개설되었음을 알 수 있다. 그런데 이 원신상회의 주무가 종전 삼창상회 주무이자 신행상회 지점 주무였던 권성연權性淵인 것으로 보아 신행상회와의 지점관계를 폐기하고 독자적 사업체로 변경하여 상호를 새로 정했음을 알 수 있다.

[33] 1926년경 조사 자료 〈京城府及其ノ附近ニ於ケル商業混合工業ノ各地域內ニアラザレバ存置スベカラザル建築物表〉(《경성도시계획자료조사서》, 1927, 60쪽)와 《경성부관내지적목록》(1927, 181쪽)에는 수록되어 있다. 그러나 1930년도 조사 자료인 《조선공장명부》(1932)와 《경성상공명록》(1930)에는 아예 기재되어 있지 않다.

[34] 화신상회 설립 시기에 대해서는 〈표 5-5〉에서 보듯이 자료마다 차이를 보인다. 그러나 1918년 3월이 정확하다.
"…… 김연학군과 합자하야 약 10개년간 업業을 공영共營하다가 대정 7년 3월에 이르러 업業을 분分한 후 화신상회를 종로 2정목 5번지에 설립하고 ……"(엑쓰생, 〈새 실업가와 새 성공가—最初資金 四十圓으로써 二十萬圓의 富를 致한 바 申泰和君〉).
"본인이 신태화씨로 십주성상十週星霜을 동업이다가 금반今般에 동업을 해제하고 지점도 철폐하고 독자영업으로 대확장하와 ……"(《반도시론》 2-4, 1918년 4월 신행상회 광고).

사로 볼 때, 그의 본점 지분 요구가 당연한 것인데도 종로지점으로 분자分
資한 것은, 김연학·김석규에게 밀려서라기보다 오히려 그 나름대로 사업
전망에 의한 선택이었던 것으로 보인다.[35] 종로 2정목은 서울에서도 가장
상공업의 중심지이자 특히 금은세공업의 중심지였기 때문에, 앞으로 더욱
발전 가능성이 있는 상권이라고 판단하여 남대문통 본점의 전통이라는 기
득권을 포기했던 것이다. 이러한 그의 전망은 정확했다. 시기적으로 좀 늦
기는 하나, 1934년경 경성부 내 정동별町洞別 총호수와 공장수의 밀도를 조
사한 자료에 의하면, 직공 5인 이상을 고용하는 공장의 분포 밀도가 가장
높은 곳은 종로 2정목과 경정京町이었으며, 그 다음에 장곡천정, 종로 1정
목, 본정 1정목 순이었다. 또한 정동町洞의 면적과 공장수의 관계를 보면
봉래정 1정목, 종로 2정목, 의주통 2정목, 종로 1정목, 장곡천정, 경정, 명
치정 2정목, 본정 1정목 순이었다. 이로 보아 종로 2정목과 종로 1정목은
경성 내에서도 큰 공장이 가장 많이 집중되어 있는 지역이었음을 알 수 있
다. 또한 당시 경성부내 금은세공장은 총 12개 업체인데 종로 2정목에 4개,
그 외 명치정 2정목과 본정 2정목에 각 2개, 태평통 1정목·봉래정 1정목·
관철동·청진동에 각 1개씩 있었으니, 금은세공업체가 집중 분포되어 있는
곳도 종로 2정목이었음을 알 수 있다.[36]

　신태화는 새 독립사업체의 상호를 광신상회廣信商會로 명명하고, 개업 광
고도 몇 차례 《매일신보》에 게재했다. 그러나 광고를 낸 지 열흘도 못되어
"광신이란 상호가 부적합하다" 하여 '화신'으로 개정했다.[37] 신문광고로

<hr />

[35] 다음의 글을 통해 종로행이 의도적 선택이었음을 감지할 수 있다.
　　"신행상회의 간판 아래서 10년 동안에 수만 원의 자금을 만들어서 금은상계의 중심세력을 얻고져 경성
　　중앙인 종로 네거리에 이층양옥을 짓고 화신상회라고 명칭을 고친 후로 ……"(《사업성공자열전 15》).
[36] 경성상공회의소, 《京城及隣接邑面に於ける工業の大要》, 1934, 5쪽, 6~13쪽.
[37] 《매일신보》 1918년 3월 29일, 3월 30일 광고.

공표까지 한 상호를 며칠 만에 바꾼 것은 신행상회와의 분리가 급히 이루어지고, 또한 새로운 사업체의 출범이 종로지점을 인수하는 형태로 이루어져 창업 준비가 단기간에 진행되었기 때문일 것이다. '화신'이라는 상호는 아마도 그의 이름자 가운데 '화'와 이후 서술하겠지만, 신용을 중시하는 ⼀의 경영관을 반영한 '신'을 합성한 것으로 보인다. 즉 수십 년 동안 상공업계에 종사하며 쌓아 온 사업적 신용을 자신의 이름을 걸고 지키겠다는 것이 상호 제정의 의도가 아니었을까 한다. 4월 중순에 이르러서는 등록 상표를 정하고, 〈그림 5-6〉 ①과 같은 화신상회의 광고 포맷을 정했다. 이때 제정된 등록 상표는 박흥식 경영 후에도 약간의 수정을 거쳐 그대로 사용되었다. 신태화는 신행상회 시절부터 다른 업체에 비해 매우 빈번하게 일간지《매일신보》와 잡지에 연속광고를 게재했는데, 이때에는 이미지를 부각시키는 특정 포맷이 없었고 단지 "금은세공업계의 패왕"이라는 용어를 반복 사용했다. 그러나 화신상회 설립 후에는 이미 구축된 자신의 사업적 신용과 명성을 상징하는 고유 등록 상표를 제정하고 이를 소비자에게 각인시키는 광고 포맷을 고안하여 계속 반복 광고함으로써 광고 효과를 최대화시키려 했다.

화신상회 소재 종로 2정목 5번지는 원래 조선 제일의 갑부인 민영휘의 둘째 아들 민규식 소유 137평 대지의 건물로 이 가운데 일부를 임차하고 있었다. 그러나 사업이 발전하면서 너무 협소하고, 더구나 1918년경 종로에서 송현동에 이르는 노선의 도로 확장 공사가 실시되어 이전해야 했다.

이에 인근의 3번지(30평)와 3-1번지(7평)를 매입하여 2개의 쇼윈도를 갖춘 서양식 2층 건물로 신축하여[38] 1919년 1월경 이전했다. 비로소 일반적

---

[38] 《경성부관내지적목록》(1927), 269쪽 참조; 〈사업성공자열전 15〉; 《재계회고》 II, 180쪽; 《조선인회사대상점사전》, 146쪽 건물 사진 참조.

〈그림 5-6〉 화신상회 등록상표와 초기 화신상회

신태화는 1918년 3월 김석규에게 신행상회 남대문통 본점을 넘기고 종로지점으로 분립했다. 4월 중순에는 화신상회 등록 상표와 광고 포맷을 정하고《매일신보》와 잡지에 연속광고를 게재했다. 1919년 1월경에는 2개의 쇼윈도를 갖춘 서양식 2층 건물도 신축했다. ②의 왼쪽이 1919년경 신축된 건물.

* 출처: ①《매일신보》1918년 4월 17일.
　　　②張在洽 편,《조선인회사대상점사전》, 부업세계사, 1927, 146쪽.

으로 알려진 종로 2정목 3번지 소재 화신상회가 출범한 것이다. 이후 1921
년 포목부와 잡화부를 설치하면서 금은세공상 광동상회 자리인 4번지(20
평)와 4-1번지(5평 6합)를 매입하여[39] 같은 외관 형태로 신축했던 것 같다.

공장(및 창고)은 상점과 그리 멀지 않은 거리인 인사동 264번지(25평)와
263번지(66평)·265번지(115평) 대지에 별도로 위치했는데,[40] 처음부터 이
렇게 넓은 부지이지는 않았고 영업성적이 좋아지면서 점차 확장했던 것으
로 보인다.

〈표 5-5〉 화신상회의 현황

조사 연도	창립 시기	위치	자본금	직공수	건평	생산품	생산액	기관수/마력수	취업일	출전
1920	1918.2	종로통 2-3	150,000	남공 男工 40, 남자 견습 10	100	그릇 600	5,000		320	경성공장표 《경성상업회의소월보》58)
						비녀 1,800	5,400			
						반지 3,200	1,600			
						목걸이핀 8,800	1,600			
						총 13,600				
1921	1918.2	종로통 2-3	150,000	남 20	100	은그릇 2,600	2,600	목탄 3,000관	320	경성공장표 (1921)
						은목걸이 10,800	32,400			
						은목걸이핀 19,200	9,600			
						기타 24,960	129,480			
							총 174,080			

[39] 《경성부관내지적목록》(1927), 269쪽 참조. 광동상회廣東商會를 화신상회가 인수한 경위를 보면, 원래 경영주인 이응식李應植이 1919년 말 무렵 공황 기간에 2만여 원의 부채를 지게 되자 채권자인 친구 김윤면金潤冕(주단포목 판매상)에게 넘기고, 1920년 초 남대문통에서 기존 광동상회라는 상호로 금은세공상을 재개했다(《동아일보》1920년 4월 10일 광고). 그러나 김윤면 경영의 광동상회 역시 영업 성적이 개선되지 않아 1921년 후반 무렵 화신상회에서 이를 인수했던 것이다.
그 인수 시기를 1921년 후반 무렵으로 보는 이유는, 첫째 1921년 5월 경성생산품품평회에서 2등을 수상한 광동상회가 《경성상공명록》(1923)에는 나타나지 않으며, 둘째 김윤면이 광동상회 매각 이후에 1922년 5월 남대문통에 윤광상회潤光商會를 설립했으므로, 1921년 6월 이후 1922년 초까지의 어느 시기이다. 그런데 화신상회가 포목부를 설치한 것이 1921년이므로 광동상회 인수 시기를 대략 1921년 후반으로 본 것이다(《매일신보》1921년 5월 9일 경성생산품품평회 광고; 〈조합반대의 이유〉, 《동아일보》1922년 8월 10일 참조).
[40] 이곳이 공장임은 '인사동 264번지 화신상회 금은세공 공장에서 화재가 발생했다'는 기사(《매일신보》1924년 11월 10일)와 《경성부관내지적목록》(1927, 308쪽)에 이들 대지가 신태화 소유로 되어 있는 것으로 보아 알 수 있다.

1922	1918.2	종로 2-3	150,000	21	50	은제기銀製器 13,000	13,000		320	경성 공장표 (1923)
						은목걸이 9,600	9,600			
						은비녀 기타 17,880	79,040			
							총 101,640			
1925 년 말		종로 2				금은세공	215,000			경성상업 회의소통 계연보 (1928)
1927	1918.3					금세공 10,000	200,000			朝鮮の主 要工産額 と工場表
						은세공 10,000	15,000			
							총 215,000			
1932	1918.11	인사동		A급		그릇류				공장명부 (1932)
1934	1918.11	공평동 65		A급		그릇류				공장명부 (1934)

〈표 5-5〉에 의해 화신상회 현황을 보면 종로 2정목 3번지로 신축 이전한 1919년 이후의 자본금은 15만 원 규모였으며, 직공수는 대략 20~40명 정도였다. 생산액을 보면, 이전 초기라 상당한 고정자산 비용이 투자되었고 또한 경기도 좋지 않았던 1919년도에는 1만 3,600원에 불과했으나, 1920년 17만 4,080원, 1925년에는 21만 5,000원으로 증가했다. 자본금 100만원(불입금 43만 7,500원) 규모인 주식회사경성미술품제작소의 1925년도 생산액이 8만 4,265원에[41] 그친 것에 비교하면 매우 큰 액수였다.

화신상회 생산액이 금은세공업계에서 차지하는 비중은, 경성 지역 총생산액(가내소공업 생산액까지 포함한 액수)의 10~40퍼센트, 전국 총생산액의 14~15퍼센트에까지 이르렀다. 특히 1927년도 생산액은 경성 지역 생산액의 약 41퍼센트에 해당하니, 1개 업체의 생산액으로서는 매우 큰 편이었다(〈표 5-6〉 참조). 때문에 당시 화신상회에 대해 일반적으로 "금은상金銀商으

---

[41] 《경성상업회의소통계연보》, 1928, 116쪽.

로 일류의 거상"으로 평가했던 것이다.

<표 5-6> 화신상회 금은세공제품 생산액 현황

연도	화신상회(원I) (A)	경성 지역(원I) (B)	비율(%) (A/B)	전국(원I) (C)	비율(%) (A/C)
1919	13,600				
1920	174,080				
1921		615,626			
1922	101,640	963,743	10.5		
1923		690,926		2,021,286	
1924		630,722		1,418,206	
1925	215,000	635,861	33.8	1,408,603	15.2
1926		606,075		1,914,707	
1927	215,000	525,754	40.9	1,535,249	14
1928		642,362			

* 출처: <표 5-5> 참조; 《경성상업회의소통계연보》(1928, 1929).

그러나 신태화는 금은세공업계의 선두라는 사실에 만족하지 않고 경성 상업계의 선두가 되기 위해 사업 확장에 나섰다. 판매 품목을 금은세공 제품에 한정하지 않고 확대하여 1921년경 포목부를 설치했으며 나아가 잡화도 취급했다.

그가 사업 확장의 방향을 금은세공 전문 품목의 제조 확대가 아니라 포목·잡화 판매로 설정한 데에는 크게 세 가지 이유가 작용했을 것으로 보인다. 첫째, 금은세공업은 '조선인 전용품專用品으로서 개량하여 수요를 증가시킬 가능성이 없거나 또는 점차 쇠퇴되어 가고 있는 물품 제조업' 가운데 하나로 평가되고 있던, 즉 내수나 수출 증가를 기대하기 어려운 사양 업종이었기 때문에, 장기적 전망에서 이 무렵부터 이미 점차 업종 전환을 시도했던 것으로 보인다. 이는 후일 그가 화신상회를 넘기고 태성상회로 재기할 때, 포목 판매업으로 업종을 선택한 사실에서도 확인할 수 있다. 둘째, 화신상회 초창기인 1919~1920년은 경제공황이었고, 이후 약간 회복되기는 했으나 1920년대에는 "종로 시가도 한산한 시황市況"인 불경기여서 경기 흐름을 민감하게 타는 금은세공업의 경우 더욱 부진했다.[42] 때문에 시세의 충격을 상대적으로 덜 받는 일상 품목을 취급하여 사업다각화를 꾀했던 것이다. 셋째, 당시 경성 상공업계에서는 전문 업종에서 출발하여 어느 정도 자본을 축적하면 잡화부를 설치하여 준백화점 형태로 확장하는 예가 많았다. 대표적인 예로 종로의 신임상점申任商店(주: 임흥순任興淳 경영)은 모자 수입 및 제조 전문 상점이었는데 자본을 축적하자 잡화부 지점을 별도로 설립했다. 신태화도 이러한 사업 모델에 영향을 받아 백화점을 지향했던 것으로 보인다.

이러한 사업 확장으로 자본이 부족하자 새로운 투자주를 구했는데, 그가 바로 한말 참정대신 한규설이었다.[43] 그는 은퇴 후 별다른 사회정치 활동을 하지 않고[44] "두문불출한 나머지 이재理財에 힘써 당대에 만석의 추수를 했"으니 그 재산이 호남 대지주이자 경성방직 경영주인 김성수·김연수, 그리고 조선 제일 갑부 민영휘의 그것에 견줄 수 있는 정도였다. 한규설의 장자長子 한양호韓亮鎬가 1938년 100만 원을 출자하여 문영학원文英學院(현 서울여상, 문영여중고)을 설립했으니 그 재산 규모를 짐작할 수 있을 것이

---

[42] 〈우리 사회의 實相과 그 推移〉, 《개벽》 11, 1921년 5월. "금은계金銀界의 매매는 전보다 약 오분지사五分之四가 감減하얏고 그 중에 다소 매매되는 것은 은품銀品이며 ……."

[43] 墨巾公, 〈반도재계의 十傑, 朴興植氏篇〉, 《삼천리》 5-10, 1933년 10월. "대정 십년경부터 포목부를 작만하고 이어서 고故 한규설씨와 결연結緣을 매저 자본을 증가하여 신구新舊잡화까지 놓았다."

[44] 그는 을사조약 체결에 반대하여 파면되었고, 1905년 이후 다시 중추원 고문·궁내부 특진관을 지내기도 했으나, 합병 후 일본 정부가 수여한 남작 작위를 거부하고 칩거했다. 그러나 일제가 문화통치를 실시하면서 집회·결사의 자유를 제한적으로 허용하자 1920년에 이상재 등과 함께 조선교육회를 설립, 문화운동에 참여했다.

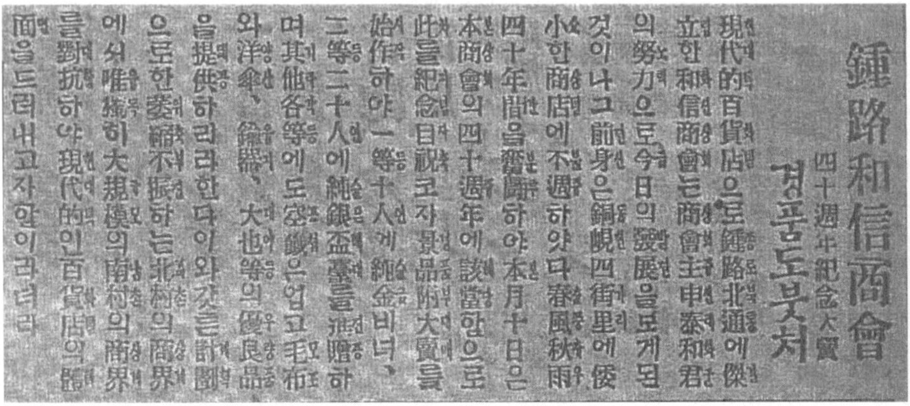

鍾路和信商會
四十週年紀念大賣
경품도붓처

現代的百貨店으로鍾路北通에傑立한和信商會는商會主申泰和君의努力으로今日의發展을보게된것이나그前身은銅峴四街里에倭小한商店에不過하얏다春風秋雨四十年間을奮鬪하야本月十日은本商會의四十週年에該當함으로此를紀念自祝코자景品附大賣를始作하야一等十人게純金비녀、二等二十人에純銀盃臺를進贈하며其他各等에도空籤은업고毛布와洋傘、綸子、大也等의優良品을提供하리라한다이와갓은計劃으로한委縮不振하는北村의商界에서唯獨히大規模의南村의商界를對抗하야現代的인百貨店의臨面을드러내고자함이라더라

〈그림 5-7〉 화신상회의 40주년 기념 경품대매출

"현대적 백화점으로 종로 북통北通에 걸립傑立한 화신상회는 상회주商會主 신태화군申泰和君의 노력으로 금일의 발전을 보게 된 것이나 그 전신은 동현銅峴 사가리四街里에 왜소한 상점에 불과하얏다. 춘풍추우春風秋雨 사십년간을 분투하야 본월 10일은 본 상회의 사십주년에 해당함으로 차를 기념 자축自祝코자 경품부대매景品附大賣를 시작하야……."

* 출처: 〈종로화신상회 사십주년기념대회〉, 《매일신보》 1928년 11월 6일.

다. 또한 1930년대 말 서울 재산가들의 1년 소득액을 조사한 한 자료에 따르면 한규설의 장손 한학수韓學洙(동양산전주식회사東洋産全株式會社 사장)의 1년 소득액은 9만 원이었다. 조선의 대표적 자산가인 민대식·박흥식·김연수가 20만 원, 대지주인 윤치호가 6만 원, 김성수가 4만 8천 원이었으니, 한규설가의 재력을 미루어 짐작할 수 있다.[45] 신태화가 어떻게 한규설과 연결되었는지, 그 액수가 어느 정도인지는 구체적으로 알 수 없다. 그러나 한말~1920년대에 한규설 자신의 별다른 기업·제조업 투자 활동이 나타나지 않는 것으로 보아, 그리고 만석꾼으로 이재理財에 주력했다는 것으로 미루어 경성 상공업자들을 상대로 대금업을 하면서 연결된 것으로 보인다. 특히 그 차남인 한준호韓駿鎬가 종로에서 광성상회廣盛商會(면주綿紬·모사毛絲 직수입 판매)를 경영하여 상업계의 동향에 밝았을 것이므로, 이미 사업적 수완으로 널리 알려져 있는 신태화의 투자 요청에 쉽게 응했을 것으로 보인다.

이러한 사업 확장 결과 화신상회는 1922년 무렵 금은세공업계 최고 영업 세액인 300원을, 그리고 1930년경에는 백화점으로 분류되어 758원의 영업세를 낼 정도로 외형적으로는 상당히 성장했다고 할 것이다.

화신상회 양도와 태성상회 설립

1929년 이후 대공황으로 경기가 나빠진 데다, 1930년에 한규설도 사망하여 자금 조달이 쉽지 않게 되면서 신태화는 자금 압박에 몰렸다. 이에 자금 유동성 위기를 벗어나기 위해 1930년 박흥식의 자금을 썼다.

한편 백화점사업에 진출하려는 꿈을 가지고 있던 박흥식은 새로 창업하

---

[45] 〈기밀실: 우리 사회의 諸內幕〉, 《삼천리》 12-8, 1940년 9월.

여 기반을 닦느라 시간과 비용을 소모하기보다 기존 업체를 인수하는 방법을 모색했다. 이에 "화신상회 매수공작"[46]의 일환으로 신태화에게 자금을 빌려주었던 것이다.[47] 이 자금은 바로 한성·식산·조선은행에서 어음 할인으로 대출받은 것이었다. 박흥식이 화신상회를 접수하기 위해 은행으로부터 대출하여 투자한 초기 자금, 즉 신태화에게 빌려준 자금은 7, 8만 원이었다. 자금 대부를 빌미로 이기연李基衍을 화신상회에 회계감독으로 파견하여 경영에 개입하던 중 결국 신태화가 부채를 제대로 갚지 못하자, 1930년 말 내지 1931년 초 무렵 36만 원으로 화신상회의 일체 권리와 재고 상품을 모두 인수했다.[48] 박흥식은 자본금 100만 원의 '주식회사 화신상회'로 개편하고 당분간 화신상회의 전통 계승을 강조하기 위해 신태화를 회장으로 추대했으며 자신은 사장으로 취임했다.

1934년 2월 상호를 '주식회사화신'으로 변경하면서, 신태화는 허울뿐인 회장 자리에서 퇴진했다. 그러나 공식 퇴진하기 한 달 전에 신태화가 독자적인 새 사업체를 시작한 것으로 보아 실제 결별 시기는 그 이전이었던 것으로 보인다.

그러면 신태화가 경영 실패로 화신상회를 이양하지 않을 수 없었던 이유

---

[46] 西民居士, 〈覆面客의 인물평(1): 時勢 탄 박흥식〉, 《삼천리》 10-10, 1938년 10월.

[47] 신태익, 〈박흥식·최남씨 인물평〉, 《삼천리》 4-2, 1932년 2월. "화신에 박씨가 관계를 맺게 된 것은 박씨의 본의이엿든지 모르겟스나 신씨가 박씨에게 금전대차의 관계가 잇섯든 것이 원인이 되야 결국에는 화신 경영의 대표자로 박씨가 안될 수가 업게 되얏든 것이라고 전하는 말이 잇다."

　一記者, 〈北村 商街의 異彩 和信百貨店의 偉容〉, 《상공조선》 창간호, 1932년 8월. "…… 일층 금융의 핍박을 당當하엿음으로 할 수 없이 선일지물주식회사鮮一紙物株式會社의 박흥식씨의 후원을 빌어 칠팔만 원의 융통을 얻어갖이고 ……."

[48] 1931년 3월경 주무 이기연이 가을에 주식회사 조직으로 변경할 계획이며 5층으로 신축할 것이라는 이야기를 하는 것으로 보아 실제 화신상회가 박흥식에게 양도된 것은 1930년 말이나 1931년 초라고 생각한다(〈종로가에 출현될 화신백화점〉, 《매일신보》 1931년 3월 14일; 〈북부 중앙지대에 一大百貨店出現〉, 《동아일보》 1931년 3월 13일). 《재계회고》 II, 180쪽에는 1931년 9월에 인수했다고 되어 있으나 이는 주식회사로 개편 전환한 시기다.

〈그림 5-8〉 상호를 '주식회사화신'으로 변경한 화신상회

1934년 2월 상호를 '주식회사화신'으로 변경하면서, 신태화는 허울뿐인 회장 자리에서 퇴진하고 화신상회를 박흥식에게 양도했다. 사업 확장 자금을 은행이 아닌 사채로 조달한 점, 공황으로 인한 매출 부진 시기에 종업원들이 급료 인상과 처우 개선을 요구하며 파업한 점, 신태화 자신이 경제 주기 및 동향에 대해 잘못 판단한 점 등이 겹쳐 결국 화신상회를 넘길 수밖에 없었다. 사진 속의 3층 건물(화신백화점 서관)은 화신상회 창립 40주년 되는 1928년에 신축한 것으로 1935년 1월 화재로 소실되었다.

* 출처: 〈주식회사 된 화신상회〉, 《매일신보》 1932년 5월 11일.

는 무엇일까? 첫째, 무리한 사업 확장에 소요되는 자금을 주로 대출로 충당했는데 그 자금 조달 경로의 상당 부분이 은행이 아닌 사채 대부였다는 점이다. 더구나 불황기인 데다 빈번한 경품 판매·바자 판매와 같은 업체 간 출혈 경쟁으로 이윤폭이 적어지는 상황에서 대출금의 이자 지급 및 상환은 성냥에 부담이 되었다. 여기에다 1929년 조선박람회 특수를 기대하고 5만 원 내외의 많은 상품을 매입했으나 매출 부진으로 큰 타격을 받으면서 자금 압박이 가중되었다. 당시 웬만한 조선인 중소 자본가들이 금융기관의 흡족한 지원을 기대하기 어려웠듯이[49] 신태화도 금융기관의 지원을 받지 못해 사채를 썼고, 이는 공황기에 몰락의 단초로 작용했던 것이다. 박흥식의 화신상회 인수자금이 신태화의 처지에서는 구하기 어려웠던, 주요 은행으로부터의 대출금인 점을 상기할 때, 결국 금융기관의 지원 여부가 성공과 실패를 가른 주요 변수였음을 알 수 있다.

둘째, 종업원들의 파업 또한 경영에 상당한 부담이 되었다. 즉 1930년 1월경 화신상회 포목부 종업원 10여 명이 급료 인상, 처우 개선의 요구 조건을 내걸고 파업하자, 종로경찰서 고등계에서 신태화를 소환하여 사건 경과를 내사했다. 공황으로 인한 매출 부진으로 경영이 어려운 상황에서 설상가상으로 파업마저 발생하여 타격이 더욱 컸을 것이다.

셋째, 이러한 직접적인 계기 외에 신태화의 경제 주기 및 동향에 대한 판단 오류를 들 수 있다. 불황기인 1921년 무렵, 더욱이 대부자본으로써 경성 상업계에서 가장 경쟁이 치열한 포목·잡화 판매업으로 사업을 확장한

---

[49] 〈사설: 경성 상업계의 신경향 진흥책 강구의 필요〉, 《조선일보》 1925년 12월 20일. "상인의 생명이라 할 만한 자금을 유통하는 기관이 조은朝銀과 같은 특수은행을 위시하야 기다幾多의 풍부한 자금을 가진 일본인 측 각 지점 은행 등은 일본 상인을 위하야 편의를 주는 반면에 조선인 측 상업자의 대다수는 겨우 기개幾個의 조선인 측 은행에 취취就하야 자금을 앙앙仰함에 불과함으로 그 융통의 범위 기타 조건이 일본인 측에 비할 수 없는 것이다."

것은 경제 흐름을 제대로 읽지 못한 투자였다. 또한 화신상회 이양 과정에서 공장과 재고품을 헐값으로 넘긴 것도 중대한 판단 오류였다. 즉 화신상회를 넘긴 지 몇 개월 안 되어 1931년 12월 새로 출범한 이누카이大養毅 내각이 금수출 재금지를 단행함으로써 하락하고 있던 금은 가격이 치솟고 만주사변으로 통화가 팽창되기 시작했다. 이에 인수 당시 금은 귀금속류의 재고가 많았던 박흥식의 화신상회는 '공전의 호황기'를 맞아 대도약의 기회를 잡을 수 있었던 것이다.

수삼 년간 경제계를 떠나 있던 신태화는 1934년 1월경 남대문통 1정목 6번지에[50] "주단·포목 기타 내외 중요 물산의 수이출입 매매, 부동산 매매, 부동산 및 동산을 담보로 하는 금융업"을 영업 내용으로 하는 태성상점泰盛商店을 개점함으로써 재기했다. 당시 "종로 조선인 상업계의 중진으로 이름을 날리던 신태화의 상계 재진출"은 《조선일보》에 기사화될 정도로 세인의 관심을 끌었다.[51] 그가 자본축적 기반이자 주력 업종이었던 금은세공업을 포기하고 포목 판매로 업종을 전환한 것은 급거에 내린 결단이 아니었다. 앞에서 언급했듯이 화신상회 초기부터 금은세공업이 사양 업종이라는 전망 하에 업종 다각화를 추진해왔던 연장선상에서 취한 것이다. 부동산·동산을 담보로 한 금융업은 종전에 겸영했던 전당포사업의 경험에 기초하여, 그리고 당시 포목 판매업을 주력 업종으로 하면서 대금업貸金業을 부수적으로 영위하는 상점이 많았기 때문에 유망하다고 판단했던 것 같다.

---

[50] 《조선일보》 1934년 1월 20일자 기사에는 "계동 어구"라고 되어 있으나 《경성상공명록》 (1935, 49쪽; 1937, 66쪽)과 《조선은행회사조합요록》 (1937, 412~413쪽) 등 다른 모든 자료에는 남대문통 1정목 6번지로 나오므로 이를 따른다.

[51] 〈申泰和氏 商界에 再進出〉, 《조선일보》 1934년 1월 20일 조간. 개업 기념으로 2주일 동안 1할 할인 판매 행사를 했다.

태성상점의 창립 초 자본금은 9~10만 원 정도였다.[52] 처음 개인상점 형
태로 창업했으나 다음해인 1935년 3월 주식회사체제로 개편했다. 그러나
그 개편 이유는 대자본이 주도해나가는 경제 환경에서 다른 업체들과의
경쟁에 필요한 추가 자본 조달을 위해서라기보다, 1934년 4월 비법인非法
人 개인소득자에게 누진종합과세하는 '제2차 세제정리'가 공포됨에 따라
대부분의 개인 업체가 세 부담을 덜기 위해 법인화한 것과 같은 이유였던
것으로 보인다.[53] 주식회사태성상회의 중역진이나 주주들이 모두 재력가
가 아닌 것으로 보아 처음부터 자금 조달을 의도하여 주식회사체제로 개
편하지는 않았음을 알 수 있다. 즉 대주주는 8명으로 총 1만주 가운데 신
태화가 7,200주(초기 불입금 9만 원), 전무이사 윤희창尹熙昌 외 6명이 총 400
주(5천 원)를 소유했다. 그런데 윤희창은 종전 신행상회 종로지점 주무였
고, 이사 이정현李正鉉은 1923년 전후 무렵 소규모 술 제조·도소매업을 영
위했던 사실로 보아 큰 자산가는 아니었던 것으로 보인다. 다른 5명의 대
주주는 상공명록이나 인명록,《경성부관내지적목록》에 전혀 나타나지 않
는 점으로 미루어 아마도 신태화가 고용했던 이들의 명의를 빌린 것이 아
닌가 생각된다.

주식회사태성상회는 1기, 2기에 모두 무배당인 것으로 보아 영업 성적
이 부진했던 것 같다. 결국 창립한 지 4년 만인 1938년 2월 폐업하고 말았
다.[54] 그의 나이 61세로 이후 더 이상의 사업 재기 활동은 찾아볼 수 없다.

[52] 신태화 퇴진 시 주식회사화신상회에서 지불한 소유주식 대가代價가 10만 원이었는데(《주식회사화신
상회 3기(1934년 8월) 대차대조표》의 '주주감정株主勘定 100,000원'이라는 항목이 신태화 소유 주식
대가를 기재한 것으로 보인다), 이를 태성상회 설립 자본금으로 사용했을 것이다. 그리고 1935년 3월
태성상회를 주식회사체제로 전환했을 당시의 최초 불입금이 12만 5천 원(공칭자본금 50만 원)이었는
데, 이중 신태화의 소유 주식가가 9만 원이었다는 점에서도 그러하다.
[53] 정태헌,《일제의 경제정책과 조선사회》, 서울: 역사비평사, 1996, 178~179쪽; 홍성찬,〈한말·일제하
의 서울 종로상인 연구〉, 2002, 256쪽 참조.
[54] 경성상공회의소,《경제월보》268, 1938년 5월, 57쪽.

4. 신태화의 경영관과 경제적 조직 활동

신태화는 고용살이부터 시작해서 소공업체를 자영하고 이를 확대하여 공장을 설립했던 자수성가형의 대표적인 자본가였다. 그러면 그로 하여금 맨손으로 금은세공업계의 '패왕'이라는 신화를 창조하며 자본을 축적할 수 있게 했던 경제적 신념과 경영 방침은 무엇일까?

그의 경제적 신념, 즉 '상인으로서 일생의 처세훈處世訓 가운데 금과옥조'는 '상인으로서의 상업적 인격'을 가져야 한다는 것이었다. '상업적 인격'이란 '진충盡忠', 즉 자기 직무에 충실해야 한다는 것이다. 그가 59세 때 한 인터뷰에서 "가끔 50년간의 상업계를 그만 은퇴하라는 권면勸勉을 받는다. 그러나 나는 절대로 사랑방에 종일토록 신세를 지는 늙은이가 되고 싶지 않다. 상계商界에 핀 꽃은 상계에 져야 꽃다웁지 않으냐"고[55] 한 말은 진충의 자세를 보여준다. 실제 그는 환갑을 바라보는 나이에도 태성상회를 창립, 직접 경영했던 것이다.

신태화가 가장 강조했던 경영 원칙은 신용이었다. 그는 "상업은 신용을 지반으로 해서만 성립된다"고 믿었다. 우리의 산업이 부진한 원인에 대해 묻는 설문에 대해 그는 "상업도덕이 발달하지 못한 점과 크게 관련된다"고[56] 주장했는데 여기서 '상업도덕'이란 바로 신용을 말한다. 신행상회와 화신상회의 상호도 그의 경영 방침인 신용을 강조하여 제정한 것이다. 그는 신용이라는 경영 방침을 실천하는 구체적 방법, 즉 고객에게 신용을 얻는 방

---

[55] 신태화, 〈상업과 인격〉, 《삼천리》 7-7, 1935년 8월.
[56] 〈우리 산업부진의 원인: 화신상회 申泰和談〉, 《自活》 8호, 1928년 7월. 그는 우리의 신용이 없는 사례로 매년 미국에 수출되는 조선식 화로火爐의 가액이 30만 원 이상에 달했는데 위조품이 생긴 이후 신용이 실추되어 하루아침에 수출이 격감한 일을 들었다.

〈그림 5-9〉 신태화의 경영 원칙

신태화는 고용살이부터 시작해서 소공업체를 자영하고 이를 확대하여 공장을 설립했던 대표적인 자수성가형 자본가였다. '금은 공장工匠'이었던 신태화가 맨손으로 금은세공업계의 패왕이라는 신화를 창조할 수 있게 했던 경제적 신념은 '상인으로서의 상업적 인격'을 가져야 한다는 것이었다. 또한 신태화가 가장 강조했던 경영 원칙은 신용이었다. 그는 고객에게 신용을 얻기 위해 친절과 정직을 '상업도덕'으로 삼았다.

* 출처: 〈생리백태—화신상회 신태화씨〉, 《매일신보》 1927년 4월 15일.

법은 친절과 정직이라고 보았다.[57]

한편 그는 재계의 동업조합 활동이나 물산장려운동과 같은 경제운동을 주도하지는 않았으나, 그러한 활동의 의의를 인정하고 참여하는 입장이었다. 1917년 7월 경성의 조선인 금은세공상들이 결속하여 경성금은세공조합을 조직했다.[58] 이 조합은 동업자 사이의 경쟁 매매로 인한 폐해 교정 및 지금地金 밀수출 방지라는 목적에서뿐만 아니라, 또한 금은세공·귀금속 업종에서 열세였던 일본인들이 1910년 경성금물상조합, 1913년 경성시계귀금속상공조합을 조직하여[59] 활동하자 이에 대항하기 위한 차원에서 이루어졌던 것으로 보인다. 경성금은세공조합은 1918년 7월경 지금의 매입 표준 가격과 상품의 도매 및 소매 판매 가격을 상세하게 정하고, 이를 위반하는 경우에는 그 횟수만큼 위약금을 50원씩 징수하기로 하는 등 과열 경쟁을 자제하기 위해 상품 가격을 제정했다.

조합장은 경성상업회의소 부회두와 경성부협의원을 역임한 예종석으로 추대했다.[60] 금은세공업과 관련 없는 예종석을 조합장으로 추대한 것은 재계

---

[57] 〈상업계에 활약하는 策士들의 경험 계획 이상—신태화〉, 《실업지조선》 1-4, 1929년 9월.

[58] 〈사업성공자열전 15〉; 〈조합 반대의 이유〉, 《동아일보》 1922년 8월 10일 참조. 조합이 1918년 6월경 기술 장려를 목적으로 개최한 제작품평회의 출품자가 95명인 것으로 보아, 경성부 내 웬만한 금은세공업자는 대부분 조합에 참여했던 것 같다(〈금은세공의 품평과 수상〉, 《반도시론》 2-7, 1918년 7월).

[59] 경성부, 《京城府産業要覽》, 1932, 136쪽; 伊藤正慤《京城府內經濟團體名簿》, 경성상공회의소, 1941, 40쪽, 15쪽. 경성시계귀금속상공조합의 조직 시기에 대해서는 일본인 공업조합의 효시인 1905년설 (〈공업조합의 개황〉, 《동아일보》 1925년 10월 19일), 1920년설(《경성부산업요람》, 1932) 등 다양하나 여기에서는 《경성부내경제단체명부》의 1913년설을 취했다.

[60] 〈금은세공의 품평과 수상〉, 《매일신보》 1918년 6월 11일. 예종석은 24세에 전우총국電郵總局 주사로 시작하여 궁내부 전선사典膳司 감동監董, 이왕전하가례시감동李王殿下嘉禮時監董(종 2품)을 지냈으며 조중응 자작의 오른팔 역할을 했던 인물이다. 이후 실업가로 활동하기도 하여 동양용달합자회사 총무, 가쾌조합소장家儈組合所長(1912), 한성시장조합漢城柴場組合 이사(1915), 경성상업회의소 부회두(1915)를 지냈다. 그는 일제 당국과 매우 두터운 관계를 유지하여 경성 남부장南部長(1912)·중부장(1913), 경성부협의원(1914, 1926), 대정친목회 이사로 활동한 '명사'였다(일기자, 〈芮宗錫論〉, 《반도시론》 2-2, 1918년 2월; 孝子洞人, 〈名士와 일상생활—경성 사교계의 주인 예종석씨〉, 《반도시론》 3-1, 1919년 1월; 石原留吉, 《京城案內》, 168쪽; 牧山耕藏, 《朝鮮紳士名鑑》, 239쪽).

명망가라는 사회적 위치를 고려한 것으로, 관변 당국과의 교섭을 위해 관료 출신 명망 실업가나 귀족을 조합장으로 추대하던 당시의 일반적인 관행에 따른 것이었다. 예를 들어 1913년 김덕창이 중심이 되어 조직한 경성직물조합도 직물업과는 하등 관계없는 납세조합 간부 조윤용趙允鏞을 조합장으로, 고문으로는 조중응 자작·유길준 등의 명망가를 추대하고 김덕창이 부조합장으로 활동했다. 그리고 감독에는 공업전습소장과 농상공부 상공과 기사를 추대했다. 또한 경성고물상조합도 종로상업회의소 의원이자 경제계 유력인사로 양복 상점을 경영하고 있던 서상팔徐相八을 조합장으로 추대했다.

신태화는 이 조합 결성과 유지에 적극적인 태도를 견지했다. "상인들이 단합되어 일치하면 고객에게도 편의를 줄 뿐 아니라 외국인에게 상권을 빼앗길 염려도 없기" 때문이라는 생각에서였다. 1910년대 초중반에 이르러 "안으로는 동업자 간의 지각없는 경쟁을 피하여 동업자의 영업 발전을 도모하고 또한 밖으로는 동업자에게 해를 입힐 대적의 침로에 대항하기 위한 상공업자의 전투함"[61]으로서의 동업조합 조직의 필요성에 전반적으로 공감하고 있던 분위기였기 때문일 것이다.

그러나 조합 반대의 입장을 취하는 업자도 있었다. 이들은 1920년대에 창업하여 새로 고객을 확보해야 하는 이들로서, 협정 가격이 시장 개척에 불리했기 때문에 가격 자율화를 통해 승부하기를 원했다. 때문에 조합통제주의에 반대했던 것이다. 이때 조합 반대 상점은 김윤면金潤冕의 윤광상회潤光商會(1922년 5월 창립, 1922년도 영업세 200원)와 김한두金漢斗의 창신상회昌信商會(1921년 11월, 200원)였다. 1920년대에 들어 경기가 부진하여 금은세공상의 경쟁이 치열해지면서 조합의 협정 가격은 지켜지기 어려웠고 이를 통제하지 못하는 조합은 유명무실해져 폐지론까지 거론되기도 했다.

---

61 〈상공업자의 전투함〉,《매일신보》1916년 12월 8일.

신태화는 조선인 중소 상공업자들이 일반적으로 그러했듯이, 일본인에 대항하여 경제권을 수호해야 한다는 의식이 강했다. 화신상회 경영 시 "포목부·잡화부의 상품을 모두 외국이나 지방에서 구입해오는데 앞으로 조선 상품의 판매 비중을 늘려 조산물산 장려에 힘을 쓰려고 한다"거나, 나아가 "생산부를 두어 직접 제조하려 한다"는 나름대로의 계획을 피력하기도 했다. 물론 개인적으로는 금은세공업에 그치지 않고 포목 등의 일상품 제조에도 뜻을 둔 사업적 야심을 표현한 것이지만, 조선 물산의 생산 장려라는 점에서 바람직한 사업 전망이라고 할 것이다.

그가 1930년 10월경 늦게나마 조선물산장려회에 가입하고 1930년 12월경 창립된 경성상공협회의 평의원으로 활동한 것은 공황기에 사업이 부진하여 고전하면서 조선 물산 장려와 민족경제권 확보를 위한 조직 활동의 필요를 공감했기 때문일 것이다. 특히 경성 지역 생산품을 일반 소비자에게 소개시킨다든가 경성공업자대회를 개최하여 제조업자의 생산을 독려하는 것과 같은 조선물산장려회 경성지회의 활동은 그가 사업적 필요에서라도 조선물산장려회에 참여하게 만든 유인력誘引力으로 작용했을 것으로 보인다. 즉 화신상회는 1930년경 조선물산장려회에서 개최한 조선물산장려바자대회에 적극 호응하여 가장 많은 상품을 출품했던 것이다.[62]

동시대를 살았으며 역시 기술자 출신으로 한말~1910년대 소규모 공장을 경영하다가 1920년 동양염직주식회사를 설립한 김덕창이 경성직물동업조합을 실질적으로 주도했고 조선물산장려회 창립기부터 이사로 적극 활동한 것에 비교해, 신태화의 사회적 활동은 두드러지지 않는 편이다. 김덕창은 기업 경영과 관련된 사회 활동이 필요함을 인식하고 재계·사회계

---

[62] ─記者, 〈조선물산장려바사대회를 보고서〉, 《조선물산장려회보》 1-5, 1930년 5월. 이 바자대회에서 화신상회는 상당한 판매고를 보였으며, 관람객의 투표 결과 3등을 차지했다.

인사들과의 교유에 적극적이었던 반면, 신태화는 경제 영역의 경영 활동에 국한했다. 이러한 그의 태도는 금융권의 지원을 보장받거나 재력가 주주의 확보에 의해 투자를 유치하고, 혹은 경제 관련 정보를 획득하는 데에 현실적인 처세술이 아니었다.

다양한 사회세력과의 연계를 통해 조선인 자본의 성장을 모색한 김덕창의 경제운동과 주요 은행의 지배인들로부터 전폭적인 금융 지원을 받음으로써 급성장할 수 있었던 박흥식의 '능수능대한 교제술'[63]에 비교해, 신태화의 '진충盡忠과 신용'은 식민지 중소기업가 앞에 가로놓인 벽을 뛰어넘기에는 나약한 관념이었다고 할까?

5. 자본축적의 수준과 그 의미

그러면 신태화가 축적한 자본은 어느 정도였으며, 최대 자본을 축적한 시기 또는 축적속도가 가장 빨랐던 시기는 언제인지 등의 자본축적 상황에 대해 살펴보자.

그는 13세부터 직공으로 일하여 약 6년 만인 19세(1895년)에 40원을 모아, 이를 기반으로 조그만 가내 공업체를 영위할 수 있었다. 그로부터 약 13년 동안 축적한 4천 원의 자본과 동업자 김연학의 4천 원을 합쳐 32세 (1908년)에 비로소 소공업체를 확대하여 공장(신행상회)을 설립했다.

일정한 자본력을 갖춘 신행상회는 그 자본축적 속도가 소공업체 시기보다 매우 빨랐으니, 1908년 창립 시의 8천 원은 1911~1915년 기간에 1만 5

---

[63] 신태익, 〈박흥식·최남씨 인물평〉, 《삼천리》 4-2 , 1932년 2월.
"그의 등 뒤에는 조선의 금융을 지배하고 있는 ○○은행, ○○지배인의 후원이 절대하다."

천 원, 그리고 1918년 이전 무렵 14만 원에 달했다. 그러면 신행상회에서
분리하기 전인 1918년 초 무렵 신태화의 개인 자산은 어느 정도였을까? 일
단 신행상회 자본금의 절반인 7만 원은 그의 자산으로 봐야 한다. 그리고
〈표 5-7〉에서 보듯이 1917년경 신태화 소유 경성 지역 부동산의 대지 가격
을 시가(건물가는 포함되지 않음)로 계산한 결과 최대 약 3만 1,265원에 달했
다.[64] 그러므로 신행상회 자본금과 파악된 부동산을 합하면 10만 원에 조금
미달하는데, 여기에 현금과 경성부 교외 소재 부동산 등을 합하면 적어도
15만 원 정도는 되었을 것으로 보인다.[65] 이러한 추론은 독자적 사업체인 화
신상회의 1919년경 자본금이 15만 원인 사실로도 뒷받침될 수 있다. 이를
통해 신태화는 화신상회에 거의 대부분의 자산을 투자했음을 알 수 있다.

〈표 5-7〉 신태화 소유 경성 지역 부동산

지번	지적(평坪합슴)	평당지가(원)	지가(원)	비고
1917년경 소유 부동산				
남대문통 2정목141-1	22	180~250	3,960~5,500	신행상회 공장
남대문통 2정목150-1	12.5	동同	2,250~3,125	동同 상점 (김석규와 공동 소유)
황금정 1정목 122	27	50~100	1,350~2,700	
황금정 1정목 123	28	동	1,400~2,800	
황금정 1정목 129	94	동	4,700~9,400	
종로통 3정목 147	67	동	3,350~5,360	주거 주택
효제동 240	26	20	520	
수창동 182	50	동	1,000	
주교정 13	21	동	420	
삼청동 90	22	동	440	
합계	19,390~31,265원			

[64] 당시 대상인의 경우 자본을 축적하게 되면 대개 토지를 매입했다. 그 대표적인 실증 사례로는 이 책 〈서
설〉과 홍성찬, 〈韓末·日帝下의 地主制 研究─서울 鐘路 布木商店 壽南商會의 農地投資 사례〉 참조.
[65] 1918년경의 자료에서 그의 재산을 20만 원으로 기재했는데 이는 최대 추정액수일 것이다(엑쓰생, 〈새
실업가와 새 성공가─최소자금 四十圜으로써 二十萬圜의 富를 致한 바 申泰和君〉).

1927년경 소유 부동산				
황금정 3정목 211	43	405	17,415	
공평동 72	26	동	10,530	
청진동 4-3	79.8	동	32,319	
청진동 5-2	10.1	동	40,905	
인사동 263	66	동	26,730	화신상회 공장·창고
인사동 264	25	동	10,125	동
인사동 265	115	동	46,575	주거 주택
종로 2정목 3	30	700	21,000	화신상회 상점
종로 2정목 3-1	7	동	4,900	동
종로 2정목 4	20	동	14,000	동
종로 2정목 4-1	5.6	동	3,920	동
합계	228,419원			

* 출처: 《경성부관내지적목록》(1917, 1927)
* 비고: ① 지가는 지적목록에 게재되어 있는 지가가 아닌 매매시가임.
  ② 1917년경 소유 대지 남대문통~종로의 평당 지가는 靑柳綱太郎, 《대경성》(77~81쪽) 게재 1918년도 지가에 의거. 효제동~삼청동의 평당 지가는 20원으로 책정. 그 근거는 1912년도 평당 지가가 주교정 15원, 효제동 15원, 삼청동 3원 등인데(靑柳南冥, 《新撰京城內》, 62~66쪽), 이후 지가의 상승을 감안하여 일괄 계산함(참고로 경성부에서 정한 1917, 1918년경 중등지 대지가격은 30원이었음).
  ③ 1917년경 남대문통 2정목 150-1번지는 김석규와 공동명의 소유로 25평인데 그 절반을 계산.
  ④ 1927년경 소유 대지의 평당 시가는 논의 전개상 1931년의 것으로 계산함. 화신상회 종로상점을 700원으로 계산한 것은 화신상회 맞은 편 한규설 소유 종로 2정목 100번지를 약 700원으로 보는 것(《종로商界의 희소식》《매일신보》1931년 4월 13일. 참고로 1930년경 남대문통 2-16을 표준지로 한 상등지의 토지 매매가격은 603원이었다)에 준했고, 공장과 기타 지역은 중등지 매매가 405원(종로통 4-27번지를 표준지로 한 중등지 매매가격은 《경성도시계획자료조사서》, 1932, 323쪽 참조)으로 일괄 계산했다.

그러면 화신상회의 초기 자본금은 15만 원이었는데 이후 1920년대에는 어느 정도의 자본을 축적했을까? 1927년경의 자료에서는 20만 원 정도라고 했는데 이는 불확실한 추정치이므로 검토를 요한다. 화신상회의 경영이 악화된 시점인 1930년 무렵 일본흥신소 경성지점이 조사한 바에 의하면 신태화의 1년간 상거래액은 80만 원이며, 재산 내역은 부동산 15만 원, 기타 자산 26만 3천 원이고, 실질 자산은 14만 원이었다.[66] 그렇다면 부채

66 岡田寅喜, 《朝鮮實業信用大鑑》, 경성: 주식회사일본흥신소경성지점, 1931, 11쪽. 또한 이 자료에서는 신태화에 대해 "신용상태 C(보통), 지불상태 C(보통), 업태業態 C(보통), 동업자의 지위 1등급"이라고 기재했다. 조사 기관의 공신력이 미지수여서 그 내용을 전적으로 신빙하기 어렵다고 할 수도 있겠지

가 26만 3천 원이었던 셈이다.[67] 신태화의 부동산 자산을 15만 원이라고 한 사실은 〈표 5-7〉에서 보듯 1927년도 경성 지역 부동산이 22만 8천여 원인 것과 비교해 볼 때 저평가되었다는 느낌이지만, 일본흥신소의 조사 내용은 대체로 사실에 가까운 것으로 보인다.[68]

따라서 그는 1920년대에 20만 원 이상의 실질 자산을 축적했으며, 이는 1920년대 말 1930년대 초 공황을 거치면서 14만 원 내외로 축소되었다고 추론할 수 있다. 요컨대 화신상회 설립 후 1920년대 중반에 거래액 확대에 따라 외형적 자산(외상이나 부채거래 포함)이 크게 확대되었으나 실질 자산의 팽창은 그리 크지 않았던 셈이다. 그의 20만 원 자산의 상당부분을 축적한 시기는 바로 1916~1918년 무렵이었다.

이렇게 볼 때 신태화의 자본축적 사이클은 경제 주기 사이클과 거의 같은 궤적으로 움직였음을 알 수 있다. 즉 1915~1918년 호황기에 매우 빠른 속도로 자산의 대부분을 축적했고, 불황기였던 1920년대에는 사업 확장으로 외형 자산은 팽창했으나 자본축적 속도는 상대적으로 더뎠으며 실질 자산의 증가도 크지 않았다.

신태화 사례는 수공업자 출신 기업가의 자본축적 과정과 경영 활동에 관해 많은 사실을 시사해준다. 첫째, 수공업자 출신 자본가의 경우 그 성장에 가장 주요한 변수는 바로 자본의 열세를 어떻게 타개하느냐인데, 그 방

___

만, 당시 흥신소의 정보력은 많이 이용되었다. 금융기관으로부터 자금 조달이 어려웠던 당시에는 대금업이 주요 업종 가운데 하나였고 대금업자나 사설 금융업체들은 대출자의 자산 구성과 신용 상태에 대해 흥신소에 의뢰하는 예가 많았다. 또한 은행·금융조합도 같은 목적으로 흥신소를 이용했다. 이와 같이 흥신소가 자주 이용되었다는 것은 그 정보력에 대한 신뢰도가 비교적 컸음을 의미한다.

[67] 그러나 부채가 35만 원 내지 36만 원이었다는 설도 있다(北村 商街의 異彩 和信百貨店의 偉容).
[68] 그 이유는 부동산과 기타 자산(주로 상품, 재고 등 현물자산)을 합한 41만 3천 원은 채권자인 박흥식에게 화신상회를 다급하게 넘기는 상황에서 제값대로 받지 못하고 할인한 액수인 36만 원에 근접한다. 공장과 재고품 모두 36만 원에 넘겼으나 거주 가옥 등은 제외되었을 것이기 때문이다. 또한 화신상회 이양 시 받은 36만 원 가운데 26만 원은 부채 청산에 쓰였고 나머지 10만 원은 주식회사화신상회의 출자금=1934년 태성상회 창립 자본금이었으므로 앞에서 살펴본 내용과 부합된다.

법으로는 금융기관의 지원과 동업 또는 투자주의 확보를 상정할 수 있다. 그러나 부르주아 혁명에 의해 자주적 근대국가로의 이행에 실패한 조선의 경우 권력(대한제국, 일제)과 직간접적인 유착관계를 유지한 관료 출신 실업가나 대상인·대지주가 아닌 소공업자의 경우 금융기관의 지원은 거의 기대하기 어려웠으므로,[69] 사금융기관私金融機關을 이용할 수밖에 없었다. 그러나 여기에서 조달한 자금으로 장기적인 사업 시설에 투자하기는 어려웠을 것이다. 따라서 지주·상인과 같은 부호의 투자를 유치하거나 혹은 이들과 동업하는 것이 열악한 자본을 확충하는 일반적 방법이었다. 신태화가 신행상회 설립 시 김연학과 동업하며, 화신상회를 확장할 때 한규설의 투자를 유치하고, 이후 박흥식의 자금을 썼던 점은 이러한 사실을 확인시켜 준다.

둘째, 한국 근대는 대한제국의 붕괴와 일제 강점으로 진행하는 정치적 격변 속에서 경제 제도 및 정책의 치폐置廢와 국내외 전쟁·공황 등으로 인한 경기 부침으로 경제 변동이 심했으니, 시장 상황 및 경제 주기를 예견하고 적절하게 대처하는 자본가의 능력 여부에 의해 성패가 갈렸다. 이는 대상인·대지주 등의 자산가도 마찬가지였으나, 자본력이 미약한 자본가의 경우 더욱 그러했다. 신태화는 금은광물이 유출되어 원료 가격이 높았던 1900년대 전후에 전당포를 겸영하여 유질된 귀금속을 값싸게 원료로 획득할 수 있었고, 또한 화폐정리사업 시기에는 금은을 소지하여 오히려 상대적으로 이득을 보았으며, 1차 세계대전 호황기에는 적극 사업 확장에 나서 상당한 자본을 축적할 수 있었다. 그러나 1918년 화신상회를 설립한 후 공

---

[69] 이러한 사실은 대한천일은행, 한일은행의 대출자가 대부분 일정 자본 규모 이상의 시전·객주 상인, 유력 자산가라는 연구 결과에서도 확인할 수 있다(정병욱, 〈1910년대 한일은행과 서울의 상인〉, 《서울학연구》 12, 1999; 김윤희, 《대한제국기 서울지역 금융시장의 변동과 상업발전》, 고려대학교 박사학위논문, 2002, 〈부표 8〉 참조).

황이 닥쳐오고 이후 불황이 지속되었음에도 경제 흐름을 제대로 읽지 못하고 사금융으로부터 무리하게 자금을 조달하여 사업을 확장함으로써 쇠락의 길로 들어섰던 것이다.

셋째, 한국 근대 초기에 기업·공장 설립을 주도한 것은 지주·상인에서 전화한 자본가 그룹이었다. 그러나 공장 생산액이 총공산액에서 차지하는 비중은 작았으며, 또한 공장 생산액의 상당 부분은 직공 5~10인 규모의 소공장에서 생산되었다. 이는 생산의 담당 주체로 직공 5인 이하 소공업체(및 가내공업체)와 그로부터 확대 성장한 소규모 공장의 입지를 무시할 수 없음을 보여준다. 실제 조선총독부나 민족주의 계열에서 이들을 겨냥한 정책을 표방하고 요구했던 사실에서도 현실적인 비중을 짐작할 수 있을 것이다. 그런 점에서 신태화와 같이 소공업체에서 일정 규모 공장으로 확대 성장하거나 혹은 중도 좌절한 수공업자 출신 자본가의 경영 활동과 자본축적 경로에 관해 더욱 많은 연구가 이루어져야 한국 자본주의 발달사를 제대로 해명할 수 있을 것이다.

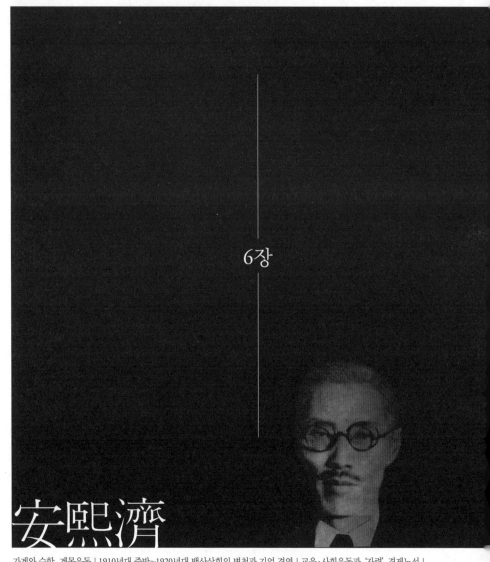

6장

安熙濟

가계와 수학, 계몽운동 | 1910년대 중반~1920년대 백산상회의 변천과 기업 경영 | 교육·사회운동과 '자력' 경제노선 |
백산상회의 정치적 의미와 경제운동의 사회적 가치

'민족자본가'의 전형,
안희제

1. 가계와 수학, 계몽운동

일반적으로 안희제(1885~1943)는 무역상점 백산상회를 설립 경영하여 상해 임시정부에 운동자금을 조달한 민족주의자로 알려져 있다. 그러나 그는 1910년대 중후반 1920년대 초 백산상회뿐만 아니라 주일상회주식회사의 주주였으며, 경남인쇄주식회사의 창립을 주도하고 조선주조주식회사의 설립 및 경영에 앞장섰던 부산 지역의 대표적 자본가이기도 했다. 또한 1929년 중외일보를 인수하여 언론계에 8면지 발간의 새로운 장을 열었던 경영인이기도 하다.

안희제는 1885년 8월(음력) 경남 의령군 부림면 설뫼 마을에서 태어났다. 본관이 강진인 안씨 집안은 고려 말 주자학을 전파한 안향安珦의 후손이며, 임진왜란 때 곽재우와 함께 의령 지역을 중심으로 의병운동을 전개했던 안기종安起宗은 안희제의 직계 선조다. 소지주 향반 가문에서 자라나 어린 시절 유학을 배웠으나, 1906년 신학문을 익히기 위해 상경하여 민영환이 설립한 사립흥화학교에서 수학했다. 1907년 보성전문학교 경제과에 입학했으나 설립자 이용익이 러시아로 망명하면서 재정난이 심해진데다 교장배척운동에 연루되어 양정의숙 경제과로 옮겨 1910년 1월 우등생으로

졸업했다.[1]

안희제는 신학문에 접하면서 당시 지식인과 지역 유지들에 의해 전개되고 있던 계몽운동에 동참했다. 먼저 1906년 윤상은, 장우석 등과 함께 구포에 1년제 소학교인 구명학교를 설립했다. 구명학교는 교사校舍 신축과 기타 순비로 1907년 9월에 개교했는데, 초대교장은 구포 객주 장우석張禹錫이었다. 이 구명학교의 졸업생 가운데에는 후일 대동청년단 단원으로 상하이 대한민국임시정부 초대 재무차장을 지낸 윤현진(제1회)이 배출되기도 했다.[2]

또 1907년 안희제는 완고한 집안 유림들을 설득하여 문중 재산을 기반으로 고향 의령에 창남학교를 설립했으며, 또한 의령 대지주인 이우식의 지원으로 의신학교宜新學校를 설립했다. 1908년에는 서울 거주하는 영남 지역 출신 지식인들이 조직한 교남교육회에 참여하여 학교 설립을 지원하고, 시국강연을 통해 대중을 계몽하는 국권회복운동에 동참했다.

1909년 10월경 안중근 의사의 하얼빈 의거를 계기로 교남교육회와 신민회 조직기반을 토대로 박중화, 남형우, 김두봉 등이 중심이 되어 국권회복운동단체인 비밀결사 대동청년단(당)大東靑年團(黨)을 조직했는데, 안희제는 부단장으로 활동했다. 계몽적 지식인인 17~30세의 청년 80여 명으로 결성된 대동청년단의 사상은 강렬한 민족주의의식에 기초하여 1909년에 창설된 대종교와 개신유학에 기반을 두고 있었다. 대동청년단은 일제 강점 후 특히 영남 지역 비밀결사운동에 크게 기여했을 뿐만 아니라, 만주와 연해주 지역 독립군기지건설운동, 국내 비밀결사운동, 상해 임시정부 설립과 지원에 큰 역할을 했다는 점에서 민족해방운동사에서 중요한 단체다.

[1] 〈養正卒業〉, 《황성신문》 1910년 1월 19일.
[2] 이동언, 《독립운동자금의 젖줄 안희제》, 독립기념관 한국독립운동사연구소, 2010.

대한제국이 강제병합되자, 1911년 안희제는 다른 대동청년단 동지들과 함께 러시아 블라디보스토크로 망명하여 《독립순보》를 간행하면서 국권회복 방략을 모색하고 있었다.

2. 1910년대 중반~1920년대 백산상회의 변천과 기업 경영

대개 안희제의 독립운동과 경제활동을 거론할 때에 그 중심 되는 내용은 일반적으로 백산상회[3]이다. 안희제가 한말 학교 설립을 비롯한 계몽운동부터 비밀결사 대동청년단, 1920년대 기미육영회, 부산청년회를 중심으로 한 도항저지철폐운동과 주택난구제운동, 협동조합운동, 중외일보 경영, 대종교 운동 등 여러 방면에 걸쳐 다양한 독립운동과 사회운동을 전개했음에도 유독 백산상회를 강조하는 것은 이 상점이 상해 임시정부의 자금 조달 창구로 주목받았기 때문이다.

이렇듯 백산상회는 안희제의 독립운동에서 핵심 내용으로 거론되지만, 이에 대한 연구는 초보적인 수준을 벗어나지 못하고 있다.[4] 그 주요한 원인은 자료 부재 때문이다. 그러나 실증적 연구가 답보되는 상황에서, 한편으로는 소설, 드라마 등을 통해 안희제와 그의 독립운동에 관한 신화화가 이루어지고 재생산되어왔다. 상해 임정에는 '임정 36호'라는 첩보대가 존

---

[3] 참고로 여기에서 백산상회라는 용어는 개인상점 백산상회뿐만 아니라 합자회사백산상회, 백산무역주식회사를 총칭하는 것이다.

[4] 백산상회에 관한 기존 연구에서는 안희제의 개인상점으로 출발하여 이후 1917년 이를 '합자회사 백산상회'로 확대하고, 다시 1919년에 자본금 100만 원의 '백산무역주식회사'로 전환한 사실 자체에 대해서는 밝혀져 있다. 즉 합자회사와 주식회사로 변경, 확장된 경로와 시기에 대해서는 이미 알려져 있다. 하지만 개인상점의 창립 시기, 합자회사 사원들의 각 출자액, 그리고 주식회사의 주주 변화, 영업 상태, 대립과 분란의 원인 등에 대해서는 구체적으로 밝혀진 바가 없다.

재했고 그 조장組長이 바로 안희제라는 이야기를 대표적으로 들 수 있다.[5]

사전류 중 가장 권위 있다고 할 《한국민족문화대백과사전》(초판본: 1991)의 안희제 항목에서는 "1914년 부산에서 백산상회를 경영해 무역업에 종사하면서 국내외 독립운동단체의 연락처를 제공하였다. 1919년 …… 그해에 백산상회를 백산무역주식회사로 확대 개편해 상해 임시정부의 독립운동을 위한 자금조달기관으로 활동하게 하였다"라고 서술되어 있다. 또한 한국역대인물종합정보시스템(한국학중앙연구원 구축)에도 이와 거의 유사하게 서술되어 있다. 다만 1916년에 대구, 서울, 원산, 인천 그리고 만주의 안동, 봉천, 길림 등지에 지점을 설치했다는 사실이 추가 기재되어 있다. 반면 1962년 국가보훈처에서 심사하여 '독립장'으로 결정한 〈포상자 공적조서〉의 공적 개요에는 한말 구명학교와 의신학교 설립, 대동청년단, 발해농장, 대종교 활동이 적시되었을 뿐 백산상회나 임정 자금 조달에 관한 언급은 전혀 없다.

그런데 사전류나 데이터베이스의 백산상회에 관한 서술 가운데에는 사료에 기초하여 검증된 내용이 아닌 부분이 더러 있다. 예컨대 1914년 백산상회의 창립 시기에 대해서는 학계에서 논란 중임에도 확정적으로 서술되어 있다. 또한 지점 설치에 대해 그 시기를 1916년이라고 하고, 설치 지역을 서울·대구·인천·원산과 만주의 안동·길림·봉천이라고 했는데, 경성과 원산에는 지점이 설치되어 있었던 것으로 자료상으로 확인되지만 그 외 다른 지역에 지점이 설치되었는지는 명확하지 않다. 그리고 개인상점 백산상회가 1917년에 합자회사로 전환한 사실에 대한 서술이 없는 것도 오류다.

---

[5] 김형극, 〈항일독립운동의 거목: 임정첩보 36호책 백산과 나〉, 《나라사랑》 19, 1975; 이규태, 〈백산의 비밀첩보활동〉, 《나라사랑》, 19; 李二寧, 《임정특파원 36호》, 東都文化社, 1981.

아마도 이들 사전이나 데이터베이스의 집필에 기초가 된 것은 1975년에 출판된 《백산 안희제선생 특집호》(《나라사랑》 19호)일 것이다. 그동안 이 책은 안희제와 백산상회 연구의 정전正典으로 인식되어왔다. 여기에 실린 〈백산공 가장급유사약록白山公家狀及遺事略錄〉과 이에 기초하여 작성된 〈백산안희제선생 해적이〉는 검증할 필요 없는 백산 안희제의 공식적인 '연대기'였으며, 이 특집호에 게재된 다른 글 역시 아무런 의심 없이 인용되거나 재인용되어왔다. 1990년대 이후 본격적으로 연구가 전개되면서도 〈백산공 가장급유사약록〉 원문에 대한 검토는 이루어지지 않았는데, 최근 그 기록의 정확성 여부에 대해 의문이 제기되고 있다.

개인상점 백산상회의 창립

국내에서 독립운동을 전개하기 위해 귀국한 안희제는 해외 독립운동기지와 국내 비밀결사운동에 대한 자금 조달을 위해 부산으로 이주하여 상업무역에 투신했다. 백산무역주식회사의 연원이 안희제가 개인 경영한 백산상회라는 사실은 당시 백산무역주식회사 관계자들의 증언, 그리고 《조선은행회사요록》과 기타 자료에 의해 입증되고 있다.[6]

그러면 개인상점 백산상회는 언제 창립되었을까? 기존 연구에서는 대개 안희제가 1911년 봄 노령露領으로 망명했다가 1914년 9월 귀국하여 설립한 것으로 서술되어왔다.[7] 가장 먼저 조기준은 《한국기업가사》(295쪽)에서

---

[6] 〈증인 尹顯泰 신문조서〉, 《한민족독립운동사자료집》 8, 98쪽; 나카무라 시로우中村資郎 엮음, 《조선은행회사요록》, 동아경제시보사, 1921, 175쪽; 〈증인안희제신문조서〉, 《한민족독립운동사자료집》 8, 국사편찬위원회, 94쪽.

[7] 백산상회 설립 시기에 대해 이동언은 1914년 9월 귀국하여 1916년경 설립한 것으로 보았고, 권대웅은 안희제가 1916년 5월 설립된 경남인쇄주식회사에 관계했으므로 그 이전인 1915년 전후로 추정했다(이동언, 《안희제》, 한국독립운동사연구소, 2010, 49~50쪽; 백산안희제선생순국70주년추모위원회,

1914년이나 1915년으로 추정했는데, 이러한 주장은 대개 김의환이 작성한 연보年譜〈백산 안희제선생 해적이〉에 기초한 것이다.[8] 그런데 이 연보의 출처는 백산의 동생 안국제가 약술한 행장行狀〈백산공 가장급유사약록〉에 근거한다. 문제는 이 자료의 정확성이다. 안희제 당사자가 아닌 동생에 의해, 그것도 사후에 기록되었기 때문에 연대가 정확하지 않아 행적의 선후가 섞여 있고 일부 내용은 사실 관계도 불분명하다. 대표적으로 다음의 문장을 살펴보자.

① 友人李有石秋翰植某議創設白山商會, 心血傾注, 事業日進, 自此國內及滿洲重要都市, 設置支店 又連絡處 表爲商事 其實乃政治目標事矣 安昌浩大東靑年黨 往來露中國境者 專以白山商會便易連絡也 ② 一日聞安義士重僅被刑 吟一句悲歌壯士歸何也 痛哭吾生又一無 ③ 甲寅秋 釜山事業裡面 告白于考 十分理解 如干家産 投入容許 自此事業擴張全鮮 唯一白山貿易株式會社也[9]

위의 문장은 연속되어 있으나 크게 세 가지 내용으로 구분된다. ① 우인友人 이유석, 추한식과 함께 백산상회를 창설, ② 안중근 의사가 형을 집행받았다는 소식을 듣고 '슬픈 노래 속에 장사는 어디로 돌아갔나 통곡 속에 우리 생명 또 하나 사라졌네'라는 시구를 지음, ③ 갑인년(1914) 가을에 부친에게 부산 사업에 대해 말씀드려 상당한 가산을 투입하는 것에 대한 허락을 받아 이때부터 사업이 확장되어 조선에서 유일한 백산무역주식회사

《백산 안희제의 생애와 민족운동》, 2013, 168쪽).

[8] "甲寅(1914년−필자)秋 釜山事業裡面 告白于考 十分理解 如干家産 投入容許 自此事業擴張全鮮 唯一 白山貿易株式會社也"(《나라사랑》 19, 1975, 177쪽).

[9] 백산안희제선생순국70주년추모위원회 편, 《白山公家狀及遺事略錄》, 《백산 안희제의 생애와 민족운동》, 2013, 367쪽.

가 되었다란 내용이다.

이를 연대순으로 서술된 것으로 독해한다면 개인상점 백산상회는 안중근 의사가 순국한 1910년 3월 이전에 설립되었으며, 백산무역주식회사로 확장된 것은 1914년 9월인 셈이다. 그러나 〈해적이〉에서는 이를 연대순으로 서술된 것으로 독해하지 않고 "1914년 9월에 청진을 거쳐 해로海路로 부산항에 도착한 백산 안희제는 동지 이유석, 추한식 등과 더불어 오늘날의 중앙동에 백산상회를 설립하였다"고 수정했다. 따라서 개인상점 백산상회가 1914년 9월 설립되었다는 주장의 출처는 애매한 셈이다. 필자는 종전에 안희제가 1911년에 노령으로 떠나 귀국한 시기가 불명확하지만 만주·노령 등지에서 독립운동가들을 만나 주유周遊했다는 점, 그리고 귀국 후 사업을 시작하기 위해 시장 조사, 자금 조달 등의 준비기간이 필요하며 부산항에서 사업을 시작했던 것은 1차 세계대전 호황기에 고무되었을 것이라는 점, 그리고 1915년경 의령에서 시정오년기념조선물산공진회始政五年記念朝鮮物産共進會에 자가제조自家製造한 한지韓紙를 출품하여 은패銀牌를 수상한 점 등으로 미루어보아 1915년 말~1916년경에 개인 상점을 개업했을 것으로 추정했다.[10]

그런데 이러한 종래의 설에 대해 재검토를 요구하는 자료가 있다. 초기 백산무역주식회사의 지배인이었던 윤병호尹炳浩는 1919년 9월경 조선국권회복단 예심 증인신문에서 "백산상회는 지금으로부터 8년 전에 안희제가 개인으로 무역상을 경영하고 있다가 대정 6년 나 외의 십수 명이 합자 조직으로 경영해왔는데 대정 8년 7월에 주식 조직으로 변경하여 나는 그 회사 지배인으로 사무에 종사하고 있다"(〈그림 6-1〉 참조)라고[11] 진술했다.

10 오미일, 〈일제시기 안희제의 기업활동과 경제운동〉, 《국학연구》 5, 국학연구소, 2000, 15쪽.
11 〈증인윤병호신문조서〉, 《한민족독립운동사자료집》 8(국권회복단 II), 175쪽. 원문 마이크로필름 사진

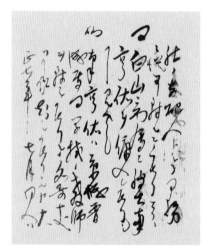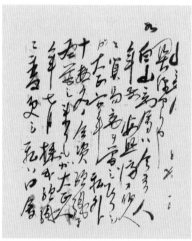

〈그림 6-1〉〈증인윤병호신문조서〉 마이크로필름 원문

원문은 다음과 같다. "白山商會ハ今ヨリ八年前安熙濟カ個人テ貿易商ヲ營ミ居リシガ, 大正6年私外十數名ノ合資組織テ經營シ來リシガ, 大正8年7月株式組織二變更シ私ハ同會社ノ支配人トシテ事務二從事シテ居リマス"

윤병호는 안희제보다 3년 연하로 보성전문학교를 졸업했고 대동청년단 조직 시 안희제와 뜻을 함께했으며, 이후 일제 말기 조선어학회 사건으로 고초를 겪었던 독립운동가다. 그는 와세다대 유학 후 귀국하여 합자회사 백산상회 유한사원과 백산무역주식회사 창립기 지배인으로 일했기 때문에 백산무역주식회사의 연혁에 대해 누구보다 잘 알고 있는 인물이다. 때문에 신문 과정에서의 기록 오류 가능성을 배제한다면 윤병호의 진술은 충분히 검토해보아야 할 사안이라고 생각한다.

그러한 가능성을 뒷받침하는 사실로, 안희제의 입국 시기가 종전에는 1914년 9월로 공인되어왔으나 이를 1912년 초로 볼 수 있는 자료가 있다. 즉 양정의숙 졸업 후 해외를 주유周遊하던 안희제는 무관학교 창설과 독립 군기지 건설을 목적으로 노령으로 망명한 신민회 간부 이갑李甲이 병환으로 쓰러지자 그를 돌보기 위해 1911년 12월경 페테르부르크에 도착했다. 이갑은 1912년 1월 25일 안창호에게 보내는 서신에서 "여비가 마련되는 대로 만사를 제쳐놓고 안희제를 귀환시킬 것이며 그가 회환回還한 후 약 3개월이면 국내로부터 다소 자금이 변통될 것"이라고 적고 있다.[12] 따라서 이 서신 내용대로 진행되었다면 안희제는 1912년 2월이나 3월경 귀국했을 것이다. 귀국한 그가, 이갑의 편지에서 나타나듯이, 국외 독립운동기지나 운동가에 대한 자금 조달에 부응하고 연락을 원활하게 하기 위한 기구로 바로 백산상회를 설립했을 개연성은 충분히 있다고 본다.

개인상점 백산상회의 정확한 설립 시기는 앞으로 상호 등기공고 자료 등이 발굴되어야 분명해질 것으로 본다. 강조해둘 점은 종래 1914년 9월설

---

[12] 〈昌 第五号〉,《島山安昌浩資料集 1—在露同胞와의 書信類》, 독립기념관 한국독립운동사연구소, 1990, 273~274쪽.
참조. 이 마이크로필름을 직접 찾아 제공해주신 국사편찬위원회 한긍희 연구관님께 감사드린다.

〈그림 6-2〉 개인상점 '백산상회' 상호 폐지 공고

안희제는 백산상회 설립 시 자본은 자신이 조달했으나 경영은 부산의 토착 인사인
이유석과 추한식에게 맡겼다. 추한식은 '백산상회' 상호의 명의 등기자인 추한석과 동일 인물로 보인다.
위는 상호 사용자인 추한석이 1916년 12월 사망하자 1917년 4월 23일자로
상호를 폐지한다는 등기 공고.
* 출처:《부산일보》 1917년 4월 24일.

의 근거인 〈백산안희제선생 해적이〉의 원전인 〈백산공 가장급유사약록〉 자체가 불완전한 자료이므로 개인상점의 창립 시기는 전면적으로 재고되어야 한다는 점이다.

안희제는 백산상회 설립 시 자본은 자신이 조달했으나, 부산의 지역 동향이나 상업 관행에 문외한이었으므로 부산의 토착 인사인 이유석李有石과 추한식秋翰植을 영입했다.[13] 이유석은 해륙물산 위탁매매 영업을 하는 신창호信昌號를 경영하던 객주로 부산해륙물산객주조합원과 이후 남선창고주식회사의 중역(1920년대 말~1930년대)으로 활동했던 인물이다. 그는 안희제와 함께 부산청년회에서 간부(재무부장, 회장)로 활동했으며 이후에도 부산청년연맹 대의원으로 사회운동에도 관심을 기울였던 자본가였다.[14]

추한식은 '백산상회' 상호商號의 명의 등기자인 추한석秋翰奭과 동일 인물인 것 같다. 〈그림 6-2〉에 나타나듯이, 상호 사용자인 추한석이 1916년 12월 사망하자 1917년 4월 23일자로 상호를 폐지한다는 등기 공고가 게재되었다.[15] 일찍 사망한 추한석에 대한 여타의 기록은 나타나지 않는다. 추한석은 추계秋季 추씨의 동래파 7대조 재완在完의 3남으로 구포 만덕에 거주했던 인물이다.[16]

그런데 이 추한석은 1910년 가을 개최된 동래군학생연합회에서 발기한 경남학생연합회 위원 추한식秋翰植[17]과 동일인인 것으로 추정된다. 그렇다면 이유석과 추한식은 단순히 객주나 상인이라기보다 안희제의 정치적 노

[13] 安國善, 〈白山公 家狀及遺事略錄〉, 《나라사랑》 19호, 1975, 177쪽.
[14] 1926년 부산여자고등보통학교 설립 문제로 개최된 시민대회에서 실행위원으로 선출되어 활동했다(《매일신보》 1926년 7월 7일).
[15] 〈등기공고〉, 《부산일보》 1917년 4월 24일.
[16] 추계추씨동래파문화, 《동래추씨3백년사》, 1996, 26쪽. 이 시기에 동래파 추씨족보에서 추한식秋翰植이라는 인물은 나타나지 않고 추한석만 기재되어 있다.
[17] 김삼근 편저, 《부산출신독립투사집》, 태화인쇄사, 1982, 84쪽.

선에 동조하는 '우인友人' 이었을 것으로 생각된다.[18]

백산상회의 주요 업종은 곡물무역이었는데 1917년경에 이르러서는 지역 내에서 대표적인 조선인 곡물상점으로 인지되고 있었다. 이는 부산 곡물시장에 대한 조선인의 입장을 대변하여 "백산상회 주임 안희제"의 단독 인터뷰가 부산일보에 기사화된 것으로 보아 짐작할 수 있다.

> 금일 천지에 我 조선인도 명의상이나 실행상에 당당한 제국 신민이 되았스니 彼我間에 추호의 구별이 없이 여하한 사업이라도 공동일치로 호상부조하야 진행하기를 희망하는 터이다. …… 금일 조선사회에 정치교육을 위시하야 기타 萬般事爲에 彼我의 구별이 無하며 又 곡물시장으로 논할지라도 인천 원산 등지에는 彼我 물론하고 誰何人이라도 동업자이면 상당한 보증금을 入하고 가입함을 得하거날 況且 관문되는 대부산이리오. 然이나 부산곡물시장규칙에도 조선인은 가입치 못한다 함이 업습도 불구하고 我等 동업자가 수차 청원을 하야도 하등의 이유가 업시 허가치 안는 고로 商議會와 府廳에서도 아등 동업자를 가입케 함이 可타고 권유하니 穀物大商 大池氏 等은 快히 승낙하되 當地 내지인 동업자 중 세력이 부족한 자 二三人이 我等이 가입하면 곡물상에 대한 바 혹 사상과 능력이 乏함을 자인하고 이익을 我等에게 被奪할까 염려하야 大히 반대하는 듯하나 如此히 비루한 사상은 一日이라도 速히 破하고 …… 대부산으로 하야곰 他地에 受恥가 업도록 하기를 切望不止한다 운운하는 同氏의 안색은 憤氣에 싸이엿더라.[19]

[18] 정황상 이유석과 추한석은 백산상회 설립 이전부터 부산 지역에서 오랫동안 영업한 노련한 상인이 아니었을 것으로 보인다. 이유석이 경영한 신창호信昌號도 나중에 1910년대 중반 이후에 설립되었을 가능성이 크다. 추한석 역시 1910년 무렵 학생운동에 관계한 인물로 본다면 나이로 보아 백산상회 설립 이전부터 상업활동을 했을 가능성은 낮다.
[19] 〈白山商會主任 安熙濟氏談: 穀物市場과 鮮人〉, 《부산일보》 1917년 7월 28일. 위 인용 기사의 첫 문단만 보면 자칫 일제에 대한 '협력'으로 독해될 수도 있으나, 안희제가 비밀결사운동이나 이후 지역 내 사회운동을 주도했던 활동 반경으로 미루어 수사적 표현으로 읽어야 할 것이다.

이 기사에서 보듯이 안희제는 곡물시장의 경우 인천, 원산 등지에서는 누구라도 일정액의 보증금을 내고 가입할 수 있는데 부산에서만 조선인 곡물상의 가입을 막고 있다고 성토했다. 그런데 여기서 주목할 점은 조선인의 곡물시장 가입에 대해 오이케大池忠助와 같은 대곡물상은 흔쾌히 찬성하는 반면 일본인 중에서도 소규모 곡물상은 반대했다는 점이다. 이는 일본인 중소 곡물상의 경우 조선인 곡물상을 위협적인 경쟁자로 경계했음을 의미한다. 결국 1918년 1월 부산곡물시장 총회에서는, 안희제를 비롯한 조선인 상인의 요구가 수용되어, '부산항에서 미곡상을 영위하는 시장 역원役員이 상당하다고 인정하는 일본인 시장회원 2명 이상의 보증인을 세우거나 또는 1만 원의 유가증권을 기탁하는 조건으로 입회할 수 있다'고 만장일치로 결정되었다.[20]

1차 세계대전 호황기에 백산상회의 영업에 대해 알려주는 자료는 현재까지 발견되지 않았다. 그러나 1917년 7월경 안희제가 전북 남원군에 약 46만 평에 달하는 금광 광업권을 설정한 것으로 보아[21] 비교적 순조로웠을 것으로 생각된다.

합자회사백산상회로 확대

백산상회가 개인상점 형태에서 자본금 14만 원의 합자회사로 확대된 것은 1917년이었다. 〈등기공고〉에 의하면 이 해 11월 8일 공식적으로 설립되었으며 위치는 본정 3정목 12번지, 설립 목적은 '곡류, 해산물, 종이, 가죽,

[20] 〈부산곡물시장과 鮮人穀物商〉, 《부산일보》 1918년 1월 25일.
[21] 《조선총독부관보》 1917년 8월 6일.

주단紬緞, 면포류, 기타 각종 무역 및 동同상품의 위탁판매 영업'이었다.[22]
등기공고에 게재된 백산상회의 영업 내용은 다양하지만, 주력 업종은 곡
물 매매였다.

백산상회가 상법에 의해 합자회사로 공식 설립된 날짜는 11월 8일이지
만,[23] 이미 그 이전부터 합자 조직으로 경영되고 있었다.[24] 이는 1917년 10
월 5일경 무역상 백산상회가 "각 거래처와의 사이에 일층 명료함을 도모
하기 위해 모든 거래의 경우에는 약속어음과 물품으로 교환하기로 한다.
만약 해당 방법에 따르지 않아서 지장이 생기면 폐점에서 일체 부담할 책
임이 없음을 알린다"는 광고(〈그림 6-3〉 참조)에 주무자主務者로 안희제와
윤현태尹顯太가 함께 명시되어 있는 점으로 보아 알 수 있다. 또한 이 무렵
백산상회는 상점을 상징하는 상표(마름모꼴 네모 안에 열십자 모양)도 사용하
고 있었다.

---

[22] 〈등기공고〉, 《부산일보》 1917년 12월 6일; 《조선총독부관보》 1917년 11월 17일. 등기 날짜는 1917년
12월 3일이다.
[23] 《부산일보》 1917년 11월 19일자 기사에 의하면 설립원이 허가된 것은 11월 17일이라고 한다. 그러나
이는 《조선총독부관보》에 공시된 날짜이고 공식적인 설립일은 상업등기에 기재된 설립 날짜로 보아
야 할 것이다.
[24] 윤병호의 신문조서에 의하면 합자회사 경영이 1917년 1월부터 이루어졌다고 한다(《한민족독립운동
사자료집》 8, 89쪽, 345쪽). 기록 오류가 아니라면, 그리고 윤현태와 달리 윤병호의 회사 연혁 시기에
관한 여타 진술이 정확하다는 점을 고려한다면, 1917년 1월부터 실질적인 합자 경영이 시작되어 합
자회사로 전환하기 위한 법적인 준비에 들어가 11월 8일 공식 설립된 것으로 볼 수 있다.
주식회사 변경 시에도 1918년 11월 초 당국에 허가를 신청하고 다음 해 1월 14일 인가받아 5월 말 공
식 설립하여 7월 1일 영업을 시작했던 과정에서 나타나듯이, 허가 신청부터 영업 시작까지 약 8개월
이 경과되었다. 허가 신청하기 이전의 준비 과정을 감안한다면 더욱 많은 시간이 소요되었을 것이다.

〈그림 6-3〉　　　　　〈그림 6-4〉　　　　　　〈그림 6-5〉

합자회사백산상회 광고

백산상회가 상법에 의해 합자회사로 공식 설립된 날짜는 11월 8일이지만 이미 이전부터 합자 조직으로 경영되고 있었다. 이는 백산상회의 주무자로 안희제와 윤현태가 함께 명시되어 있는 1917년 10월 5일경의 광고를 통해 알 수 있다. 또한 이 무렵 백산상회는 상점을 상징하는 상표도 사용하고 있었다.

* 출처: 〈그림 6-3〉《조선시보》 1917년 10월 5일, 6일, 8일, 10일, 12~14일; 《부산일보》 1917년 10월 13일.
　　　〈그림 6-4〉《조선시보》 1917년 10월 31일.
　　　〈그림 6-5〉《매일신보》 1918년 1월 16일, 1월 22일.

〈표 6-1〉 합자회사백산상회의 대표자와 사원社員

	인명 (나이)	출자액 (1회불입액)	주소	직위	경력
1	안희제 (34)	28,350원 (7,087원 50전)	경상남도 의령군 부림면富林面 입산리立山里 168번지의 1	무한책임	교남교육회, 대동청년단(1909), 조선국권회복단, 대동은행大東銀行 발기인(1919), 기미육영회, 부산상업 회의소 삼의원(1926)
2	윤현태 (29)	28,350원 (7,087원 50전)	경상남도 양산군 읍내면邑內面 북부동北部洞 358 번지	대표자, 무한책임	조선국권회복단, 양산공립 보통학교 학무위원(1912), (주)경남인쇄 이사·감사, 대동은행 발기인(1919), (주)의춘신탁 宜春信託 이사(1920)
3	최완 崔浣	10,000원 (2,500원)	경상북도 경주군 부내면府內面 교리校里 68번지	무한책임	임정 재무부위원(1919), (주)대동사大東社 이사(1920)
4	최준 崔浚 (34)	20,000원 (5,000원)	경상북도 경주군 부내면 교리 69번지	유한책임	조선국권회복단·대한광복회, 경남은행 이사(1920)
5	허걸 許杰 (35)	11,500원 (2875원)	경상남도 동래군 좌이면左耳面 화명리華明里 1134 번지	유한책임	황성신문 사원, 구포은행 주주
6	성태영 成台永	9,200원 (2,300원)	경상남도 함안군 산인면山仁面 부봉리釜峰里 161 번지	유한	함안군 참사(1919), (주)충남물산 감사
7	윤병호 尹炳浩 (29)	5,000원 (1,250원)	경상남도 남해군 설천면雪川面 문의리文義里 586 번지	유한	대동청년단, 기미육영회
8	김정훈 金正勳 (22세)	4,600원 (1,150원)	경상남도 양산군 상북면上北面 상삼리上森里 406 번지	유한	교남학교 교주校主(1927), (주)경남인쇄 이사(1916)
9	이정화 李禎和	4,600원 (1,150원)	경상남도 창녕군 길곡면吉谷面 증산리曾山里 45번지	유한	광명학교廣明學校 설립(1909)
10	유덕섭 柳德燮	4,600원 (1,150원)	경상남도 양산군 상서면上西面 교리校里 844번지	유한	양산공립보통학교 학무위원(1912)

11	안담 安湛	4,600원 (1,150원)	경상남도 의령군 부림면富林面 입산리立山里 134 번지	유한	
12	정순모 鄭舜謨	4,600원 (1,150원)	경상남도 양산군 상북면上北面 석계리石溪里 824 번지	유한	(주)의춘신탁 사장(1923)
13	김용조 金容祚	4,600원 (1,150원)	경상남도 동래군 동래면 원리院里 923번지	유한	동래은행 이사
	합계	140,000원 (1회 불입금 35,000원)			

* 출처: 〈등기공고〉, 《부산일보》 1917년 12월 6일.
* 비고: 나이는 1917년 당시 연령임.

　합자회사백산상회의 사원은 〈표 6-1〉에서 나타나듯이 대표자 윤현태를 포함하여 총 13명이었다. 그런데 〈등기공고〉에는 무한책임사원이 안희제 외에 윤현태, 최완으로 기재되어 있었는데, 1918년 1월경 광고에는 최완이 최준으로 바뀌어 있다. 이로 보아 최준, 최완 형제의 참여 방식이나 투자금이 초기에는 확정되지 않아 무한책임사원으로 동생인 최완이 나섰다가 이후에 최준으로 번복된 것으로 보인다. 즉 1917년 10월경 광고에 주무자로 안희제와 윤현태가 함께 기재된 것에서 알 수 있듯이, 먼저 윤현태와 안희제가 합자회사 설립에 뜻을 같이하고 무한책임사원으로 결정되었고, 이후에 최준이나 최완 등 다른 이들을 포섭하여 확정했던 것이다.

　안희제와 똑같은 금액을 투자한 윤현태는 양산 대지주로 경남인쇄주식회사 창립 주주였으며, 이후 1919년경 일금상회一金商會(부산)와 1920년 초반 주식회사 의춘상행宜春商行(양산)을 경영했다.[25] 그는 1915~1919년 경

---

[25] 윤현태의 부父는 동래부사東萊府使 겸 감리監理, 경상우도관찰사를 지낸 윤필은尹弼殷이며 조부祖父가 동래부사·사천군수泗川郡守를 지낸 만석군 윤홍석尹洪錫이고, 구포의 대지주로 구포저축회사, 구포은행의 설립을 주도했던 윤상은尹相殷이 숙부였으며, 여러 사업을 동시에 전개한 자본동원력으

남·북을 근거로 존속했던 비밀결사 조선국권회복단에 연계를 맺고 있었으며 기미육영회, 부산예월회 등 사회단체에서도 활동했다. 동생 윤현진尹顯辰(경남은행 지배인)은 대동청년단 단원으로 이후 상해 임정 재무차장을 지냈다.[26]

죄완崔浣은 경주 대지수 최순의 농생으로 1909년 내동청년난에 가입겠으며, 1919년 4월 이후 임정 재무위원으로 활동했다. 그는 1920년대 초반 무렵 무역 및 위탁매매를 영업 내용으로 대구 지주들이 설립한 (주)대동사大東社의 이사로 활동했으며 1937년경에는 신탄·석탄 판매 영업을 하는 대구임산상회大邱林産商會를 경영했다.[27] 최준은 조선국권회복단과 대한광복회에 관계했으며 상해 임정에도 지금을 지원했다.[28]

허걸許杰은 구포 지주로 구포은행 설립에 참가했다. 앞에서 이미 언급한 윤병호는 남해 출신으로 대동청년단에 참여했고 백산상회뿐만 아니라 주일상회에도 주주로 참여했다.[29] 이로 보아 합자회사 백산상회는 대동청년단과 조선국권회복단의 관계자들이 경남 지역 부호들을 규합하여 주도했다고 할 수 있다.

로 보아 상당한 자산을 지닌 대지주였음을 알 수 있다. 1920년 초반경 고향인 양산에서 주식회사 의춘상행宜春商行을 지영진池榮璡(전무), 추봉찬秋鳳璨(지배인) 등과 함께 경영했다. 이 의춘상행은 종래 의춘양행宜春洋行으로 알려져왔고, 또한 설립 주체도 동경 유학 후 돌아온 윤현태의 동생인 윤현진(상해임정 재무차장)이며 그 성격도 일종의 소비조합으로 이야기되어왔다. 그러나 그 설립 주체는 윤현태이며 소비조합이 아니라 이윤을 목적으로 하는 주식회사 형태의 상점이었다(오미일, 《한국근대자본가 연구》, 174쪽).

[26] 윤현진 역시 대지주였다. 1923년 한성은행의 차입금을 상환하지 못하자 은행 측에서 담보토지의 경매를 진행했는데 양산군 소재 토지 26건의 최저경매가가 총 2만 5,390여 원에 달했다(〈부동산경매공고〉, 《조선시보》 1923년 6월 13일). 권대웅은 윤현진을 '백산상회 전무'라고 파악했는데(《1910년대 국내독립운동》, 한국독립운동사연구소, 2008, 141쪽), 이는 윤현태의 오류다.

[27] 《조선은행회사조합요록》, 1925; 《조선총독부관보》 1937년 2월 18일.

[28] 〈포상자공적조서〉.

[29] 그는 조선어학회 사건으로 1년간 투옥되었으며 해방 후에는 경상남도 농림국장, 3대 국회의원(남해)을 지냈다.

백상상회의 합자 조직으로의 변경은 다른 조선인 무역상점에도 영향을 미쳤다. 대표적으로 대창정大倉町 1번지 소재 고려상회高麗商會를 들 수 있다. 본래 해륙산물 구매 및 위탁판매, 특히 곡물무역을 위주로 영업하는 고려상회는 언제 창립했는지는 알 수 없으나 1917년 10월경 왜관지점도 설치되어 있었고 조선인 상업계에서는 드물게 《조선시보》나 《부산일보》, 《매일신보》에 주기적으로 광고를 낼 정도였으니[30] 조선인 상점 가운데에서는 어느 정도 규모가 있었던 것으로 보인다. 그런데 이 고려상회는 원래 개인경영이었는데 1917년 12월경 3, 4명의 유지를 끌어들여 자본금 2만 원을 규합하고 공동경영체제로 변경되었다.[31] 무역상 고려상회가 공동경영 방식으로 바뀐 것은 이 해에 백산상회가 합자 조직으로 변경된 선례에 어느 정도 자극받지 않았을까 생각된다.

합자회사백산상회는 공칭자본금이 14만 원이었으나, 실제로는 제1회 불입금 3만 5천 원으로 계속 경영했다.[32] 합자회사백산상회의 출자액을 보면 안희제와 윤현태가 각기 2만 8,350원(1회 불입금 각 7,087원 50전), 최준 2만 원(5,000원), 허걸 11,500원(2,875원) 윤병호 5천 원(1,250원) 등이었다. 그런데 이후 1925년 내분 과정에서 드러나듯이, 무슨 이유 때문인지는 정확하

---

[30] 〈광고〉, 《조선시보》 1917년 10월 3일, 10일, 16, 23일, 29일, 30, 31일; 《부산일보》 1917년 9월 4일, 12, 15, 28일, 10월 4, 23, 26일, 11월 2, 6, 22일, 12월 2, 5일 ; 〈광고〉, 《매일신보》 1917년 11월 13, 20, 29일.

[31] 〈고려상회 업무확장〉, 《부산일보》 1917년 12월 19일. 고려상회의 공동경영자는 박인표朴仁杓, 최태현崔泰鉉, 김진원金瑨源, 김두봉金枓奉이었다. 그런데 "본인 등이 금번 本商會를 讓受하와 업무를 更新擴張進行하오니 先番去來하시던 僉位는 仍舊涯顧하심을 간망"이라고 한 광고 내용으로 보아 이때 4명이 새로 인수한 것으로 보인다(〈광고〉, 《부산일보》 1918년 1월 1일; 〈광고〉, 《매일신보》 1918년 1월 15일, 17일, 19일, 22일).

[32] 〈증인윤병호신문조서〉, 〈증인안희제신문조서〉, 《한민족독립운동사자료집》 8, 89쪽, 94쪽. 권대웅은 자본금 14만 원 중 안희제가 3만 5,000원을 불입했다고 독해하고 또한 '고향의 전답 2천 두락(혹은 1천 두락)'을 방매한 자금이 3만 5,000원에 해당된다고 서술했다(권대웅, 〈백산무역주식회사의 설립과 경영〉, 《백산 안희제의 생애와 민족운동》, 2013, 169쪽). 그러나 이는 전혀 잘못 독해한 것으로 〈표 6-1〉에서 보듯이 안희제는 출자액 2만 8,350원의 1회 불입금(25퍼센트)인 7,087원 50전을 납부했다.

지 않으나 1차대전 호황이 절정이었던 시기인 합자회사 시절에 부채가 크게 증가했다. 때문에 주식회사체제로 확대된 배경에는 차입금을 시급하게 상환하지 않으면 안 되는 위기 국면을 돌파해야 하는 상황이 크게 작용했던 것 같다.

백산무역주식회사로 체제 변경

주주와 경영진의 변화

합자회사 백산상회는 1918년 가을 주식회사체제로 변경을 시도했다. 11월 초에 당국에 허가를 신청하여 이듬해 1919년 1월 14일 인가받고, 5월 28일 공식 설립되었다.[33] 그러나 실제 영업이 개시된 것은 7월 1일부터였다.[34] "경남 재산가의 거의 전부가 관계되어 있는 회사"[35]라고 할 정도로 백산무역주식회사는 경남 지역 지주들의 자금을 모아 만든 회사였다.

〈표 6-2〉 창립기 백산무역주식회사의 주주

	인명	주식 수	주소	경력
1	최준	2,000	경북 경주군 경주면 교리校里 69	〈표 6-1〉 참조
2	안희제	2,000	부산부 초량동 659	〈표 6-1〉 참조
3	윤현태	2,000	경남 양산군 양산면 북부동北部洞 358	〈표 6-1〉 참조
4	이종화 李鍾和	1,500	경남 울산군 하상면下廂面 동리東里 729	
5	윤상태 尹相泰	1,000	경북 달성군 월배면月背面 상인리上仁里 909	대동청년단, 조선국권회복단, 태궁상회, 향신상회

---

[33] 〈부산의 新會社〉,《白山會社株主總會》,《매일신보》1918년 11월 3일, 1919년 5월 31일; 나카무라 시로우中村資郎 엮음,《조선은행회사요록》, 1921, 175쪽.
[34] 〈백산회사중역회〉,《매일신보》1919년 6월 13일.
[35] 〈백산회사 분규사건〉,《조선일보》1925년 9월 8일.

6	안익상 安翊相	1,000	경북 의령군 부림면 입산리 37	
7	최선호 崔璇鎬	1,000	경남 산청군 단성면 남사리南沙里 38	
8	조동옥 趙東玉	1,000	경남 함안군 함안면 봉성리鳳城里 804	대동은행大東銀行 발기인(1919)
9	허걸 許杰	700	경남 동래군 구포면 화명리 1134	황성신문 사원, 구포은행 주주, 부산부농 진협회釜山府農進協會 회원
10	김홍석 金洪錫	700	경남 의령군 의령면 서동西洞 349	
11	이우석 李愚奭	700	경북 선산군 선산면 완전동莞田洞 134	기미육영회, 남일상회南一商會(합명合名) 사원(1922)
12	이우식 李祐植	600	경남 의령군 의령면宜寧面 동동東洞 1053	대동청년단, 대동은행大東銀行 발기인(1919), 경남은행장
13	윤병호	500	경남 남해군 설천면雪川面 문의리文義里 86	〈표 6-1〉 참조
14	김용조 金容祚	500	경남 동래군 동래면東萊面 원리院里 923	동래은행 이사(1923)
15	정재완 鄭在浣	500	경남 하동군 금양면金陽面 대치리大峙里 658	(주)주일상회 이사(1921)
16	김상원 金翔原	500	경남 하동군 하동면 읍내리邑內里 847	
17	권오봉 權五鳳	500	경남 창원군 진전면鎭田面 오서리五西里 554	진전면장鎭田面長(1919), 동아일보 진동 분국鎭東分局 기자(1927), 진전면협의원(1931)
18	김재필 金在泌	500	경남 동래군 철마면鐵馬面 매곡리梅谷里 25	
19	김기태 金琪邰	500	경남 진주군 내동면奈洞面 독산리篤山里 598	대지주, 중추원 참의(1922), (주)진주전기 이사(1918), (주)진주토지건물 이사(1919)
20	이현보 李鉉輔	500	경남 거창군 거창면 하동下洞 172	경상남도지방토지조사위원회 임시위원 (1916), 진주 일신고보 상무이사(1923), (주)거창제주居昌製酒 사장(1928)
21	문영찬 文永贊 (斌)	500	경남 하동군 북천면北川面 직전리稷田里 1191	삼산자동차三山自動車 감사(1920), (주)동성상회東成商會 이사(1920)
22	주기원 朱其洹	500	경남 창원군 웅면熊面 서북부리西北部里 511	
23	남형우 南亨祐	300	경성부 가회동 125	달성친목회, 대동청년단, 조선국권회복단, 대한국민의회 산업총장, 임정 법무차장·교통총장
24	강정희 姜正熙	100	경남 의령군 의령면 무전리茂田里 927	경상남도지방토지조사위원회 임시위원 (1916), 의령군 참사(1920), 의령면장 (1924), 경남도평의회원(1927), (주)선일운 송점 사장, 의령금융조합 대표(1927)

25	정재원 鄭在源 (源)	100	충남 천안군 천안면天安面 읍내리邑內里 100	
26	허만정 許萬正	100	경남 진주군 지수면智水面 승내리勝內里 355	중학교 설립에 10만 원 기부(1920), 일신여고 교장, (주)협성상회協成商會 감 사(1920), (주)주일상회主一商會 이사
27	윤상은 尹相殷 (殷)	50	부산부 영주동 26의 1	경남은행 전무이사(1917)
28	김시구 金時龜	50	부산부 매립신정 33	부산상업회의소 부회두(1920), (주)삼산자 동차三山自動車 이사(1921), (주)동성상회 이사(1921)
29	지영진 池榮璡	50	부산부 본정 4정목	보성중학교 졸업, 일광상회一光商會, (합 자)환영자동차丸榮自動車 무한책임사원 (1937), 해방 후 대한도기 사장, 국회의원
30	최태욱 崔泰旭	30	부산부 본정 4정목 11	대동은행大東銀行 발기인(1919), 경남은행 감사, 태공상회泰共商會 주임 (1921), (주)삼산자동차 이사(1921), (주)주 일상회主一商會 사장(1925)
31	홍종희 洪鍾熙	10	함남 문천군 군내면郡內面 옥 평리玉平里 58	신흥군수(1916), 함남지방토지조사위원 회 임시위원(1918), 합성양주소合醸酒 所(주株) 감사(1925), (주)삼산자동차 이사 (1920), 북선창고 대주주·원산지배인,
32	전석준 全錫準	10	경남 양산군 양산면 중부동中部洞 289	동래은행 이사, 경남인쇄 이사(1916), 경 남은행 감사
	합계	20,000주, 불입자본금 250,000원		

* 출처:《한민족독립운동사자료집》8, 91~92쪽;〈부산의 신회사〉,《매일신보》1918년 11월 3일.

〈표 6-2〉를 보면 창립기 주주는 총 32명이었다. 주소지별로 보면 부산부
5, 경남 20, 경북 4, 경성 1, 함남 문천 1, 충남 천안 1명으로 부산·경남에
집중되어 있다. 이들 주주의 주식 소유 현황을 살펴보면, 합자회사 시절
무한책임사원이었던 최준, 안희제, 윤현태가 각기 2천 주(각 2만 5,000원)씩
보유했으며,[36] 윤상태尹相泰·안익상安翊相·최선호崔璇鎬·조동옥趙東玉이 각

---

[36] 1923년 실권한 주식을 제하면 이후 1925년경 안희제의 주식 수는 1,810주로 감소했다(〈백산무역에
주주총회 소집을 신청〉,《조선시보》1925년 9월 10일).

기 1천 주씩 소유했다. 주주들 면면을 보면 모두 각 지역의 대표적인 대지주, 부호들이었다. 그런데 이들 주식은 전부 자신의 개인 소유분이라기보다 지역의 대표적 부호이기 때문에 할당 형식으로 배분받은 것으로 이후 주변 지인들에게 다시 분할된 것 같다.

따라서 이후 추가불입 과정에서 주주 수는 182명으로 크게 늘어났다.[37] 초창기보다 6배 이상 증가한 셈이다. 아울러 주주들의 지역적 분포도 확대되었다. 1923년 7월경 공고된 총 172명의 실권주주를 정리한 〈부표 6-1〉을 보면 거의 대부분 부산부를 비롯하여 동래군, 창원, 의령, 남해, 하동, 진주, 사천, 고성, 산청, 의령, 창녕, 합천, 양산, 밀양, 울산 등 경남 지역과 대구부, 경주, 청도, 고령, 선산, 성주, 김천, 상주 등 경북 지역에 집중되어 있다. 기타 경성京城, 대전, 함경남도 원산·단천, 황해도 평산 등지에도 있지만, 이들은 모두 영남 지역 출신인데 현거주지로 파악되었거나[38] 혹은 영남 지역민과 연고관계에 의해 주주로 된 경우였다.

원산에 주주가 많은 이유는 백산무역주식회사 초창기부터 원산지점이 설립되어 있었고 또한 합자회사나 개인상점 시절부터 이미 원산 지역과 무역 거래가 있어서 교역 관계자인 객주들이 주주 모집에 참여했기 때문일 것이다.[39] 예를 들어 홍종희洪鍾熙(〈부표 6-1〉의 78항)는 주소가 경성부 간동으로 되어 있으나 원산 지역의 대표적 자본가로 ㈜북선창고의 대주주·함흥지배인이자 ㈜원산무역 지배인(1925년경), ㈜합성양주소合成釀酒所 감사였으며, 또한 부산의 송태관(대표)과 어대성(이사)이 운영하는 ㈜삼산자

---

[37] 《조선은행회사요록》, 1921, 175쪽.
[38] 남형우南亨祐는 주소지가 경성이지만 고향은 경북 고령이다. 안희제와 함께 대동청년단 결성에 참여했고 조선국권회복단에서 활동했으며, 상해 임시정부의 산업총장, 법무총장, 교통총장을 역임했다.
[39] 예를 들어 홍종희洪鍾熙(함남 문산)는 원산 소재 북선창고(주, 1920년 설립) 대주주(1927년경 함흥지배인), ㈜원산무역(1920년 설립) 지배인(1925년경)이었으며, 또한 부산의 송태관(대표)과 어대성(이사)이 운영하는 ㈜삼산자동차의 이사였다.

동차의 이사이기도 했다. 그는 원산 지역 조선인 경제계를 주도하고 있는 객주조합의 평의원으로 오랫동안 활동했고 또 부산 지역 회사에 투자하는 것으로 보아 부산 지역과 긴밀한 상업적 관계가 있었음을 알 수 있다. 또한 장익진(〈부표 6-1〉의 96항) 역시 개성 출신으로 원산 지역에 이주하여 오랫동안 원산 객주조합과 부소합상을 지낸 대표적인 자본가나. 쉬잉눈魏衡埠(〈부표 6-1〉의 104항)과 남관희(〈부표 6-1〉의 94항)도 원산 객주조합에 관계하고 각종 회사와 조합 설립에 참여했던 자본가였다.

특히 법인 주주로는 경성방직주식회사와 경남은행이 참가한 점이 주목된다. 또한 경방 사장인 전북 부안 김성수金性洙도 주주였다.

그러나 1923년 중반 추가불입을 하지 않은 주주들을 실권 처리함으로써 1923년 하반기 이후 주주 수는 62명으로 대폭 감소했으며,[40] 따라서 소수 주주에 의한 주식 집적 현상은 더욱 심화되었다. 이는 1925년 9월경 안희제(1,680주, 8만 4,000원), 최태욱(50주, 2,500원), 박영희朴永禧(50주), 윤병호(150주, 7,500원), 지창규池昌奎(100주, 2만 500원), 이우식(410주, 2만 500원) 등이 부산지방법원에 총회 소집 인가 신청을 제기했는데,[41] 이때 이들 6명이 소유한 주식수가 총 2,680주(13만 4천 원)로 불입자본금의 약 27퍼센트에 상당했다는 점에서도 알 수 있다. 특히 1925년 말 대주주 최순(8,940주), 김효석金孝錫(3,420), 최준(1,700), 이우식·안영일安靈日(각 600), 김우성金佑性(300), 허만정許萬正·최연호崔寅鎬(각 250) 등 8명은 총주식수의 약 80퍼센트에 달하는 1만 6,060주를 보유하고 있었다.[42]

다음 경영진의 변화를 살펴보자. 1919년 5월 28일 열린 제1회 주주총회

[40] 《조선은행회사요록》, 1925, 245쪽.
[41] 〈白山貿易에 株主總會 소집을 신청〉, 《조선시보》 1925년 9월 10일.
[42] 《조선은행회사요록》, 1925, 245쪽.

에서 이사 9명과 감사 2명이 인선되었으며, 이어서 6월 9일 열린 임원회의
에서 사장: 최준, 전무: 윤현태, 이사: 안희제·윤병호·허걸·조동옥·정재
원鄭載源·이종화李鍾和·이우석李遇奭, 감사: 윤상은尹相殷·문영빈文永斌·김
상원金翔源으로 결정되었다. 합자회사 시절의 주요 경영진이 그대로 승계
된 셈이었다.

창립 경영진은 1920년 8월 말 주주총회를 계기로 "업무 방침을 일층 혁
신하기 위해"라는 명분에 따라 개편되었다. 최준은 사장직에 유임되었으
나 최태욱이 새로 전무로 영입되었고 이사진도 진주 부호 김기태, 의령 대
지주 이우식으로 바뀌었다. 감사도 박해돈朴海暾, 장진원張鎭源, 김종엽金鍾
燁으로 모두 교체되었다.[43] 그러나 이 개편된 임원진은 오래 지속되지 못했
다. 1921년 후반기에 사장 최준과 전무 최태욱은 유임되었으나 김기태·이
우식이 퇴임하고 창립 이사인 안희제와 윤현태가 다시 복귀했다.[44]

1923년 5월에는 문상우文尙宇가 이사로 영입되어 취임했다.[45] 문상우는
동경고등상업학교 졸업 후 한일은행을 거쳐, 경남은행 지배인·상무, (주)
부산미곡증권신탁 이사로 일했고, 이후 해동은행 지배인(1931)을 역임한
부산 지역의 대표적 자본가였다. 그는 부산의 대지주이자 실업가인 하자
마迫間房太郞의 후원을 받으며 부산부 참사(1920)로 활동했고 경상남도 지
사로부터 중추원 의원으로 추천받기도 했던 친일 자본가였다.

합자회사 시절부터 동업자이고 정치적 입장에서도 뜻을 같이했던 최준
이 계속 사장으로 유임하기는 했으나, 김기태·문상우와 같이 정치적 노선
을 달리했던 이들이 이사로 영입되면서 창립 이사였던 안희제·윤현태는

---

[43] 〈白山會社役員改選〉, 《동아일보》 1920년 9월 9일.
[44] 《조선은행회사요록》, 1921, 175쪽.
[45] 〈상업등기공고〉, 《조선시보》 1923년 5월 19일.

계속 자리를 지킬 수 없었다. 이와 같은 경영진의 변동은 주주 이익의 극대
화와 배당금 실현을 우선 하는 주식회사의 속성상 당연한 결과였다. 다양
한 성향과 목적을 가진 자본가와 지주가 출자하여 성립된 주식회사의 경
영 방침이나 기업관은 대동청년단이나 조선국권회복단 관계자들이 주도
했던 합자회사와는 상당히 다를 수밖에 없었던 것이다.

영업 상황, 내분과 해산

백산무역은 1, 2회 불입을 단행하여 50만 원의 불입자본금을 보유하게 되
었다. 그러나 배당은 전혀 이루어지지 못했고 회사의 적자는 심각할 정도
로 누적되고 있었다.

〈표 6-3〉은 백산무역주식회사의 대차대조표인데 매년 6월 말 연 1회 결
산을 실시했다. 창립 초기인 1919년 12월 대차대조표를 보면 차입금이 29
만 7천여 원으로 불입자본금 25만 원을 상회하고 있음을 알 수 있다. 1년 6

〈표 6-3〉 백산무역주식회사 대차대조표

연도	자산		부채	
1919.12	미불입자본금	750,000	자본금	1,000,000
	대부금	22,173	차입금	297,033
	수취어음	19,832.86	당좌차월금 當座借越金	43,017.70
	정기예금	32,306.51	지불어음	66,041.63
	별단예금	6,200.4	환어음	94,000
	인명人名 (단골고객처)	178,363.9	조합구매위탁금 組合購買委託金	4,300
	각지 지점	110,566.15	유가증권 이자	226.80
	출장원 出張員	16,212.19	가수금 假受金	20,582.78
	상품	452,763.64	상품매매손익	33,755.09

	적송품 積送品	16,467.38	적송품손익 積送品損益	368.03
	유가증권	52,441.6	수수료	7,438.15
	대지건물	13,761.25	수취이자 受取利子	9,936.77
	집기	4,172.34	제세 諸稅	47.50
	가도금 假渡金	41,295.24	제비 諸費	150.24
	출장원손익 出張員損益	62.94		
	잡손익 雜損益	35,762.36		
	지불이자	29,908.84		
	급료	8,054		
	제세 諸稅	75.48		
	제비 諸費	7,857.27		
	금은 金銀	552.31		
	합계	27,998,491.92	합계	27,998,491.92
	신용대출 信用貸出	12,050	위판委販	19,747.98
	창립비	968.27		
	미불입자본금	750,000	자본금	1,000,000
	수취 어음	56,930	차입금	443,373
	정기예금	25,306	지불어음	248,965
	별단예금	5,208	당좌차월금	99,353
	인명人名 (단골고객처)	397,539	가수금	123,129
1921.6 2기	상품	320,180		
	적송품	21,891		
	조합품 組合品	21,965		
	유가증권	86,401		
	대지건물	33,262		
	집기	7,911		
	선박	3,961		

	가도금 假渡金	65,557		
	위탁판매품	14,621		
	미수입이자 未收入利子	5,381		
	금은	4,921		
	합계	1,914,021	합계	1,914,821
1924.6 5기	미불입자본금	500,000	자본금	1,000,000
	전기이월손금 前期移越損金	590,276	차입금	43,743
	대부금	1,676	지불어음	12,452
	수취어음	67	가수금	18,527
	당좌예금	91	문천염업조합 文川鹽業組合	21,110
	별단예금	3,599		
	인명人名 (단골고객처)	265,400		
	외상판매대금	2,558		
	체대금 滯貸金	338,416		
	제2상품	2,837		
	유가증권	27,691		
	대지건물	34,559		
	집기	666		
	부동산	1,240		
	가도금 假渡金	10,572		
	금은	1,455		
	수탁품 受託品	85		
	대체저금 對替貯金	10		
	당기손실금	14,630		
	합계	1,795,834	합계	1,795,834

* 출처: 〈白山貿易株式會社貸借對照表〉(1919. 12. 31);《조선은행회사요록》 1921, 175쪽; 1925, 245쪽.

개월이 지난 1921년 6월(2기)에는 차입금이 44만여 원으로 증가했다. 2회 추가불입이 이루어져 불입자본금이 50만 원으로 증가했지만, 1924년 6월(5기)에는 다시 차입금이 64만여 원으로 증가하여 역시 불입자본금을 훨씬 상회했다. 무엇보다 전기이월손금前期移越損金이 4기(1923년)에는 40여만 원,[46] 5기에는 무려 59만여 원에 달하여 적자가 심각함을 알 수 있다.

이러한 심각한 적자와 무배당은 공황기에 설립되어 영업이 부진했던 때문일 것으로 생각되지만, 사실 이 문제는 창립 출발부터 내재되어 있었다. 백산무역은 1919년 12월경 이미 차입금이 29만여 원이었고 지불어음도 36만여 원에 달했다. 이러한 회사 상태는 합자회사백산상회의 부채를 그대로 인계한 데에서 비롯된 것이었다. 합자회사백산상회의 자산은 전부 고정된 개인대부금이고 채무는 거래은행의 어음할인 부채였는데, 주식회사로의 전환 당시 부채를 상환하지 않으면 안 될 상황이었다.[47] 당시 《조선시보》에서는 "합자회사의 성적이 좋지 않았기 때문에 그 선후책善後策을 위해 주식 조직으로 변경하여 자본금 1백만 원의 백산상회를 설립했으며, 제1회 불입금은 선후책 조치의 희생으로 제공"되었다고 보도했다.

주식회사 체제로의 전환이 당시의 경제 환경 변화나 규모의 경제에 부응하기 위한 목적 때문이었는지 혹은 채무 누적의 돌파구를 위한 때문이었는지는 분명하지 않다. 그러나 전자의 목적이 주효했다 하더라도, 1·2회 불입금이 모두 합자회사의 채무 상환에 투여되고 또한 2회 불입 결의 시 주주들이 중역의 불신임과 '합자회사 인계의 부정'을 규탄하자 회사가 불평하는 주주들의 보유 주식 2,100주를 회사가 매수하는 것으로 보아 후자

---

46 《조선은행회사요록》, 1923, 228쪽.
47 〈醜態를 白日의 下에 曝け出した '白山商會'〉, 《조선시보》 1925년 9월 23일; 〈백산상회 파탄의 경위〉, 《매일신보》 1925년 9월 23일.

의 원인이 크게 작용했다고 생각된다.

2회 불입 결의 시 사장 최준은 추가불입을 하면 더 이상 잔액 불입은 하지 않을 것이며 자신의 사재를 담보로 식산은행으로부터 30만 원을 차입하여 회사를 부활시키겠다고 약속했다. 그러나 이 차입건이 불발되자 3, 4회 불입을 결의하고 실권처분을 단행하면서 백산무역의 갈등은 심화되었다. 실권 처리 결과 이사 강복순姜復淳은 주권 상실로 퇴임했으며 대신 문상우가 선임되었다.[48]

마침내 1925년 7월 31일 정기 주주총회에서 사장 최준과 그 동생 최순에 대한 문제와 함께 합자회사의 부채 문제가 거론되면서 검사역檢查役 4명을 선출하여 회계 장부 조사를 위임하기로 결정했다.[49] 한편 안희제, 최태욱, 윤병호, 이우식, 어대성, 박영희朴永禧, 지창규池昌奎 등은 8월 중순 회사 대표에게 주주총회 소집을 요청했으나 이를 실행하지 않자 9월 10일 무렵 부산지방법원에 주주소집 인가 신청을 제출했다.[50]

9월 12일 그동안 회계장부를 조사해온 감사 문영빈은 합자회사 시절의 경영진과 백산무역 초창기 중역인 사장 최준, 상무 최순, 전前이사 안희제, 전상무이사 최태욱, 전지배인 윤병호 등 5명을 배임 및 업무횡령죄로 검사국에 고발했다.[51] 이에 고발당한 전·현직 중역들은 각기 부산, 대구, 경성

[48] 〈상업등기공고〉, 《조선시보》 1923년 8월 8일.
[49] 〈釜山白山貿易會社의 株主와 重役의 軋轢〉, 《동아일보》 1925년 9월 7일.
[50] 〈白山貿易に株主總會召集を申請〉, 《조선시보》 1925년 9월 10일.
[51] 〈重役五名が勝手に會社の金を誤ま魔たと監査役から釜山地方法院へ告發〉, 《부산일보》 1925년 9월 17일; 〈白山貿易の五重役が十數萬圓の業務横領〉, 《조선시보》 1925년 9월 18일. 고소장에 의하면 1920년 6월~1925년 8월 십수회에 걸쳐서 5명이 총 15만 8백여 원(《동아일보》 1925년 9월 20일자에는 9만 6,000원으로 기재되어 있음)의 횡령을 했다고 한다. 구체적인 고소 내용을 보면 다음과 같다. 안희제는 윤병호와 공모한 후 1920년 4월 회사 명의로 금액 3만 375원의 약속어음을 작성하여 이를 경남은행에서 할인하고 그 금액으로 자신을 위해 백산무역의 주식 2천여 주를 매수하고 제2회 주금을 불입하려고 중역의 결의를 구했던 바 당시 취체역 조동옥趙東玉 및 감사역 김상원金翔原 등이 반대하여 회사 장부를 조사하기 했기 때문에 안희제 등은 자기의 惡事를 은폐하기 위해 이들 반대자의

에서 구인되어 조사를 받게 되었는데, "이 사건은 각 방면에 파급되어 이외의 곳으로까지 사법관헌의 손이 미치지 않을까 생각된다"는[52] 신문 기사에서 보듯이 회사 내 분쟁을 넘어 미묘한 정치적 사안으로 이목이 집중되었다. 그런데 9월 19일 주주대표 명의로 지창규, 서상일 그리고 의령 대지주로 안희제와 평생 동지라고 할 이우식 등이 최준, 최순, 안희제, 최태욱, 윤병호, 윤현태, 문영빈 등 전·현직 경영진을 모두 부산지방법원 검사국에 고소하면서 종래 합자회사 경영진 대 주식회사의 후기 경영진의 갈등은 이제 일반 주주 대 중역진의 대립 구도로 형성되어 사태가 더욱 복잡해졌다.

9월 22일 오전 10시 구 중역(안희제, 윤현태 등)들이 모여 영주동 대륙여관에서 총회를 개최하는 한편, 같은 날 오후 2시 현직 경영진(문상우, 문영빈)이 주도하는 주주총회가 회사에서 열리면서 갈등은 더욱 심화되었다. 구舊중역진들이 회사로 들이닥치자 고등계 형사가 파견되어 이를 단속하기도 했다.[53] 이날 문영빈 일파를 중심으로 새로운 중역진이 구성되었다.[54]

주식을 매집했다고 한다.

윤병호는 직무 집행 중 1920년 2월경 회사 명의 액면 1만 원의 약속어음을 만들어 식산은행 부산지점에서 할인하여 개인용도로 사용했고, 1920년 중 동일수단同一手段으로 회사 명의의 액면 1,460원 50전의 약속어음을 작성하여 한성은행 부산지점에서 할인하여 개인 용도로 소비했다. 또한 1919년 7월부터 1920년 7월까지 보관 중인 회사 소유 금전 중 6,628원 17전을 횡령했다고 한다.

최태욱은 이사 직무 집행 중 1920년 10월부터 1923년 12월까지 회사의 현금 716원 26전을 소비하고 일찍이 회사의 경성출장소원에게 회사 소유 동아연초주식회사 주식 100주를 본사에 양도하게 하고 이를 수취하여 다른 곳에 매각했다고 한다.

최준은 사장 직무 수행 중 1923년 6월경 제3회 주금 불입 때 불입하지 않았는데도 불입한 것으로 기재하고 그 죄상을 은폐하려고 회사로부터 자신에게 대부하는 형식을 택했다. 그는 안安·윤尹 두 사람이 주식을 매수할 때 부정행위를 한 것을 알고도 오히려 할인한 채무액 반분을 인수한 후 회사에 대해서는 대부의 형식을 취했다. 최준은 회사의 현금 2만 5,181원 72전을 수차례 인출하여 소비했다. 최순은 1923년 6월 30일부터 1925년 6월 30일까지 회사에 보관 중인 현금 3만 8천여 원을 수회에 걸쳐 소비하고 횡령했다. 일찍이 1925년 6월 30일 모某로부터 제3회 주금 및 상거래 잔금 합계 6,936원 65전을 받았으나 이를 소비했다고 한다.

52 〈白山貿易社長崔浚も拘引〉, 《부산일보》 1925년 9월 19일.
53 〈白山貿易株主總會〉, 《부산일보》 1925년 9월 23일.
54 〈사십만원횡령죄로 백산회사중역등 피소〉, 《조선일보》 1925년 10월 30일.

한편 실권처분을 받은 주주들은 대구에서 실권주주총회를 열고 대책을 협의한 후 부실한 회사에 주금을 불입하지 않을 수 있을 뿐만 아니라 이미 불입된 주금도 상환받을 수 있다는 법리 해석으로 소송을 제기했다. 1, 2심에서는 주주측이 패소했으나 고등법원에 항소하여 결국 주주 측이 승리했다.[55] 그러자 10월 3일 윤병호, 안희제, 어대성, 이우식 등의 주주가 회사에 진입하여 현 상무 문상우(기사에서는 문영빈으로 오기誤記)와 이사 이우진에게 1, 2회 불입 주금을 내놓으라고 농성했다.[56]

10월 20일 경관 임석 하에 열린 임시주주총회에서 정관 10조(주권은 주주 상호간에 한해 매매, 양여 또는 저당할 수 있다)의 삭제 문제를 둘러싸고 일반 주주와 중역진이 대립하여 각기 진영별로 나뉘어 회의가 진행되었다. 주주 측에서는 현 중역의 불신임안을 제출하고 이우식·안희제·윤상태(이사), 강정희·최태욱(감사) 등으로 새로 중역을 선임 결정한 후 구중역진에게 사무의 인계를 요구하고, 이튿날에는 등기수속을 마쳤다. 안희제가 다시 사장으로 취임하여 사태 수습에 나섰던 것이다.

10월 22일 부산경찰서에서 서장과 기자들이 입회한 자리에서 신구 중역진과 주주들이 모여 사무인계문제와 분쟁 내막에 대해 5, 6시간 동안 격렬하게 논쟁했으나 결국 원만한 해결책을 찾지 못했다.[57] 10월 23일 문영빈은 신중역 5명을 상대로 부산지방법원에 직무집행방해와 직무집행금지 및 등기말소가처분 신청을 제기했으며, 어대성 외 세 명은 전 중역 최준, 최순, 문영빈 등을 상대로 부산지법 검사국에 40여만 원의 사기, 횡령, 배임, 문서위조 행사로 고소장을 제출했다.[58]

[55] 〈上審에서 勝訴〉, 《동아일보》 1925년 10월 5일.
[56] 〈白山會社爭訟事件〉, 《매일신보》 1925년 10월 8일.
[57] 〈四十萬圓橫領罪로 白山會社重役等被訴〉, 《조선일보》 1925년 10월 30일.
[58] 〈백산무역회사총회의 일대풍파〉, 《매일신보》 1925년 10월 23일; 〈釜山白山會社紛糾事件遂起訴〉, 《매일

이러한 분란과 맞고소 과정을 보면 만 7년 동안 근속했던 직원이 지적하듯이 "신구新舊 당파黨派가 수립樹立되어"[59] 있었음이 드러난다. 즉 크게 보면 합자회사 시절의 중역진과 그것을 승계한 주식회사의 창립 중역진 대 주식회사에 새로 참여한 세력의 대립구도가 존재했던 것이다. 전자는 합자회사를 확대하여 주식회사로 창립한 초기 중역진 혹은 대동청년단에서 뜻을 같이했던 안희제, 최태욱, 윤병호, 최준, 이우식 등이었고, 후자는 자본을 투자했으나 배당금이 전혀 없어 손실을 입게 된 일반 투자자들인 문영빈, 이우진, 문상우 등이었다. 백산무역주식회사의 분쟁은 결국 쌍방이 고소 고발을 취하하고 파산 정리하기로 결정되면서 마무리되었다.

제조업 투자와 기타 경제활동

안희제는 1910년대 중후반 무역업뿐만 아니라 공장공업체 설립에도 관심을 가지고 있었다. 상인·지주자본의 제조업 투자가 전국적으로 증대하는 경제 상황에 부응하여, 제조업에도 투자를 확대했다. 그는 1916년 5월 자본금 5만 원으로 설립된 경남인쇄주식회사의 대주주였다.

1921년도판 《조선은행회사요록》에 의하면 백산무역회사 117주, 백산상회 91주, 전석준 100주, 윤현태 90주, 박석권朴錫權 60주, 허발 59주 등으

신보》1925년 10월 25일; 〈四十萬圓橫領罪로 白山會社重役等被訴〉, 《조선일보》1925년 10월 30일; 〈白山貿易重役의 詐欺橫領背任 四名의 株主から釜山檢事局に告訴を提起〉, 《조선시보》1925년 10월 28일. 고소 이유는 최준은 1920년 9월~1925년 6월 재직 중 30만 1,900여 원을 대차貸借 명의로 횡령했고, 조선식산은행으로부터 회사 명의로 8만 1,900원을 차입하여 회사의 토지 매입으로 위장하여 실상 자신 명의로 토지를 매입하여 식산은행에 자기 채무의 담보로 제공했다. 또한 회사 소유 경남은행 주식 200주를 자기 명의로 변경하여 은행 이사가 되어 이익배당금을 수령, 착복했다고 한다. 최순은 회사자금 4만 5,904원을 횡령, 소비했으며 회사 소유로 최준 명의 경남은행 정기예금채권을 조선은행에 제공하여 담보로 제공된 자신의 토지를 되찾는 데 사용함으로써 회사에 피해를 입혔다고 주장했다.
[59] 〈釜山耳目을 聳動하던 釜山白山社의 紛爭〉, 《매일신보》1925년 11월 14일.

로 기재되어 있다. 백산상회와 백산무역회사가 개인 자격이 아닌 법인 자격으로 경남인쇄의 주주인 것은 주목할 점이다. 백산무역주식회사는 1919년 5월에 창립되었으므로 경남인쇄주식회사의 창립 주주가 아니라 창립 후에 주식을 인수한 것이며, 백산상회는 1917년에 설립된 합자회사백산상회가 아니라 안희제가 개인경영한 백산상회를 가리키는 것이므로 창립 초부터 주주였을 것으로 보인다. 따라서 안희제는 개인상점 백산상회를 경영하는 동시에 경남인쇄주식회사의 창립에 주요 역할을 했던 것이다. 백산무역주식회사의 주주인 전석준, 윤현태, 윤병준, 허발 등이 경남인쇄주식회사의 대주주인 점에서도 안희제와 경남인쇄주식회사의 연계를 짐작할 수 있다.

경남 지역 지주자본을 모집하여 설립한 경남인쇄주식회사는 부산 지역 조선인 경제에서 중요한 의미를 지닌다. 1910년대 중후반경 인근 경남 지역의 지주자본은 부산에 진출하여 곡물·해산물의 무역, 위탁 매매를 영업 내용으로 하는 무역 상점을 경영하는 것이 유행이었다. 이주 일본인의 비율이 높은 부산 지역에서는 일찍부터 일본인을 대상으로 한 제조공업이 발달하여 상권商圈을 장악하고 있었고, 또한 부산 지역 자체가 전래적으로 수공업적 배경이 강하지 않은 곳이었으므로 조선인 자본가층은 주로 무역 업에 투자했으며 제조업 투자가 부진했다. 그러나 경남인쇄주식회사가 주로 지주자본에 의해 창립된 것을 계기로 지주·상인들의 제조업 투자도 점차 증가하여 1919~1922년경에는 조선인 공장의 창립이 격증했다.

경남인쇄주식회사는 부산의 인쇄공장 가운데 유일한 조선인 경영 공장이었다. 부산의 인쇄업이 일본인에게 장악되어 있는 상황에서 안희제가 일찌감치 경남인쇄주식회사의 설립을 주도했던 것은 단지 조선인 기업을 설립하겠다는 측면뿐만 아니라 문화·계몽운동 차원에서 인쇄업의 중요성을 인지하고 있었기 때문이다. 이는 1921년 9월 운수노동자총파업 때 경남인쇄주식회사가 조선인 노동자들의 파업선언서를 인쇄해준 혐의 때문에 출판법 위반으로 검거되었던 상황을 통해서도 알 수 있다. 파업 주동자들은 대개 부산청년회, 부산차가인조합에서 활동하던 이들로, 안희제와의 연계로 파업선언서를 인쇄했던 것으로 보인다.[60]

회사는 창립 초기 전석준 사장 체제로 출발했는데 1921년경까지 배당을 거의 하지 못했으며 이후 전일全一·이병희李秉熙 체제로 개편되어 점차 영업이 호전되었다. 이 과정에서 백산무역주식회사나 백산상회가 소유한 주식은 이병희나 신임 사장 전일 등에게 양도되어,[61] 안희제 및 초기 창립주주와 회사와의 관계는 단절된 것으로 보인다.

안희제가 투자한 제조업으로는 또한 1919년 8월 자본금 10만 원(불입금 3만 5,000원)으로 설립한 조선주조주식회사朝鮮酒造株式會社(조선주朝鮮酒 및 누룩 제조·판매)를 들 수 있다. 《조선은행회사요록》에는 회사 중역 명단에 안희제가 나타나지 않고 사장이 송태관宋台觀으로 되어 있다.[62] 그러나 부산상업회의소에서 발행한 《월보》(1928년 1월)에는 회사 대표가 안희제로 되어 있다.[63] 조선주조주식회사는 1930년대 초까지 존립했다.[64]

위에서 살펴보았듯이 안희제는 1910년대 중후반에 부산 지역에서 백산

---

[60] 파업 주동자로 체포된 이는 김종범·김경직·조동혁 등이었다. 김종범은 동아일보 부산지국장이었고, 또한 김종범과 김경직·조동혁은 부산청년회에서 활동했다(이귀원, 〈1920년대 전반기 부산지역 민족해방운동의 전개와 노동자 계급의 항쟁〉, 《한국근현대지역운동사》 1, 영남편, 여강, 1993, 44~48쪽). 안희제 역시 창간 초창기 동아일보 부산지국장이었고, 부산청년회 재무부 간사로 활동했다는 점에서 이들의 연계를 짐작할 수 있다.

[61] 《조선은행회사요록》 1923년판, 181·182쪽; 1925년판, 180~181쪽에는 최대 주주 전일의 보유 주식이 258주, 이병희가 251주로 되어 있다.

[62] 《조선은행회사요록》 1921년판, 1923년에는 사장: 송태관, 취체역: 김종범金鍾範·김정린金正麟·정재완鄭在完·강대봉姜大鳳, 감사역: 정봉진鄭鳳瑨으로 기재되어 있다. 그러나 주주 명단은 제시되어 있지 않다.

[63] 《부산상업회의소월보》 34호, 1928. 1, 24쪽

[64] 《통계연보》(부산상업회의소 편) 1931년판, 156쪽에 조선주조주식회사가 기재되어 있으나 이후의 자료에는 나타나지 않는다.

상회, 경남인쇄주식회사, 조선주조주식회사의 설립과 경영을 주도하는 등 근대적 기업활동에 전력했다. 그 외에 1919년경 부산, 동래, 하동, 통영, 고성, 김해 등 경남 지역 지주자본을 규합하여 설립하려 한 자본금 2백만 원의 대동은행大東銀行 발기인으로 활동했고, 무역회사인 주일상회(주)의 주주·감사로도 활동했다. 또한 조선인 자본가의 경제적 이권을 확보하기 위해 1926~28년경에는 부산상업회의소의 상의원常議員으로 피선되어 부회두로 활동했다.[65] 하지만 그는 1920년대 초 이후 문화운동에 참여하여 기미육영회, 부산청년회 등을 근거로 한 사회운동이나 중외일보 경영을 통한 언론 계몽운동에 주력하면서 1910년대 중후반경과 같이 회사 설립과 기업 경영에 전념하지 못했다.

백산무역주식회사가 해체된 1928년 이후에는 당시 여전히 자본가들의 주요한 자본증식 수단이었던 대금업을 영위했다.[66] 또한 경북 봉화군 소재 (주)춘양목재春陽木材(대표: 쿠루스 고노스케來栖光之助)에 투자하는 등 기업가로서의 활동을 지속했다. 이러한 경제활동을 통해 획득한 자금은 중외일보 경영에, 그리고 이후에는 만주 발해학교와 협동농장 건설에 투여되었다.

3. 교육·사회운동과 '자력' 경제노선

부산 지역에 이주한 안희제는 1920년대 초부터 조선인 사회를 적극적으로 대변하고 사회문화운동을 주도했다. 1921년 사립동래고등보통학교의 재정난으로 동맹휴학이 일어나자 안희제는 동래 지역 유지인 동래은행 지

---

[65] 〈釜山編〉,《全鮮商工會議所發達史》, 부산일보사, 47쪽.
[66] 부산상업회의소,《회원명부》, 1928, 134쪽.

배인 김병규와 함께 사태 수습에 나서 진주 부호 김기태의 기부로 민립 고등보통학교 설립을 추진하기도 했다. 그러나 김기태의 기부 취소로 이루어지지 못했다. 또한 부산공립보통학교의 생도가 너무 많아 정상적인 수업이 어려워지자, 이를 분교分校하는 일에도 앞장섰다. 1926년에는 부산에 여자고등보통학교를 설립하기 위해 부산청년회 간부, 지역유지들과 함께 시민대회를 개최하고 부산도립여자고등보통학교기성회를 조직하고 활동했다.

안희제는 자산가나 지역유지들의 주요한 사회 참여 형태인 학교 재정 지원이나 교육시설 투자뿐만 아니라 일반 사회운동에도 적극적이었다. 1921년 부산에 이주민 유입으로 주택난이 가중되자 주택난구제회를 조직하고 실행위원으로서 시민대회를 개최하여 부당국에 노동자 숙소와 주택을 설립하도록 압박했다.[67] 1924년에는 조선총독부가 조선인 노동자의 일본 도항을 저지하여 사회적 문제가 발생하자 조직된 도항저지철폐부산시민대회에서 대책위원 10명 가운데 한 사람으로 추대되었다. 이에 경성에 올라가 경무국장을 면담하고 조선인 노동자 여권증명제 철폐와 거주지 소관경찰이 직접 증명서를 발행하도록 하라는 제안을 가지고 담판하기도 했다.

이 시기 안희제가 부산 지역의 대표적 유지였음은 1926년 순종이 승하했을 때 김국태, 윤병호 등 부산청년회의 간부와 함께 이왕전하승하애도회를 주최하고 부산의 봉도식奉悼式을 주관한 데에서도 단적으로 나타난다. 또한 1926년 유아사湯淺倉平 정무총감이 부산을 방문하자 지역유지들과 함께 내지도항저지 철폐와 부산부청에 조선인 이사관 설치를 요구하는 진정서를 제출한 사실을 통해서도 조선인사회의 여론을 형성하고 대변하는 위치에 있었음을 확인할 수 있다.

---

[67] 〈到處住宅難을 奈何〉, 《매일신보》 1921년 8월 17일.

안희제는 1929년 2월 중외일보를 인수하여 사장으로 취임하면서 활동 무대를 완전히 서울로 옮겼다. 중외일보는 한때 8면지로 발행하여 동아일보나 조선일보도 따라서 증간하는 등 언론계의 새로운 바람을 일으키기도 했으나, 발행자금을 조달했던 의령 부호 이우식의 지원이 끊어지면서 결국 1년 만에 정간되었다.

한편 기업활동의 실패는 안희제 등 일단의 자본가와 민족주의자들로 하여금 종래의 자본축적을 목적한 경제활동에 대해 비판적으로 검토함으로써 새로운 경제운동으로 방향 전환하는 계기가 되었다. 1927년 1월 안희제는 백산무역주식회사의 주주로 기미육영회의 일원으로 기업활동과 사회운동을 함께해온 최태욱 등 부산 지역 자본가, 유지들과 월간《경제운동》을 발간하기 위해 잡지사를 설립했다.[68] 이 잡지사는 '경제적 파멸을 당하는 조선 현실에서 그 대책기관'으로 조직한 것인데 자본축적을 목적으로 한 기업활동의 실패 결과 조선인 경제의 파멸 현상을 지적하고 이에 대한 경제적 대안을 제시할 계몽적 경제잡지를 발간함으로써 경제운동의 중심으로 삼으려 했던 것이다. 당국에 설립허가원을 제출했으나, 이후 잡지가 발간되지 못한 것으로 보아 허가받지 못했던 것 같다.

1920년대 중후반 안희제가 전개한 대표적인 경제운동은 협동조합운동이었다. 1926년 6월 13일 동경에서 전진한錢鎭漢[69] 등 유학생이 중심이 되어 조직한 협동조합운동사는 1926년 12월경 전준한錢俊漢이 귀국하여 고향 상주군 함창咸昌에서 협동조합을 건설한 것을 효시로 하여 경남북, 함경도, 평북 등지에서 30개 조합이 창립되게 되자, 1928년 4월 본부를 경성

[68] 〈到處住宅難을 奈何〉,《매일신보》1921년 8월 17일.
[69] 그는 안희제가 조직했던 기미육영회의 기금으로 유학했다.

으로 옮겼다.[70] 안희제는 협동조합운동이 전국적으로 발전하여 이미 설립된 조합이 수십 개소에 이르고 설립 준비 중인 것도 상당수에 이르자 각 개별 조합의 경영의 편의와 연락, 발전을 도모하기 위해 협동조합운동사와 연계된 협동조합경리조합을 설립했다.[71] 안희제가 협동조합경리조합의 이사장이고 상무이사와 고문이 협동조합운동사의 전준한, 전진한인 점으로[72] 보아도 협동조합운동사와 연계된 기구임을 알 수 있다.

협동조합운동사의 강령은 "① 오인吾人은 협동자립적 정신으로 민중적 산업관리와 민중적 교양을 한다, ② 오인은 이상의 목적을 관철하기 위해 조합 정신의 고취와 실지 경제를 기한다"였다.[73] 물산장려운동이 '조선물산을 장려하여 조선인의 산업 진흥을 도모하여 조선인으로 하여금 경제상 자립을 득得케 함으로 목적함'이라[74] 하여 조선인 자본의 축적과 생산력 증대를 목적으로 한 것에 비해, 협동조합운동은 일반 민중의 생활경제 안정과 산업의 자주 관리를 지향했음을 알 수 있다. 또한 활동방침 면에서 물산장려운동이 주로 조선물산 애용 장려를 권장하는 선전 계몽활동에 치중한 데 반해, 협동조합운동은 대중의 경제운동을 직접 조직, 지도해내려 했다는 점에서 진일보한 것이다.

---

[70] 〈협동조합운동사 창립〉, 〈협동조합 적극적 운동〉, 《동아일보》 1926년 7월 6일, 1928년 4월 4일; 〈실제 시설에 착수된 협동조합의 운동〉, 《중외일보》 1928년 4월 6일.

[71] 협동조합 경리조합의 임무는 ① 지방 각 조합과 연락하여 그 경영상의 편의와 통일을 도모함, ② 지방 각 조합의 청구에 응하여 소비점의 공동구입을 행하며 일체 경제행위의 위임에 응함, ③ 내국內國 생산품과 외지外地 구입품의 산지産地 구입경로, 시가時價, 운임運賃 등을 상밀詳密히 조사 보도하여 지방 각 조합의 편의를 도모함, ④ 지방 각 조합의 실제 경영상의 제반 문제에 수응酬應하여 경영상 지식과 경험을 공급함이었다.

[72] 〈신설된 協同組合 經理組合〉, 《동아일보》 1928년 4월 25일.

[73] 《고등경찰요사》, 경상북도 경찰부, 67쪽. 그러나 1928년 4월 국내로 본부를 옮겨 조직된 협동조합운동사의 강령은 ① 우리는 대중의 경제적 단결을 공고히 하며 자주적 훈련을 기함, ① 우리는 이상의 목적을 관철키 위하여 대중 본위의 자주적 조합을 조직하며 차此를 지도함이었다(《동아일보》 1928년 4월 4일).

[74] 〈조선물산장려회헌칙〉, 《산업계》 창간호, 1923년 12월, 57쪽.

당시 협동조합운동은 YMCA, 천도교조선농민사 등에 의해서도 진행되었으며, 농민조합이나 노동운동의 전개와도 밀접한 관계가 있었다.[75] 신간회 본부에서는 농민운동과 이 협동조합운동을 적극 지원하기로 활동방침을 취했으며, 각 지회에서도 협동조합운동을 추진하거나 지원했다.

안희제와 정치적 성향이 비슷하여 1910년대에 비밀결사운동에 참여하고 1920년대에 사회, 청년, 노동운동에 참여하면서 대개 신간회에 가입한 부산 지역의 비타협적 민족주의자들인 김칠성金七星·이강희李康熙·우길룡禹吉龍·김근술金根述·윤봉래尹奉來 등은 1928년 3월 협동조합을 설립했다.[76] 이 부산협동조합은 협동조합경리조합의 이사장과 이사인 안희제, 이강희의 지도 하에 설립된 것이다.

안희제는 협동조합운동사의 출판부장인 이시목李時목과 함께 자력사自力社라는 잡지사를 설립하여 협동조합운동사의 기관지인 《자력》을 서울에서 발간했다. 일제 경찰의 검열로 《자력》 창간호와 2호는 발간되지도 못했으니, 이는 '편집 겸 발행인' 안희제의 비타협민족주의 정치노선과 '자력' 경제노선이 반영된 글들이 게재되었기 때문일 것이다. 《자력》 5호에 실린 〈러시아 노동자의 생계조사〉에서 1차 세계대전 이전과 현재를 비교하여 노동자의 생활상태 및 혁명의 성공을 예찬하고, 또한 〈국제소비조합운동〉에서 소비조합은 계급 인종 직업을 초월하여 세계 전 인류를 포용할 가능

---

[75] 오미일, 《경제운동—한국독립운동의 역사 36》, 한국독립운동사연구소, 2008 참조. 대개 협동조합운동은 민족주의 계열에서 활발했고 사회주의 계열에서는 무관심하거나 혹은 저조했던 것으로 알려져 있다. 그러나 사회주의 계열에서도 소비조합운동을 통해 대중을 조직화하려고 매우 적극적으로 활동했다. 일례로 1930년대 혁명적 농민조합운동이 치열했던 함경남도 영흥 지역의 경우 1927년 이후 영흥읍에 설치된 소비조합을 필두로 7개 면에서 소비조합이 설립되거나 추진되었다. 소비조합 설립에 관심을 가지고 추진했던 단체는 사회주의 성향의 영흥노동자상조회와 청년단체들이었다(오미일, 〈근대 영흥지역 소비조합운동의 전개와 사회적 연대〉, 부산대 한국민족문화연구소 제8회 국내학술심포지엄—자율과 연대의 로컬리티 발표문(2015. 5. 22).

[76] 〈부산협동조합 창립총회 개최〉, 《동아일보》 1928년 3월 28일.

성이 있기 때문에 소비조합운동은 노동운동이나 사회운동보다도 더욱 국
제성을 지닌다는 기사 내용 때문에 일제 경찰이 차압하고 삭제했다는 것
으로 보아 잡지의 논조와 아울러 안희제의 운동 방향을 짐작할 수 있다.

협동조합운동사는 일제의 탄압과 관변 산업조합의 확산으로 1931년에 해
산되었다. 이후에도 존립한 여타 계열의 협동조합은 관변 측 산업조합에 포
섭되어갔다. 더 이상 국내에서의 경제운동이 허용되지 않는 상황에서 안희
제는 1933년 만주로 이주했다. 자본축적을 목적으로 한 기업활동이나 여기
에서 나아가 일반 민중의 산업 관리를 목적으로 한 협동조합운동을 통해 민
족경제권을 건설하려던 그의 경제운동노선은 좌절되고 만 것이다.

4. 백산상회의 정치적 의미와 경제운동의 사회적 가치

안희제는 일제시기 부산 지역의 대표적인 민족자본가였다. 그의 기업활동
은 1910년대 중후반에 가장 활발했다. 1920년대에 들어서 기미육영회, 부
산청년회 등의 사회·청년 단체를 중심으로 한 문화운동에 참가하면서 새로
운 회사 설립은 하지 못했고 기존의 회사 경영도 다른 임원진에게 위임했다.

결국 파산으로 끝나고 말았지만, 지주자본을 규합하여 당시로서는 유례
없는 공칭자본금 100만 원의 무역회사를 창립하고 경영한 것은 그가 양정
의숙 경제과 출신의 능력 있는 기업가임을 말해준다. 안희제가 백산상회를
설립한 것은 대동청년단이 독립운동자금의 조달과 연락망 구축을 위해 상
점 경영을 운동 방략의 일환으로 실행했기 때문이었다. 이러한 방략에 따
라 서상일은 대구에 태궁상회太弓商會, 윤상태는 왜관에 향산상회香山商會,
이형재는 마산에 원동상회元東商會, 김두봉은 부산에 고려상회, 그리고 만
주 안동 지역에서 박광은 신동상회信東商會, 서세충은 성신태상회誠信泰商會,

이호연은 봉천에 해천상회海天商會를 설립했던 것이다. 대한광복회의 수장
이었던 박상진 역시 만주 운동 단체와 국내의 연계를 위한 연락 기관으로
1912년 대구에 상덕태尚德泰상회, 영주에 대동상회大東商會를 설립했다.

상해 임시정부 기관지 《독립신문》의 출판부장을 지낸 주요한에 의하면,
안동의 이륭상회와 부산의 백산무역주식회사에 임정 교통사무국을 두고,
이를 매개로 《독립신문》을 배달, 국내로 전파했다고 한다. 즉 비밀결사 대
동청년단이나 대한광복회, 조선국권회복단과의 관계에 의해 설립·운영된
이들 무역회사와 상점은 상해 임시정부의 연통제聯通制의 주요 거점으로도
활용되었던 것이다. 이런 점에서 백산무역주식회사의 파산이나 안희제의
기업활동을 평가할 때 단순히 '투입 대비 산출'이라는 경제 논리만으로 설
명할 수 없는 부분, 즉 정치 상황에 대한 변수를 고려해야 할 것이다.

백산무역주식회사는 차입금과 이월결손금으로 한 번도 배당을 하지 못
했고 이는 주주들의 추가불입 반대, 경영진의 실권 처리로 이어짐으로써
결국 회사 내분을 야기하게 되었다. 그런데 주목할 점은 백산무역의 차입
금 부채나 이월결손금이 경영 실패로 인한 것이 아니라 모두 합자회사에
서 그대로 인계된 것이라는 사실이다. 1년 여 기간의 합자회사 시절에, 더
구나 일제시기 중 가장 호황이었고 사업 환경이 나쁘지 않았던 시기에 29
만여 원의 차입금과 지불어음 36만여 원의 채무를 지게 된 것이 단순히 경
영상의 문제 때문이었을까? 합자회사백산상회의 영업 상황에 대해서는 앞
으로 자료 발굴을 통해 더욱 연구가 필요하지만, 이때 많은 회사 자금이 독
립운동 자금으로 제공되지 않았을까 생각된다.

국내 비밀결사뿐만 아니라 해외의 많은 독립운동단체와 그것이 발간한
신문·잡지의 경비는 대개 국내로부터 조달되었으니, 이는 이갑의 편지에
서 안희제가 귀국 후 자금을 조달해줄 것을 적고 있는 것에서도 단적으로
나타난다. 당시 비밀결사 조직원들이 상점을 설립하여 경영한 것은 이러

한 이유에서였다.

그런데 주식회사체제에서는 이윤을 목적으로 투자한 많은 주주들이 회사 경영을 지켜보고 있었고 회계 감사도 있었으므로 회사 자금을 정치적 목적에 따라 운동자금으로 운용하기는 합자회사 때 보다 훨씬 어려웠을 것이라고 생각된다. 합자회사에서 주식회사로 전환 시 합자회사 부채의 인계문제를 처리한 이는 윤현태와 최준으로, 이들 두 사람 모두 1910년대 대표적 비밀결사인 조선국권회복단에 참여했으며 최준은 대한광복회에도 관계했다.

3·1운동 후 체포된 조선국권회복단의 증인신문 시 일제 경찰이 합자회사 백산상회와 백산무역주식회사의 핵심인물인 안희제와 윤병호, 윤현태 등에게 집요하게 추궁한 사항은 조선국권회복단 중앙총부에서 활동하다가 1919년 4월 독립청원서와 군자금 5천 원을 가지고 상해로 망명하여 임정의 법무총장, 교통총장으로 활동한 남형우南亨祐가 망명 전 백산상회에 근무한 과정과 양산 출신으로 임정 재무총장이 된 윤현진(윤현태의 동생)과의 연계였다.[77] 이는 일제 경찰이 백산상회를 상해 임정의 자금 출처로 주목했음을 알려주는 방증이라고 할 것이다.

남형우는 합자회사 시절과 무역회사로의 전환 시점인 1918년 무렵 근무하다가 1919년 초에 상해로 망명했다.[78] 대동청년단 결성에 참여했고 1911년 이후 보성전문학교 법률학 교수였으며, 조선국권회복단 중앙총부에서

---

[77] 국사편찬위원회, 《한민족독립운동사자료집》 8, 1989, 89~91쪽, 94~99쪽.

[78] 남형우의 고용에 대해 안희제는 "1918년 봄 상업 견습을 위해 고용해달라고 하여 고용해 보수 30~40원을 지급했다"고 진술했으며, 윤병호 역시 "사업을 하고 싶은 희망에 견습을 위해 고용해달라고 하여 고용했다. 처음에는 무보수였으나 작년 가을쯤부터 30·40원을 준 것으로 생각된다"고 진술했다. 이와 달리 윤현태는 "작년 가을쯤 고용했는데 당시 주식 조직으로 변경하기 위해 사무원이 필요했으므로 전부터 나는 그와 면식이 있었기 때문에 그를 고용하였다"고 진술했다(《한민족독립운동사자료집》 8, 94~95, 90, 99쪽).

활동했고 또한 서울에서 조선산직장려계를 조직하여 체포되기도 했던 그
가 단지 경제적 목적으로 백산상회에 취업하지는 않았을 것이다. 그가 상
해로 망명할 때 가지고 간 운동자금이 목적이었을 것이다.

또한 조선국권회복단 사건 시 일제 경찰은 안희제에게 장덕수張德秀와의
연계를 집중 추궁했다. 1918년 11월경 상해 프랑스 조계에서 신한청년당을
결성한 장덕수는 여운형과 함께 〈독립에 관한 청원서〉를 작성하여 김규식을
파리강화회의에 파견하려고 했는데 그 경비 마련을 위해 1918년 12월경 부
산에 잠입하여 백산상회의 안희제로부터 3천 원의 자금을 조달할 수 있었
다.[79] 장덕수가 안희제와 연결된 것은 아마도 일본 유학 시절 신아동맹당新
亞同盟黨 결성에 뜻을 같이했던 윤현진을 매개로 하지 않았나 생각된다.[80]

일본인 예심판사가 합자회사백산상회와 백산무역주식회사의 주도 인물
인 안희제·윤병호·윤현태에게 "구한국의 국권 회복을 도모하여 그 운동
자금 조달과 동지 규합의 수단으로 백산상회를 설립한 것이 아닌가"라고
거세게 추궁한 것은 백산상회가 단순히 이윤을 목적으로 한 일반 업체가
아니라 독립운동의 근거지였음을 확인해주는 사실이기도 하다.

안희제는 기업활동의 연장선상에서 부산상업회의소 상의원常議員으로
조선인 자본가들의 목소리를 대변하기도 했으며, 또한 지역의 조선인 사
회를 위해 민선 경남도평의원(의령 지역) 선거에 출마하기도 했다.[81] 이는
그가 일제가 허용한 합법적 정치 공간인 지역의회를 통해 조선인 사회를
대변하는 데 적극적이었음을 알려주는 사실이다. 그는 백산무역주식회사

---

[79] 〈여운형피고인심문조서〉, 《한국공산주의운동사 자료편》 1, 1986, 367쪽; 이경남, 《설산 장덕수》, 동
아일보사, 1981, 101쪽. 심재욱, 〈雪山 張德秀(1894~1947)의 정치활동과 국가인식〉, 동국대학교 사
학과 박사학위논문, 2007, 34쪽. 이경남 책에는 2천 원으로 되어 있다.

[80] 이귀원, 〈1920년대 전반기 부산지역 민족해방운동의 전개와 노동자 계급의 항쟁〉, 169쪽; 심재욱,
〈雪山 張德秀(1894~1947)의 정치활동과 국가인식〉, 30쪽.

[81] 〈경남도의 補缺選擧〉, 《매일신보》 1929년 9월 11일.

관계자들로써 기미육영회를 조직하고 인재들을 발굴하여 해외에 유학보내기도 했는데, 그의 기업활동은 바로 교육·계몽과 산업 개발을 축으로 하는 국내 민족주의세력의 실력양성운동으로 자리 매김할 수 있을 것이다.

그가 설립 경영했던 근대적 기업은 경남인쇄주식회사를 제외하고, 모두 1920년대 초·중반부터 영업 부진으로 배당을 제대로 하지 못하고 부채가 증가하여 경영 곤란을 겪다가 1920년대 후반~1930년대 초에 이르러 해산되었다. 자본축적을 목적으로 한 이러한 기업활동의 실패는 안희제가 조선 경제의 현실을 인식하고 그에 기초한 경제운동의 새로운 전환을 모색하게 하는 계기가 되었다. 그는 1920년대 중후반 이후 대표적 비타협 민족주의자인 이강희李康熙 등과 함께 협동조합운동사에 참가하여 협동조합경리조합의 이사장으로 일했다.

이러한 경제운동 노선의 변화는 1920년대 전반 민족주의 계열에서 문화운동의 역점을 경제적 실력 양성에 둠으로써 조선물산장려운동에 주력했으나, 1920년대 후반에 이르러 협동조합운동을 활발하게 전개하는 국내 민족주의운동의 추이와 연계된 것이기도 했다. 그러나 1931년 협동조합운동사가 일제 탄압으로 해체되고 만주사변 발발로 국내 민족주의운동의 입지가 위축되는 상황에서 1933년 만주로의 이주를 단행했다. 이후 발해의 옛 수도인 동경성에 일종의 협동농장인 발해농장을 건설하고 이주 농민에게 토지를 분배해주는 새로운 경제운동 프로젝트를 실천했다.

〈부표 6-1〉 배산무역주식회사의 실권주주(1923년 7월경)

	주주명	주소	소실 주식	합계
1	정재원	천안군 천안면 읍내리	갑甲1~8, 136~137, 59~65, 284~289	갑19
2	이영면 李英勉	대구부 수정堅町	갑47~48,	갑2

3	정재완 鄭在浣	하동군 금양면金陽面 대치리 大峙里	갑203~210/ 을乙95~104	갑8/을10
4	권오봉 權五鳳	창원군 광전면鑛田面 오서리 五西里	갑261~262, 66	갑3
5	문상우 文尙宇	부산부 좌천동	을55	을1
6	문영빈 文永斌	하동군 북천면 직전리 稷田里	갑70~72, 73~75, 6/~68/을1~4	갑8/을4
7	강위수 姜渭秀	진주군 정촌면井村綿 예하리 禮下里	갑86	갑1
8	강복순 姜復淳	진주군 진주면 성내리城內里	갑87~88	갑2
9	김영배 金永培	고성군 상리면上里面 가우리 歌憂里	갑89	갑1
10	오시진 吳時鎭	산청군 산청면 옥동玉洞	갑90~91	갑2
11	김기태 金琪邰	진주군 내동면奈洞面 독산리篤山里	갑92~94/ 을8~10	갑3/을3
12	황필열 黃弼烈	사천군 곤명면昆明面 삼정리三亭里	갑95~98	갑4
13	윤병호 尹炳浩	남해군 영천면靈川面 문의리文義里	갑99~101	갑3
14	장진원 張鎭遠	동래군 구포면 화명리	갑121	갑1
15	윤상은 尹相殷	동래군 구포면 구포리	갑142	갑1
16	허걸 許杰	동래군 구포면 구포리	갑123~133	갑11
17	김시구 金時龜	부산부 초량동	갑135, 363, 365	갑3
18	허만정 許萬正	진주군 지수면智水面 승내리勝內里	갑334~338	갑5
19	강정희 姜正熙	의령군 의령면	갑140~141	갑2
20	이우진 李愚震	선산군 선산면 황전리荒田里	갑147~148	갑2
21	이우진 李憂震	선산군 선산면 노상리路上里	갑149~150	갑2
22	정재헌 鄭在憲	상주군 읍내면 동성동東城洞	갑151	갑1
23	조용묵 曹容黙	김천군 봉산면鳳山面 인의동仁義洞	갑153	갑1
24	이종화 李鍾和	울산군 하상면下廂面 동리東里	갑154~164/을43	갑
25	김용식 金容湜	사천군 서포면 구평리舊坪里	갑165~166	갑2

26	김송근 金松根	울산군 하상면 동리東里	갑167	갑1
27	성세빈 成世斌	울산군 동면東面 목산리目山里	갑168	갑1
28	김좌성 金佐性	울산군 울산면 학산동鶴山洞	갑169~174	갑6
29	김기석 金基錫	울산군 하상면 동리東里	갑175	갑1
30	장○길 張○吉	울산군 울산면蔚山面 성남동城南洞	갑176	갑1
31	○○화 ○○和	울산군 대치면大峙面 용연동龍淵洞	갑177~178	갑2
32	김재화 金在華	진주군 집현면集賢面 하촌리下村里	갑181~182	갑2
33	이정규 李正圭	고령군 고령면 연야동延冶洞	갑183	갑1
34	이조영 李肇永	선산군 고아면高牙面 예하동禮下洞	갑184	갑1
35	김용조 金容祚	동래군 동래면 원리院里	갑185~187/ 을81~84	갑7
36	이우식 李祐植	의령군 의령면 동동東洞	갑188~197/ 을85~94	갑10/ 을10
37	문재천 文在天	고령군 성산면城山面 오곡리午谷里	갑198~199	갑2
38	윤한병 尹翰炳	왜관역전	갑200	갑1
39	윤상태 尹相泰	달성군 월배면月背面 상인동上仁洞	갑201~202	갑2
40	안두성 安斗成	의령군 부림면 입산리	갑211	갑1
41	성호영 成護永	창녕군 대지면大池面 모산리牟山里	갑212	갑1
42	오태환 吳泰煥	동래군 철마면 미내리尾奈里	갑213~216	갑4
43	김종복 金鍾復	동래군 철마면 매곡리梅谷里	갑217~218	갑2
44	김재필 金在泌	동래군 철마면 매곡리	갑219~221/ 을105~106	갑3/ 을2
45	안진 安鎭	의령군 부림면 입산리	갑222	갑1
46	안익상 安翊相	의령군 부림면 입산리	갑224~235	갑12
47	임종길 林鍾吉	창녕군 이방면梨芳面 등림리登林梨	갑239	갑1
48	강대석 姜大錫	함안군 북면 소포리小浦里	갑240~241	갑2

49	허모 許模	산청군 단성면丹城面 사월리沙月里	갑244	갑1
50	김홍석 金洪錫	합천군 가회면嘉會面 덕재리德才里	갑245~246/ 을122~124	갑2/ 을3
51	배경기 裵景琪	성주군 성주면 경산동京山洞	갑250	갑1
52	최연호 崔演鎬	진주군 금곡면 젓자리	갑252~256	갑5
53	양지환 梁址煥	함안군 석복면席卜面 죽곡리竹谷里	갑257/을140~142	갑1/ 을3
54	엄주상 嚴柱祥	양산군 양산면 북부동	갑258, 122	갑2
55	안호상 安浩相	의령군 부림면 입산리	갑259	갑1
56	윤병준 尹炳準	동래군 읍내	갑260	갑1
57	정순모 鄭舜謨	양산군 상북면 石溪里	갑261~265/ 을166~168	갑5/을3
58	안희제	부산부 초량동	갑269~275, 76~80/115~120, 82~83, 102~104, 242~243, 247~249, 303~304, 368~369, 236~238, 105~114, 134, 300, 332, 223/ 을125~128, 132~ 139, 11~13, 110~ 114, 16~19, 47, 198	갑49/ 을26
59	정상룡 鄭尙龍	동래군 구포면 구포리	갑290	갑1
60	최연국 崔演國	사천군 사천면 구암리龜岩里	갑291	갑1
61	지창규 池昌奎	밀양군 하동면下東面 삼랑리三浪里	갑292~293	갑2
62	이진훈 李鎭薰	산청군 단성면 묵곡리黙谷里	갑296	갑1
63	배영복 裵永復	양산군 양산면 북부동北部洞	갑297	갑1
64	성낙문 成樂文	창녕군 대지면大池面 석리石里	갑298	갑1
65	김성수 金性洙	부안군 건선면乾先面 줄포리茁浦里	갑299	갑1
66	안침 安鑲	의령군 부림면富林面 입산리	갑301~303	갑3
67	유동렬 柳東烈	양산군 상서면上西面 교리校里	갑305~307/ 을195~197	갑3/ 을3

68	여종엽 余琮燁	하동군 하동면 화심리花心里	갑308~311	갑4
69	오성근 吳聖根	동래군 기장면 성내城内	갑312	갑1
70	윤현태 尹顯泰	경성부 숭이동崇二洞	갑315~320	갑6
71	하식원 河植源	하동군 동면 ○천리○川里	을4	을1
72	강백순 姜栢淳	진주군 정촌면井村面 의봉리宜鳳里	을6~7	을2
73	전도진 田道鎭	창원군 내성면内城面 합성리合城里	을14~1?	
74	김두호 金斗昊	경성부 수창동	을20~21	을2
75	김영희 金英禧	동래군 구포면 구포리	을22	을1
76	이규상 李奎祥	동래군 구포면 구포리	을23~24	을2
77	최태욱 崔泰旭	청도군 읍내	갑352~353, 383/ 을25~27, 251~252	갑3/ 을5
78	홍종희 洪鍾熙	경성부 간동	을28	을1
79	전석준 全錫準	부산부 초량동	을148~151, 29	을5
80	이근화 李根和	선산군 선산면 완전리莞田里	을308	을1
81	김세용 金世容	선산군 고아면高牙面 문창동文昌洞	을31~33	을3
82	정재목 鄭在穆	상주군 읍내면 동○동東○洞	을34	을1
83	조정묵 曺定黙	김천군 봉산면鳳山面 인의동仁義洞	을35	을1
84	조각연 趙珏衍	상주군 장천면長川面 죽곡리竹谷里	을36~39	을4
85	박승호 朴承鎬	선산군 산동면山東面 신현리新峴里	을40~44	을5
86	이인하 李寅夏	선산군 하상면下廂面 동리東里	을44~46	을3
87	김규엽 金圭燁	울산군 강동면江東面 대안리大安里	을48~49	을2
88	김용호 金容鎬	울산군 온산면溫山面 우정동牛亭洞	을5	을1
89	심상식 沈尙植	울산군 대현면大峴面 선암리仙岩里	을51~54	을4
90	김원일 金源一	울산군 하상면 남외리南外里	을57~58	을2

91	정구용 鄭久瑢	울산군 하상면 ○왕리○王里	을59~60	을2
92	박준성 朴準成	울산군 하상면 서리西里	을61~62	을2
93	박정수 朴挺朱	원산부 남촌동南村洞	을63	을1
94	남관희 南灝熙	원산부 남산동南山洞	을64	을1
95	장경원 張景源	영흥군永興郡 진평면鎭平面 한동리翰洞里	을65	을1
96	장익진 張翼珍	원산부 사동四洞	을66~68	을3
97	강필무 姜弼茂	덕원군德源郡 적전면赤田面 신리新里	을69	을1
98	이인환 李麟煥	문천군文川郡 초면草面 포목정리浦木亭里	을70	을1
99	전갑석 全甲錫	문천군 군내면郡內面 교월리橋越里	을71	을1
100	전창협 全昌協	원산부 남촌동南村洞	을72	을1
101	최장덕 崔長德	원산부 상리上里	을73~74	을2
102	박원봉 朴元鳳	경성군鏡城郡 용성면龍城面 용암리龍岩里	을75	을1
103	황도곤 黃道坤	문천군文川郡 구산면龜山面 황죽리黃竹里	을76	을1
104	위형순 魏衡淳	원산부 상리上里	을77	을1
105	김상헌 金商憲	울산군 하상면下廂面 반구리伴鷗里	을78~80	을1
106	이재락 李在洛	울산군 웅촌면 석천리石川里	을107~109	을3
107	심상원 沈相源	의령군 의령면 서동西洞	을115~116	을2
108	권재갑 權載甲	의령군 의령면 신반리新反里	을117~118	을2
109	이신축 李愼軸	산청군 단성면 묵곡리黙谷里	을119~121	을3
110	이병곤 李柄坤	산청군 단성면 남사리南沙里	을129~131	을3
111	이○숙 李○淑	의령군 묘곡면卯谷面 세천리世千里	을143	을1
112	이용복 李容馥	의령군 묘곡면 세천리	을144	을1
113	이영세 李永世	의령군 묘곡면 세천리	을145	을1

114	민승기 閔承基	대전군 탄동면炭洞面 가정리柯亭里	을146~147	을2
115	손해헌 孫海憲	밀양군 단장면丹場面 법창리法昶里	을152~153	을2
116	남인희 南仁熙	의령군 의령면 동동東洞	을154~156	을3
117	이종순 李鍾淳	울산군 하상면 서리西里	을159~160, 238~240	을4
118	허발 許壤	김해군 김해면 마마리馬麻里	을161~164	을4
119	안직상 安稷相	의령군 부림면 입산리	을165	을1
120	김교환 金敎桓	양산군 상북면 상삼리上森里	을173~174	을2
121	최자흑 崔子或	부산부 수정동	을175~176	을2
122	최정갑 崔正甲	고성군 개천면介川面 청광리淸光里	을177~178	을2
123	김회경 金會京	양산군 하북면下北面 신평리新坪里	을179~180	을2
124	김민환 金敏煥	의령군 의령면 서동西洞	을181~182	을2
125	김종범 金鍾範	부산부 수정동	을183~184	을2
126	최연무 崔演武	사천군 사천면 구암리龜岩里	을185~186	을2
127	한익동 韓翼東	청도군 각남면角南面 신당리新堂里	을191~194	을4
128	김성제 金聖濟	부산부 초량동	을208	을1
129	정진율 鄭鎭律	양산군 양산면 중부동中部洞	을207, 217	을2
130	김장욱 金長旭	부산부 좌천동	을206, 226	을2
131	송차신 宋且信	부산부 좌천동	을205, 212	을2
132	이창영 李昶榮	양산군 웅상면熊上面 삼호리三湖里	을204	을1
133	이종환 李鐘煥	단천군端川郡 읍내면 용성동龍城洞	을203, 222	을2
134	오창식 吳昌植	동래군 동래면 복천동	을202, 229	을2
135	함영국 咸永國	동래군 동래면 낙민동	을201, 215	을1
136	정인기 鄭仁棋	동래군 동래면 교동	을200, 224	을2

137	김봉오 金鳳梧	부산부 초량동	을199, 230	을2
138	손흥준 孫共駿	의령군 부림면 신반리	갑333	갑1
139	전기수 田琪秀	의령군 정곡면正谷面 백곡리白谷里	을209~210	을2
140	이정두 李正斗	의령군 낙서면洛西面 전화리수火里	갑342~347, 350~351, 348~349	갑10
141	이태협 李泰浹	의령군 의령면 동동東洞	갑362, 364	갑2
142	장세국 張世國	신의주군 영정榮町 7정목	갑370	갑1
143	히로세 쇼센 廣瀬正泉	부산부 보수정	갑377/ 을211	갑1/ 을1
144	김성겸 金聖謙	부산부 초량동	을213	을1
145	이종도 李鐘島	부산부 초량동	을214	을1
146	이춘옥 李春玉	부산부 초량동	을216	을1
147	김○○ 金○○	동래군 서면 부전리釜田里	을188	을1
148	이우영 李雨英	김해군 녹산면菉山面 사ㅇ리四ㅇ里	을220	을1
149	김덕호 金德浩	부산부 좌천동	을221	을1
150	이진태 李鎭泰	평산군 평산면平山面 신남리新南里	을223	을1
151	김동휘 金東輝	동래군 사하면 하단리	을225	을1
152	이유석 李有石	부산부 초량동	을227	을1
153	추월장 秋月章	동래군 동래면 복천동	을228	을1
154	허만옥 許萬玉	진주군 지수면智水面 성내리城內里	갑339~341, 138~139	갑5
155	이종태 李鍾泰	울산군 동면東面 화정리華亭里	을231~232	을2
156	윤민석 尹敏鉐	울산군 하상면 동리東里	을233~234	을2
157	권정운 權亭運	울산군 하상면 남외리南外里	을235~236	을2
158	박철수 朴哲秀	울산군 하상면下廂面 서리西里	을237	을1

159	서상일 徐相日	대구부 시장정市場町	갑378~379	갑2
160	경성방직 주식회사	경성부 병목정並木町	을241~250	을10
161	주식회사 경남은행	부산부 초량동	갑380~383	갑4
162	손○철 孫○哲	의령군 봉수면鳳樹面 신촌리新村里	을170	을1
163	최선호 崔璇鎬	고성군 상리면上里面 망림리望林里	갑266/ 을169	갑/ 을1
164	허진 許振	진주군 지수면 성내리城內里	을157~158	을2
165	이치안 李致安	진주군 진주면 성외리城外里	갑81	갑1
166	○재현 ○載鉉	청도군 금천면金川面 방지동芳旨洞	갑294~295	갑2
167	김병헌 金秉憲	창원군 천가면天加面 소답리召沓里	갑84~85	갑2
168	김세율 金世律	밀양군 하서면下西面 판곡리板谷里	갑371~376, 251	갑7
169	어대성 魚大成	부산부 영주동	갑179~180/ 을56	갑2/ 을1
170	우에다 슈지 上田秀治	부산부 남빈정 2정목	갑366~367	갑2
171	김갑천 金甲千	합천군 초계면草溪面 상대리上坮里	갑282~283	갑2
172	미상 未詳	경성부 원동苑洞	갑331/ 을18~19	갑1/ 을2

* 출처: 〈株主失權公告〉, 《조선시보》 1923년 7월 27~29일, 8월 1일.
* 비고: ① ○는 판독 불가.
　　　73항은 신문 원문이 "~乙自壹四至壹(以下次號)"로 한 글자가 누락되어 있어 ?로 표시함.
　　② 갑甲, 을乙은 주식의 종류임.

조선인 공업의 발상지, 평양의 자본가들

장 평양자기제조주식회사와 그 경영진
장 공업도시 평양의 발달 배경과 조합 조직

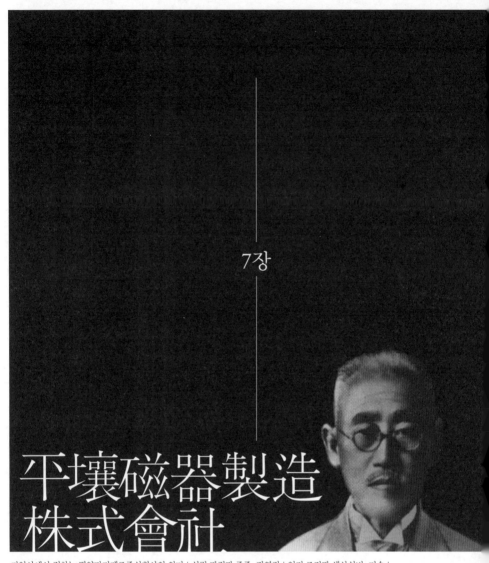

7장

平壤磁器製造株式會社

기업사에서 점하는 평양자기제조주식회사의 의미 | 설립 과정과 주주, 경영진 | 입지 조건과 생산설비, 기술 |
자산 구성과 영업 성적 | 경영 실패의 요인

평양자기제조주식회사와
그 경영진

1. 기업사에서 점하는 평양자기제조주식회사의 의미

최근 한말 일제 시기 개별 기업 및 자본가에 관한 연구가 활발하다. 특히 해방 후나 현재까지 존속하여 '성장'의 대표적 모델이라 할 특정 기업에 관한 연구가 많이 이루어졌다. 대표적인 예가 경성방직이다.[1] 여기에는 식민지 근대화론과 같은 일정한 시각에서 연구 대상을 선정한 이유도 있겠지만 또한 회사의 존속으로 다수의 자료가 남아 있는 점도 작용했다. 그런데 지속적으로 성장하지 못하고 결국 폐업하거나 일본인 기업에 흡수 합병되었으나 많은 자료가 남아 있는 조선인 기업이나 자본가에 대해서도 연구가 집중되고 있는 것을 보면[2] 개별 자본가 및 그 경영 회사·업체 연구를 가름하는 것은 자료의 다소多少라고 할 수 있을 것 같다. 실제 한 기업의 설립과 전개, 즉 어떤 시대적 경제적 상황에서 창립되었고 경영진과 주주

---

[1] Carter J. Eckert, *Offspring of Empire: The Koch'ang Kims and the Colonial Origins of Korean Capitalism, 1876~1945*(Washington University Press, 1991); 주익종, 《대군의 척후》, 푸른역사, 2008; 정안기, 〈戰間期 조선방직의 사업경영과 금융구조—'자금운용표' 작성에 의한 收支構造 분석을 중심으로〉, 《경제사학》 30, 2001; 정안기, 〈식민지기 경성방직의 경영사적 연구〉, 《아세아연구》 49-4, 2006.

[2] 대표적인 예로 1926년 예산에 중소 규모로 설립되었던 충남제사주식회사에 관한 논문이 4편에 이름을 들 수 있다(金聖甫, 〈日帝下 朝鮮人 地主의 資本轉換 事例—禮山의 成氏家〉, 《한국사연구》 76, 1992; 김혜수, 〈日帝下 製絲獨占資本의 養蠶農民 再編成 構造〉, 《경제사학》 13, 1989; 김혜수, 〈일제하 朝鮮人 中小資本의 동향연구(1920~1945)—忠南製絲(株)의 경영변동을 중심으로〉, 《역사문제연구》 창간호, 1996; 허수열, 〈忠南製絲의 경영구조—내포지방 경영진 지배기를 중심으로〉, 충남대 인문과학연구소, 미발표 원고).

들은 어떤 이들이었고 생산설비와 기술 수준은 어떠했으며 생산성 및 영업성적의 시기별 추이는 어떠했는지에 대해 미시적으로 살펴보기 위해서는 상당한 자료, 특히 기업 주체가 남긴 자료를 전제로 하지 않을 수 없다.

그러나 평양자기제조주식회사(이하 평양자기사로 줄임)에 관해서는 대차내소표나 수시세산서收支計算書 등 기본 사료는 남아 있지 않으며, 신문 기사와 창립 시기 농상공부의 간략한 출장 조사 보고, 《조선총독부통계연보》(1910~1915년)의 〈공장현황〉, 〈회사현황〉과 《매일신보》에 게재된 일부 〈결산보고〉가 전부다. 이들 자료만으로 수입과 지출, 자본 조달, 영업성적 등 회사 경영에 대해 파악하는 것은 '장님 코끼리 만지기' 격이다. 그럼에도 '무모하게' 평양자기사에 관한 연구를 시도하는 것은 크게 두 가지 이유 때문이다.

첫째, 종래 연구가 1930년대 '조선 공업화'가 1960년대 이후 한국 경제 성장의 기원 또는 그 전사前史라고 보는 시각에서 출발하여 1920~1930년대 기업·회사에 집중되어 있는 연구 경향에 대해 문제를 제기하기 위해 이 작업을 시도했다. 1930년대 만주시장 진출 등을 계기로 조선인 기업(대표적인 예로 경방)의 확장 발전이 두드러졌던 것은 사실이나, 1930년대와 1960년대 경제의 연속성을 강조하고 1930년대 공업화가 한국 자본주의의 기원이자 전사라고 주장하며 이에 집착하는 연구 시각은 조선인 기업 나아가서는 한국 경제의 기원을 보지 못하는 맹점이 있다. 절대적 자료의 빈곤을 무릅쓰고 한말~1910년대 평양자기사 연구를 시도한 것은 바로 한국 자본주의 발달의 기원을 1930년대 공업화로 보는 시각에 대한 문제제기다.

둘째, 이러한 연구 목적 내지 연구 시각과 별개로 평양자기사는 한말 시대적 상황에서 또한 한국 자본주의 발달사에서 주목할 만한 기념비적 기업이지만, 그 존재조차 제대로 인식하지 못하고 있어 실증적인 분석을 시도했다. 한말 계몽운동은 그 내용에서 교육·문화 분야뿐만 아니라 식산흥

업 분야에서도 중요한 의미가 있었다. 식산흥업의 방법으로는 미작米作·양
잠·식림·과수 재배 등 상업적 농업의 생산력 증대 방법과 공업진흥론에
기초한 기업 설립의 방법이 있었는데,[3] 평양자기사는 후자의 방식에 의거
한 식산흥업운동을 배경으로 설립된 대표적 사례였다. 주로 삼남 지방 지
주자본을 규합하여 190여 명의 주주에 의해 1919년 설립되어 민족기업의
전형으로 주목되어 왔던 경성방직에 비교하여, 평양자기사는 이보다 10년
전에 주로 서북 지방 출신의 200명이 훨씬 넘는 주주들을 규합하여 당시로
서는 적지 않은 자본인 6만 원으로 창립되었다는 점에서 기업사적으로도
주목할 만한 기업이다.

　평양자기사에 관해서는 기존 연구에서 이승훈의 민족운동이나 경제 활
동, 또는 105인 사건 및 신민회와 관련하여 소략하게 다루어진 정도다.[4] 기
존 연구는 유기상이었던 이승훈이 자기·유리그릇 등 수입품에 의한 타격
으로 몰락하게 되자 새로운 업종 전환을 꾀하여 평양자기사 설립을 주도
했다는 데 대해서는 견해가 일치한다. 그러나 주금 모집 성적이나 영업 실
태 등에 대해서는 견해가 나뉘었다. "경영이 순조로워 이익을 보았고 이에
이익 일부를 오산학교 경영에 충당했다"는 설이 있는 반면, "주금 모집 성
적이 좋지 않았고 따라서 자금난으로 명실상부한 민족기업으로서의 성공
을 거두지 못한 채 중도에서 좌절"되었다는 주장도 있다.

　여기에서는 평양자기사의 설립 과정과 주주 및 역대 경영진에 대해 살펴
보고, 생산설비·노동력 및 기술 수준·입지 조건 등 공장 실태와 경영진의

---

[3] 오미일, 〈한말 식산흥업론의 경제건설 방안과 그 정치적 성격〉, 《역사문제연구》 2, 1997(《한국근대자
본가연구》, 한울, 2002, 381~417쪽 재수록).
[4] 조기준, 〈남강 이승훈선생의 기업 활동〉, 《남강 이승훈과 민족운동》, 남강문화재단, 1988; 윤경로,
《105인 사건과 신민회 연구》, 일지사, 1990; 신용하, 〈신민회 창건과 그 국권회복운동〉 上·下, 《한국학
보》 8·9, 1977, 9~12쪽.

설비 확충 및 기술 개선을 통한 회사 혁신 노력 등에 대해 서술할 것이다. 나아가 회사의 자본 구조와 영업 성적도 살펴볼 것이다.

2. 설립 과정과 수수, 경녕신

설립 배경과 과정

평양의 조선인 자본가들이 식산흥업을 목적으로 근대적 공장을 설립하면서 그 업종으로 택한 것은 자기업이었다. 그들이 자기 공장을 설립한 것은 당시의 공업 발전 단계와 지역적 경제 조건을 고려한 결과였다. 한말 조선의 대표적인 공업은 직물업·제지업·도자기업·금속공업·수예품업(칠기류漆器類·연엽·목죽木竹) 등이었다. 특히 시급한 수요의 업종은, 판로가 보장되며 동시에 수입품을 대체할 수 있고 또한 국내 원료로 착수하기에 용이한 공업으로서 방적 직조·제지제피製紙製皮·자기연와磁器煉瓦·궐련성냥·유리·연철鍊鐵·비누·화장분 제조업이었다. 따라서 이는 한말 지주·상인들이 제조업에 투자하여 공장을 설립할 때 일반적으로 쉽게 택했던 업종이기도 했다.

그런데 이 중에서도 평양 및 인근 평안남도 지역에서 유망한 업종으로 주목받은 것은 도자기업이었다. 평안남도의 도자기업이 다른 지역에 비해 경쟁력 있는 유망 업종이었음은 1909년도 생산액이 1만 8,599원으로 경북(3만 8,534원), 경기(1만 9,663원) 다음이었던 사실을 통해서도 알 수 있다.[5]

---

[5] 農商工部, 〈한국도자기업조사일람표〉, 《官立工業傳習所報告》(1909년 10월 조사), 1909, 1쪽.

평양자기제조주식회사는 1908년에 창립되었다.[6] 평양의 몇몇 자본가가 1만 원(200주)을 출자하여 설립했는데 이후 준비 과정을 거쳐 제품을 생산하게 된 것은 1908년 9월경이었다. 평양자기사는 이 견본제품과 회사 정관 규칙을 농상공부로 보내 회사 설립인가를 신청했으며, 농상공부는 이를 검토한 후 "대한세계大韓世界에 창유創有한 제조발명"이라 하여 10월 8일 인허했다. 이에 회사는 창립 당초에 의도했던 대로 자본금 6만 원 규모의 회사로 확장하기 위해 1천 주의 증자발행增資發行을 단행했다. 1주당 50원인 주식은 1회 25원, 2회 10원, 3회 15원으로 분할 납부하도록 하여 소액 주주가 참여할 수 있도록 했다.

평양자기사는 기업 홍보를 통해 성공적인 주금 모집을 하기 위해 견본제품과 회사 규칙을 《황성신문》과 《대한매일신보》 등 언론 기관에 보내고 주주 모집 광고를 게재했다.[7] 지방에 위치한 회사가 실업계의 효시嚆矢로, 민족기업으로 전국적으로 알려지게 된 것은 이때였다.

《황성신문》은 1908년 10월 16일자 논설 〈평양자기회사에 대하야 권고勸告 국내실업가國內實業家〉를 통해 평양자기사의 설립은 "실업계의 효시"라고 하며 실업계에 뜻을 가진 인사들은 주금 모집과 제조 확장에 동심협력同心協力하기를 호소했다.[8] 이틀 후에는 《대한매일신보》에서도 〈평양에 자기 발명〉이라는 제목의 논설로 다루었다. 또한 제국실업회帝國實業會 회장 유길준과 그 관계자들도 실업가 70여 인을 초청하여 평양자기사에 대해

---

[6] 《官立工業傳習所報告》(1909년 10월 조사), 74쪽; 《대한매일신보》 1909년 2월 9~17일 광고. 《조선총독부통계연보》 1910~1915년판에는 1909년 4월 창립한 것으로 되어 있으나 이는 농상공부의 인허를 받은 후 확대 설립한 회사의 창립총회를 기점으로 한 날짜다.

[7] 10월 14~30일 기간의 《대한매일신보》나 《황성신문》에는 주주 모집 광고가 거의 매일 게재되었다.

[8] 《황성신문》 1908년 10월 16일. 《황성신문》은 이외에 1908년 9월 27일자 논설 〈物質의 文明이 爲富强之基礎〉이나 1908년 11월 5일자 논설 〈實業社 稍稍發現〉에서도 대표적인 회사 가운데 하나로 평양자기사를 소개했다. 또한 1910년 6월 3일자 논설 〈實業界의 嚆矢〉에서도 평양자기사를 거론했다.

〈그림 7-1〉 평양자기제조주식회사 주주 모집 광고

평양의 조선인 자본가들이 식산흥업을 목적으로 근대적 공장을 설립하면서 그 업종으로 택한 것은 요업이었다. 1908년 창립된 평양자기제조주식회사도 평안남도의 도자기업이 다른 지역에 비해 경쟁력 있는 유망 업종이라는 자본가들의 판단 하에 만들어졌다. 평양자기사는 기업 홍보를 통해 성공적인 주금 모집을 하기 위해 견본 제품과 회사 규칙을 언론기관에 보내고 주식 모집 광고를 게재했다.

* 출처:《황성신문》1908년 10월 16일.

"아국 공업에 최유망最有望한 사업"이라며 주식 응모를 권유하고 나섰다. 그러자 실업계에서도 대단한 관심을 보이며 지원을 표명했으니, 인천상업회의소에서는 평양자기사의 찬성문贊成文에 대해 이를 지지하는 장문의 찬성문을 발표하기도 했다. 이와 같이 평양자기사는 처음 평양의 몇몇 대표적 자본가들이 회사를 설립하여 견본제품을 생산한 후 설립인가를 받고, 이후 언론과 세간의 주목을 받으며 공개적인 주식 모집을 전개함으로써 확장되는 과정을 거쳤다.

공개적인 주주 모집은 일단 1909년 2월 초까지 마무리짓고 1회 분납금을 2월 20일까지 수납받아 회사 창립을 본격적으로 준비했다. 마침내 1909년 4월 10일 평양조선인상업회의소에서 주주 47인이 출석한 가운데 총회를 열고 경영진을 선출했으며 4월 20일 개업했다.

주주의 분포와 구성

평양자기사의 1908년 창립 발기인은 이승훈과 한삼현韓三賢·윤재명尹在明·정인숙鄭仁叔·윤성운·전재풍田在豊·이덕환·최유문崔有文 등 평양 지역 활동 자본가들이었다. 이들이 초창기 자본금 1만 원(200주)의 평양자기사를 설립한 주요 주주였다. 그러나 1천 주의 추가 주금 모집으로 주주의 분포는 평양 지역을 벗어나 훨씬 확대되었다.

주주의 지역적 분포는 전체 주주 명단이 남아 있지 않아 정확한 내용을 파악하기 어려우나, 〈표 7-1〉로 정리한 실권주주失權株主 167명의 분포를 통해 간접적으로 살펴볼 수 있다.[9] 실권주주가 평안남도 대동군·진남포·

---

[9] 〈株主失權 公告〉,《매일신보》1914년 11월 23일. 실권失權주주 167명이 587주를 소유한 것에 비례해 계산하면 총 1,200주의 주주는 대략 341명으로 추산된다. 하지만 계속 주금을 불입한 이는 대주주일

<표 7-1> 실권주주

2회 미불입 (166명, 572주)	평양	최유문(23), 윤재명·장영한張永翰·태극서관太極書館(이상 10), 전재풍(7), 김수철金壽哲·오방은吳邦殷·한삼현(5), 김원근金元根·최창렬崔昌烈(4), 이준호李俊鎬·최관수崔觀洙·한효원韓驍源(3), 곽용주郭龍珠·김광익金光益·김구희金龜禧·김용홍金龍興·박봉보朴鳳輔·양승호梁承灝·임석규林錫奎·임준근任俊根·차윤성車允成·황석환黃錫煥(2), 구용익具用翼·김관조金觀祚·김봉순金鳳淳·김윤화金允和·김준성金俊成·김찬두金燦斗·김형성金亨性·문봉상文鳳祥·문승준文承俊·박도순朴道淳·배재홍裵在興·백원국白元國·안태국安泰國·유근옥劉根玉·이대영李大英·이도제李道制·이용운李龍雲·이학수李學秀·정기준鄭基俊·정재명鄭在命·최석환崔錫煥·최용훈崔用勳·한봉원韓奉源·함동희咸東熙(1) 〈47인, 136주〉
	대동군大同郡	김진섭金參燮(6), 김서린金瑞麟·김진래金晋來·안승렬安承烈·오윤태吳閏泰·장계준張啓俊(3), 차면화車冕和(2), 김리유金履裕·김서웅金瑞雄·김용걸金用杰·박진성朴鎭成(1) 〈11인, 27주〉
	안주	이진항李鎭恒(15), 김양수金陽壽(7), 김희찬金禧贊·안승식安昇植·이순경李舜卿·이학수李鶴秀(5), 강윤보康允甫·강우현康禹鉉·김준묵金俊黙·안영학安榮鶴·안지복安志復·주용호周容鎬·홍이도洪彝道(1) 〈14인, 50주〉
	진남포	김병균金柄均·김정민金正民(14), 김영권金永權(9), 박만화朴萬化(7), 상업회의소·최병훈崔秉勳(5) 〈6인, 54주〉
	강동	백인국白仁國(2) 〈1인, 2주〉
	영유永柔	김리태金利泰·김연희金淵禧·김정규金廷奎·김정기金廷琪·김종기金鍾基·이대욱李大旭(1) 〈6인, 6주〉
	숙천肅川	김승태金升泰(12), 이휘림李彙林(4), 박유성朴裕聖·이휘돈李彙敦(1) 〈4인, 18주〉
	정주	협성동사協成同事(50), 이승훈(20), 이내경李迺卿·한서상회韓西商會(10), 박순일朴舜日(7), 이명룡李明龍·최학득崔學得(5), 노효욱魯孝郁·이창석李昌錫·양창룡梁昌龍(3), 김기전金基佃·김홍기金弘基·조현균趙賢均(2), 김시점金時漸·김창수金昌洙·노덕웅盧德雄·노덕함盧德涵·이근택李根老·이봉조李鳳朝·이학규李學圭·조윤균趙允均·조원석趙元錫·조황균趙晃均(1) 〈24인, 133주〉
	박천	변용각邊龍珏(3), 유동팔柳東八(2), 박대혁朴大赫·박용수朴龍洙·박지행朴芝行·변상룡邊相龍·송성익宋成翼·유창언兪昌彦·임희정林喜精·현병상玄炳商(1) 〈10인, 13주〉
	의주	김성호金成鎬(4), 최석하崔錫夏(3), 장춘재張春梓(2), 고병철高秉哲·백진수白鎭壽·조상호趙尙鎬·최성률崔聖律·한응수韓應秀·홍재현洪在峴(1) 〈9인, 15주〉
	신의주	김종원金宗源(1) 〈1인, 1주〉
	용천龍川	양시楊市 상무동사商務同事(20), 김경준金敬准·김문호金文浩(1) 〈3인, 22주〉
	철산鐵山	정석태鄭錫台·최창립崔昌立(5), 김수빈金洙斌(1) 〈3인, 11주〉
	가산嘉山	이병수李秉壽(1) 〈1인, 1주〉
	태천泰川	장길조張吉祚(1) 〈1인, 1주〉
	순안順安	최호준崔鎬睿(1) 〈1인, 1주〉
	영변	김현문金賢文·차국원車國轅(1) 〈2인, 2주〉
	재령載寧	홍일호興業號(5), 정달하鄭達河(1) 〈2인, 6주〉
	안악安岳	김용정金庸鼎(10), 고기태高基泰·표지정表致禎·이태학李泰學·이시회李始繪(1) 〈5인, 14주〉
	성진城津	최운학崔雲鶴(15), 최훈주崔勳柱(1) 〈2인, 16주〉
	경성	유동열柳東說(10), 김상범金相範(5), 정관조鄭觀朝(3), 김경식金璟植(1) 〈4인, 19주〉
	인천	김성칠金聖七·장내흥張乃興(2), 시탄회사柴炭會社·영안계永安契 포목전 도중布木廛 都中(1) 〈4인, 6주〉
	주소불명住所不明	김정조金鼎祚(6), 유기연柳基淵(4), 이갑李甲(20), 이계석李啓奭(1) 〈4인, 31주〉
	합계	〈총 165인, 585주〉
3회 미불입	정주	임동엽林東曄(1)
	의주	박세관朴世寬(1)
	합계	〈총 2인, 2주〉

* 출처: 《매일신보》 1914년 11월 23일 광고.
* 비고: ( ) 안의 숫자는 주식수.

강동·영유永柔·순안·안주·숙천肅川, 평안북도 정주·박천·태천·철산·용천龍川·의주·신의주·영변, 함경북도 성진, 황해도의 재령·안악, 나아가 경성·인천 지역에까지 걸쳐 있는 것으로 보아, 주주 분포가 서울 이북 특히 서북 지방으로 크게 확대되었음을 알 수 있다.

실권주주가 총 167명인 것으로 보아 공개적인 주주 모집 결과 창립 초기의 총 주주 수는 대략 300여 명 전후에 달했을 것으로 보인다. 1919년 "경향 유지有志의 거족적인 참가로 설립된 민족기업체"[10] 경성방직의 경우 창립 시 9명의 대주주(총 7,020주, 평균 780주 소유)와 182명의 군소 주주(총 1만 2,980주, 평균 71주 소유)가 2만 주를 분산 소유하고 있었다. 자본금 규모의 상당한 차이로 직접적인 비교는 어렵다고 하지만, 평양자기사는 경성방직보다 소액 주주의 참여가 훨씬 활발했고 따라서 소유 분산이 잘 된 기업이라고 할 것이다. 특히 창립 시기가 일반인들이 근대 기업 조직이나 경영에 대해 이제 막 보편적으로 인식하기 시작할 때였다는 점을 고려한다면, 이러한 설립 경로는 주목할 만한 사실이다.

주주의 주식 소유 규모는 정확하게 알 수는 없지만, 실권주주의 예에 따라 유추해본다면 주주 1명이 대략 평균 3.5주를 소유한 셈이었다.[11] 최대 50주를 소유한 주주도 있었지만 대부분 1~3주의 소액주주였다. 용천 양시 상무동사(20주), 협성동사(50), 태극서관(10), 한서상회(10)와 같은 조합 또는 상회가 비교적 대주주였다. 이러한 대주주 상점은 신민회원이나 혹

가능성이 크므로 전체 주주의 수는 이보다 적었을 것이다. 따라서 총 주주의 대략 50퍼센트 전후를 점하는 실권주주의 지역적 분포로써 전체 주주의 지역적 분포를 추론하는 것이 별 무리는 없을 것으로 생각한다.

[10] 조기준, 《한국기업가사》, 1973, 266쪽.

[11] 실권주주 167명(회사·상점 주주 포함)의 소유 주식수가 총 587주이므로 실권주주 1명당 주식 보유수는 평균 3.5주였다.

은 신민회를 지원했던 이들이 경영했다.[12]

다음 주주의 구성과 성격에 대해 살펴보자. 주주의 구성과 성격은 주주의 모집 방식이나 혹은 경로와 밀접한 관계가 있다고 할 수 있다. 위에서 살펴보았듯이 주주 모집이 비교적 성공적이었던 것은 신문 사설 및 기사를 통한 간섭 홍보와 주주 모집 광고에 힘입은 바가 컸다고 할 것이다.

그러나 실제 주식 모집이 서북 지방에서 큰 호응을 받았던 것은 첫째, 서우학회·서북학회·대한협회와 같은 한말 계몽단체의 인적 연계망 덕분이었다. 〈주주실권공고〉에 게재된 167명의 주주 가운데에 확인되는 서북학회·대한협회 회원만 대략 30명 이상이며, 특히 회사 설립을 주도했던 창립 발기인과 경영진은 윤재명과 최유문을 제외하고는 모두 서북학회나 대한협회 회원이었다. 경성 지역 주주로 당시 정주군수定州郡守였던 김상범과 유동열(10주), 이갑(20), 정관조(3) 등도 서북학회 회원이거나 서북 지방 출신이었다. 인천 지역 주주는 식산흥업운동에 공감하여 평양자기사에 대한 찬성문을 발표한 상인 및 그 경영업체였다.

둘째, 주주 모집 시 특히 신민회원의 조직적인 지원이 컸던 것으로 보인다. 실권주주 가운데 데라우치 총독 암살미수사건(일명 105인 사건)에 연루

---

[12] 평북 용천 양시 상무동사는 1908년 2월 주식회사 형태의 조합제로 설립된 잡화상점이었다. 그 지점인 선천의 상무동사도 1백여 명이 9천 원을 출자하여 설립한 것이었다. 1908년 영업 이익이 자본금 매 10원당 1원 83전 3리씩 배당될 정도로 영업 성적이 좋자 자본금을 배로 증자하기로 했다. 상무동사와 선천 총지점의 경영은 신민회 관계자였던 이봉조·송자현宋子賢·양준명梁濬明(기소자), 황국보黃菊保(불기소자)와 황국일黃菊逸 등이 총무와 회계를 맡아 했다(《제9회 공판 시말서》, 《한민족독립운동사자료집》 1권, 136~137쪽; 《대한매일신보》 1909년 2월 27일~3월 6일 광고). 정주 납청정納淸亭에 위치했던 협성동사도 신민회원이었던 양준명梁濬明이 간부로 일했고 상무동사 및 선천 총지점과 함께 신민회 재정기관의 하나였다(윤경로, 〈신민회와 남강의 경제 활동 연구〉, 《남강 이승훈과 민족운동》, 99쪽 참조). 태극서관은 1908년 5월 이승훈이 자본금 3,600~4,000원 정도의 자본금으로 평양에 설립한 것으로 안태국이 총무, 이덕환이 사무를 보았다. 서울에 제2지점과 선천에 제3지점을 설치했다(〈제19회 공판시말서〉 및 〈제21회 공판시말서〉, 《한민족독립운동사자료집》 1권, 288쪽, 300~301쪽).

된 신민회원을 약 14명 이상 확인할 수 있다.[13] 특히 창립 발기인 가운데 이승훈은 신민회의 평북 지방 총감總監이었고, 이덕환은 평남지부 평의원, 윤성운·정인숙·김진후金鎭厚 등은 평양 지역의 자본가 지주들로 구성된 권장회 소속이었다.[14]

셋째, 발기인이자 초대 사장으로 회사 설립을 주도했던 이승훈의 개별적인 인적 조직적 연고관계도 주주 모집에 큰 힘으로 작용했던 것 같다. 그 예로 평양자기사의 주주 가운데에는 1907년 이승훈이 설립한 정주 오산학교의 찬무회원贊務會員이 특히 많았다. 대표적으로 진남포의 김정민·박만화·김영권, 평양의 윤성운·김진후·정인숙·박도순, 안주의 김희찬, 정주의 노덕옹·조황균·이명룡, 경성의 김경식 등은 오산학교에 일정액의 월연금을 내는 찬무원이었다.

따라서 평양자기사의 주주는 대개 한말 계몽단체의 식산흥업운동에 공감한 이들로, 특히 서북학회·대한협회 지회와의 관계에 의해 혹은 신민회의 조직적인 권유에 의해 주식을 매입했으며, 개별적으로는 이승훈과 연고가 있었다.

한말 계몽단체의 회원 가운데 지식인 이외에 지주·상인 등의 재산가가 많았는데, 서북학회나 대한협회 그리고 신민회의 조직적 연고에 의해 주주 모집에 응했던 평양자기사의 주주 역시 대개 상인이거나 혹은 지주였다.[15] 그 자본축적 경로를 보면, 서북 지역 특성상 상업 활동을 통해 부를

---

[13] 주금 불입을 완료하여 실권 공고에 게재되지 않은 105인 사건 관련자(신민회원)도 많았을 것이므로 주주 가운데 신민회원은 이보다 훨씬 많은 숫자였다.

[14] 윤경로, 《105인 사건과 신민회 연구》, 210~243쪽 참조.

[15] 대표적인 예를 들어 실권공고에 게재된 주주 가운데 안주의 김양수는 주단포목과 곡물을 취급하는 무역상이었고(《동아일보》 1920년 4월 8일 광고), 의주의 최성률과 최석하는 평북작잠회사(1912년 9월 설립, 한일 합자회사)의 사장과 취체역이었다. 진남포의 박만화는 삼화항의 객주였고(《대한매일신보》 1909년 12월 3일), 박천의 변응각은 조합제로 개편된 평양염직소의 조합원(주주)이었다. 평양의 김수철은 1910년대에 수인당약방壽仁堂藥房과 의약월보사醫藥月報社를 경영했으며(오미일, 《한국

축적한 상인이 많았다. 지주라 해도 누대 세습의 지주라기보다 상업 활동
으로 재산을 축적하면 대개 토지에 투자하여 지주가 된 이들이며 또한 대
금업으로 자본을 축적하기도 했다.

주주들은 한말에는 대개 각 지역의 유지로서 자강단체에서 활동하면서
사립학교 설립이나 후원에 적극적이었다.[16] 병합 후 일부 인사는 지역의
도평의원 내지 부협의원으로 활동하기도 했으며 재계의 유력자였으므로
상업회의소 의원으로 활동하기도 했다. 또한 친목이나 여론 형성을 위한
지역 유력자 모임의 구성원이었으며, 공립학교의 학교평의원이나 사립학
교의 교장·총무·찬무로서 활동한 조선인 사회의 명망가였다.[17]

그러나 처음 회사 설립에 호응했던 주주들 가운데 상당수는 2회, 3회 불
입금을 납부하지 않아 주주로서의 권리를 상실했다. 1914년 11월 약 49퍼

근대자본가연구》, 한울, 2002, 250쪽), 김찬두는 한말부터 1930년대까지 광명서관光明書館을 경영했
다(《매일신보》 1917년 1월 1일; 《동아일보》 1920년 4월 15일; 《조선일보》 1931년 1월 2일). 또한 평양
의 김용흥은 무역상, 양승호는 주단포목 판매상이며, 최용훈은 잡화 무역상(조선물산상회)으로 1920
년대에 평양주단포목상조합장을 지내기도 했고, 박봉보도 유수의 상인이었으며, 정재명은 지주이면
서 재목상을 경영했고 1918년에는 평안염직소(자본금 3,000원, 직공 9명)를 설립하기도 했다(오미일,
《한국근대자본가연구》, 246쪽; 《동아일보》 1927년 1월 4일 광고; 《全鮮商工會議所發達史(평양편)》,
부산일보사, 1935, 43쪽; 《매일신보》 1913년 10월 31일 광고; 평양부, 《평양부사정요람》, 1923, 168
쪽). 경성의 유동열은 1908년 무렵 윤치성 등과 함께 금전대부·농산물 매매를 하는 실업회사를 설립
하려고 시도했으며(《한민족독립운동사자료집》 1권, 305쪽), 정관조는 1910년대~1920년대에 재목
상이면서 석탄광산과 어업을 경영했던 평양 지역의 대자본가였다(평양상업회의소, 〈평양부상공인명
록〉, 《평양부요람》, 1919, 91쪽; 零生, 〈西鮮의 인물〉, 《반도시론》 1권 5호, 1917년 8월).
[16] 예를 들어 평양의 박경석朴經錫과 박봉보는 사립일신학교에 매달 일정액을 보조했고, 정재명은 평양
사범예비강습소 주무였다(《황성신문》 1909년 4월 10일, 1909년 3월 3일 광고). 장영한은 사립 경치학
교經治學校의 총무였다(《대한매일신보》 1906년 3월 6일).
[17] 평양의 김수철은 기성다화회 간사였으며 일신학교·진명여학교 교장이었다. 또한 김용흥(조선인상업
회의소에서 1909년 이후 부회두)과 최용훈(1925년 12월~1927년 11월 평의원), 정재명(1929년 12월
~1933년 3월 특별의원)은 평양상업회의소의 간부였다. 특히 최용훈은 3·1운동과 비밀결사운동에
참여하여 옥고를 치른 경력이 있는 민족주의자였다. 박봉보는 1917년 전후 부협의원을 지냈고, 정관
조는 1925년 무렵 도평의회 의원을 지냈다(田中市之助, 《全鮮商工會議所發達史(평양편)》, 부산일보
사, 1935, 43쪽; 오미일, 《한국근대자본가연구》, 240~256쪽 참조; 〈西鮮의 인물〉, 《매일신보》 1925
년 1월 6일 광고).

센트의 주식이 실권 처리되었으니, 주주수가 상당히 감소되었고, 실권주식은 일부 재력가에게 집중되었다. 따라서 1915년 이후 소액주주보다 대주주의 자본 지분율이 커졌고 당연히 대주주의 경제 논리나 경영 방침이 회사 운영에 반영되었을 것으로 보인다.

경영진의 구성과 변화

1909년 4월 창립 주주총회에서 선출된 경영진은 〈표 7-2〉에 나타나듯이 사장: 이승훈, 총무: 김남호金南鎬·정인숙, 감사: 김진후·최유문 등 당시 식산흥업에 가장 적극적인 의식을 가지고 활동했던 평양 지역의 대표적 자본가들이었다. 창립기 경영진은 사장·총무·감사의 직제로 구성되었는데 총무라는 직위와 명칭은 1913년 하반기 이후 '취체역'(이사)으로 바뀌었다.

창립 경영진이 회사 경영에 전념했던 기간은 길지 않았다. 대대수가 정치적 사건에 연루되어 검거 체포됨으로써 회사는 위기를 맞이했다. 사장 이승훈은 1911년 1월 무렵 무관학교설립사건(안명근 사건安明根事件 및 양기탁 등 보안법 위반 사건)으로 체포되어 제주도에 유배되었다가 다시 데라우치 총독 암살미수사건에 연루되어 징역 6년형을 받고 복역 중 1915년 2월 가석방되었다. 윤성운·이덕환(이상 기소), 김진후·정인숙·장영한·한삼현(이상 불기소)은 1911년 말 총독 암살미수사건으로 검거되었는데, 기소자들은 1913년 3월 20일까지 복심 재판으로 구류되어 있었으며,[18] 불기소자들은 대개 1912년 2~3월에 석방되었던 것 같다.

---

[18] 〈음모사건판결언도〉, 《매일신보》 1913년 3월 21일. 1912년 11월 26일부터 시작된 경성 복심의 판결 언도는 1913년 3월 20일에 있었는데, 윤치호·이승훈 등 6명은 유죄 판결을 받고 윤성운·이덕환 등 나머지 99인은 무죄를 언도받고 이날 석방되었다.

① 이승훈
② 김남호
③ 정인숙
④ 윤성운
⑤ 황석환
⑥ 임석규
⑦ 박경석

〈그림 7-2〉 평양자기제조주식회사 경영진

평양자기제조주식회사는 1909년 4월 창립 주주총회에서 사장: 이승훈, 총무: 김남호·정인숙, 감사: 김진후·최유문 등을 경영진으로 선출했다. 이들은 당시 식산흥업운동에 가장 적극적인 의식을 가지고 활동했던 평양 지역의 대표적 자본가들이었다. 그러나 창립 경영진 대다수가 무관학교설립사건, 데라우치 총독 암살미수사건 등 정치적 사건에 연루되어 검거 체포됨에 따라 회사는 타격을 받고 위기에 처한다. 이후 박경석, 김종중 등 창립 초기 중역진과는 다른 성향의 자본가들이 경영진으로 영입되면서 회사의 경영 방침은 변화하게 된다.

* 출처: ① 국가보훈처. ②, ⑥《매일신보》 1916년 6월 18일. ③, ⑤, ⑦《매일신보》 1914년 4월 13일. ④《동아일보》 1927년 5월 2일.

〈표 7-2〉 창립 발기인과 역대 경영진

취임기간	경영진	비고 및 출전
1908	정인숙, 한삼현, 윤재명, 윤성운, 전재풍, 이덕환, 최유문, 이승훈	발기인
1909.4~	사장: 이승훈, 총무: 김남호·정인숙, 감사: 김진후·최유문	창립 총회
1912.2	중역회: 윤성운, 김남호, 정인숙, 김진후, 한삼현	중역회
1913.2~	총무원: 김남호·김진후·정인숙, 감사원: 한삼현·장영한	제8회 주주총회에서 만기개선 滿期改選
1913.7~	사장: 김남호	
1914.8~1915.2	사장: 김남호, 이사: 윤성운·김진후, 감사: 한삼현	12기 영업보고
1915.2~1915.8	사장: 김남호, 이사: 박경석·김종중金鍾重, 감사: 이덕환·황석환	13기 영업보고
1915.8~1916.2	사장: 김남호, 이사: 김종중·박경석, 감사: 이덕환·황석환	14기 영업보고
1916.2~1916.8	상동上同	개선改選했으나 전과 같이 중임 重任
1917.2~	사장: 김남호, 이사: 김종중·김진모金鎭謨, 감사: 이덕환·황석환	박경석 사임
1917.8~1918.2	사장: 김남호, 이사: 김진모·임석규, 감사: 이덕환·황석환	18회 결산보고
1918.2~	취체역 사장: 김남호, 이사: 김진모·임석규, 감사: 이덕환·황석환	감사역 만기개선, 중임

* 출처: 《매일신보》 1912년 2월 15일, 1913년 2월 4일, 1915년 2월 9일, 1915년 8월 14일, 1916년 2월 10일, 1917년 2월 13일.

때문에 먼저 공석이 된 사장을 선출해야 했는데, 1913년 7월 김남호 사장 체제가 출범하기까지 새로 선출하기보다 중역을 한 명 더 보강하여 중역회에서 주요 사안을 결정하고 경영하는 체제로 운영했던 것 같다. 이 때 이승훈의 후임으로 윤성운이 충원된 것 같은데, 그 또한 1911년 말 체포되어 역시 공석이 되었다. 다시 후임을 선출해야 했으나 〈표 7-2〉에서 보듯이 1912년 2월에도 윤성운은 여전히 중역 지위를 유지하고 있었다. 마찬가지로 총독 암살미수사건의 불기소자로 1912년 2월 무렵까지 체포되어 신문받고 있었던 정인숙·김진후 역시 중역으로 남아 있었다. 이는 후임 경영진을 제대로 선출할 수 없을 정도로 회사가 받은 타격이 컸음을 의미한다.

여러 중역의 신상 변화로 인한 회사의 위기 상황에서 경영의 공백을 메운이는 김남호였다. 그는 창립 초기 5명의 경영진 가운데에서 유일하게 총독암살미수사건에 연루되지 않은 인물이었다. 창립 초기 총무로 선임되어 1913년 7월 사장으로 취임한 후 1919년 회사가 문을 닫을 때까지 계속 사장을 중임했다. 따라서 1913년 7월 이후, 아니 정확하게 말하면 다른 중역들이 검거된 1911년 말 이후 회사 경영은 김남호에 의해 주도되었을 것이다.

윤성운·이덕환이 1914년 이후 회사에 복귀하기는 했으나 경영을 주도하지는 못했던 것 같다. 더구나 최유문(23주)·전재풍(7)·윤재명(10)·한삼현(5)·이승훈(20)의 주식이 1914년 11월경 실권 처리됨으로써 1915년 이후에는 창립 발기인과 초기 경영진은 거의 회사에 남아 있지 않고 전면 교체되었다고 할 것이다. 그동안의 경영진 교체는 주로 창립 발기인과 경영진 사이에서 돌아가며 이루어져왔으나, 1915년 2월 이사 윤성운·김진후가 교체되고 대신 종래의 중역진과 정치적 성향이 전혀 다른 박경석·김종중이 선임됨으로써 경영진 구성에서 변화를 보였다. 이후에도 김진모·임석규 등 창립 초기 중역진과는 다른 성향의 자본가들이 참가했다. 그나마 창립 중역진 가운데 유일하게 이덕환이 이들 새 중역진을 견제하기 위함인지 1915년 2월 복귀하여 계속 감사역 자리를 지켰다. 황석환과 임석규는 창립 때 2주를 소유했지만 2회 주금을 불입하지 않아 실권했다가 다시 복귀한 이들이었다.

그러면 경영진 개인의 자본축적 경로와 그 규모 및 종사업종과 사회적지위 혹은 활동 영역에 대해 살펴보자.

이승훈은 사환과 행상으로 재산을 모아 1887년 평북 납청정納淸亭에 유기상점과 제조공장을 설립하고 평양에도 지점을 두었다. 그러나 청일전쟁의 참화로 인해 축적한 재산을 전부 날렸는데, 철산鐵山 오희원吳熙源에게 자본을 빌려 다시 유기공장을 복구하고 진남포에 지점을 개설했다. 1901년 이후에는 유기공장을 다른 이에게 맡기고 평양에서 윤성운·김인오金仁梧 등과 합자하여 대규모 무역상을 경영했다. 이때 그는 종이·우피의 수출과 각종 서양 물품의 수입에 종사했는데 지역 간 백동화 시세의 환차익에 투기하기도 했다. 당시 정치정세가 복잡하여 무역 거래가 호조를 보인 시기에는 이익을 남겨 50만 원의 자본을 운용하기도 했으나 러일전쟁 후 시세의 불리함과 투기적 거래로 큰 타격을 받고 쇠퇴했다. 그는 1906년경 안창호의 연설을 듣고 이후 교육·민족산업운동에 진력했다.

1909년 4월 창립 시 총무, 그리고 1913년 이후 회사의 최고 경영자였던 김남호는 어떤 배경에서 중역으로 선임되었으며 어떻게 계속 사장직을 유지했을까? 김남호는 14세부터 상업에 종사했는데, 집안이 원래 부유하여 우피를 수출하고 주단 포목을 수입 판매하는 무역상을 경영했다.[19] 평양자기사 사장으로 재임하는 기간에도 이 무역상을 독자 경영했다. 1912년 무역상 공성조합共盛組合의 평의원, 1913년 3월 평양금은분석조합장平壤金銀分析組合長으로 활동했으며, 제조업으로는 1918년 11월 자본금 5천 원 규모의 일신정미소日新精米所(직공 18명, 연생산액 5천 원)를 설립 경영했다. 그는 평양자기사의 사장으로 취임할 무렵 57세로, 당시 평양 지역의 쟁쟁한 실업가인 윤성운·이덕환·임석규·한윤찬韓允燦·오윤선吳胤善·이춘섭李春燮이

---

19 〈西鮮의 인물〉에서는 '우피대상牛皮大商'이라고 소개했다. 《평양상공안내》(1917, 171쪽)에는 '무역상'(죽전리 소재)으로만 기재되어 있는데 같은 책 광고에는 주단포목 취급으로 나온다. 〈평양부상공인명록〉《평양부요람》, 1919, 83쪽)에 영업세액이 72원으로 나와 있는데, 이는 임석규와 같으며 한윤찬·차윤성 등의 54원보다 많은 것이므로 평양 시내에서 첫 손에 꼽히는 무역상이었음을 알 수 있다.

30대 중후반, 김수철이 20대 후반이었던 데 비해 한 세대 앞선 선배였다. 그가 "세인世人이 공지共知하는 바 상공업계의 두등頭等인 기관"인 평양자기사의 사장직에 선임된 것은 "노당익장老當益壯"한 사업적 능력과 "일반 사회가 경모敬慕하는 발군拔群한 존대덕망尊大德望"을 인정받았기 때문일 것이다.[20]

그는 사회적으로도 활발한 활동을 보였으니 한말 서북학회 회원 시절 이래 다양한 사회단체에 이름을 걸고 있었으며 그 결과 써보지 않은 감투가 없을 정도였다.[21] 일제 당국과 비교적 협조적 관계를 유지했으니, 1914년 12월에는 공공사업에 진력했다 하여 목배를 하사받았으며, 1918년 4월 ~1920년 11월 기간 관선 부협의회원을 지냈다. 그는 창립 경영진 가운데 유일하게 총독 암살미수사건에 연루되지 않은 데에서 알 수 있듯이, 창립 발기인 및 경영진과 정치사회적 이념이나 활동을 공유하지는 않았다. 그러나 이후 언급할 1915년 이후의 경영진 특히 박경석 등과 비교해볼 때, 비교적 중립적인 입장인 데다 사업적 능력과 사회적 명망을 인정받아 창립 경영진에 선임되었던 것 같다.

1908년 창립 시 총무였던 정인숙은 평양 대성학교 출신으로, 1906년 결성된 평양조선인상업중의소平壤朝鮮人商業衆議所 부회두였으며 이후 1909년 10월 일본인상업회의소가 해산된 뒤 그 명칭을 고친 조선인상업회의소의 회두로서 평양 실업계 사정을 꿰뚫고 있는 인물이었기 때문에 회사 설립의 실무를 주관하기에 적임자였다. 그러나 그는 "법률지식이 부족하면 완

---

[20] 〈平壤商議員 當選〉,《매일신보》1916년 6월 18일. 그가 1916년 연합상업회의소령에 의해 설립된 평양상업회의소의 조선인회원 측 첫 부회두를 지낸 사실도 상공업계를 아우를 수 있는 대선배라는 사실이 고려되었을 것이다.

[21] 예를 들어 1915년 시정오년기념조선물산공진회 평양협찬회 위원, 1916년 어대전기념평양공회당건설상임위원御大典記念平壤公會堂建設常任委員 촉탁·평양국어보급야학강습회 장려위원 등이 대표적이다.

전한 상업가가 되지 못한다"고 생각하여 경성사립법률학교로 유학을 갔기 때문에 곧 회사를 떠났다. 그는 다시 귀향하여 광산·토지·산림의 매매 소개를 영업으로 하는 객주 광신사廣信社를 개업했다. 이후 제조업으로 전환하여 1차 세계대전 시기 호황으로 공장 설립이 유행하던 때 평양국자제조판매소平壤麴子製造販賣所를 설립하여 누룩·주류를 제조했다. 1925년 4월에는 사염업체絲染業体인 백화염색공장百花染色工場을 설립했고 1933년경에는 면양말을 제조하는 백화양말공장을 경영했는데, 양말생산조합장을 지내기도 했다. 그는 누대의 재산을 물려받은 대재산가는 아니었으나 조선인 실업계를 대표하는 활동으로 평양 지역의 유력 인사였으며 때문에 1914년에 관선 부협의원을 지냈다.

창립 초 감사역, 이후 1914년까지 총무원·이사를 역임한 김진후는 변호사로서 1908년 대성학교 설립 시 3천 원이라는 거액을 희사한 것으로 보아 대재산가였음을 알 수 있다. 무역상 삼영조합三永組合에 투자하기도 했으며, 신민회 평의원으로 활동했다.

창립 발기인이자 감사였던 최유문은 상공인명록이나 광고에 잘 나타나지 않는다. 그러나 평양자기사의 주식을 23주 소유한 것으로 보아 재력가였던 것 같다.

창립 발기인이자 1911년 정기총회에서 중역으로 선임된 윤성운은 회사 창립 전후 무렵 2만 원 자본 규모의 객주상을 독자 경영하고 있었다. "농공은행과의 거래에서 대출총액이 가장 많을 때에는 3만 원, 적을 때에도 1만 원 이하로 내려가지 않는 실적으로 조선인들 중에서는 제일 신용이 있었다"고[22] 하는 것으로 보아 사업 규모가 상당했음을 알 수 있다. 때문에

---

[22] 《한민족독립운동사자료집》 2권, 85쪽. 이는 총독 암살미수사건 경성 복심 공판에서 평안농공은행 지배인 하야카와 쇼조早川省三가 증언한 내용이다.

1908년 8월 평안농공은행이 창립되자 이사로 선임되었는데, 은행 내 비중이 사실상 은행장과 동등했다고 하니 재계에서 능력을 인정받고 있었음을 알 수 있다. 그가 평양자기사에 관여하게 된 직접적 계기는 무역상을 동업했던 이승훈의 권유에 의해서였을 것이다.[23] 그가 총독 암살미수사건으로 체포되어 객주 영업이 도산 위기에 처하자, 채권자들인 지역 실업가들이 부채 11만 원을 자본금으로 삼아 공성조합이라는 간판을 내걸고 1912년 5월(음력)부터 영업을 재개했다.[24] 윤성운은 출옥 후 공성조합 주임 임석규林錫奎와 함께 조합을 매수하여 상호를 대동상회大同商會로 고치고 공동 경영하다가, 1916년 3월경 임석규에게 인계했다. 이후 그는 신탄상薪炭商과 평양관염판매조합平壤官鹽販賣組合을 경영했다.[25] 또한 평양의 대표적 자본가들이 자본을 모아 1920년 설립한 평안무역주식회사(공칭자본금 50만 원, 불입자본금 12만 5천 원)의 감사이기도 했는데, 200주 이상 소유한 대주주는 아니었다. 윤성운은 3·1운동 때에도 이덕환 등의 신민회 동지 및 기독교계 인사들과 함께 독립선언서 배포와 자금 모집을 논의했다.[26]

창립 발기인이자 감사인 한삼현은 자료에 잘 나타나지 않는다. 다만 1918년경 평양 유수의 피혁상이자 우육판매업자牛肉販賣業者인 한윤찬 등

[23] 윤성운은 1909년 무렵 이승훈과 분리하여 객주업을 독자 경영하고 있었다. 그는 105인 사건 공판에서 "실업 발전은 개인의 힘으로는 할 수 없으므로 단체에 가입하여 많은 거래를 하도록 장려하는 것이 그 방침이라고 하여 신민회에 가입했다"고 진술했다(《한민족독립운동사자료집》 1권, 271쪽). 그는 무종교이고 17세까지 한학을 배웠다고 하는 것으로 보아 기독교나 학연을 통해 신민회와 맺어진 관계는 아니었다. 그는 조선 시기 이래 대청무역의 근거지로 유명했던 안주 출신이었다(《안주인친목회》, 《동아일보》 1923년 3월 13일).

[24] 이때 조합장: 이교식李敎植, 주임: 이진태李鎭泰·임석규, 감사: 야마네山根政治·이면희李冕義·김남호·춘성영春盛永 등이었다. 이 공성조합은 1913년 3월 1기 영업 보고 때 순익금 2만 3천 원을 기록할 정도로 영업 성적이 양호했다(《매일신보》 1913년 3월 20일).

[25] 〈평양상공인명록〉, 《평양부요람》, 1919, 93쪽; 《동아일보》 1920년 4월 10일 광고. 신탄상은 영업세액이 15원인 것으로 보아 규모가 크지는 않았던 것 같다. 평양관염판매조합은 1920년 무렵 김동원金東遠과 함께 동업했다.

[26] 《현대사자료》 25권(3·1운동 I), 446쪽.

과 함께 근검 저축을 목적으로 하는 관서중개조합을 조직하는 데에 참여한 사실을 확인할 수 있다.

1913년도 감사였던 장영한은 지주인데 1910년대 초 융흥상점隆興商店을 경영했으며, 1912년 9월 자본금 2천 원으로 평양염직소를 설립했다.[27] 그는 105인 사건으로 체포되었다가 불기소로 석방되었으며, 2회 주금을 불입하지 않아 1914년 이후 평양자기사 주주로서의 권리를 상실했다.

창립 발기인이자 1915년 이후 계속 감사역으로 일한 이덕환은 당시 곡물·사금砂金·포목류 등을 취급하는 무역상이었다. 105인 사건 공판 당시 재산을 5천 원이라고 진술한 것으로 보아 윤성운의 무역상에 비해 규모가 작았음을 알 수 있다. 그가 회사 창립에 적극 나섰던 것은 물론 자신의 식산흥업의 의지에 의해서겠지만, 당시 이승훈(관주館主)·안태국(사무事務)과 함께 태극서관을 경영하고 있었던 인적 관계도 작용했을 것이다. 그는 105인 사건으로 체포되었으나, 복심까지 항소해서 결국 1913년 3월 무렵 증거불충분으로 석방되었다. 이후 장영한의 평양염직소에 합류했는데, 평양염직소가 조합제로 개편된 이후에는 그가 주로 대표 경영했다.[28] 한편으로 1915년경부터 우피·곡물·지물·잠견蠶繭·포목·금은·각종 해산물의 무역 및 위탁 매매와 석물石物 판매, 그리고 평양염직소의 각종 직물을 발매하

---

[27] 《매일신보》 1913년 10월 31일자 천장절 봉축 광고에는 직업이 '농업'으로 소개되어 있다. 융흥삼점은 상호만 확인할 수 있고 자세한 영업 내용은 나타나지 않는다(〈평양염직공장의 보조〉, 《매일신보》 1913년 3월 2일). 평양염직소는 처음 장영한이 배영엽裴永燁(교토공업학교 염직과 졸업)을 주임으로 고용하여 개인출자로 경영했으나 1913년 6월경 자본금 1만 원 규모, 20인의 조합원제로 확장 개편되었다(〈염직소 확장〉, 《매일신보》 1913년 6월 7일). 창립 시부터 평남도 당국으로부터 매년 250원 내지 500원을 보조받았다(《매일신보》 1913년 3월 2일, 4월 26일, 7월 15일, 1917년 2월 23일). 평양염직소는 중국 수입 직물에 대항하기 위한 목적으로 칠색관사七色官紗, 색고사色古紗, 대정단大正緞과 대정직大正織 등을 제직製織했다(《매일신보》 1917년 2월 23일, 1916년 9월 3일). 1915년의 시정오년기념조선물산공진회와 대정박람회에서 금패를 수령하기도 했다.

[28] 광고에 주로 "평양염직소장 이덕환", "평양염직소 주 이덕환"으로 나온다(《평양상업회의소월보》 26, 1919년 2월, 광고; 《매일신보》 1919년 1월 1일 광고).

는 신행상점信行商店을 이응호李應浩와 동업으로 경영했다.[29] 또한 1919년 9월경에는 납부 영업세가 60원인 것으로 보아 비교적 상당한 규모로 생각되는 석유상(소재지: 이문리里門里)을 경영했다.[30] 동시에 평안무역주식회사의 초창기 이사로 활동하기도 했다.[31] 1923년 2월에는 정익로鄭益魯가 경영해오던 야소교서원耶蘇教書院을 인수하여 당시의 조선물산장려운동에 부응하여 서적뿐만 아니라 조선 물산 중요품을 취급했다. 그는 평양조선인상업회의소 회두를 지냈고, 연합상업회의소령에 의해 조선인상업회의소가 합병되자 그것을 계승하여 조선 상인만으로 조직된 조선상민구락부朝鮮商民俱樂部의 회장으로 조선인 상공업계를 대변했다.

이러한 이석환의 경제 활동은 교회 장로로서 민족운동에 참여하여 여러 번 옥고를 치른 정치적 행보와 병행되었다는 사실에 주목해야 한다. 그는 3·1운동 당시에도 불온문서 배포 혐의로 체포되었다가 예심에서 면소免訴되었으며, 1920년 봄에는 상해 임정 교통부의 평남독판으로 재산가나 기독교인들로부터 군자금을 모집하여 보낸 사건으로 구속되었다가 3개월간 고초를 겪고 보석으로 출옥하기도 했다.[32] 또한 1920년 4월 창립된 동아일보 평양지국장으로 활동했으며 평양조선물산장려회의 창립 부회장으로 조만식曹晩植·오윤선 등과 함께 경제운동을 주도하기도 했다.

창립 발기인 전재풍은 1910년대 초 평양 시내 종로鍾路에서 모직물·주

---

[29] 《매일신보》 1915년 4월 14일, 1917년 3월 13일, 1919년 1월 1일 광고. 신행상점은 1920년경의 광고에도 나타나는 것으로 보아 그가 3·1운동이나 비밀결사 관계로 투옥되기까지 계속 경영했음을 알 수 있다.

[30] 《평양부상공인명록》, 《평양부요람》, 1919, 95쪽. 같은 시기 평양염직소의 영업세액은 42원이었다.

[31] 〈평안무역회사 근황〉, 《동아일보》 1920년 8월 1일; 〈李平壤支局長出獄〉, 《동아일보》 1920년 6월 12일; 〈평안무역 정기총회〉, 《동아일보》 1921년 5월 3일. 그러나 군자금 모집 사건으로 체포되어 그만두었다.

[32] 김정명 편, 《조선독립운동》 1권 분책, 278쪽; 《동아일보》 1920년 6월 12일; 《조선일보》 1920년 6월 22일, 1921년 1월 22일. 그러나 1921년 초까지 진행된 재판에서 유죄로 결정되어 평양상업회의소 상무위원을 사직해야 했다(《동아일보》 1921년 3월 12일).

단·포목을 판매하는 상인이었다. 또한 1913년 평양염직소가 조합제로 확대 개편될 때 주주로 투자하기도 했다.

이상 살펴보았듯이 1914년까지의 경영진은 주로 1908년 창립 발기부터 회사 설립을 주도한 이들이었다. 그러나 1915년 이후에는 창립 경영진과 정치적 성향이 다른 자본가들이 중역으로 선임되었다.

1915년 2월부터 1917년 2월 기간 이사였던 박경석은 조선인 도시금융 기관으로 조직된 평양북금융조합의 조합장(1918)과 평안무역주식회사의 창립사장으로 선임될 정도로 대표적인 실업가였다. 그는 일본인 지배 회사인 평양어시장주식회사(1920년 설립, 자본금 30만 원), 평양산업회사(1918년, 비료 제조), 평양장유양조주식회사平壤醬油釀造株式會社의 대주주·설립 발기인으로 일본인 자본가들과 친밀했다. 이러한 재계 내에서의 비중으로 가장 오랜 기간 평양상업회의소 의원직을 역임했으니, 1919년 12월~1927년, 1929년 12월~1937년 약 18년 동안 평의원을 역임했으며, 1931년에는 조선인으로서는 최초로 회두를 지내기도 했다.

정치 사회 활동도 다양하여 약 20년간 일제 통치에 협조하는 민간 대표 직인 관선 부협의원(1914~1916)·부참사府參事(1914~1918)·중추원 참의(1928)·관선 도협의원(1933)을 두루 지내면서도, 한편으로는 1920년 평양 조선물산장려회 발기인이기도 했으며, 기타 비정치적 사회 활동에도 분주했다. 이러한 그의 성향과 처신을 두고 세간에서는 박쥐에 비유하여 "평양 편복파蝙蝠派 중 일인一人이오 다재다간多才多姦하것다 무슨 일을 하던지 항상 사람을 잘 이용한다"고 평하기도 했다.[33] 아무튼 그 정치사회적 행보가 창립기 발기인이나 경영진과는 사뭇 다른 박경석이 중역으로 선임된 것은 창립경영진의 이탈에 따른 경영노선의 변화 때문이겠지만, 또한 박경석이

---

[33] 觀相者, 〈平壤人物百態〉, 《개벽》 51, 1924년 9월.

당시 도자기제조업을 영위하고 있었기 때문이 아닌가 한다.[34]

1915년 2월~1917년 8월 기간 이사였던 김종중은 한말 관직에 있다가 이후 실업계에 투신하여 막대한 자본을 개간사업과 삼포蔘圃 경영에 투자했던 이다. 조합제 평양염직소의 주주였으며 1914년 서선은행 발기 시 정인숙과 함께 발기인 대표자였다. 그는 용강군수로 삼화부윤을 겸임할 당시 러일전쟁이 발생하자 삼화 진남포에 상륙한 일본군에게 군량 수송과 숙사 지정 등 만반의 편리를 제공함으로써 일본 천황으로부터 훈 4등의 총급寵給을 하사받은 경력이 있었다. 이로 보아 그는 박경석과 비슷한 처세태도를 지녔고, 이승훈·이덕환·윤성운 등 창립 경영진과는 정치적 성향이 달랐음을 알 수 있다.

1915년부터 회사 폐업 때까지 감사였던 황석환은 1914년 4월~1923년 11월 관선 부협의원, 1923년 11월~1926년 11월 민선 부협의원을 지내고 기타 사회단체에서 활동하는 것으로 보아 역시 상당한 재산가였음에 틀림없다. 상공인명록이나 공장 현황 등에서 확인할 수 없는 것으로 보아 지주이거나 광산업 등에 종사했을 것으로 보인다. 1940년 전후 선일정미소鮮一精米所를 경영한 사실을 확인할 수 있을 뿐이다.[35]

1917년 박경석이 사임하고 대신 영입된 취체역 김진모는 포목상이었다. 그러나 "평양 수부首富로 삼저중일三猪中一이라 칭하는 김진모"가 치부한 것은 대금업을 통해서였다.[36] 대금업에 능통했던 그는 1916년 4월경 사설

---

[34] 《평양상공안내》(1917) 176쪽과 〈평양상공인명록〉(《평양부요람》, 1919) 95쪽에는 박경석의 종사업종이 제도업製陶業으로 되어 있다. 그 공장의 정확한 설립연도와 자세한 내용은 알 수 없지만, 영업 세액이 60원인 것으로 보아 제법 큰 규모였다고 생각한다.

[35] 평양상공회의소, 《평양상공인명록》 1940년판, 1쪽. 영업세액 면에서 볼 때 평양 정미업계에서 3위였고, 조선인 정미업계에서는 1위였다.

[36] 〈평양인물백태〉; 〈평양의 여러 方面〉, 《반도시론》 2권 5호, 1918년 5월. 그가 "평양 수부首富"였음은 시정오년기념조선물산공진회 평양협찬회 회원으로 찬조한 액수가 박경석 5원, 김남호·임석규 3원이 었는 데 비해, 10원이라는 최고의 액수를 냈다는 사실을 통해서도 알 수 있다(〈협찬회회원광고〉, 《매

금융업체의 일종인 흥산조합興産組合의 설립을 임석규와 함께 추진하기도
했었다. 그는 가산군수·중추원 의관을 지냈고 재산이 많다보니 기금 지원
을 요하는 각종 단체에 대개 이름을 걸고 있었다. 그가 제조업에 관여한 것
은 비료를 생산하는 평양산업회사(일본인 지배회사)에 주주로 투자한 정도
였다.

1917년 8월에 이사로 영입된 임석규는 한말~1920년대 시기 평양 지역
에서 가장 유능하고 널리 알려진 무역상이었다. 때문에 그는 1906년 2월
평양어음조합 평의원이었고, 1912년 공성조합의 주임으로 경영을 주관하
다가 1915년 이를 전부 매수하여 대동상회大同商會(주로 곡물 무역)로 독자
경영했다. 또한 평안무역주식회사의 대주주이기도 했다. 그는 일찍부터
만주 지역 무역 거래를 시도한 자본가로 봉천에 큰 무역 상점을 개설하려
고 준비하기도 했다. 이러한 재계에서의 비중으로 그는 박경석만큼 오랫
동안 평양상업회의소의 평의원, 상무위원 등을 지냈다.[37] 1914년 공공사업
에 진력했다 하여 목배를 하사받고, 1915년 3월~1917년 3월 관선 부협
의원이었다.

이상 살펴보았듯이 창립 발기인과 역대 경영진은 모두 평양 재계에서 선
두 그룹의 자본가들이었다. 그런데 경영진의 구성은 추가주금을 불입하지
못한 주주들을 1914년 11월에 실권 처리하면서 이후 1915년을 계기로 변
화되었다. 정치적 성향 면에서 볼 때 창립 발기인 및 경영진은 105인 사건
에 연루되거나 혹은 이후에도 민족주의 노선의 정치사회 활동을 전개하는
등 대체로 반일적 태도를 견지했는데 비해, 1915년 이후의 경영진은 상대

일신보》1915년 8월 21일).
[37] 그 시기는 1~5기(1916년 6월~1925년 11월), 7·8기(1927년 12월~1933년 3월) 기간이었다(《전선상
공회의소발달사(평양편)》 참조).

적으로 일제와 유착하는 성향이 강했다. 또한 창립기 경영진은 대개 민족산업 진흥이라는 의식을 가지고 회사 설립에 참가했으나, 1915년 이후의 경영진은 이러한 목적의식적 동기보다 실권주를 떠맡아 누적 손실금의 보전과 설비투자를 부담할 재력이나 경영 능력에 의해 선임되었다. 자본가늘의 이러한 정치적 성향 및 경제 인식은 개인의 자본축적 활동과 나아가서는 평양자기사의 경영 노선과도 일정하게 연관되었을 것이다. 발기인 및 역대 경영진의 자본축적 경로 또는 종사 업종은 대개 상업 특히 위탁 매매업·객주업을 겸한 무역업이 주류를 이루었으며, 1915년 이후 시기 경영진의 자본축적 규모가 상대적으로 컸다.

3. 입지 조건과 생산설비, 기술

앞에서 살펴보았듯이 평양자기사는 1909년 4월 창립총회를 개최했는데, 작업장과 생산설비를 시설하고 시제품試製品을 생산한 것은 1910년 9월에 이르러서였다. 주로 일용식기日用食器인 백색 자기를 제조하고 기타 실용적인 장식품 도기를 생산했는데[38] 1개월 동안의 생산액은 약 2만개 이상이었다. 그러면 원료 및 연료와 수송·교통 문제를 입지 조건이라는 관점에서 검토한 후, 작업장과 생산설비, 기술과 노동력 문제를 자본 투하 및 생산구조와 관련시켜 살펴보자. 이를 통해 평양자기사의 생산성과 경영진의 경영 방침 및 능력 등에 대해서도 일정하게 판단할 수 있을 것이다.

---

[38] 《관립공업전습소보고》, 74쪽: 〈식산계: 평양의 자기계획〉. 도자기는 도기·자기의 합성어로 이것은 굽는 온도에 따라서 구분된다. 도기는 도토陶土를 원료로 하여 1,000~1,200도 이상에서 소성하여 질그릇이라고 한다. 자기는 자토瓷土를 원료로 하여 1,300도 이상의 자기가마에서 소성한 것으로 사기그릇이라고 한다(자세한 것은 金容璡, 〈요업요론〉, 《工友》 1호, 1920년 10월, 34~35쪽 참조).

입지 조건: 원료·연료의 조달 및 운송

평양자기사가 평양부 시족면柴足面 마산동馬山洞(1914년 지방행정구역 개정 이후 평남 대동군 관할)에 위치하게 된 것은 이곳에서 수백 년 전의 옛 가마터가 발견된 것에서 알 수 있듯이 자기 제조의 전통적 입지라는 점 때문이었다. 즉 백색자기 원료인 백토(고령토)와 색도기色陶器 원료에 적당한 황색점토가 가까운 산 중턱에 상당량 노출되어 있으며, 또한 조금 떨어진 산기슭에는 백토와 같은 질이나 조금 단단한 지석砥石이 풍부하게 존재했다. 그리고 마산동 부근에는 질이 양호한 석영암石英巖이 여러 곳에 풍부하게 노출되어 있었는데 이는 점력粘力이 없어 초자硝子(유리) 원료에 적당하지만 다른 점토를 가하면 도자기 원료로 이용할 수도 있었다. 창립 발기인들이 공장 입지로 마산동을 주목했던 주요 이유는 바로 양질의 원료가 풍부하다는 점 때문이었다.

다음으로 원료만큼 자기 제조에서 중요하게 고려해야 할 것은 연료였다. 요업에 노숙老熟한 어느 일본인은 "원료 면에서 조선은 도업지陶業地로 추장推獎할 호적지好適地이나 연료면에서 볼 때에는 결코 경솔히 이를 개시開始치 못할지라. 금일까지 사업가斯業家 실패의 일대一大 원인은 실로 이에 재在한다. 조선에서 요업에 종사코져 하는 자는 그 원료의 공급 여하를 조사하는 동시에 연료의 공급 상황에 대해 신중한 연구를 행함이 매우 긴요하며 또 연료 소비를 감소하는 방법·장치를 강구해야 한다"고 하여, 조선에서 도자기업의 성패를 가르는 주요 원인은 연료 공급 문제라고 지적했다.[39] 작업비의 대부분이 연료 구입 및 운반에 소요되는 도자기업에서 연료 공급 문제는 매우 중요한 사안이었던 것이다.

---

[39] 〈朝鮮陶業의 前途〉, 《매일신보》 1914년 2월 8일.

그런데 마산동 부근에는 산이 많아 송림이 없지 않으나 그 대부분이 세송細松이고 다량의 연료로 쓸 만한 송림은 드물었다. 이미 1909년 10월경 농상공부 관립공업전습소에서 작성한 출장 조사 보고에서는 연료가 초기에는 저렴한 편이지만 많이 제조하게 되면 수년 후 그 부근의 송림이 다 없어질 것이므로 바위산이 빽빽한 이곳은 도리어 비싸게 될 것이라고 예측하고 있었다.[40] 앞에서 1913년경 연료를 소나무 대신 석탄으로 교체하고 용탄실험用炭實驗을 했다고 서술했는데, 화력과 제품 질의 상관관계 때문이기도 했겠지만 대량 생산을 본격화하면서 장작 비용이 증가함에 따라 경제성을 함께 고려한 결과 취한 조처였을 것이다.

이와 같이 쉽사리 극복하기 어려운 문제는 바로 운송 교통 문제였다. 마산동은 평양에서 약 40리(16킬로미터) 정도 떨어진 거리에 위치했는데, 넓고 평탄한 길이 닦여 있지 않아 통행과 운반이 매우 불편했다.[41] 투자 요청을 받고 회사를 시찰하기 위해 경성으로부터 내려온 이원용李源鎔은 마산동부터 평양까지 가마를 타고 대여섯 시간 걸렸다고 증언했다.[42] 이렇듯 평양–마산동 구간의 모든 운반과 왕래 교통은 주로 마배馬背에 의존했다. 공장 인근에 없기 때문에 외지로부터 수송해야 하는 내화점토耐火粘土와 유약 재료·석유부터 모든 일상 물품에 이르기까지 비싼 운임을 지불하고 평양으로부터 운송할 수밖에 없었다. 더구나 1913년 이후에는 장작 대신 석탄을 사용했으니 석탄 수송비도 가중되었을 것이다. 또한 마산동에서 기

[40] 《관립공업전습소보고》, 78쪽. 1911년 2월경의 기사에서도 "교통의 불편함과 연료가 점차 부족함을 고하는 경향이 유有함으로써 사업경영상에 초稍히 곤란한 상태가 유하도다"고 지적했다(《식산계: 평양의 자기계획》).

[41] 〈제30회 공판시말서〉, 《한민족독립운동사자료집》 2권, 66쪽; 〈평양통신: 磁社復興〉. 위치 및 교통 상황에 대한 자세한 내용은 《관립공업전습소보고》, 71쪽 참조.

[42] 동행했던 이승훈은 말을 타고 갔다. 이 날 날씨가 상당히 추웠고 눈이 내려 비교적 시간이 많이 걸렸다고 한다. 일반적으로 16킬로미터의 거리는 말을 타면 빠르겠지만 도보로는 평상 날씨라 하더라도 4시간 정도 소요된다.

차·배편이 갖추어진 평양으로 제품을 수송할 때에는 기존의 포장 운반법
으로 평양에 도착하기까지는 약 5퍼센트 정도의 파손을 감수해야 했다. 이
러한 교통 불편으로 인한 운임 증가와 제품 파손은 생산원가의 증가 요인
이 되어 일본 제품과의 가격 경쟁에서 불리하게 작용했을 것이다. 창립 경
영진은 마산동을 공장 입지로 선정할 때 대량 생산 형태의 공장 입지에서
중요하게 고려해야 할 교통 수송이라는 측면을 인식하지 못했던 것이다.
때문에 이미 농상공부의 출장 조사 보고에서는 "마산동은 요업상의 소제
조지小製造地는 되나 도로가 크게 개량됨이 아니면 대제조지大製造地될 가치
가 무無함"이라고 단정했던 것이다.

  공업용 연료인 석탄, 공업용수, 육로와 해로를 통한 교통 수송의 편리함
등으로 유망한 공업지로서의 입지 조건을 갖추었다고 이미 한말부터 평가
되고 있던 평양은 인근 대동강 연안에 갈색점토, 마산동쪽으로 20리 정도
가는 연도沿道에 순백 석영암, 경의선쪽 대동강 하류에 석회석 등이 풍부
하여 도자기·연와·토관·시멘트 공장 입지로 유리했다.[43] 때문에 요업에
투자하려는 자본가는 평양자기사의 사례를 참고로 교통 여건이 좋은 평양
인근에 대규모 자기공장을 설립하려고 했다.

작업장과 생산설비

회사 시설은 대개 사무소와 공장, 창고로 이루어졌다. 사무소 건물은 총무
실, 사무실, 직공 숙사로 구성된 온돌식 건물 구조로 신축되었다. 공장 건

---

[43] 《관립공업전습소보고》, 68~69쪽. 참고로 1905년 설립된 도엽연와공장稻葉煉瓦工場(자본금 2만 원)
이나 1906년 설립된 경곡京谷연와공장(자본금 2만 원) 등은 모두 대동군 대동강변에 위치했다(《조선
총독부통계연보》, 1914, 1915년판).

〈그림 7-3〉 대동강변에 쌓여 있는 옹기

평양자기제조주식회사가 위치해 있던 마산동은 평양에서 약 40리(16킬로미터) 정도 떨어진 곳이었는데, 길이 제대로 닦여 있지 않아 통행과 운반이 매우 불편했다. 평양은 이미 한말부터 공업용 연료인 석탄, 공업용수, 육로와 해로를 통한 교통 수송의 편리함 등 유망 공업지로서의 입지 조건을 갖추었다고 평가받고 있었는데, 평양자기사는 공장 입지에서 중요하게 고려해야 할 교통 수송이라는 측면을 인식하지 못했던 것이다. 요업에 투자하려는 자본가는 이 같은 평양자기사의 사례를 참고로 교통 여건이 좋은 평양 인근에 대규모 자기공장을 설립하려고 했다. 사진은 평양 인근에서 생산된 옹기를 수송하기 위해 대동강변에 쌓아둔 모습.

* 출처: 손경석 · 이상규 해설, 《사진으로 보는 근대한국 하—산하와 풍물》, 서문당, 1986, 37쪽.

물은 크게 원료분쇄장과 녹로장(회전틀로 그릇을 만드는 곳)으로 이루어져 있었다. 그리고 제품을 보관하는 작은 건물(창고)이 몇 채 건축되었다.

생산이 이루어지는 작업장을 살펴보면, 원료분쇄장은 허술한 벽이 양 쪽만 있고 양 쪽은 개방되어 있었다. 이곳에서 원료인 백토와 지석을 70퍼센트와 30퍼센트의 비율로 배합한 소지용素地用 토석土石을 10개의 절구(구저臼杵)에 넣어 3마력 석유발동기를 사용하여 7시간 동안 분쇄했다.

분쇄한 흙은 수감상水籤箱에 넣고 물을 부어 체를 치듯이 하여 침전시켜 흙물泥漿만 걸러냈다. 다음 이 흙물을 제수장치除水裝置인 이장류泥漿溜에 넣어 차츰 수분을 밖으로 배출시켰다. 흙물의 수분이 빠져 부드러운 흙덩어리가 되면 이를 나무판 위에 올려놓고 공기 중에서 적당히 증발시킨 후 연마하여 소지토素地土, 즉 배토坯土로 만들었다. 이러한 작업을 하는 수감 및 제수장치는 모두 실외에 설치되어 있었다.

다음 녹로장에서는 회전틀을 이용하여 배토로 그릇 모양을 만들고 이것이 건조되면 광택을 내거나 또는 그림 문양을 넣은 후 광택을 냈다. 유약은 일본의 자기 생산지로 유명한 히젠 아리타肥前有田 지방에서 원료를 가져와 똑같이 배합하여 사용했다.[44] 이 녹로장은 사면 벽이 있으며, 1개의 출입구가 있으나 역시 개방되어 있었다. 여기에 설치된 10대의 축록로蹴轆轤는 역시 히젠 아리타제製로 수송 운임까지 포함된 1대당 가격은 8원이었다.

그 외에 갑발匣鉢의 제조 및 보관 저장실로 역시 양면의 벽이 없는 작은 건물이 있었다.

가장 중요한 가마 역시 히젠제를 모방하여 만든 대요大窯이며 6실室(=칸)이었다. 제1실은 조금 작으나 제2실은 폭 35척, 길이 9척, 높이 8척 정도가 되며 제2실~제6실은 길이 및 높이가 서로 같지만 폭은 점차 1척씩 증가했다.

---

[44] 《관립공업전습소보고》, 76쪽.

그런데 이러한 창립 초기의 작업장 구조 및 생산설비는 미비하여 생산성 면에서 그다지 효율적이지 못했던 것 같다. 이승훈의 투자 요청을 받고 1910년 12월 말경 공장을 시찰했던, 전 학부대신 이재곤의 아들 이원용李 源鎔은 "처음 이승훈 등으로부터는 유망한 회사라고 들었으나 시찰해본 결과로는 설비가 충분하지 못했고 막대한 자본을 늘이면 이익이 있을 테시만 당시의 상태로는 동업할 생각까지는 하지 않았었다"고[45] 하여 생산설비가 충분하지 못하며 막대한 자본을 투하해야 이익이 나리라고 관측했다.

실제 원료분쇄장은 양면의 벽이 없고 더구나 수감 및 제수장치 시설은 실외에 있어서 추위가 극심한 겨울에는 폐업했다가 봄이 되어야 작업을 재개할 수 있었으며, 또한 우기雨期 작업도 불가능했다. 가마 역시 처음부터 문제가 있었다. 모든 제품은 갑발에 넣어 가마에 들여 쌓는데 이 갑발은 용융熔融하기 쉬운 원료인 점토로 만들므로 높게 쌓아올리기 어려워 가마의 실내에 공간이 많이 비어 있는데도 제품을 쌓아올릴 수가 없었으니, 이는 가마를 축조할 때에 점토의 내화력 여하를 조사하지 않은 데서 비롯된 것이었다. 가마의 축조 시 일본제를 모방하다보니 정작 사용 원료나 제조품의 특색 등을 충분히 감안하지 못했던 것이다. 이에 1910년 봄 무렵에 6실(=칸)의 가마를 13개의 칸가마로 개량했던 것 같다.[46]

가장 중요한 가마의 문제에서 알 수 있듯이 경영진은 작업장 및 생산 설비의 생산성 문제를 정확하게 인식하지 못했던 것이다.[47] 치밀한 사전 조

---

[45] 〈제30회 공판시말서〉, 《한민족독립운동사자료집》 2권, 68쪽.

[46] 《관립공업전습소보고》, 77쪽. "…… 고로 내춘來春을 대대待하야 공업전습소 도기과 졸업생을 빙용聘用하야 양요良窯를 설정하기로 결정하얏더라."; 〈평양자기회사의 대규모〉, 《매일신보》 1912년 2월 15일. "종래로는 소규모의 자기부磁器釜 13개로 1회 1부에 5, 6백씩 제출製出하던 것을 금회에는 서양식 자기부를 구매購買하야 1회에 약 1만 3천 개를 제조하되 매월 3회를 제조하야 ……."

[47] 새로 도자기업에 착수하는 기업가의 생산설비 시 주의사항으로 전문가들은 ① 자본과 조화하는 정도에서 연속실連續室의 대요大窯를 설치하고 갑발을 낮게 하여 한 번에 많은 제품을 넣어 연료 절감을 꾀할 것, ② 평양의 겨울 기온이 매우 하강하므로 작업장의 지붕·벽을 두껍게 하여 방한설비에 유

사 없이 시설된 작업장 및 생산설비의 문제점은 생산성 저하를 초래하고 이는 곧 제품의 가격 경쟁력을 떨어뜨림으로써 판매 부진을 가져왔을 것이다. 경영진이 이러한 작업장 시설 및 생산설비의 문제점을 인식하고 개선 방안을 결정한 것은 1911년 7월 27일 제5회 정기총회에서였다. 이때는 사장 이승훈이 체포되었으나 아직 총독 암살미수사건이 터지기 전이어서 중역진은 경영에 전념할 수 있었던 때였으므로 이러한 생산설비 혁신 방안이 제출될 수 있었던 것이다. 여기에서 "종래와 여如한 단순유치의 역域을 탈각하고 공장·점토·저장실·수감·가마 등의 증축 또는 개량을 가하여 우기나 동기冬期에도 작업함을 준비"할 것이라고 결정했다.[48]

즉 우기나 동기에도 작업 가능한 작업장 시설로 증축하여 수감·제수장치를 실내에 설비하며, 갑발 제조 원료인 점토의 내화력을 강화시키는 것이 그것이었다. 그리고 가마는 처음에는 개량 칸가마로 전통적인 승염식昇焰式(불꽃이 위로 올라가는 식)이었던 것 같은데, 제품에 깨끗하고 선명한 광택이 없어 열효율이 좋은 도염식倒焰式(불꽃이 위로 올라갔다가 다시 밑으로 떨어져서 밖으로 나가는 식) 가마로 개량했다.[49] 또한 사용 연료 면에서 분류하면 처음에는 장작가마였으나 1913년 이후 석탄가마로 개량했다. 이러한 가

의할 것 두 가지를 들었다. 아울러, 후술하겠지만, ③ 저렴한 원토原土 및 연료의 구입과 판로 개척에 유리한 입지 선택, ④ 직공의 기술 연마를 들었다(평양상업회의소, 《平壤全誌》, 1927, 566쪽).
[48] 〈평양자기의 확장〉, 《매일신보》 1911년 8월 2일.
[49] 〈평양통신: 磁社復興〉, 《매일신보》 1912년 9월 15일. 현재 가마의 분류는 ① 소성 작업 형식에 따른 분류(불연속 가마·반연속 가마·연속가마), ② 연소 가스의 진행 방향에 따른 분류(횡염식橫焰式 가마·승염식昇焰式 가마·도염식倒焰式 가마), ③ 사용 연료의 종류에 따른 분류(장작가마·석탄가마·가스가마·중유가마·전기가마), ④ 가마 형태에 따른 분류(둥근가마·각가마·선가마·고리가마·터널가마·회전가마·통굴가마) 등 다양하다. 그런데 가마를 역사적 발전 경로에 따라 분류해보면 처음에는 통가마였으나 이후 등요登窯(몇 개의 칸으로 나누어져 있어 칸가마라고도 함)로 발전되었다. 처음 평양자기사의 가마는 개량식 칸가마였다. 칸가마는 밑 칸에서 예열된 공기가 다음 칸으로 옮겨져서 예열을 시켜주기 때문에 열 변화가 적어 파손율도 감소되며, 최고의 열효율로 고온 소성을 해낼 수 있는 장점이 있다. 또한 칸마다 입구가 따로 있어 가마재임과 꺼냄이 용이하며, 대개 마지막 칸은 크게 지어 초벌구이를 함으로써 폐열을 최대한 이용할 수 있다.

마의 재시설로 1회 1만 3천 개, 매월 3회 약 3만 9천 개를 제조하여 파손 제품을 제하면 3만 개를 만들어내려고 계획했다. 가마의 개량은 이후 1915년까지 계속되었던 것 같다. 또 원료분쇄기의 질이 떨어져 양호한 원료를 공급하기에 미진하여 새로 흡입가스분쇄기를 일본에서 들여와 설비했다.

작업장과 생산설비의 개량 및 추가 시설은 수로 1912년에 이루어섰나. 〈표 7-3〉을 보면 1910~1911년에는 공장 건평이 85평이었으나 1912년에 214평으로 2배 이상 확장되고 1913·1914년에 235평으로 약간 확장된 것으로 보아도 알 수 있다. 이러한 생산설비 확장은 종래 판매 대상을 조선인으로만 한정했는데 앞으로 일본인 기호의 상품도 제조하고 또한 평양 인근 지역뿐만 아니라 경성, 부산 각지에 판매점을 설치하여 상품을 판매한다는 판로까지 계산한 기획이었다. 생산설비의 추가 시설로 인해 대량 생산이 가능해지면 자기 가격도 인하하여 판매할 계획이었다.

〈표 7-3〉 평양자기사의 현황

	1910	1911	1912	1913	1914	1915
불입자본금	30,000	30,000	30,000	30,000	34,745	46,866
적립금	-	-	-	-	-	-
순익금	-	-	-16,624	-1,530	-	-650, -4,390
이익배당	하반기 1할7푼	-	-	-	-	-
공장평수	85	85	214	235	235	252
기술자	2	1	2	일 6, 조 4	일 3, 조 4	일 6, 조녀朝女 24, 조 남朝男 31
직공수	조 12	조 12	조 25			
1개년 취업일수	-	240	225	-	-	
생산품 개수	-	-	-	-	-	6촌寸 사발 161,280 5촌寸 사발 194,208

생산품 가액		5,000	5,000	1,512	204	–	6촌寸 사발 13,708 5촌寸 사발 14,565
원동력	기관수	–	–	1	1	–	1
원동력	마력	–	–	10	10	–	10

* 출처: 〈회사 현황〉 및 〈공장현황〉, 《조선총독부통계연보》, 1910~1915년판.
* 비고: 직공수에서 조는 조선인, 일은 일본인을 말함.
　　 6촌 사발은 직경 18센티미터, 5촌 사발은 직경 15센티미터 가량의 사발을 말함.

이와 같이 작업장 증축과 생산설비 개량 및 추가 시설이 1911년 하반기부터 1912년 동안 내내 진행되었음에도 불구하고, 가장 중요한 가마 설비는 여전히 미진했던 모양이다. 1913년 2월경 혼다本田 평양부윤·미즈구치水口 재무부장 기타 관계자들은 평양자기사에 출장 조사한 후 "공장은 매우 굉장하야 유감이 무無하고 가마는 겨우 1개를 건조했은즉 공장과 가마는 경중輕重의 균형을 잃어 사업경제상에 크게 실의失宜의 감이 유有하"다고 시찰 소감을 표현했다. 이는 1912년의 생산설비 투자가 대부분 작업장 확장과 개선에 투하되었고, 가마는 개량했을 뿐 추가 건조하지는 않았음을 의미한다. 그들은 사업 수익상 앞으로 2, 3개의 가마를 더 건조해야 할 것으로 보았으며[50] 회사가 정상 궤도에 오르는 시기를 4, 5년 후로 예측했다. 그런데 후술하겠지만, 실제 회사가 순익금을 내기 시작한 때가 1917년부터였으니, 일제 당국의 현황 파악이 비교적 정확했음을 알 수 있다. 1911년 하반기부터 1912년 내내 작업장 및 생산설비를 확장 또는 개량한 이후, 1913년부터는 주로 상품 수준을 일본 제품 수준으로 높이고 새로운 상품을 개발하는 기술적 부분에 관련한 실험에 주력했다.

[50] 그러나 평양자기사는 공장이 인수되고 난 1920년 이후에도 "본소요本燒窯, 소소요素燒窯 각 1기", "사발 32만개 생산"이라고 하는 것으로 보아 계속 가마를 추가 건조하지 않았음을 알 수 있다(《평양전지》, 1927, 564쪽).

노동력과 기술

창립 초기인 1909년 10월경의 시점에 평양자기사의 직공은 한인 10명, 일본인 10명, 그리고 전습생 수 명이었다.[51] 한인 직공에게는 월급을 10원 내지 15원의 2가지 종류로 나누어 지급했는데 기술과 노농 숙련노에 따라 구분했던 것 같다. 그리고 한인 인부의 일급은 보통 25전이었다. 또한 회사는 노동력과 장래의 숙련 직공을 확보할 목적으로 수 명의 청년 지원자를 전습생으로 입사시키고 1명은 도화법陶畫法, 1명은 석유발동기 사용법, 기타 수명은 녹로성배법轆轤成坯法을 익히게 했다. 이들 전습생에게는 인부 일당에 준하여 지급했을 것으로 보인다.

설립 초기 고용된 한인 전습생 및 직공의 숙련도 및 그 채용 방식에 대해서는 평양자기사 직공으로 105인 사건에 연루되었던 강봉우姜鳳羽의 예를 통해서 간접적으로 파악할 수 있다. 강봉우는 돔부리(덮밥용 식기) 제조 견습으로 입사하여 1909년 4월 창립 초부터 1911년 9월까지 근무했다. 그가 입사하게 된 경위는 고향인 함흥의 야학에서 공부할 때 국가를 위해 일하기로 약속하고 동지 17명과 함께 오른손 무명지 관절을 절단했는데 이 사실을 전해들은 이동휘李東輝가 추천하여 동지 4명과 함께 취직하게 되었던 것이다.[52] 역시 105인 사건으로 체포되었던 오택의吳宅儀도 숭실중학 재학 중 자기 제조 견습으로 일했는데 체포되었을 때 직업이 학교 사무원인 것으로 보아[53] 자기 제조 기술을 익혀 직공으로 남기 위한 경제적 목적으로

---

[51] 《관립공업전습소보고》, 75쪽. 그 외에 사무원, 통역 각 1명이 있었다. 통역은 일본인 직공 때문에 필요했던 것 같다.

[52] 〈姜鳳羽訊問調書〉, 《한민족독립운동사자료집》 3집, 31쪽; 山縣五十雄 편, 〈尹致昊外百二十一名判決書〉, 《조선음모사건》, 1912(고려서림 영인본), 142쪽.

[53] 〈尹致昊外百二十一名判決書〉, 《朝鮮陰謀事件》, 1912, 142쪽.

〈그림 7-4〉 도자기를 빚고 있는 도공의 모습

창립 초기 평양자기제조주식회사의 한인 전습생과 직공의 숙련도나 채용 방식을 살펴보면, 직업 의식이나 자기 제조 경험이 아니라 경영진의 정치적 노선에 부합하는 국권회복의 애국심을 기준으로 직공을 선발한 것으로 보인다. 이는 평양자기사 직공이었던 강봉우와 견습생이었던 오택의의 예를 통해 유추할 수 있다. 함흥의 야학에서 공부할 때 국가를 위해 일하기로 약속하고 동지 17명과 오른손 무명지 관절을 절단한 강봉우는 그 소식을 들은 이동휘의 추천으로 평양자기사에 취직할 수 있었다. 105인 사건으로 체포되었던 오택의도 체포 당시 직업이 학교 사무원인 것으로 보아 자기 제조 기술을 익혀 직공으로 남기 위한 경제적 목적에서 견습하지 않았음을 알 수 있다. 사진은 도자기를 빚고 있는 도공의 모습.
* 출처: 조풍연 해설, 《사진으로 보는 조선시대─생활과 풍속》, 1987, 89쪽.

견습하지 않았음을 알 수 있다. 비록 '견습'이었다고 하나 직업 의식이나 자기 제조 경험을 기준으로 해서가 아니라 경영진의 정치적 노선에 부합하는 국권회복의 애국심을 기준으로 직공을 선발한 셈이었다. 아마도 나머지 다른 전습생의 경우도 크게 다르지 않았으리라 생각한다.

한인 직공은 노동 숙련도는 전습생보다야 우월했겠지만, 기술 수준 면에서는 그리 대단했던 것 같지 않다. 왜냐하면 회사에서는 1910년 봄부터 관립공업전습소 도기과陶器科 졸업생 수명을 고빙하여 한인 직공 및 전습생을 지도하면서 제조에 종사케 하려고 계획을 세웠는데, 이는 한인 직공의 기술 수준이 낮아 제품의 질과 생산성이 낮은 데 대한 대책이었을 것이기 때문이다. 또한 일본인 직공(=기술자)을 계속 고용했고, 평남도 당국에서 1911년부터 파견한 일본인 기사로부터 기술 지원을 받은 사실로 보아도 충분히 짐작할 수 있다.

일본인 직공은 1년 계약으로 히젠 아리타 지방에서 초빙했는데 자기 제조와 아울러 한인 전습생에게 제조법을 전수하는 일을 담당한 기술자였다. 앞에서 서술했듯이 주요 생산설비인 가마뿐만 아니라 녹로와 유약까지 일본에서 들여왔으니, 가마의 시험 가동이나 녹로 사용 및 유약 배합 등 각 공정에서 일본인 직공의 기술 지원이 필수 불가결했다. 일본인 직공의 급료는 보통 작업의 종류와 제조 개수에 따라 지급했다. 이들을 계약제로 고용한 것은 초창기에 한인 직공에게 기술을 전수하는 동안에만 한시적으로 고용하고 기술 전수가 완료되면 점차 한인 직공으로 대체하려는 의도였을 것이다. 그러나 〈표 7-3〉에서 알 수 있듯이 일본인 기술자(직공)는 이후 계속 연장 고용되어 있었다. 수이입품과 똑같은 정교한 제품을 제작하기 위해 그리고 일본인 기호의 자기도 생산하려는 영업 방침을 추진하기 위해서는 일본인 직공들의 기술이 계속 필요했을 것이다.

1911년 하반기~1912년간 생산설비 개량 및 재시설에 전력했던 회사는

1913년에는 새로운 도염식倒焰式 개량가마의 가동과 석탄 사용 실험을 하는 가운데 생산성 제고와 제품 질의 향상에 주력했다. 이를 위해서는 가마뿐만 아니라 연료도 중요한데, 대규모 생산체제를 가동하게 되면 열 효율성 면에서 소나무 장작보다 석탄이 유리했다.[54] 이에 1913년부터 무순탄撫順炭으로 대체했다.[55] 이 연료 실험으로 매회 평균 1천 개의 자기를 가마에 넣던 것을 2천 5백 개씩 넣을 수 있게 되어 150퍼센트 이상 생산성을 높일 수 있었다. 또한 점차 자기에 문양을 그려 넣는 기술도 개선했고 다양한 제품 개발도 시도했다.

노동 숙련도의 향상과 기술 개발 노력이 결실로 나타난 것은 1915년경에 이르러서였다. 시정오년기념조선물산공진회에서 평양자기사 제품은 진남포 도미타 기사冨田義作의 삼화고려소三和高麗燒, 경성 해시상회海市商會의 한양고려소漢陽高麗燒와 함께 특별 진열되었다.[56] 여기에 출품된 제품을 보면 진남포의 삼화고려자기보다 종류가 훨씬 적은데 특히 장식품의 경우 다양하지 못함을 알 수 있다. 그러나 평양자기사의 주력제품인 일용식기, 즉 사발은 금패를 수상했다. 심사평에서 밝혔듯이 식기는 이입품에 조금도 손색없는 최고의 수준이라고 인정받았던 것이다. 이제 평양자기사에서 생산한 제품은 '평양소平壤燒'라는 상품 브랜드로 통하게 되었다.

---

[54] 조선총독부 중앙시험소 기사 森勇三郎氏談, 〈공업상으로 觀한 금일의 半島〉, 《반도시론》 1권 1호, 1917년 4월.

[55] 〈磁器社 好運〉, 《매일신보》 1913년 6월 15일; 〈자기회사의 계획〉, 《매일신보》 1913년 8월 5일. 무순탄撫順炭과 안주탄安州炭으로 시소試燒한 결과 안주탄은 화염이 적어 성적이 충분하지 못하나 무순탄은 2회 실험에서 모두 성적이 좋으므로 무순탄을 쓰기로 결정했다.

[56] 鮮于日, 《共進會實錄》, 博文社, 1916, 307~311쪽.

4. 자산 구성과 영업 성적

먼저 평양자기사의 자산 구성과 그 시기별 변화에 대해 살펴보자. 건물 자산은 〈표 7-3〉을 보면 공장 평수가 1911년 85평에서 1912년 214평으로 승가한 것으로 보아 1912년에 대규모 작업장 확장 공사가 있었음을 알 수 있다고 앞에서 이미 언급했다. 공장 확장 공사는 1913년에도 계속되어 21평이 증가했다. 1915년에도 전년도보다 약 17평 증가하여 역시 1915년에도 일부 확장공사를 했음을 알 수 있다. 그런데 〈표 7-4〉를 보면 건조물 자산이 1914년 하반기에 7,062원으로부터 1915년 상반기에 1만 5,506원으로 배 이상 증가했다. 그러나 이는 1915년 17평 확장에 투하된 자산의 증가가 아니라 1914년 하반기 자산 항목에 '확장공사 가감정假勘定' 1만 762원[57]이라고 잡혀 있던 액수가 다음 회계기에 계산된 것이다.

확장 공사로 인한 건조물 자산은 가감정假勘定에서 1만 762원으로 평가되었으나 결산에서는 8,444원 증가한 것으로 반영되었던 셈이다.

기계 자산은 변동이 없었는데, 이는 〈표 7-3〉에서도 알 수 있듯이 주로 원료분쇄기를 돌리는 데에 사용했을 원동기의 추가 설치가 없었기 때문이다. 크게 증가한 것은 기구 자산으로 1914년 하반기 751원에서 1915년 상반기에 3,554원, 1915년 하반기에 3,845원, 1917년 하반기에 3,985원으로 증가했다. 특히 1915년 상반기에 전기 대비 4.7배 이상 기구설비 투자가 늘었는데, 이는 〈표 7-3〉에서 직공수가 1914년 7명에서 1915년 61명으로 갑자기 증가한 사실과도 연관된다. 즉 이 해에 기구 자산이 증가한 이유는 1915년 9

---

[57] 1914년 하반기의 '확장공사 가감정假勘定'은 1914년에 확장 공사가 없었다는 사실과 또한 그 감정액이 많은 점으로 보아 1913년도의 21평 확장 공사와 1912년도의 129평 확장 공사에 투하된 자산을 함께 평가한 것으로 보인다.

〈표 7-4〉 평양자기사의 대차대조표

	항목	1914년 하반기(12기)	1915년 상반기(13기)	1915년 하반기(14기)	1917년 하반기(18기)
자본 및 부채	자본금	60,000	60,000	60,000	60,000
	차용금	21,080.835	14,702.750	14,875	2,000
	미불금未拂金	3,508.845	2,825.640	5,005.370	828.225
	당기이익금				1,347.745
	합계	84,589.680	77,528.390	79,880.370	64,175.970
자산	미불입 주금	10,600	3,221.915	13,133.915	
	고정 자산				
	토지	2,704	2,704	2,704	2,704
	건조물建造物	7,062	15,506.335	15,506.335	15,506.335
	확장공사 가감정假減訂定	10,762.870			
	기계	3,728	3,728	3,728	3,728
	기구	751.290	3,554.385	3,845.225	3,985.615
	집기	246.580	281.430	302.930	303.280
	채권	26	5,308	26	
	임치금任置金	250	250	753.275	
	회사소유주식	14,655(실권주失權株)	6,430		
	유동 자산				
	당좌예금	2,950	41,090	75,650	1,081.630
	예금이자				7,310
	금은金銀(현재)	248.715	45,655	5,050	
	영수어음	3,750	3,750	3,750	
	자기 외상판매대금				1,882.680
	원료품	1,216.135	3,520.280	1,539.635	
	저장품	19,500			
	기제품旣製品			92,810	339.835
	반제품半製品			839.300	
	전기손실금	28,194.420	28,566.640	29,187.300	34,637.285
	당기손실금	372.220	620	4,390.945	
	합계	84,589.680	77,528.390	79,880.370	64,175.970

* 출처: 〈영업보고〉, 《매일신보》 1915년 2월 9일, 1915년 8월 14일, 1916년 2월 10일, 1918년 2월 5일.

월 15일부터 10월 31일까지 경성에서 개최된 시정오년기념조선물산공진회에 출품할 물품을 제조하고 또한 이를 계기로 한 판매 증가를 기대하여 직공 채용을 확대하고 이에 따라 기구를 다수 설치했던 때문이다. 원료품 및 저장품의 액수가 1915년에 상당히 많은 것도 역시 이 해부터 작업장 확장과 생산설비의 개량을 마치고 본격적으로 생산에 들어갔고 또한 공진회 특수를 기대한 때문으로 볼 수 있다.

그런데 이와 같은 거의 전면적인 작업장 재설비 및 생산설비 추가에는 상당한 자본이 소요되었다. 경영진은 이를 차입금·추가 납입 자본금과 평남도 당국으로부터의 보조금으로 충당했다. 차입금은 먼저 1912년 2월에 요의 개량에 소요되는 자금 1만 원을 중역 5명의 연대책임으로 평안농공은행에서 차입했다. 이후 1914년까지 약 1만 원을 추가로 차입했다.[58] 평양자기사가 평양 산업계에서 차지하는 비중이나 보증을 선 중역들의 재력에 비추어 농공은행으로부터의 차입은 전혀 어려운 일이 아니었다.

자본 조달 방법의 또 하나는 납입 자본금의 증대였다. 아마도 경영진은 1913, 1914년경에 2회, 3회 주금의 추가 납입을 단행했던 것 같은데, 설립 후 4년이 지나도록 계속되는 설비투자로 결손만 누적되는 회사에 계속 투자할 주주는 많지 않았다. 또한 창립 초기 식산흥업운동 차원에서 주식 모집에 응했던 사회 분위기와는 상황이 달라진 것이다.

〈표 7-3〉에 보듯이 창립 당시 회사의 납입 자본금은 3만 원이었는데,[59] 이후 추가 불입으로 1914년 3만 4,745원, 1915년 4만 6,866원으로 증가했으며, 1917년에 이르러 주금 불입을 완료했다. 이로 보아 1915년 이후 불입액이 상대적으로 크게 증가했음을 알 수 있다. 또한 〈표 7-4〉를 보면 회

---

[58] 〈표 7-4〉를 보면 1914년 하반기 차용금이 2만 1,080원인 데에서 알 수 있다.

[59] 이승훈은 공판 시에 1910년 12월 말까지 1,200주 가운데 800주(1회 납입금 2만 원)만 모집되고 나머지 400주를 모집하지 못했다고 진술했는데 이는 사실과 다르다. 또한 그는 1911년 1월 체포되기 전까지 "제품을 판매하기까지 이르지 못했다"고 진술했으나 〈표 7-3〉에 보듯이 생산가액이 5천 원이고 이익 배당까지 했으니 역시 사실과 다르다. 그리고 그는 태극서관의 설립 시기도 안태국의 진술과 다르게 진술했다. 이로 보아 그의 진술은 법정에서 피고인 신분에서 행해진 점과 기억의 부정확 등을 고려해서 사실로 받아들이기 어렵다. 따라서 그의 이 진술에 근거해 주금 모집이 원활하지 않았다든가 또는 800주만 모집되어 1회 납입 자본금이 2만 원이라고 보는 것은 사실에 어긋난다.

사 소유 실권주가 1만 4,655원인데, 그 절반 정도를 1915년 상반기에 해소
하고 나머지 절반은 1915년 하반기에 해소했음을 알 수 있다. 앞에서 1915
년 이후 창립기 경영진이 이탈한 대신 상당한 재력가가 선임되는 등 경영
진 구성에 변화가 나타난다고 서술했는데, 이 새 중역들이 실권주를 소화
하면서 추가 불입액이 증가했을 것으로 보인다.

납입 성적이 기대만큼 좋지 않은 상황에서 경영진이 취한 또 하나의 자
본 조달 방법은 도 당국으로부터 보조금을 지급받는 것이었다. 평양자기
사는 1912년경부터 매년 1,200원의 보조금을 지원받았다.

그런데 산업보조금은 일제 강점기뿐만 아니라 이미 1905년부터 주로 일
본인 경영 회사나 업체에 지급되었다.[60] 병합 후 총독부는 산업보조비 예
산을 각 도별로 집행하여 도청에서 보조금을 지급했다. 평양자기사는 평
양 지역 조선인 기업 가운데 처음으로 보조금을 지급받았으며, 이어서
1916년경에는 평양염직소가 500원을 지급받았다. 요업 부문에서 보면 평
양자기사 이외에 윤치성(퇴직 육군 정위正尉)·안태형安泰瑩(광덕서관廣德書館
주主·경성직뉴주식회사 발기인)·김수형金洙瑩(시종원侍從院 봉시奉侍) 등이 설
립한 광주廣州 분원자기주식회사(1911년 창립, 자본금 4만 원, 불입금 2만 원)
가 정확한 액수는 알 수 없지만 1913년에 '약간금若干金'을 지원받았다. 또
한 황해도 도참사 김규현金奎鉉이 인수한 해주군 월록면月祿面 황동자기회
사黃洞磁器會社도 1914년 270원을 지급받았다. 따라서 일제는 조선인 유력
자 내지 재력가들이 설립한 일부 공장에 대해서는 일본인 편향의 지급이
라는 혐의를 피하기 위한 차원에서라도 제한적으로 보조금을 지급했음을

---

[60] 한말 통감부의 통제를 받고 있었던 농상공부에서 지급한 산업보조금은 제조업체보다 주로 운수 기
관, 한국중앙농회와 같은 농업단체, 작잠종육柞蠶種育 등의 상업적 농업 관련 전습소 등에 지급되
었다. 그리고 보조금을 지급받은 업체는 주로 일본인 경영업체였다(《일인 경영의 보조》, 《황성신문》
1910년 1월 13일).

알 수 있다.

일제가 평양자기사에 보조금을 지급한 이유는 우선 경제적 측면에서 회사가 평양 산업계에서 차지하는 비중과 사업의 유망성에 대해 인정했기 때문이었다. 또한 정치적으로는, 1909년 10월 법률 제12호 지방비법地方費法 실시 때 가장 저항이 심했던 평안노 지역의 성서상, 평양사기사의 경세적 위기가 총독 암살미수를 빙자한 정치적 탄압에서 비롯되었음이 명백한 상황에서 많은 주주들에 의해 설립된 회사의 폐업이 민심에 미칠 반향을 우려했기 때문일 것이다. 따라서 조선인 유수기업에 보조금을 지원함으로써 민심을 회유하고 일제 시정施政과 산업정책을 선전하는 방법을 택했던 것이다.[61] 더구나 보조금을 지급한 1912년경이면 이미 민족주의 성향이 강한 평양자기사의 창립 발기인 및 주요 경영진은 대부분 체포된 때였다.

그리고 평양자기사의 입장에서는 보조금을 받았다는 사실 자체가 문제가 아니라 보조금 수혜의 조건 혹은 행정적 규제의 수준이 문제였다. 보조금을 지급받은 업체는 기본적으로 회계 결산기에 도청에 결산 보고의 의무를 이행해야 했다. 당시의 보조금은 주주 배당금에 대한 보조가 아니라 시설 투자로 지출 용도를 제한하며 판매 상황과 손익 계산을 보고한다는 조건으로 지급받는 것이[62] 일반적이었다.

어쨌든 평양자기사가 받은 보조금 1,200원은 일반적인 지급액에 비추어 적은 액수가 아니었다.[63] 수입이 신통치 않았던 창립 초기 상황에서, 그리

---

[61] 도 당국에서는 행정적 지원뿐만 아니라 주주총회에 부윤이 직접 참가하여 "격절激切한 연설"을 할 정도로 평양자기사에 상당한 관심을 보였다.

[62] 〈평양에서: 평양염직소 보조〉. 일제의 산업보조금 정책과 보조금 지급에 수반된 규제가 구체적으로 어떤 내용이었는지에 대해서는 앞으로 별도의 연구를 요한다.

[63] 대구부 소재 일본인업체인 남한제연합자회사南韓製筵合資會社(1907년 설립, 자본금 5만 원, 불입금 3만 5천 원)는 처음 보조금 1천 원으로 책정되었다가 이후 2천 원을 지급받았다(〈일인 경영의 보조〉; 〈製筵補助會額〉, 《황성신문》 1910년 3월 9일). 평양 소재 일본인 지배 회사인 조선제비공업주식회사朝鮮製肥工業株式會社(1917년 설립, 자본금 10만 원, 불입금 2만 5천 원)는 창립된 해에 5백 원을 지

고 경영이 호전되기 시작한 이후에도 당기 이익금이 고작 1,300여 원(1917년 하반기)에 불과한 영업 상황에서 보조금은 상당한 도움이 되었을 것으로 생각한다.

〈표 7-4〉를 통해 전체적인 자산 구성을 보면 고정자산의 비중이 유동 자산에 비해 지나치게 높은 것을 알 수 있다. 또한 고정자산 가운데에서도 토지·건조물 등 부동산의 비중이 기계기구 설비에 비해 훨씬 높았다. 원래 도자기 제조업은 원료 분쇄기계 및 그 작업장, 제수시설除水施設, 소지성형 작업장素地成形作業場, 저장실, 가마 등의 시설로 상당한 고정자본을 요했다. 그런데 평양자기사는 자본금의 대부분이 고정자산에 투하되었는데도 여전히 수익성과 직결된 가마의 설비는 미흡했기 때문에 투하 자본 대비 적정한 생산성을 기대할 수는 없었을 것으로 보인다.

생산설비의 추가나 지속적인 개량, 또한 자산 구성의 불균형은 증자나 획기적인 영업개선이 전제되지 않고서는 쉽사리 해소하기 어려운 상황이었다. 그런데 증자도 영업 호전에 대한 전망이 어느 정도 보일 때 가능한 것이므로 결국 영업 성적이 관건이었다.

〈표 7-3〉을 보면 1910년도 하반기에 1할 7푼의 높은 배당을 했다. 그러나 이러한 배당은 처음이자 마지막이었고 이후 폐업까지 배당은 한 번도 없었다. 어떻게 된 일인지 1910년 하반기에 높은 배당을 했던 회사는 1912년 12월 말의 결산에서 2만 원 이상의 결손을 냈다.[64]

이와 같이 불입 자본금의 2/3에 해당하는 거금의 결손을 본 이유는 무엇일까? 1911년과 1912년의 영업 보고서가 남아 있지 않아 정확한 내용을

---

[64] 급받았다(〈平壤金五百圓 보조〉, 《매일신보》 1917년 5월 29일).
〈磁器社活動〉, 《매일신보》 1913년 2월 23일. 1913년 2월경 기사이지만 회계 결산기가 6월과 12월이었으므로 1912년 12월까지의 회계 결과를 가리킨다.

파악하기는 어려운데, 앞에서 살펴보았듯이 투자 자본 대비 적정 규모의 생산액을 산출하지 못하는 생산설비의 문제점이 점차 드러나기 시작한 것도 한 원인이 되었을 것이다.

그러나 좀 더 중요한 원인은 다른 데에 있었다. 거금 2만여 원의 결손은 1912년 한 해 동안에 생겨난 것이 아니라 1911년부터 생긴 것이다. 왜냐하면 〈표 7-3〉을 보면 1911년의 결손액은 통계연보에 기재되어 있지 않는데, 1912년의 결손액이 1만 6,624원인 것으로 보아 1911년의 결손액은 대략 3,300여 원이었음을 알 수 있다.

1911년과 1912년에 회사에 무슨 일이 일어났는가? 앞에서 서술했듯이 1911년 1월 사장이 체포되었고, 같은 해 10월 말 11월경 데라우치 총독 암살미수사건으로 5명의 경영진 가운데 4명이 체포되었으며, 창립 발기인 및 유력 주주들과 일부 직공들까지 검거됨으로 인해 회사는 완전히 공황상태에 빠졌다. 총독 암살미수사건을 수사 취조했던 구니토모 쇼켄國友尙謙이 평양자기사를 "음모의 소굴"이라고까지 했으니 이 사건으로 회사가 받은 타격이 어느 정도였을지 가히 짐작할 수 있을 것이다.

일부는 불기소로 먼저 석방되었으나 기소자는 1913년 3월 말까지 구류되어 있었다. 더구나 1911년 하반기 이후 한창 생산설비 혁신을 추진하고 있는 마당이었기 때문에 회사 구심 세력의 갑작스런 장기간의 부재不在는 회사 경영의 마비와 혼란을 더욱 가중시켰다. 따라서 바로 총독 암살미수사건을 빌미로 회사 관계자에 가한 일제의 탄압이 창립 초기의 회사에 막대한 결손을 초래한 주요 원인이었음에 분명하다. "창립한 이래로 2만 원 이상의 자금의 결손을 견兒함은 경영진의 실책으로 인함이니 즉 공장 건설 이외에는 하사何事도 성취가 무無한지라"라고 한 《매일신보》의 기사는 회사의 위기가 전적으로 경영진의 무능에서 비롯되었다고 과장한, 정치적 의도를 가진 사실 왜곡이었다.

〈그림 7-5〉 데라우치 총독 암살미수사건으로 체포된 조선인들

1911년 11월경 데라우치 총독 암살미수사건으로 5명의 경영진 가운데 4명이 체포되고 창립 발기인 및 유력 주주들과 일부 직공들까지 검거되면서 평양자기제조주식회사는 완전히 공황 상태에 빠졌다. 일제는 총독 암살미수 사건을 빌미로 회사 관계자들에게 탄압을 가했으며, 이는 창립 초기였던 평양자기사에 막대한 결손을 초래했다.

* 출처: 이규헌 해설, 《사진으로 보는 독립운동 상—외침과 투쟁》, 서문당, 1999, 139쪽.

1914년 이후의 경영 상황이나 영업 성적은 대차대조표를 통해 살펴볼 수 있다. 평양자기사는 마침내 수년간의 설비투자를 마무리짓고 1915년부터 대량생산체제로 돌입했다고 할 수 있으니, 〈표 7-3〉을 보면 이 해에 생산된 사발은 총 35만 5천여 개였다. 이는 비슷한 자본금 규모로 인근에 설립된 소일요업합명회사의 생산 개수가 30만 개인 것과 비교할 때 거의 대등한 수준이었다.[65] 생산가액으로 보더라도 2만 8,273원을 기록해 종래의 2만 4~5,000원에 비교해 괄목할 만한 것이었다.

그러나 회사 경영이 정상적인 제 궤도를 찾은 것은 아니었다. 1912년 12월경 이미 2만여 원을 넘은 손실금은 1914년 12월경 2만 8,194원에 달했다. 그런데 〈표 7-3〉과 〈표 7-4〉를 보면 확장된 생산설비가 본격 가동된 1915년에 오히려 당기 손실금은 더욱 늘어났으니 상반기 650원, 하반기 4,390원의 손실을 기록했다. 막상 생산설비를 추가 시설하고 본격적인 생산체제에 돌입했지만 생산을 할수록 당기 손실금이 커지는 딜레마에 봉착한 것이다. 그 딜레마의 원인이 구체적으로 무엇인지 자료를 통해 확인할 수는 없지만, 대량 생산된 제품의 판로 혹은 생산 원가에 미치지 못하는 시장 판매가 등의 문제로 추정할 뿐이다. 1916년에도 손실금은 계속 발생했으나 그 폭은 작아져 약 1,000원 정도에 머물렀다. 요컨대 생산설비의 확장이 곧바로 적정 규모의 생산에 의한 순익 구조로의 전환을 가져오지는 못했다는 사실이다.

설비 확장 후 처음으로 순익금을 낸 것은 1917년에 들어서였는데, 이 해 하반기 이익금은 1,347여 원이었다. 회사 경영이 1917년 이후 점차 호전되기 시작했다는 것은 차용금이 1914년 하반기 2만 1,080원이었으나 1915

---

[65] 조일요업합명회사는 1923년 대동군 고평면古平面에 자본금 6만 5천 원으로 설립되었다(조선총독부, 《朝鮮の窯業》, 1926, 23쪽).

년 하반기 1만 4,875원으로 감소하기 시작하여 1917년 하반기에 2,000원으로 대폭 줄어든 데에서도 알 수 있다.

그러나 여전히 자기자본금의 57퍼센트 이상에 달하는 누적된 손실금이 문제였다. 때문에 이익금을 적립하지 않고 배당했던 1910년과 달리, 1917년 하반기에는 순이익금을 배당하지 않고 전기손실금을 충당하는 데에 사용했던 것이다. 순익금을 내기 시작했음에도 불구하고 경영진의 회사에 대한 전망은 낙관적이지 않았으니, 자기자본금의 절반 이상을 잠식한 회사의 재무 구조를 호전시킬 별다른 방법을 찾지 못했던 것 같다. 창립된 지만 11년 되는 1919년에 평양자기사는 도기공장을 경영하고 있던 후쿠시마 소테이福島莊平에게 3만 원에 인수되어, 작업이 어려운 겨울을 넘겨 1920년 4월 복장제도소福莊製陶所 제2공장으로 창립되었다.[66]

복장제도소福莊製陶所 제2공장은 창립 초기에는 일시적으로 "극히 흥륭興隆"했다고 하는 것으로 보아 생산과 영업이 원활했음을 알 수 있다.[67] 그러나 얼마 못 가 재계의 격변으로 오랫동안 휴지休止 상태에 있다가 다시 생산을 재개했다. 1924년 말 조사에 의하면 직공 16명, 취업일수 200일, 생산수량 주발 5,000개·사발 6,250개(총생산액 2,375원)이고 연료도 석탄이

---

[66] 間城益次 편,《평양안내》, 평양상업회의소, 1920, 114쪽. 후쿠시마 소테이福島莊平는 평양부 내 산수정山手町에서 복장상회福莊商會를 운영하면서 1919년 설립된 약송정若松町의 평안제도소平安製陶所를 인수하여 1920년 5월 복장제도소福莊製陶所 제1공장으로 창립했다(《平壤全誌》, 1927, 564쪽;《평양부사정요람》, 1923 참조). 이 공장은 자본금 5만 원, 직공 30명, 건평 237평 규모로 연간 사발 33만 개를 생산했다. 그러나 1922년 12월 조사 자료인《평양부사정요람》, 180쪽에 의하면 자본금 10만원, 직공 66명, 건평 187평으로 원동기 가스력 10마력을 사용하고 연간 사발 35만 개를 생산했다고 기재되어 있는데, 이는 인수하여 새로운 시설 투자를 한 이후의 현황인 것으로 보인다. 그러나 이 공장은 1924년 말 조사 자료나 1932년판 공장 명부에는 기재되지 않은 것으로 보아 1924년 말 이전에 소멸한 것으로 보인다.

[67] 《製産業 獎勵》. 이는 평양자기사의 사발 생산량이 폐업된 1919년도에도 22만 개로 대량생산체제로 가동되기 시작한 1915년의 약 35만 개에 비하면 생산량이 대략 30퍼센트 이상 저하된 셈이지만, 심각하게 위축된 상황은 아니었기 때문에 가능했던 것이다.

아닌 장작을 사용하고 있었다. 생산 규모가 창립 초기의 평양자기사 규모로 축소된 셈이었다. 그러나 제1공장이 1924년 말 이전에 멸실된 데 반해, 제2공장은 평양자기사의 전통을 계승한 저력 때문인지 이후에도 존속 유지되었다.

5. 경영 실패의 요인

평양자기사는 1908년 자본금 1만 원으로 창립되어 시제품을 생산한 후 주금을 추가 모집하여 1909년 4월 6만 원(1회 납입금 3만 원) 규모로 확대 창립되었다. 창립총회에서 선출된 경영진은 사장 이승훈을 비롯하여 모두 평양에서 활동하는 대표적 자본가들이었다. 1911년 무관학교 설립 사건 및 총독 암살미수사건으로 이승훈과 중역진이 체포되자 시국 사건과 무관했던 김남호가 경영을 주도했다. 1915년 이후에는 민족주의적 성향이 강한 창립 발기인이나 경영진은 대부분 이탈하고 실권주를 떠맡아 자본을 투하할 재력 있는 이들이 중역으로 교체되었다.

공장 시설과 생산설비를 갖추고 제품을 생산하기 시작한 것은 1910년 9월에 이르러서였다. 그러나 초기의 작업장 및 생산설비는 우기雨期나 동기冬期 작업이 불가능한 조악한 상황이었으므로 1911년 하반기부터 1912년에 걸쳐 대대적인 작업장 확장 공사가 전개되었다. 또한 가마실을 늘려 설치하고 열효율이 높은 도염식倒焰式으로 개량했으며, 흡입가스분쇄기도 새로 설비했다. 이러한 작업장 확장과 생산설비의 추가 또는 개량에 투하되는 자본은 농공은행으로부터의 차입금과 추가 납입금, 그리고 도 당국으로부터 1912년 이후 매년 1,200원씩 지급된 보조금 등으로 조달되었다.

직공은 일본인 기술자, 조선인 직공, 전습생 등으로 구성되었다. 가마·

녹로 등의 생산설비와 유약 등의 재료를 모두 일본의 히젠아리타 지방에서 수입했기 때문에 생산설비를 시험 가동하고 조선인 직공에게 기술을 전수하기 위해 일본인 기술자를 히젠아리타 지방에서 1년 계약제로 초빙해왔다. 설립 초기 한인 직공 및 전습생의 노동 숙련도나 기술 축적도는 그리 높지 않았다. 그러나 가마의 개량과 석탄연료 실험 그리고 기술 개선에 의해 1915년의 조선물산공진회에서는 회사 생산제품이 특별 전시되었으며, 주력제품인 사발은 금패金牌를 수상했다.

영업 성적을 보면 1911년, 1912년에 2만여 원의 결손을 냈다. 이는 설립 초기 생산설비의 문제점으로 인한 원인도 있겠지만, 짧은 기간에 막대한 결손을 낸 주요 원인은 1911년 하반기 이후 대대적인 생산설비 개량 및 추가 시설을 논의하고 진행하는 과정에서 경영진뿐만 아니라 직공들까지 검거되어 회사가 공황 상태에 빠졌기 때문이다. 1915년 이후 추가 설비를 마무리하고 본격적인 대량생산체제로 들어갔지만, 이 해에도 당기 손실금은 더욱 누적되었다. 1917년에 들어서 비로소 순익금을 내고 차입금을 대폭 변제한 것으로 보아 경영 여건과 영업 성적이 약간씩 호전되기 시작한 것으로 보인다. 그러나 자기 자본금의 절반이 넘는 누적 결손으로 결국 창립된 지 10년만인 1919년 일본인에게 인수되고 말았다.

그러면 평양자기사의 경영 실패의 주요 원인은 무엇일까? 첫째, 직접적으로는 창립 초기 일제의 탄압 사건으로 인한 경영진의 공백과 회사 운영의 마비가 초래한 누적 결손을 들지 않을 수 없다. 일반적으로 창립 초기의 공장은 생산설비를 갖추고 공장을 가동하기까지 상당한 시간이 소요되며 이때 결손이 나기 마련이지만, 2년이라는 기간에 2만 원이라는 거액의 누적 결손은 보기 드문 예로 이는 정치적 탄압에서 비롯된 경제 위기였음을 말해준다.

둘째, 전업적, 전문적인 경영자의 부재를 들 수 있다. "도기 제조는 소지素地 및 유약의 조합調合, 형태 및 회화의 고안, 유약의 시법施法, 소법燒法

등 제품을 생산하기까지의 각 공정에서 전문적인 기술을 요하여 여러 공업 중에서도 지난至難한 사업이므로" 특히 초기에 전력투구를 요한다. 그럼에도 사장과 중역 등 경영진은 모두 다른 상점 또는 공장업체를 경영하면서 평양자기사의 이사를 겸하고 있었다. 이는 대부분의 중역회와 정기 총회를 마산동의 회사 사무실에서가 아니라 평양 지역에 소재한 중역들의 상점에서 개최하는 것으로 보아도 짐작할 수 있다. 또한 역대 경영진 가운데 1915년에 선임된 박경석을 제외하고는 모두 요업에 관해 전혀 경험이 없는 이들이었다. 때문에 초기 생산설비의 문제점이나 이후 설비 추가 및 개량 과정의 문제점도 사실 경영진의 이 분야에 대한 지식 및 경험 부족이 초래한 결과라고 할 것이다. 누적 결손을 보전補塡하기 위한 재무 구조 정상화 노력을 충분히 해보지 않고, 생산설비를 제대로 갖추어 순익금을 내기 시작하는 상황에서 폐업을 결정한 것도 전업적 경영 자세가 부족했던 때문이라 생각한다.

셋째, 회사의 자본금 규모와 경영 방침 사이의 부적절함을 들 수 있다. 평양자기사는 일용식기의 대량생산체제를 지향했는데, 이러한 생산설비 시설에는 초기 납입 자본금 3만 원이나 이후의 추가 불입금 3만 원으로는 태부족이었다. 설립 초기에 이미 생산설비 규모에 비해 과도하게 건물 신축에 상당한 자본을 투하한 데다 1911년 하반기 이후 대규모 생산체제를 지향하여 작업장 및 생산설비의 추가 시설로 차입금과 추가 납입금 등을 투입했음에도 생산설비는 여전히 기대에 못 미쳐 1915년 무렵까지도 계속 가마를 개량해야 했다. 생산제품 숫자의 급격한 증가는 대량생산체제가 가동되었음을 알려주지만 1개년간 취업일수는 여전히 200여 일에 머물러 있었다.[68] 자본 규모에 적정한 생산성을 낼 수 있는 생산설비를 시설하기

[68] 참고로 앞에서 비교한 조일요업합명회사의 1개년 취업일수는 323일이었다(《朝鮮の窯業》, 1926, 23쪽).

보다 대량생산체제의 설비에 과도하게 자본금과 차입금을 투하한 것은 경영에 상당한 부담을 초래했다.

평양자기사는 비록 일제의 정치적 탄압과 그리고 생산설비, 운송과 입지 조건의 문제점에서 드러나듯 경영 미숙으로 결국 폐업되고 말았으나 사회 경제사적으로, 좁게는 기업사적으로 그 역사적 의의는 결코 작지 않다. 평양자기사는 전래의 수공업적 요업을 벗어난 "대규모의 개량적 요업공장"으로[69] 최초의 회사였다. 또한 한말 1910년대 기간에 일본인·조선인 소유를 불문하고 도자기공장 가운데 6만 원 자본금 규모로 대량 생산을 시도하여 10년 동안 존속했던 공장은 없었다.[70]

---

[69] 東華生, 〈半島工業의 旣往及將來〉, 《반도시론》 1권 3호, 1917년 6월. 1916년도 평안남도 내 도자기 및 연와 제조 현황을 보면 재래 제조법에 의한 것이 399호이었으며, 개량된 일본식 요窯를 갖춘 것은 9호인데 그 중에 조선인 도자기공장으로는 평양자기사가 유일했다(〈평양에서: 도자기업 현황〉).

[70] 1915년 조선물산공진회에 평양자기사와 함께 특별 전시되었던 해시상회海市商會 공장(1912년 창립)과 부전상회富田商會 도기공장(1911년 창립)은 자본금 1만 원 규모의 개인 경영이었으며, 일용식기의 대량 생산에 주력한 평양자기사와 달리 기호가의 취향에 맞추어 고려자기를 모방한 미술공예품적인 자기를 생산했다. 평양자기사 외에 대량 생산 형태의 개량된 도자기공장으로는 분원자기주식회사가 있는데 경영 악화로 설립한 지 5년째인 1916년 폐업했으며, 대구 지역의 고려자기제조주식회사(1913년 설립, 불입자본금 15,000원)도 설립한 지 1년 만에 자본 부족으로 경영 곤란에 빠졌다.

平壤

8장

평양, 조선의 북큐슈 | 시가 형성과 입지 조건 | 공업의 발달과 조선인 공업의 양상 |
조선인 공업자들의 조합 조직 | 공업도시를 만든 주체적 여건

공업도시 평양의 발달 배경과
조합 조직

1. 평양, 조선의 북큐슈

일제 시기 평양은 '조선의 오사카' 혹은 '조선의 기타큐슈'[1]라고 불릴 정
도로 공업이 발달했다. 특히 조선인 공업이 가장 발달했던 대표적 지역이
평양이었다. 비교적 소규모의 자본과 생산 시설로 가능하고 고도의 기술
을 요하지 않는 고무 공업, 양말 공업(메리야스 공업), 정미 공업이 대표적인
조선인 공업 분야였다. 따라서 평양 조선인 공업은 민족자본/예속자본 논
쟁의 뜨거운 화두이기도 했고, 또한 구체적인 예시이기도 했다. 이와 같이
1910년대 중반 이후 평양에 조선인 공업이 발달할 수 있었던 이유는 무엇
일까?

종래의 연구는 주로 평양 지역 조선인 공업 발달의 현상이나 특정 산업
의 발달 혹은 경제 주도권을 둘러싼 조선인 자본가의 일본인 자본가에 대
한 대응에 초점을 두어왔다. 그러나 조선인 공업이 발달할 수 있었던 역사
적 배경이나 주체적 조건에 대해서는 그리 주목하지 못했다.

여기에서는 평양이 1899년 개방 후 시가가 형성되고 공업도시화될 수
있었던 입지 조건과 공업 발달 양상에 대해 살펴볼 것이다. 나아가 이러한

---

[1] 朴尙僖, 〈新滿洲國と平壤の工業〉, 《平壤の發展策》, 평양신문사, 1932, 53쪽; 間城益次, 《평양안내》, 평
양상업회의소, 1920, 104쪽.

조선인 공업의 발달을 가능하게 했던 주체적 요인으로 자본을 규합하고 생산 과정상의 문제에 공동 대처함으로써 외래 자본과의 경쟁에 대항하는 중심 기구로 기능했던 조합 조직에 대해 살펴보려고 한다.

2. 시가 형성과 입지 조건

시가 형성과 확대

평양은 1899년 5월 26일 개방이 결정되어 이 해 11월 개방되었다. 평양에 일본인이 처음 내왕하기 시작한 것은 1894, 95년 전후인데[2] 그 후 인천에 근거지를 둔 일본인 무역업자가 평양에 와서 거래했다. 그러나 개방된 후 평양에 정주하는 일본인이 늘어나기 시작했다.

일본인이 가장 많이 들어온 것은 러일전쟁 당시였다. 일본군은 평양의 물자가 풍부하고 교통이 편리한 점 때문에 병참사령부를 두고 양곡의 수송 운반을 개시했다. 특히 군용철도 부설로 인한 물자 조달 및 인부 동원으로 일본인의 내왕 및 정주는 더욱 증가했다. 다수의 일본인을 수용할 수 없게 되자 시가를 둘러싼 성벽을 넘어가 남문 밖에 신시가를 건설하기 시작했다.

일제 시기 평양은 구舊 성문城門을 경계로 하여 성내 남문통으로부터 대동문통大同門通 부근의 구시가, 성 밖에 형성된 일본인 거주지 신시가로 형성되었다.[3] 구시가에는 조선인이 주로 거주했는데 남문통, 대동문통, 수마

---

[2] 평양실업신보사, 《평양요람》, 동경: 秀英舍, 1909, 14쪽.
[3] 青木戒三, 《평양전지》, 평양상업회의소, 1927, 22쪽. 1910년 병합되기 전까지 구舊 시가市街는 대흥

통須摩通, 이문통里門通에는 일본인들도 함께 거주했다. 일본인 거리인 신시가는 대화정大和町, 본정本町, 욱정旭町, 천정泉町, 학정鶴ノ町, 수정壽町, 녹정綠町, 영정榮町, 산수통山手通 등이었다.

1910년대 후반 경제 호황 이후 평양 지역 상공업이 발달하면서 시가가 협소해지자, 남쪽 기림리箕林里·선교리船橋里 쪽으로 더욱 확대되어갔다. 특히 대규모 자본을 투하한 동경포병공창東京砲兵工廠 조선병기제조소朝鮮兵器製造所, 산십제사山什製絲, 대일본제당주식회사 평양공장의 개설은 그러한 추세를 가속화했다.

공업이 발달하면서 평양부 당국이나 지역 자본가들 사이에서는 시가지 확장이 구상되어 대동강대안지구개발안大同江對岸地區開發案이 제기되기 시작했다. 1918년 평양상업회의소에서는 대동강가교 공사의 급속한 착수 및 공사비 추가 예산을 내년 예산에 상정하도록 청원했다. 또한 대동강 인도철교 가설 지점을 중심으로 한 선교리 부근 수십만 평의 대안對岸 신시가 예정지구를 지가가 오르기 전에 미리 매입하여 시가 설비를 행하라고 건의하기도 했으니, 이는 공장지구 설정 및 시가지 계획 수립에 대한 촉구였다.

마침내 평양부는 1920년경 장차 대동강 건너편에 신시가를 건설하려는 구상 하에 2백만 원의 예산을 투입하여 서울 한강의 철교와 같이 대동강에 철교를 부설할 것을 결정했다. 그런데 그 철교 부설 위치를 신시가의 세관 앞으로 정하자 조선인 사회에서는 평양부에 항의하는 시민대회를 개최하기도 했다. 시민대회 측은 구시가의 면적이 훨씬 넓고 인구도 4만 명으로 많은데 비해 신시가는 인구도 2만 명밖에 되지 않는데 철교를 도시의 구석

부大興部, 융흥부隆興部, 융덕부隆德部로 크게 나뉘었는데 1913년 총독부령 11호로 평양부를 융흥면, 융덕면(대흥면 능라동을 제외), 내천면內川面(서천동西川洞의 일부 신양동新陽洞의 일부, 강촌동康村洞의 일부를 제외), 외천면外川面(양각동 4리, 명촌동의 일부를 제외), 임원면林原面 내 기림리箕林里의 일부로 구획을 정했다.

〈그림 8-1〉 공중에서 촬영한 평양 시가

일제 시기 평양은 '조선의 오사카' 혹은 '조선의 기타큐슈'라고 불릴 정도로 공업이 발달했다. 특히 조선인 공업이 가장 발달했던 대표적 지역이었는데, 소규모의 자본과 생산 시설로 상품 생산이 가능하고 고도의 기술을 요하지 않는 고무 공업, 양말 공업(메리야스 공업), 정미 공업 등이 대표적인 조선인 공업 분야였다. 사진은 공중에서 촬영한 1930년대 평양 시가의 모습.

* 출처: 張洙天,《伸び行く 大平壤》, 평양안내사, 1930.
* 비고: 대화정·남문정·욱정·수정 등 번화가로, 왼쪽 상단의 높이 솟은 건물이 부립도서관府立圖書館임.

〈그림 8-2〉 평양 지도

일제 시기 평양은 구 성문을 경계로 하여 성내 남문통으로부터 대동문통 부근의 구시가, 성 밖에 형성된 일본인 거주지 신시가로 형성되었다. 구시가에는 주로 조선인이, 신시가에는 일본인이 거주했다. 그림은 1923년 당시 평양의 모습을 담은 지도.

* 출처:《平壤府勢一班》, 평양부, 1923.

에 해당하는 신시가에 부설함은 부당함을 역설했다. 더구나 앞으로 대평양을 건설하기 위해 강 건너편에 새로 시가를 건설하려고 한다면 신시가의 건너편 지역은 지형이 좁고 평탄하지 않지만 구시가의 건너편은 광막한 평야이므로 구시가에 철교를 부설해야 한다고 주장했다. 조선인들은 "일시동인一視同仁, 일선인 융화에 모순되는 것"이라고 비판하며, 철교를 이용하는 인구 비율이나 시가 지형 면에서 볼 때 신·구 시가의 중심되는 육로문통陸路門通이 적당하다고 주장했다.[4]

조선총독부는 1921년부터 도시계획조사회를 조직하고 경성·평양·부산·대구 4대 도시부터 착수하기로 했다. 그러나 평양에서는 이보다 앞서 이미 1920년에 대안시가지구 공장지구 계획안을 발표함으로써 도시계획을 구체화했다. 공업지구 설정은 단지 지역경제면에서 뿐만 아니라 도시경영면에서 보더라도 긴급한 시설이었던 것이다. 이러한 평양의 도시 형성 및 확대 과정은 입지 조건 및 상공업 발달과 밀접하게 연계되어 있었다.

공업지로서의 입지 조건

평양에 공업이 발달할 수 있었던 입지 조건은 교통의 요충지여서 평안도 황해도 지역 화물의 집산지라는 점, 부근 지역에 공업 원료가 풍부하여 그것의 정제 가공 공업의 발달을 기대할 수 있다는 점, 무연탄과 대동강의 수력으로 동력이 풍부하다는 점을 들 수 있다. 조선은 식량 및 원시산품原始産品의 공급지로서 공장제공업이 발달할 자격이 없다고 단언했던 교토대 교수 야마모토山本美越乃조차 평양을 시찰하고 연료, 용수, 원료, 노임 혹은 판로 등 공업 발달상 모든 입지 요소를 구비한 데에 감탄하여 결국 "조선

---

[4] 〈문제된 대동강교〉, 《동아일보》 1920년 4월 23일.

에 공업은 없다"고 한 결론으로부터 마침내 평양을 제외하고 평양이 공업 도시로서의 자격을 완비한 점을 인정한 것은 당시 유명한 일화였다.

평양은 일본, 중국, 한국 등 삼국의 교통상 주요 역 소재지였다. 먼저 조선의 종관철도인 경의선의 중심역으로서 남쪽으로 경부선을 통해 부산에 닿아 관부 연락선으로 일본으로 연결되었다. 한말 대한제국 정부는 열강의 철도부설권과 광산개발권 요구를 거부하고 정부가 주도적으로 철도 부설 및 광산 개발을 하기 위해,[5] 1900년 9월 궁내부 내장원 산하에 서북철도국을 설치하고 프랑스인 기사를 고용하여 경의선 부설을 추진했다. 이에 1902년 3월 8일 서울—송도 구간의 기공식이 거행되었다. 1904년 러일전쟁 발발 후 일본군은 경의선 긴급 부설의 대방침을 확정하고, 3월 용산에서 기공하여 9월에 평양에 건설반建設班을 설치했다. 경의선은 군용선으로 사용되다가 1908년 4월 이후 일반 영업선營業線으로 전환되었다.[6]

평양과 진남포를 연결하는 평남선(겸이포선)은 1905년 경의선 공사 중 지선으로 함께 부설하려고 계획했는데 사정 때문에 일부 용지를 매수한 상태로 중지되었다. 평양에서 진남포로 나오기 위해서는 먼저 남행 직통 열차를 타고 황주역에서 하차하여 지선 열차로 갈아타고, 다시 겸이포역(황해도 황주군 송림방松林坊)에서 하차하여 기선으로 갈아타고 대동강을 내려오지 않으면 안 되었다. 평양의 발전과 함께 평남선 부설이 긴요한 시설로

---

[5] 1898년 1월 대한제국 정부는 농상공부의 주청을 거쳐 '국내철도급광산물허외국인합동사國內鐵道及礦山勿許外國人合同事'를 의결하고 고종의 재가를 거쳐 공포했다(《관보》 광무2년 1월 19일). 철도 부설과 광산개발권 허가 시 발생되는 토지·가옥 보상비용의 정부 부담을 표면적인 이유로 내세웠으나, 이는 정부가 주도적으로 철도 부설 및 광산 개발을 하기 위한 것이었다. 제국주의 열강은 산업 개발을 위해 먼저 운송 수단으로 철도를 부설하고자 했는데, 철도 운영을 위해서는 무엇보다 석탄이 필요했다. 또한 1890년대 후반 이후 서구 열강은 금본위 제도로 전환하면서 천연 광물에 대한 관심이 제고되고 있었다. 이런 배경 하에 열강은 대한제국에 철도 부설과 광산 개발 허가를 계속 요구했던 것이다(全旋海, 〈광무년간의 산업화정책과 프랑스 자본·인력의 활용〉, 《국사관논총》 84, 1999).

[6] 《평양전지》, 796쪽; 《평양요람》 3쪽. 경의선을 비롯한 일제의 철도 부설에 대해서는 강명숙, 〈한일합병 이전 일본인들의 평양 침투〉, 《국사관논총》 107, 2005, 188~189쪽 참조.

인식되어 마침내 1909년 9월 기공되어 다음해 10월 개통되었다. 그러나 속성으로 건설되었기 때문에 다시 가구조물假構造物 개축 공사를 1910년 말부터 착수하여 1915년 준공되었다. 이 평남철도 개통으로 평양–진남포 간의 교통은 매우 빠르고 편해졌다. 즉 평양에서 역포力浦, 중화中和, 흑교 黑橋, 황주 정차장을 거치면 바로 진남포에 닿을 수 있게 되었다.

평원선은 평양과 동해안의 요항要港 원산을 접속하는 조선횡관철도로, 러일전쟁 때에도 일본군에서 부설을 검토한 바 있었다. 만주 방면과 동부 조선 및 일본의 횡단항로를 이용할 수 있어 경제상 군사상의 가치가 매우 컸다. 연도沿道 가운데 대동강 본지류本支流에 속하는 자산慈山, 은산殷山, 신창新倉, 별창別倉, 파읍破邑 부근에는 경지가 많아 곡류, 연초, 마포가 산출되었으며, 또한 무진장한 무연탄 및 부존량賦存量이 풍부한 금·은·구리·철 등의 광구鑛區가 이어졌다. 평남 함남의 도계道界산맥을 횡단하여 용흥강龍興江의 본류 및 지류 유역으로부터 고원역高原驛까지는 계곡이 좁고 경지가 적어도 임산물이 매우 풍부했다.

따라서 1903년 이래 평양과 원산 양 지역의 일본인들이 제휴하여 평원선의 긴급 부설을 관계 당국에 요청하기도 했다. 평양에서는 1910년대 초부터 상업회의소를 중심으로 평원선 급설운동急設運動이 활발하게 진행되었다.[7] 평원선은 1922년도에 기공되어 일부 구간은 1927년 11월부터 영업을 개시했다.

그 외에 평양으로부터 사동寺洞 미림리美林里에 이르는 탄광선은 고노다 小野田시멘트회사 공장 소재지인 승호리勝湖里로 연장되었다. 이 탄광선은

---

[7] 평원선 필요 이유와 급설청원운동急設請願運動의 전말에 대해서는 《평양발전사》(平壤民團役所, 1914), 199~216쪽 참조. 1918년 8월 평양상업회의소에서는 평원선 철도 급설 예산을 내년도에 계상하라고 청원했다(《평양전지》, 927쪽).

원래 한국 정부 소관이었던 송라산松羅山 및 당리堂里 부근에 있는 무연탄의 수송을 위해 계획되었는데, 1909년 6월 기공하여 약 7리의 선로를 연장했다.

1930년대 들어 만주국이 출현하면서 평양의 공업제품이 만주 시장으로 진출할 수 있는 좋은 기회를 갖게 되었다. 평양이 만주 수출무역에서 다른 지역보다 우위를 점할 수 있었던[8] 이유는 평양이 만주로 연결되는 교통의 요지였기 때문이다. 즉 육로로는 경의선을 통해 압록강을 거쳐 안봉安奉철도로 봉천에 연결되고, 1930년대 초에 공사한 만포진선이 신경으로 연장되었다. 그리고 길회철도吉會鐵道도 개통됨으로써 평양은 만주로 통하는 3대 간선의 연계선 혹은 통과선으로 되었던 것이다.[9] 그리고 평남철도를 이용해 진남포로 나와 해로海路로 북청 및 대련大連으로도 연결될 수 있는 해륙 교통의 거점이었다. 이러한 교통의 요충지라는 지리적 이점은 곧 판로 개척과 상품 및 원료 수송 면에서 볼 때 공업지로서 매우 유리한 입지 조건을 조성했다.

한편 공업의 발달을 위해 전제되어야 할 동력 면에서도 평양은 천혜의 조건을 구비하고 있었다. 즉 평양 인근 대동군·강서군·강동군에는 광대한 무연탄전이 분포되어 있었다.[10] 대한제국 시기에 내장원경 이용익은 그 개발의 필요성을 인식하고 이미 1903년 1월 프랑스 상인 롱동Rondon과 평양 석탄광 개발을 위한 계약서를 체결했다. 그러나 1904년 2월 이용익이 일

---

[8] 1930년도 조선 16개 항구로부터 만주로 수출된 무역총액은 2,457만 7,945원이었는데 그 가운데 평양의 무역액은 345만 499원으로 약 14퍼센트 정도였다. 1개 항구당 평균액이 7퍼센트이므로 평양의 수출액은 거의 2배임을 알 수 있다(박상희, 〈新滿洲國と平壤の工業〉, 《平壤の發展策》, 53쪽)

[9] 朴尙僖, 〈新滿洲國と平壤の工業〉, 53쪽; 평양부, 《평양부사정요람》 5, 1923. 만주로 수출하는 주요 품목은 사당砂糖, 우피, 고무화, 선어鮮魚, 임금林禽, 돈모豚毛 등이었다.

[10] 《평양부》, 평양부, 1932, 304쪽. 평남 순천, 덕천 방면에 매장되어 있는 것을 합하여 5억 톤 정도였는데, 평양탄은 무순탄 또는 내지탄內地炭보다 약 절반 가격이면서도 완전연소되었기 때문에 더욱 경제적 가치가 높았다(間城益次, 《평양안내》 1920, 104쪽, 118쪽).

본으로 끌려가 연금당하고 롱동은 석탄광 개발 대신 조건으로 보장받았던 인삼 판매 독점권을 행사할 수 없게 되자, 평양 석탄광 개발은 흐지부지되었고 일본의 압력으로 1905년 4월 이후 평양 탄광 개발은 중단되었다. 이후 총독부가 1911년 790만 원의 자본을 투하하여 사동에 평양광업소를 열고 석탄을 채굴하기 시작했다.

공업지로 필요한 조건은 대개 공장 부지에 필요한 광대한 토지, 저렴한 노동력의 공급, 근린에 공업 자원의 존재, 저렴하면서도 풍부한 동력 및 연료의 공급, 판로의 유무, 물자 수송력 등이다. 이 점에서 실로 평양은 공업 발전상 필요한 모든 조건을 구비하고 있었다고 할 것이다.[11]

3. 공업의 발달과 조선인 공업의 양상

위에서 살펴보았듯이 공업 발달의 조건을 두루 갖춘 평양에서는 일찍부터 제조업의 가능성에 주목하고 공장의 창립과 경영에 투자하는 이들이 많았다. 즉 평양 자본가들은 풍부하게 매장되어 있는 광물과 고령토를 원료로 하여 소공업으로 발달해온 금속공업이나 요업에 투자하여 공장을 설립하려고 시도했다. 또는 인근 지역에서 양잠·연초·닥나무·보리·감채甘菜 재배가 성행했으니, 이러한 원료를 이용하는 제사업·연초업·제지업·맥주양조업 등의 제조업에 진출하기도 했다.

평양 지역에서 이러한 토착 원료를 이용하여 제조업에 투자한 대표적인 사례는 1908년 4월 설립된 평양자기제조주식회사를 들 수 있다. 평양의

---

[11] 森幸次郎, 《平壤の發展策》, 平壤每日新聞社, 1932, 5쪽; 上野和夫, 〈여하한 공업이 우리 평양에 적당한가〉, 《평양의 발전책》, 1932, 37쪽.

대표적인 상인, 지주들이 한말 식산흥업운동의 차원에서 시도했던 평양자
기제조회사의 경영은 비록 실패로 끝났지만, 이는 대량생산 형태의 공장
제공업의 선구였다는 점에서 의의가 있다.[12]

　제조업에 대한 조선인 자본가의 투자가 보편화되고 공장공업 단계로 발
전하여 평양이 조선의 대표적인 공업지로 대두한 것은 1차 세계대전 중인
1910년대 중·후반에 이르러서였다.[13] 평양 지역에서는 러일전쟁 이후인
1905년부터 일본인의 공장 설립이 조선인보다 훨씬 활발했다. 그러나
1914~1916년에 이르면 조선인 설립 공장수가 일본인의 그것을 능가했
다.[14] 1차 세계대전으로 인한 수입, 이입의 감소가 국내 제조 공업, 특히 토
착 원료를 이용한 수입 대체 공업을 자극하여 조선인 자본가들이 적극 제
조업에 투자하기 시작했던 것이다.

〈표 8-1〉 평양 지역 직업별 호구수(1923년 1월경)

직업	조선인		일본인		합계	
	호수(戶)	주업자수(名)	호수	주업자수	총호수	총인구수
농림목축업	394(2.6%)	431(2.8)	95(1.7)	98(1.8)	497(2.4)	537(2.5)
어업 및 제염업	55(0.36)	59(0.38)	14(0.25)	15(0.27)	69(0.3)	74(0.3)
공업	2,795(18.3)	3,107(20.2)	1,596(28.7)	1,604(29.0)	4,436(21.0)	4756(22.5)
상업 및 교통업	4,676(30.5)	5,363(35)	2,108(37.9)	2,016(36.4)	6,873(32.5)	7468(35.3)
공무公務 및 자유업	2,495(16.3)	2,764(18.0)	1,438(25.8)	1,526(27.6)	3,997(18.9)	4346(20.5)
기타 유업자有業者	3,193(20.9)	3,611(23.5)	169(3.0)	272(4.9)	3,390(16.0)	3,924(18.5)

[12] 이 책의 7장 참조.
[13] 〈平壤貿易槪勢〉, 《동아일보》 1921년 3월 31일. "······ 구주대전 이래 평양이 조선 유일의 공업지로 대
두한 이래 무역은 급격한 증가를 示하엿나니 ······."
[14] 오미일, 《한국근대자본가연구》, 125~132쪽.

| 무직업자 직업을 신고하지 않은 자 | 1,603(10.5) | – | 146(2.6) | – | 1,755(8.3) | – |
| 총계 | 15,311(100%) | 15,335 | 5,566 | 5,531 | 21,117 | 21,166 |

* 출처: 평양부, 《평양부사정요람》, 1923, 51~52쪽.
* 비고: ① 괄호 안 숫자는 총호수나 총인구수 대비 비율(%)로 소수점 둘째자리에서 반올림.
  ② 인구수에서 '기타 업무를 가진 자' 즉 겸업자는 제외하고 주업자로 한정하여 계산함.

〈표 8-2〉 경성 지역 직업별 호구수(1925년 10월경)

직업	조선인		일본인		합계	
	호수	주업자수	호수	주업자수	총호수	총인구수
농림목축업	1057(2.3%)	4,932(2.3)	176(0.9)	679(0.87%)	1,264(1.9)	5,761(1.9)
어업 및 제염업	27(0.05)	151(0.06)	32(0.16)	125(0.16)	59(0.08)	1,276(0.4)
공업	8,113(17.6)	38,078(17.6)	4,091(21.2)	16,132(20.8)	12,361(18.7)	55,095(18.5)
상업 및 교통업	18,372(39.9)	86,810(40.2)	6,440(33.4)	26,811(34.5)	25,281(38.2)	115,820(38.9)
공무公務 및 자유업	10,267(22.3)	47,702(22.1)	6,600(34.2)	25,855(33.3)	16,989(25.7)	73,949(24.9)
기타 유업자有業者	4,656(10.1)	21,803(10.1)	968(5.0)	4,164(5.4)	5,661(8.6)	26,185(8.8)
무직업자 직업을 신고하지 않은 자	3,531(7.7)	16,464(7.6)	986(5.1)	3,821(4.9)	4,536(6.9)	20,378(6.9)
총계	46,023(100%)	215,960(100%)	19,293(100%)	77,587(100%)	66,151	297,465

* 출처: 경성부교육회, 《경성안내》 3(경성: 조선서적인쇄주식회사).

〈표 8-3〉 부산 지역 직업별 호구수(1920, 1931년)

직업	조선인		일본인		합 계	
	호수	인구수	호수	인구수	총호수	총인구수
농림목축업	775(8.1)	4,149(10.2)	192(2.5)	906(2.7)	972(5.6)	5,077(6.9)
어업 및 제염업	422(4.4)	2,014(4.96)	388(5.0)	1,778(5.4)	810(4.7)	3,792(5.1)

공업	966(10.1)	4,804(11.9)	1,713(22.3)	7,099(21.5)	2,680(15.5)	11,905(16.1)
상업 및 교통업	2,602(27.2)	11,927(29.4)	3,757(48.9)	16,385(49.5)	6,398(37.00)	28,498(38.6)
공무公務 및 자유업	536(5.6)	2,323(5.7)	1,288(16.8)	5,759(17.4)	1,832(10.6)	8,108(10.97)
기타 유업자有業者	4,000(41.8)	14,475(35.7)	189(2.5)	636(1.9)	4,190(24.2)	15,113(20.5)
무직업자 직업을 신고하지 않은 자	250(2.6)	840(2.1)	162(2.1)	522(1.6)	412(2.4)	1,362(1.8)
총계	9,551	40,532	7,689	33,085	17,294	73,855
농림목축업	977(4.8)	5,406(5.8)	223(2.05)	1,038(2.3)	1,200(3.8)	6,444(4.6)
어업 및 제염업	630(3.1)	3,096(3.3)	469(4.3)	1,937(4.3)	1,099(3.5)	5,033(3.6)
공업	2,193(10.7)	10,682(11.4)	2,081(19.2)	8,811(19.4)	4,300(13.7)	19,622(14.1)
상업 및 교통업	5,163(25.2)	24,836(26.5)	2,847(26.2)	16,922(37.2)	9,089(28.9)	41,943(31.0)
공무 및 자유업	1,887(9.2)	8,743(9.3)	2,944(27.2)	12,077(26.5)	4,844(15.4)	20,858(14.9)
기타 유업자	8,259(40.3)	34,668(37.0)	754(6.95)	2,857(6.3)	9.016(28.7)	37,535(26.9)
무직업	1,367(6.7)	6,243(6.7)	518(4.8)	1,860(4.1)	1,885(6.0)	8,103(5.8)
총계	20,475	93,674	10,836	45,502	31,433	139,538

* 자료: 부산부, 《부산부세요람》, 1921, 7쪽; 부산부, 《부산부세요람》, 1932, 12~13쪽.
* 비고: ① 표의 굵은 선 상단이 1920년, 하단이 1931년임.
  ② 소수점 둘째자리에서 반올림.

평양에서 1910년대 후반 이후 공업, 특히 조선인 공업이 발달했다는 것은 다른 지역과 비교해보면 분명하게 나타난다. 현존하는 지역 통계를 이용하여 1923년경 평양의 직업별 호구수(〈표 8-1〉), 1925년 경성의 직업별 호구수(〈표 8-2〉), 1920년과 1931년의 부산 지역 직업별 호구수(〈표 8-3〉)를 표로 정리했다.

각 지역의 공업 종사 총호구수를 보면 평양은 공업 종사 호구수가 21.0퍼센트, 인구수가 22.5퍼센트로서, 부산의 15.5퍼센트, 16.1퍼센트(1920년)와 13.7퍼센트, 14.1퍼센트(1931년)보다 훨씬 높았으며, 또한 경성의 18.7퍼센트와 18.5퍼센트를 추월했다. 특히 평양의 조사 시기가 경성보다 2년 전인데도 공업 종사 호구 비율이 높다는 점을 감안하면, 평양의 공업화가 다른 지역에 비해 훨씬 빨랐음을 알 수 있다.

또한 평양 지역에서 공업에 종사하는 조선인 호수는 지역의 조선인 호수 가운데 18.3퍼센트, 인구수는 지역 조선인 인구의 20.2퍼센트를 차지했다. 이는 1920년경 부산 지역의 공업에 종사하는 조선인 호수 10.1퍼센트, 인구수 11.9퍼센트, 그리고 10년의 시간이 흘러 공업화가 더욱 진전된 시점인 1931년경의 10.7퍼센트, 11.4퍼센트보다 훨씬 높은 비율이었다(〈표 8-3〉 참조). 또한 1920년대에 조선에서 공업이 가장 발달했던 경성 지역의 조선인 총호수 가운데 공업 종사 호수 17.6퍼센트보다 약간 높은 비율이었다(〈표 8-2〉 참조).

따라서 당시 평양을 공업, 특히 조선인 공업이 가장 발달한 곳으로 인식하여 '조선의 오사카 혹은 기타큐슈'라고 비유했던 것이 근거 없는 사실이 아니었음을 알 수 있다.

이 시기 공장의 설립 주체는 첫째, 조선인 상인·지주가 제조업에 관심을 가지고 투자하는 경우인데 전래적으로 대청 무역을 주도하면서 지역 경제권을 장악했던 상인층의 공장 설립이 두드러졌다. 평양자기제조주식회사 설립을 주도했던 이승훈이나 평양염직소의 이덕환은 모두 상인 출신이었다. 이들의 투자 업종은 요업·양조업 혹은 직물업·양말 제조업, 그리고 1920년대 이후에는 고무화 제조업 등이 많았다.

둘째, 조선인 수공업자들이 기존의 영위해오던 소공업을 호황기를 맞아 확대하는 경우였다. 이들의 업종은 주로 금은세공업·국자제조업麴子製造業·철공업 등이었다.

셋째, 일본 독점자본도 1차 세계대전 호경기로 축적된 자본의 투자처를 찾고 있었는데[15] 이 때 입지 조건이 좋은 평양을 주목하게 되었다. 평양의

---

[15] 경제학박사 金度演, 〈공업발달과 기업가의 邁進을 囑望함〉, 《신흥조선》 창간호, 1933년 10월. "……

일본인들은 지리적 입지 조건으로 보아 채산 가능성이 있는 공업으로 대개 방적업, 인견직조업, 피혁업, 요업을 들었다.[16]

<표 8-4> 평양의 대공장

공장명	소재지	창립시기	공칭자본금(원)	직공수	공장건평(평)
조선총독부평양광업소	사동	1911	7,900,000 (추정)		105
동아연초주식회사평양분공장	경상리慶上里	1911.12	10,000,000	334	838
평양전기주식회사	유정柳町	1912.9	3,000,000	10	101
동경포병공창조선병기제조소	평천리平川里	1918.9	건설비 4,000,000		12,000 (부지 20만평)
조선소주주식회사	교구정橋口町	1919.3	500,000	35	
대일본제당주식회사 조선지점	선교리	1920.12	20,500,000 (본사)	107	1,834
오노다小野田세멘트주식회사	강동군 승호리	1917.5 (1920.5)	7500,000 (본사)		4,457
조선전기흥업주식회사	선교리	1921.1	10,000,000	30	(부지 7만평)
조선무연탄조합		1927	10,000,000		

* 출처: 평양상업회의소, 《평양상업회의소통계연보》, 1920, 56~67쪽; 《평양부》, 1932, 293쪽.

<표 8-4>에 나타나듯이 자본금 수백만 원의 대공장이 1910년대 초부터 설립되었다. 특히 동경포병공창 조선병기제조소, 조선총독부 평양광업소, 조선전기흥업주식회사, 대일본제당주식회사 조선지점공장, 오노다小野田 시멘트제조주식회사 지점공장은 평양의 5대 공장이었다. 이외에 1930년대 이후 산십제사공장山什製絲工場(1934. 11), 쇼와비행기제조회사昭和飛行機

당시 구주열강은 전쟁에 몰두하야 자국의 생산품을 외국에 수출은 고사하고 자국의 수요품을 외국에서 수입치 안이하면 안되게 되엇다. 일본이 이 전쟁에 그다지 열중치 아니했고 도리혀 일본의 공업을 대확장하여 제조품을 외국에 판매하는 호기회가 되엇다. 당시 일본은 조선에 대한 식민지정책을 변경하여 유리하게 생각하는 공장은 조선 내에 건설하엿다. 이때로부터 일본의 실업가는 조선에서 공업 경영에 착목着目하여 대발전을 기도하엿다."
[16] 森幸次郎 編, 《平壤の發展策》, 평양: 평양매일신문사, 1932, 109~110쪽.

製造會社(1938), 조선가스회사 평양분공장, 일본화약회사, 동양방직회사 등
도 설립되었다. 〈표 8-1〉과 〈표 8-2〉의 공업 종사 일본인 호구수를 비교해
보면, 평양이 경성보다 8퍼센트 정도 높은 것은 이러한 대공장이 설립되었
기 때문이다.

1920년대 중반 평양 공장은 업종 면에서 볼 때 공장수가 많은 부문은 정
미·양조·철공·양말·국수공장 등이고, 자본액이 많은 업종은 제당·전기·
연초·제사공장이며, 직공수가 많은 업종은 정미·양말·철공·제사·연초공
장이 가장 많고 고무·양조가 그 다음이었다.

정미·양조·양말·국수·누룩 제조업과 요업 관련 공장은 소자본으로 가
능하므로 대부분 조선인에 의해 경영되었다. 반면 대자본을 투하해야 하
는 제당·전기·시멘트 제조업 등은 모두 일본 자본에 의해 경영되었다. 업
종뿐 아니라 지역적으로도 대동강 건너편은 일본인 대공업, 구시가 쪽은
조선인 중소공업으로 분할되었다.

자본금, 1인당 기관수, 생산액, 그리고 직공수 면에서 평양의 조선인 공
업은 일본인 공업에 비해 상대적으로 열세를 벗어날 수 없었다. 하지만,
숭실전문 농과 교수인 이훈구李勳求가 공업 도시 평양을 말해주는 것은 "성
냥갑을 늘어놓은 듯이 대야동두大野東頭에 흩어져 있는 서양식 건물들이 국
제자본주의의 첨단을 걸어가는 콘푸로닥트 컴퍼니와 일본제당회사와 평
양전기회사 등등의 대공장들"이라기보다 "규모는 적고 자본은 약소하나
마 연年 8만족의 고무신을 만들어 내는 10여 처의 고무공장과 월 수만 족
의 양말을 짜내는 20여 처의 양말공장과 다수의 목물공장木物工場, 모자공
장, 초자공장, 염색공장 및 기타 각종 제조공장들"[17]이라고 했듯이 평양 지
역 공업을 대변한 것은 조선인 중소공업이었다.

[17] 이훈구, 〈商工平壤의 스켓취〉, 《대평양》 2-1, 1935년 1월.

〈그림 8-3〉 평양 남문통의 번화한 모습

지역적으로 봤을 때 1920년대 중반 평양 구시가 쪽에는 조선인 중소공업 공장, 대동강 건너편에는 일본인 대공업 공장이 주로 들어서 있었다. 소자본으로 가능했던 정미·양조·양말·국수·누룩 제조업과 요업 관련 공장은 거의 대부분 조선인에 의해 경영되었다. 사진은 조선인 중소공업 공장이 다수를 차지하고 있던 구시가의 중심지 남문통.

* 출처: 손경석·이상규 해설,《사진으로 보는 근대한국 하―산하와 풍물》, 서문당, 1986, 23쪽.

평양의 공업상태를 일람하면 …… 외래자본의 세력이 침입하야 급속도적으로
상공商工의 왕국을 건설하얏다느니보다는 차라리 수공업과 가내공업이 다소간
시대화하야 공장공업화하야 가며, 아울러 상공계급의 산재한 자본을 상공지식
이 진보됨을 따라 집합하야 새로운 상공업자를 이루게 한 것이다.[18]

평양 공업의 기원과 주체가 조선인 중소공업이라는 것은 위의 기사에서
도 잘 나타난다. 즉 평양 공업은 외래자본, 다시 말해 일본인 자본에 의해
급속하게 이루어지기보다 조선인 수공업과 가내공업이 점차 공장공업으
로 발전하는 경로를 취했던 것이다.

4. 조선인 공업자들의 조합 조직

위에서 살펴보았듯이 원료 및 상품 수송에 편리한 교통, 공업원료 산출,
풍부한 동력, 공업용수 등의 입지 조건으로 평양 지역에서는 다른 지역에
비해 일찍부터 공업이 더욱 발달했다. 입지 조건은 평양 공업 전체에 해당
되는 요인이자 객관적인 일반 조건이다. 그러면 조선인 공업이 발달할 수
있었던 주체적인 요인은 무엇일까?

일반적으로 자본가들은 가격 조정과 임금 통제, 기타 생산 조건의 협의
와 산업정책을 결정하는 행정 당국과의 교섭을 위해 업종별로 동업조합을
조직했다. 동업조합 조직은 어느 지역이나 일반적인 현상이었다. 그런데
평양에서는 여기에서 나아가 자본 조달을 위해 저금조합을 조직하고, 또
한 생산 과정의 조정·협력을 통해 시장 경쟁력을 강화하기 위한 목적의 생

---

[18] 〈평남 일대의 상공업의 추세—평양을 중심으로〉, 《동아일보》 1929년 4월 21일.

산조합 설립을 시도했다. 다른 지역에서는 찾아보기 어려운 이러한 조합 설립 현상이나 또는 시도들이 조선인 공업이 발전할 수 있었던 요인이었을 것이다.

저금조합 조직과 자본 조달

공장을 설립하기 위해서 가장 필요한 것은 자본이었다. 즉 공장 부지 구입 및 건축, 생산설비, 그리고 영업 및 판로 개척 등을 위한 초기 자금 확보가 관건이었다. 그런데 조선인 자본가는 대부분 공식 금융권으로부터 자금을 지원받는 것이 거의 불가능한 상황이었다.

〈표 8-5〉 1920년경 평양의 금융기관

명칭	설치시기	자본금(원圓)	연혁 및 기타
조선은행 평양지점	1911	80,000,000	한국은행(1909)이 1911년 개칭
조선식산은행 평양지점	1918	30,000,000	평안농공은행(1908)을 1918년 합병하여 변경
백삼십은행百三十銀行 평양지점	1909.4	10,000,000	평양의 최초 보통은행인 오십팔은행(1906년 3월 창립)이 1908년 백삼십은행에 합병되어 백삼십은행 평양출장소가 됨. 1923년 안전은행安田銀行 평양출장소로 개칭
평양은행	1920.3		1921년 10월 진남포은행과 합병하여 대동은행大同銀行으로 됨. 1925년 조선상업은행 평양지점으로 됨.
한성은행 평양지점	1911.9	6,000,000	1916년 대화정에 파출소 설치, 1924년 출장소로 승격.
동양척식주식회사 평양지점	1908.12	10,000,000	
남금융조합	1918	10,130(1918년) 31,500(1921년)	
북금융조합	1918	7540(1918년) 53,757(1921년)	

* 출처: 間城益次, 《평양안내》, 1920, 154~158쪽; 평양부, 《평양부사정요람》, 1923, 243쪽; 《평양전지》, 737~762쪽.

1920년경 평양에 존재했던 금융기관은 〈표 8-5〉에 보듯이 조선은행 평양지점·조선식산은행 평양지점, 백삼십은행 평양지점, 한성은행 평양지점, 평양은행 등 5개 은행과 특수금융기관인 동양척식주식회사 평양지점, 남금융조합·북금융조합 등 2개 금융조합과 그 외에 평양무진주식회사가 설립되어 있었다.

그런데 조선인 자본가들이 경제 호황에 힘입어 공장 설립에 적극 나서기 시작했던 1910년대 중반경에는 일반은행 업무를 취급했던 금융기관이 조선은행 평양지점, 평안농공은행, 백삼십은행, 한성은행 평양지점뿐이었다. 특수 금융기관인 동척[19]이나 국책은행인 조선은행은 일반 대출 업무를 취급하지 않았으며, 산업 금융기관인 농공은행도 주로 농업 금융에 치중한 데다가 또한 거액자금 대출에 한정했으며 금리가 오히려 일반 은행의 대출 이자보다 그리 낮지 않았다.[20] 따라서 평양의 조선인 자본가들이 주로 이용할 수 있었던 곳은 한성은행 평양지점뿐이었다.

그러나 〈표 8-6〉에서 보듯이 한성은행의 대출 금리는 국책은행인 조선은행이나 조선식산은행보다 대개 일보日步로 0.4~0.5전, 일반은행인 백삼십은행보다 0.5~0.3전 가량 높았다.

1918년 농촌에 한정된 금융조합 업무를 도시 상공업자에게도 확대하기로 결정함에 따라 일본인 상공업자를 조합원으로 한 남금융조합과 조선인

---

[19] 동척은 1909년 5월 대부규칙의 인가와 함께 척식 자금 대출을 개시했으며, 1917년 7월 동양척식주식회사법 개정 후 이민취급업 기타 식민사업 영위를 목적으로 하는 회사의 주권 및 채권 인수와 정기예금 업무를 개시했다(《평양전지》, 746~747쪽).

[20] 《평양전지》, 749쪽. 1912년도 일본인 경영 보통은행의 정기대출 금리는 일변日邊 최고 4전 2리, 최저 3.0, 보통 3.7이었고, 할인어음 금리가 최고 3.7, 최저 3.1, 보통 3.4였으며, 조선인 경영 보통은행의 정기대출 금리는 이보다 높아 최고 4.4, 최저 3.0, 평균 3.6이었고 할인어음이 최고 4.0, 최저 3.0, 평균 3.3이었다. 이에 비해 농공은행은 정기대출 금리가 최고 4.2, 최저 3.0, 보통 3.7이고, 할인어음이 최고 3.7, 최저 3.1, 보통 3.4로서 일본인 보통은행 금리와 같았다(조선총독부, 《통계연보》(1912년도판), 1914, 308~311쪽).

〈표 8-6〉 평양 지역 금융기관 대출금리(1922년, 일변日邊)

은행명	부동산			신용			할인어음		
	최고	최저	보통	최고	최저	보통	최고	최저	보통
조선은행 평양지점	3.4전錢	3.0	3.2	3.4	3.0	3.2	3.4	3.0	3.3
조선식산은행 평양지점	3.4	2.1	3.1	3.0	3.0	3.0	3.4	3.0	3.2
백삼십은행百三十銀行 평양지점	3.6	3.3	3.5	3.2	3.2	3.2	3.6	3.0	3.3
한성은행	3.9	3.5	3.7	4.0	3.5	3.8	3.8	3.5	3.6

* 출처: 평양부,《平壤府情要覽》, 1923 , 250~252쪽.

상공업자를 조합원으로 한 북금융조합이 설립되었다. 그런데 조선인 상공업자들이 이용한 북금융조합의 연도별 대부금 현황을 보면, 1918년 말 총대부금은 9만 2,122원 가운데 보증 대출이 1,000원이었고, 부동산 대출은 전혀 없었으며, 9만 1,122원이 어음대출이었다. 대출금이 훨씬 증가한 1923년에도 총대출금 25만 2,400원 가운데 보증 대출 1만 6,115원, 부동산 대출 3만 9,050원, 어음 대출 19만 4,235원이었다.[21] 어음할인 대출이 총대부금 가운데 99퍼센트(1918년)~77퍼센트(1923년)를 점하는 것으로 보아 실제 상공업 창업이나 사업 확장을 위한 대출은 은행과 마찬가지로 쉽지 않았을 것으로 보인다. 한편 공식 금융기관으로부터의 대출이 쉽지 않을 경우 의존할 수밖에 없는 시중 대금업자의 대출 금리는 최고 3.5푼分, 최저 2.5푼이고 보통 3.0푼으로 은행보다 4~5배 이상 높았다.[22]

[21] 《평양전지》, 757쪽.
[22] 1922년 개인대부 대출금리(단위: 푼分)

	최고	최저	보통
조선인 개인간	3.0	1.5	2.0
일본인 개인간	3.5	2.0	3.0
시장대출	3.5	2.5	3.0

* 출처: 평양부,《平壤府情要覽》, 1923, 253쪽.

이에 상공업자들은 공장 설립이나 산업자금을 확보하기 위한 자구책으로 사금융조합인 식산조합이나 저축조합 조직에 나섰다. 이러한 조합 조직의 연원은 전통적인 계契에서 유래한 것으로 보이는데, 한편으로는 당시 총독부에서 권장하고 있던 민풍개선기념저축조합民風改善記念貯蓄組合과[23] 같은 관제 저축조합의 형식을 차용한 것이기도 했다.

1915년경 평양에는 저금조합이 32개, 저금인원 1,369명, 저금액 6만 379원이었고, 1916년 조합수 33개, 저금액 8만 6,907원, 1917년 조합수 35개, 조합원 1,233명, 저금액 13만 325원으로 많은 조합이 난립해 있었다.[24] 이에 평남도청에서 리里 단위로 난립한 민풍개선기념저축조합과 같은 유사 조합을 통합 정리하여 단순히 저축조합으로 명칭을 통일하고 규약을 개정하라는 훈령을 내리기도 했다.[25]

그러나 평양 지역에는 민풍개선기념저축조합과 같은 관제 저축조합 이외에 처음부터 공장 설립이나 혹은 농업과 기타 산업 경영을 위한 자금 마련 목적으로 조직한 민간 조합들이 다수 있었다.

〈표 8-7〉은 평양의 주요 저금조합을 정리한 것인데, 설립 목적이 대개 공장 설립이나 또는 유망 산업 경영을 위한 자본금 마련이었다. 대표적으로 1909년 3월 설립한 평양공업준비저금조합은 공장 창립을 목적으로 조직한 것인데, 1919년 1월경 50명의 조합원이 가입해 있었다. 조성 기금을 각 조합원들에게 싼 이자로 대출해주고 총회 때에 완납하게 하는 방식으로 운영했다.

---

[23] 일제의 저축장려 정책으로 1914년 7월경 평양부 내 각 리里 단위로 총 26개의 민풍개선기념저축조합이 조직되었다(평양부, 《평양부사정요람》, 1919, 115~117쪽)
[24] 〈저축조합 성적〉, 《매일신보》 1918년 2월 11일; 평양부, 《평양부사정요람》, 1923, 253쪽.
[25] 〈저축조합에 훈령〉, 《매일신보》 1918년 2월 20일. 기존 조합의 정리 통합에 의해 1919년에는 조합수가 9개(저금액 2만 5,935원)로 감소되었다.

〈표 8-7〉 평양의 주요 식산저금조합과 저축조합

조합명(소재지)	창립시기	주요 인물 및 조합원수	저축액	설립목적, 활동사업	자료
평양저축조합 (남문정南門町)			1917년 말 94,500원		《매일신보》 1918.2.11
평양중신저금조합 平壤中信貯金組合		조합장 함대영咸大英, 총무 이관국李觀國, 서기 이용호李龍浩, 감사 안정민安正民, 변창혁邊昌爀, 서기 이세준李世俊, 평의원 김면주金冕周, 박태욱朴泰旭, 최상언崔尙彦 등			《동아일보》 1920.8.7
평양공업준비저금조합(죽전리竹典里)	1909.3	50명(1919년 1월경)	1917년 말경 7,349원	공장 설립	《동아일보》 1916.1. 29
평양저금조합	1911.3	이춘섭·백응현白應賢·이영하李永夏 등 60명	18,000	제사업製絲業 진출	《동아일보》 1921.3.15
평양농업준비저금조합(대찰리大察里)	1911.8	61명(1919년 1월경)	18,000	최초 목적인 농업 경영을 제조업 진출로 변경	《동아일보》 1921.9.3
평양농업식산저금조합(남문정)	1912.1	80명(1919년 1월경)	1917년 말 9,301원		《매일신보》 1918.2.11
평양저금조합 (육로리陸路里)	1913	박경석 등 20인	조합원1구에 불입금 2,000원	유망 사업 경영 목적, 수익사업으로 보통강 관개사업	《동아일보》 1922.1.25; 《반도시론》, 1권 5호
평양흥산조합	1916	김진모·임석규 등 수명數名	1회 자금 5만 원 모집	식산진흥 목적	《매일신보》 1916.4.14
평양실업조합	1921	이필상李弼相·최억태崔億泰·이춘섭·조만식·김동원金東元 등 50명	매월 5원씩 출자 저금	'대동강' 잉크 제조 판매	《동아일보》 1921.12.11, 1922.11.4
평양금연흥산조합	1923	이덕환·조만식·박용식朴用植·김상훈金常薰·장무 일張武一 등 200명	매월 1원 저축	농산업 경영	《동아일보》 1923.5.26
평양금주저금조합	1928.7.23	김봉준金鳳俊 외 10여인, 조합장: 이조근李肇根	3년 6개월 동안7,721원 저축	조합원과 비조합원에게 자금 융통, 5개년 사업기한을 2년 연장	《중앙일보》 1932.1.18; 《동아일보》 1932.6.25
평양협동저금조합	1930.3.15	조합장 강병준姜炳駿, 부조합장 김봉준, 서기 현원경玄元謙, 회계 이필상李弼相 등 100여 명→208명	1구에 매일 20전씩 4년 간 저금하여 6년간 식산	금융 기관 실현 목적(1년 3개월 만에 2만 3천여 원 저축)	《동아일보》 1930.3.19, 1931.7.21; 《중외일보》 1930.3.19

1921년 이필상李弼相(조합장)·최억태崔億泰(총무)·이춘섭(회계)·김동원(감사) 등의 자본가와 평양의 대표적인 민족주의자인 조만식(감사)이 중심이 되어 설립한 평양실업조합도 산업상 필요한 회사나 주요 기관을 설립하여 반도 경제계의 진흥 발달을 촉진하자는 취지로 설립되었다. 조합원 50명은 매월 5원씩 저금하여 1922년 7월 상당액이 되자 '대동강'이라는 상호의 잉크를 제조했다. 비록 규모는 작았지만 제품의 품질이 외국 제품보다 우량하여 판로가 확장되자, 조합에서는 임시 총회를 개최하여 잉크 제조공장에 대한 임원을 별도로 선거하고, 잉크 제조소·총판매소에 관한 일과 잉크부 규칙 제정에 관해 협의했다.[26] 이 대동강잉크제조소는 자본금 3천원, 직공 6명, 공장건평 21평, 생산품 3,600타打(3,600원)의 소규모였다.[27]

또한 조합 설립 당초부터 공장 설립을 목표로 하지는 않았으나, 저금 만기에 이르자 공업이 발흥하는 분위기에 고무되어[28] 제조업에 투자하는 경우도 있었다. 예를 들어 1911년경 실업계 유력자 4, 5명의 발기에 의해 60명의 회원으로 조직된 평양저금조합은 매월 2원씩 10년간 총 1만 8,000원을 모으자 이 자금을 기본으로 각종 사업에 진출하기로 하고 사업 경영 위원으로 이춘섭·백응현·이영하를 선정했다. 최초 설립 목적이 농업 경영이었던 평양농업준비저금조합도 1911년 8월부터 45명의 회원이 매월 50전 혹은 1~2원을 모아 10년간 1만 8,000여 원을 저축했는데, 만기가 되자 최근의 급무인 제조업을 경영하기로 의논이 합치되어 사업 경영 위원까지 선정했다. 그러나 소자본으로는 사업 경영이 어렵다 하여 5년 연기하기로

---

[26] 〈實業貯金臨時總會〉, 《동아일보》 1922년 11월 4일. 선출된 임원은 이사장 김동원, 전무이사 최억태, 상무이사 표정윤表正允 등이었다.

[27] 평양부, 《평양부사정요람》, 1923, 191쪽. 이 자료에는 공장주가 최억태로 되어 있다.

[28] 정확한 조직 연도는 알 수 없으나 평양 지역에는 1924년경 평양공업장려회가 공업의 필요성을 역설하고 공장 창립을 장려하는 등의 활동을 전개하고 있었다(〈공업장려회강연〉, 《시대일보》 1924년 10월 10일).

결정했다.

한편 조합원의 저축으로 모은 자금을 공업 이외에 농업 경영이나 상업·무역업체 설립에 투자하는 경우도 있었다. 1913년 박경석 등 20명이 설립한 평양저금조합은 7·8년간 저축하여 기금을 모으자 보통강 주변 60정보의 토지를 매수하고 기계부설비를 농공은행으로부터 대출받아 관개사업을 하여 정조正租 수입이 5천석에 이르고 순익이 5천여 원이나 되었다.[29] 또한 조합장 이덕환, 부조합장 조만식, 전무 박용식朴用植 등이 주도한 평양금연흥산조합 역시 농산업을 경영한다는 취지로 조합원 2백 명이 금연하여 1개월에 1원씩 저축하여 농산업 경영을 목적으로 1923년 5월 조직되었다.[30] 1928년 7월 김봉준 외 10여인의 발기로 설립된 평양금주저금조합은 담배와 술값으로 20전씩 저금하여 이를 비조합원에게도 대부하고 기금이 모이면 공존공영共存共榮의 사업을 전개하기로 계획했다. 1932년 4월에 저금 만기에 이르러 저축액이 1만여 원에 달하자, 이를 기금으로 평양금주무역주식회사平壤禁酒貿易株式會社를 창립하고 시내 소매상들을 대상으로 주식을 모집했다.

한편 조선인 상공업 지원을 위한 금융기관 설립을 목적으로 조합을 조직하기도 했다. 예를 들어 1930년에 김봉의金鳳儀와 현원겸玄元謙의 발기로 설립된 평양협동저금조합은 경제공황으로 상공업이 침체하자 '불경기 퇴치의 원동력을 제공하기 위해 조선인 상공업 금융을 지원하는 금융기관 수립'을 목적으로 중진 상공업자들이 주도했던 것이다.[31] 시가 번영과 식

---

[29] 〈平壤府參事 朴經錫 談: 평양의 今日〉,《반도시론》1-5, 1917년 8월, 74~75쪽.

[30] 〈금연흥산조합 창립〉,《동아일보》1923년 5월 26일. 그 외의 간부진은 회계 김상훈金常薰, 서기 장무일張武一, 감사 3인, 평의원 15인이었다.

[31] 〈평양에 저금조합 창설〉, 〈평양의 협동저금조합 창립총회 경과〉,《중앙일보》1930년 3월 7일, 3월 19일; 〈平壤 協同貯組定總〉,《동아일보》1932년 1월 17일; 〈協同組合定總〉,《조선중앙일보》1933년 7월 17일. 창립 초기에 임원진은 조합장 강병준, 부조합장 김봉준, 서기 현원겸, 회계 이필상, 감사 이기

산기업 진흥을 표방한 이 조합은 저금액으로 저리 대부를 하여 일정액에
달하면 각종 무역을 행하여 그 기금으로 조합원에게 금융 편의를 제공하
기로 했다. 창립총회에는 평양의 경제적 실력양성운동을 주도해온 조만식
이 참석하여 축사를 했다. 주도층이나 조합원들이 지역의 대표적인 중진
상공업자늘이어서 매일 20전씩 저축하여 14개월 만에 2만 3,000여 원, 21
개월 이후 3만 3,400원, 40개월 이후에는 5만 4천여 원의 저금액이 모이게
되자, 이를 상공업자들에게 저리로 대부해주었다.

1929년 조선인 상공업자들의 조직으로 설립된 평양상공협회에서도 최
우선 사업으로 조선인 상공업자를 대상으로 한 금융기관 설치를 결정하고,
그 첫 단계로 상공식산조합을 설립했다. 이 사업을 추진할 평의원회의 위
원으로 김동원·오윤선[32]·김면주金冕周·김병연金炳淵이 선출되었는데, 이후
한용설韓用卨·한석봉韓錫鳳·조만식·윤원삼尹愿三·이병균李秉均·박태홍朴台
泓 등 6명을 증선하고, 감사 안국보安國輔·한원준韓元俊을 임명했다. 5백일
예산으로 1구에 일시불 10원 외에, 5개년간 매 1구에 대해 매월 2원씩 저
금하여 5년 후 월연저금月捐貯金 총액과 일시불 5천 원, 그리고 원리元利 합
계 8만 원으로 다시 5년간 식산殖産하여 10년 후에 20만 원 자산의 금융기
관을 설치한다는 계획이었다.[33] 이는 식산은행과 같은 공식 금융기관으로
부터 자본 조달을 기대할 수 없는 상황에서 도모한 자구책이었다.

앞에서 살펴본 저금조합의 주도층은 주로 상인이거나 또는 1910년대 이
후 제조업에 투자하여 공장을 설립한 자본가들이었다. 즉 평양저금조합의

섭李起燮, 이조근 등이었는데, 1932년에는 조합장 이기섭, 부조합장 오윤선, 서기 현원겸, 서기 함태
선咸泰善으로 바뀌었다(〈평양의 협동저금조합 창립총회 경과〉, 《중앙일보》 1930년 3월 19일; 〈二十
錢式貯金이 三萬四千餘圓 장래는 상공기관 경영〉, 《중앙일보》 1932년 1월 18일).
[32] 자료에는 오학수吳學洙로 되어 있으나 이는 오기誤記다.
[33] 〈5개년계획으로 금융기관 건설〉, 〈금융기관 실현? 평양상공협회〉, 〈평양의 금융기관 될 상공식산조
합을 발기〉, 《동아일보》 1929년 3월 4일, 1929년 4월 9일, 1930년 12월 17일.

이춘섭은 포목상으로 1923년에 대동고무를 창립했고, 이영하는 1924년 평안고무공장에 참여했다.[34] 평양저금조합의 박경석은 1919년 도자기제 조공장을 경영했으며, 1924년에 김동원·이영하 등과 함께 평안고무를 창립했다.

평양실업조합의 최억태는 고무제품과 가죽류를 취급하는 무역상(영신양행) 출신으로 1909년 영신양화점을 경영했고, 조합 사업으로 경영하던 대동강잉크제조소를 이후 삼성공업사로 상호를 바꾸어 계속 경영했다. 그리고 이필상은 죽선국竹扇局이라는 약종상藥種商을 경영하는 상인이었다.[35] 또한 금연흥산조합의 이덕환은 원래 무역상 출신으로 지주 장연한張泳翰과 함께 1912년 평양염직소를 경영했고 양말공장도 경영했다.[36] 평양협동저금조합의 오윤선은 객주 출신으로 이후 평안무역주식회사 설립에 참가했으며, 현원겸은 기성복 판매업을 하고 있었다.[37]

평양을 대표하는 대자본가인 김동원이 "경제를 부활시키기 위해서는 정치, 자본, 지식과 기술 세 가지가 필요하다"고 했는데, 이는 국가의 산업정책·기술과 함께 자본의 중요성을 지적한 것이다. 유학 후 실업계에 진출한 평안정미소 사장 정태원鄭泰元도 국제적 자본경쟁에서 필요한 것은 "자본과 지식"이라고 했듯이[38] 공장을 설립 경영하려는 조선인 자본가들에게 자본 조달은 가장 중요한 문제였다. 그러나 앞에서 보았듯이 금융기관으로

---

[34] 평양상업회의소, 〈平壤に於けるゴム靴工業の沿革〉, 《평양상업회의소조사휘보》 2, 1930년 9월, 42~46쪽.

[35] 평양부, 《평양부사정요람》, 1919, 87쪽; 八谷俊一, 《평양상공명록》, 평양상공회의소, 1938, 82쪽. 약종상 죽선국의 영업세가 1919년경에는 48원이었으나, 1940년경에는 14원 10전인 것으로 보아 이후 계속 쇠퇴했음을 알 수 있다.

[36] 평양부, 《평양부사정요람》, 1919; 《평양안내》 110쪽. 그는 1919년경 염직소에서 제조한 포목을 판매하는 포목상과 함께 이문리里門里에서 석유상도 영위하고 있었다(미상, 《평양부사정요람》, 1919, 86쪽).

[37] 평양상공회의소, 《평양상공인명록》, 脇坂印刷所, 1940, 68쪽. 이 기성복 판매상점의 영업 세액이 14.40원인 것으로 보아 소규모 상업이었음을 알 수 있다.

[38] 〈신년벽두에 新感想 各地人士 意見片片〉, 《시대일보》 1926년 1월 3일.

부터 금융 지원을 기대하기 어려웠던 조선인 자본가들은 민간 저축운동에 다소나마 기대하고 저금조합 설립을 적극 추진했던 것이다.

저축조합 조직에는 또한 자본가들의 '조선인 산업 진흥'에 동조하는 조만식과 같은 민족주의자들이 참여했다. 이들은 경제적 실력양성운동의 일환으로 소선인 공업 발달을 지원했는데, 저축조합 설립도 같은 차원에서 적극 추진했던 것이다.

생산조합 조직 시도와 경쟁력 강화

1920년대 중반에 이르러 평양 조선인 공업에서 주요 비중을 차지한 정미·고무·양말·주조업과 같은 일부 업종은 "난립한 감이 있다"라고 할 정도로 동일 업종의 공장이 매우 많이 설립되어 치열한 경쟁을 유발했다. 특히 평양 공업을 대표하는 양말 공업은 1914년경 공장 창립 초기에는 가내부업으로 시작되었는데, 다른 지방에서 종사하는 이들이 없어 조선에서 유일한 지위를 점했기 때문에 제품 판매가 자못 양호하여 점차 자본가들이 투자하여 공장이 증설되었다. 양말 제조업은 설비 공정이 간단하고 특별한 고도의 기술이 필요하지 않아 비교적 공장 창립이 쉬웠던 것이다. 고무화 수요가 격증하면서 양말의 수요도 증가하여 1910년대 말, 1920년대 초에는 대소공장 30여 개소, 생산액 300만 원에 이르렀다. 그러나 재계 부진, 금융 경색 때문에 소공장은 자본 조달이 곤란해지면서 폐업하거나 합병되는 경우가 많았다.[39]

---

[39] 《평양전지》 680쪽. 1927년에는 17개소만 남게 되었다.

〈표 8-8〉 1920년대 평양 지역 양말공장 현황

연도	생산호수	생산수량(타T)	생산가액(원圓)	종업원수
1923	12	509,338	1,253,514	2,440
1924	15	583,000	1,457,000	3,142
1925	18	379,000	946,300	3,667

* 출처: 평양부, 《산업조사서》, 1925, 25쪽.
* 비고: 1925년은 6월 말까지 통계임.

　〈표 8-8〉은 1920년대 전반 양말직기 5대 이상을 보유하고 일정 규모의 공장 형태로 운영하는 곳만 조사한 통계인데, 1923년 12개소, 1924년 15 개소, 1925년 18개소의 공장이 존재했다. 생산 업체당 평균 직공수는 200 명 정도인데 비교적 대규모였다.[40] 대표적으로 공신합명회사(1921년 8월 설립)는 1922년경 250명의 직공을 고용하고 있었다. 그런데 2대 정도의 직기를 사용하여 대개 부업으로 제조하는 곳은 300호 정도에 이르며 그 생산량은 20만 타(45만 원)에 이르렀다. 1927년 무렵 평양에서는 전 조선 양말 생산액의 60퍼센트 이상을 생산했으며, 1936년경에는 약 100개소의 공장에서 전 조선 생산고의 약 7할을 생산했다.

　그런데 1920년대 중반 이후 신의주와 만주 지역 안동의 공장에서 저렴한 노임에 기초하여 저가 공세를 펼치면서 비교적 자본력이 있는 평양 양말공장도 큰 타격을 받게 되었다.[41] 즉 1925년경 양말 1타의 가격이 중국인 노동자를 고용하는 신의주 공장 생산제품의 경우에는 2원 40전인 데 비해 평양 생산제품은 평균 2원 70전으로 가격 경쟁력이 떨어지고 있었으니, 이는 1타의 직조 공임이 신의주에서는 21전 정도인 데 비해 평양은 40전

---

[40] 이는 다른 자료와 비교해볼 때, 순수 고용 직공만 아니라 부업삼아 하청받아 양말을 직조하는 가내업체의 인원까지 산입한 것으로 생각된다.

[41] 《평양전지》 682쪽. 1924년 무렵 신의주의 공장은 14개소, 직기대수는 226대이고, 생산고는 약 4만 8 백 타로 평양을 따라오기에는 아직 요원했으나 생산비가 놀라울 정도로 적어 평양업계에 위협이 되고 있었다.

이었기 때문이다.[42] 또한 남부 지방의 신흥 양말공장에서는 판로 경쟁을 위해 품질을 더욱 향상시켰기 때문에 평양 제품의 결점인 불완전한 염색이 문제시되었다.

이에 가격 경쟁과 품질 향상을 위해 필요한 설비 및 기술 부진을 보완하기 위안 내책의 일환으로 당국과 공장주들이 강구한 것은 생산조합의 조직이었다. 1922년 원료의 공동 구입, 제품의 공동 판매를 계획하여 평양양말생산조합을 조직했다. 조합에서는 양말경기대회를 개최하여 생산력 증진을 도모하는 등의 활동을 전개하기도 했다. 그러나 불경기에다 관동대지진의 여파로 금융경색이 심했고, 또한 임의조합인 관계상 사업 수행에 각자의 의견이 항상 분분할 뿐 아니라 자금 조달도 쉽지 않아 마침내 유명무실하게 되어 버렸다.

1926년에 이르러 공장주들은 다시 양말생산조합을 조직하려고 시도했다. 자체적으로 지역 내에서 산출되는 양말의 품질 검사를 통해 품질을 향상하고 수출 판로도 함께 개척하려는 목적에서였다. 이러한 생산조합 조직 논의는 일제 당국의 보조금 혜택 및 각종 지원을 기대하여 결국 산업조합 조직으로 귀결되었다.[43] 1928년 1월 창립된 양말산업조합의 임원진은 조합장 정인숙, 간사 이용석李用錫·오경숙吳敬淑·백응현, 평의원 박태홍·곽용주郭龍周·백윤식白潤植·이창연李昌淵 등 양말공장 경영주들이었고, 평의원 일부는 가내 소공업자들이었다. 평양부 내 양말 제조업자 총 222명 가운데 193명이 가입하여 거의 대부분의 양말업자를 망라한 셈이었다.

그러나 산업조합령에 의거해 설치된 산업조합은 당국으로부터 보조금

---

42 《산업조사서》 28쪽. 《평양전지》 682쪽에 의하면 1927년경 양말 1타당 신의주의 공임은 28전 5리, 평양은 60전이었다.
43 〈양말산업조합 창립〉, 《동아일보》 1927년 12월 20일 4면; 〈平壤産組 창립총회〉, 《중외일보》 1928년 1월 23일. 이 양말산업조합은 평안남도에서는 최초로 설립된 것이었다.

을 받는 만큼 규제를 받았으니, 부 당국에서는 전임이사로 일본인을 채용하도록 요구하여 파란이 일었다. 그리고 총독부에서 가내공업, 공장공업 등 규모가 각기 달라 조합의 융합 단결이 어렵다고 하여 허가를 내주지 않아 실현되지 못했다. 평남도당국과 평양부당국은 가내공업과 공장공업 모두를 합하여 양말산업조합으로 조직하는 것을 지원했으나, 총독부에서는 타당성이 적다고 판단하여 허가해주지 않았던 것이다. 이와 같이 양말공장주들은 점차 치열해지는 가격·품질 경쟁에서 살아남기 위한 하나의 생존 전략으로서 소자본의 집중과 사업의 합동 형태인 생산조합을 조직하려고 시도했으나, 결국 실패로 끝났다.

생산조합(=생산자조합)은 원래 서구에서는 산업혁명 초기 노동 수단을 빼앗긴 수공업자(소생산자)가 조직했던 것인데, 소비자조합과 제휴하는 데 있어 생산자의 이기적 입장을 견지하고 또한 근대 공업의 발달에 따라 수공업자의 존재 기초가 상실됨으로써 결국 실패로 끝났다.[44] 1926년 1월 '산업조합령'(제령 제2호)이 공포되었는데,[45] 이 사단법인 산업조합은 주로 공장제 공업이 발달하기 어려운 수공업이나 소공업 부문을 대상으로 한 것이었다. 두 차례 시도되었던 생산조합이 모두 시작도 하기 전에 실패로 끝난 주요 이유는 양말공장의 일부는 가내공업단계의 소공업인 데 비해, 일부는 2백여 명 이상의 직공을 고용하는 대공장으로서 각기 자본축적의 격차가 심했기 때문이었다.[46] 총독부에서 인가하지 않았던 배경에는 정치적

---

[44] 近藤康男, 《協同組合原論》, 동경: 高陽書院, 1934, 87~88쪽.

[45] 《조선총독부관보》 1926년 1월 25일. 이 법령에서 산업조합이라고 칭하는 것은 조합원의 산업 또는 그 경제의 발달을 기도하기 위해 ① 조합원이 생산하는 물품으로 가공하거나 또는 가공하지 않고 조합원에게 매각할 것, ② 산업 혹은 경제에 필요한 물품을 매입하여 이것으로 가공하거나 또는 가공하지 않고 조합원에게 매각하고 또는 산업 혹은 경제에 필요한 물품을 생산하여 조합원에게 매각할 것을 목적으로 설립한 사단법인을 말한다.

[46] 《平壤のメリヤス工業と平南の農村機業》, 7~30쪽에서는 평양의 양말 공업을 시험 시대(1906~1911년), 가내공업 시대(1912~1920년), 공장공업 시대(1921~1927년), 기계공업 시대(1927~1937년), 통

이유도 있겠지만, 조합원 간의 경제적 이해관계가 일치하지 않아 산업조합이라는 틀로 운영하기 어려울 것이라고 했던 것은 완전히 근거 없는 이유가 아니었다.

생산조합 조직이 실패한 후 차선으로 제기된 방안은 공장주들이 동업조합을 통해 공동 협의하여 생산·판매 부문의 문제 해결을 추구하는 것이었다. 평안고무 사장 김동원이 평양 인구의 2할에 해당하는 2만여 명이 종사하는 고무화·양말 제조업이 외래 공업 자본, 수입품과 경쟁하여 살아남기 위해서는 중소공장을 합작하기 위한 중심 기관을 창립하여 조사부, 선전부, 협동부를 두어야 한다고 한 제안이 그 대표적인 예다. 이 중소공장의 합작 기관은 각 공장들에게 동일하게 필요한 시장조사와 생산제품의 선전, 나아가 원가 절감을 위한 원료의 대량 공동 구입, 일부 공정 통일을 위한 공동작업장 설치, 공동창고 설립 등 일부 생산 공정의 협동도 의도한 것이었다.

평양의 조선인 공업을 대표하는 것 가운데 또 하나인 고무 공업도[47] 제

제공업 시대 등으로 시기 구분했다. 1921년 자본금 6만 원, 직공 104명의 공신합명회사 설립 이후 대자본의 제조공장이 많이 조직되었는데, 이와 함께 소규모로 부업으로 종사하는 이가 약 2백 명 가까이 출현하여 공장공업과 가내공업의 병립 경쟁 시대가 출현했다. 소공업자 또는 부업적 제조업자는 상품 가격을 공장제품보다 저렴하게 하여 평양부 내뿐만 아니라 황해도 사리원, 평안북도 선천 지방까지 행상 판매하여 대공장과 대립했다. 그러나 자본력이 미약한 소공업자 가운데는 원료 면사의 가격 등락이 심한 것에 영향을 받아 행상을 폐지하고 저렴한 가격으로 대공장주에게 양도 판매하는 자도 생겨나는 등 점차 소공업자는 자연도태되어갔다.
[47] 처음 설립된 고무공장은 1922년 8월 동아고무로 이후 1923년 3개, 1926년 7개, 1929년 10개, 1931년 14개로 증가했다(《동아일보》 1936년 6월 3일 조간 3면). 1936년경 고무공장은 약 20개에 달했으며, 전 조선 생산고의 약 3/4을 생산했다. 고무공장은 양말 공업이나 정미·누룩·양조공장보다 설비비가 많이 들어 최소한 수만 원의 자본이 소요되었으므로 여러 명의 자본가가 합자하여 일종의 주식회사 형태인 조합 형태로 설립하는 경우가 많았다. 1926년 오원선吳元善·이동열李東悅·박성식朴聖植·한석봉韓錫鳳·김문건金文鍵·김수천金秀天 등 6인이 합자하여 12만 원으로 동양고무생산조합을 설립한 예를 들 수 있다(〈평양에 고무공장 신설〉, 《동아일보》 1926년 1월 12일). 1922년 8월 창립한 동아고무는 5명의 자본가, 정창고무(1923년 9월 창립) 역시 5명이, 그리고 대동고무(1923년 8월 8일 설립)는 8명이, 서경고무(1926년 5월 창립)는 15명, 동양고무(1926년 5월 창립)는 7명의 지주 또는 자본가가 합자하여 조합 형태로 설립한 것이었다.

품 경쟁이 치열해지자 종전의 주로 조선인을 겨냥한 저가제품 생산 중심
에서 고급품 생산으로 점차 방향 전환했다. 또한 중국으로 판로를 확장하
기 위해 중국 상인의 신용 조사를 하고, 새로 실시된 수입세·부가세 영향
등으로 기술 및 경영 개선을 하기 위해 동업자 간 상호 연구가 필요하다고
보고 1929년경 연합하여 연구소 설치를 시도했다.

이와 같이 조선인 자본가들은 조선인 공업의 자본 규모가 이미 분화되어
상호 협의에 의한 자본 집중과 사업 합동을 요하는 생산조합 조직이 쉽지
않자, 동업조합 차원에서 생산·판매 부문의 협력관계를 구축하여 치열해
지는 경쟁에 대응하려고 했다.

5. 공업도시를 만든 주체적 여건

평양은 1899년 개방된 후 일본인 거리인 신시가가 형성되었다. 그러나 1
차 세계대전 이후 공업이 발달하면서 인구가 증가하고 시가가 협소해지자
대동강 대안지구 개발이 제기되었다. 평양부에서는 1920년에 대안시가지
구, 공장지구 계획안을 발표하고 도시 계획을 구체화했다.

평양은 공업지로 필요한 조건, 즉 공장 부지에 적합한 광대한 토지, 저렴
한 노동력의 공급, 근린에 공업 원료의 산출, 저렴하면서도 풍부한 동력
및 연료의 공급, 간선 교통망의 완비 등 모든 조건을 구비하고 있었다.

제조업에 대한 조선인 자본가의 투자가 보편화되고 공장공업 단계로 발
전하여 평양이 조선의 대표적인 공업지로 대두한 것은 1차 세계대전 후
1910년대 중·후반에 이르러서였다. 1923년 평양의 공업 종사 호구는 21.5
퍼센트, 인구수는 22.5퍼센트로서, 1931년 부산의 13.7퍼센트, 14.1퍼센
트보다 훨씬 높았으며, 또한 1925년 경성의 18.7퍼센트와 18.5퍼센트를

추월했다. 특히 평양의 조사 시기가 다른 지역보다 빨랐는데도 공업 종사 호구 비율이 높다는 점을 감안하면 평양의 공업화가 다른 지역에 비해 훨씬 빨랐음을 알 수 있다. 이와 같이 평양의 공업화가 조선 내 어느 지역보다 빨랐기 때문에 당시 평양을 '조선의 오사카 혹은 기타큐슈'라고 일컬었던 것이다. 또한 평양 지역에서 공업에 종사하는 조선인 호수 비율은 1920년대에 조선에서 공업이 가장 발달했던 경성 지역의 조선인 총호수 가운데 공업 종사 호수보다도 높았다.

비록 양말·고무 등 일부 업종이기는 하나, 조선인 중소공업이 지역 공업을 주도했던 현상은 다른 지역에서는 찾아보기 어렵다. 평양 지역에서 특히 조선인 중소공업이 발달할 수 있었던 주체적 요인으로는 저금조합을 조직하여 공장 설립 자본의 조달을 추진했던 것이 주목된다. 다른 지역의 경우 처음부터 제조업 투자와 공장 설립을 목표로 저금조합을 조직하는 것은 드문 현상이었다.

또한 치열해지는 가격과 품질 경쟁에서 살아남기 위해 공장주와 가내공업단계의 소공업자들이 생산조합 조직을 시도했던 것도 주목할 만하다. 그러나 이미 조선인 공업의 자본 규모가 분화되어 있어 자본 집중과 사업 합동을 요하는 생산조합 조직은 실패로 끝날 수밖에 없었다. 이후 동업조합 차원에서 생산·판매 부문에서 원가를 절감하고 공동 대응의 효과를 볼 수 있는 시장 조사, 상품 선전 또는 원료 공동 구매, 공동창고 이용, 일부 생산 공정의 공동작업장 설치를 추진했다.

이와 같이 적극적인 공장 설립과 시장 경쟁에서 살아남기 위한 자본가들의 시도는 조선물산장려운동이 가장 먼저 평양에서 시작되었고, 또한 1930년대 후반까지 어느 지역보다 활발하게 전개되었던 사실과 무관하지 않을 것이다. 조선인 공업에 대한 국가적 차원의 지원, 보호 정책이 추진되지 않는 상황에서 조선인 자본가들은 자체적인 경제적 대중운동을 자구책으로 취하지 않을 수 없었던 것이다. 저금조합이나 생산조합 설립도 이러한 경제운동의 일환으로 이루어졌던 것이다.

참고문헌

1. 자료

신문·잡지

《개벽》

《경남일보》

《경성일보》

《대평양》

《대한매일신보》

《대한협회회보》

《동아일보》

《滿韓之實業》

《매일신보》

《半島時論》

《별건곤》

《부산일보》

《産業界》

《삼천리》

《상공조선》

《시대일보》

《新民》

《우라키》

《조선물산장려회보》

《朝鮮時報》

《조선일보》

《중외일보》

《태극학보》

《혜성》

《황성신문》

경성상업회의소, 《조선경제잡지》, 1915~1932.

경성상공회의소, 《경제월보》, 1932. 2~1941. 12.

부산상공회의소, 《부산상공회의소월보》, 1931.

부산상업회의소, 《부산상업회의소월보》 34호, 1928년 1월.

부산상업회의소, 《부산상업회의소월보》 46호, 1929년 1월.

연대기·기관 및 단체 발간 자료

《各司謄錄》

《高宗純宗實錄》

《공문편안》 88(奎 18154)

《공유수면매립면허권양도허가관계서류》, 1932.

《관보》

《구한국외교문서: 日案》, 고려대 아세아문제연구소, 1969.

《承政院日記》

《日省錄》

《全羅南北道各郡訴狀》

《조선총독부관보》

《조선총독부통계연보》 각년판.

《訓令光州等二十三郡》

《訓令存案》

岡田寅喜, 《朝鮮實業信用大鑑》, 주식회사일본흥신소경성지점, 1931.

鎌田白堂, 《朝鮮の人物と事業 1》湖南篇, 實業之朝鮮社出版部, 1936.

경성부, 《(京城府)産業要覽》, 1932, 1935.

경성상공회의소, 《京城及隣接邑面に於ける工業の大要》, 1934.

경성상업회의소, 《朝鮮經濟年鑑》, 1917.

경성전당포조합 편, 《京城典當鋪組合所規約: 附細約及組合員名簿》, 1912.

古川博, 《조선상업은행연혁사》, 주식회사조선상업은행, 1942.

納富由三 편저, 《朝鮮商品と地理》, 日本電報通信社京城支局, 1912.

농림수산부, 《토지개량사업 준공검정통지(학파농장)》, 1962.

농림수산부, 《鶴坡農場干拓工事部分變更査定施工承認의 건》, 1960.

農商工部, 《官立工業傳習所報告》(1909년 10월 조사), 1909.

대한천일은행 편, 《公牒存案》.

藤戸計太, 《質屋及典當鋪之研究》, 大東學會, 1930.

梶川半三郎, 《實業之朝鮮》, 朝鮮研究會, 1911.

부산상공회의소, 《釜山商工會議所百年史》, 1989.

富永嘉藤壽, 《朝鮮産業界》, 조선신문사, 1916.

杉山茂一, 《경성상업회의소통계연보》, 경성상업회의소, 1944.

鮮于日, 《共進會實錄》, 博文社, 1916.

小倉政太郎, 《朝鮮産業年報 昭和18年版: 朝鮮産業の決戰再編成》, 동양경제신보사, 1943.

伊藤正慤, 《京城府內經濟團體名簿》, 경성상공회의소, 1941.

日淸興信所, 《滿洲會社興信録》, 1923.

張在洽, 《조선인회사대상점사전》, 副業世界社, 1927.

赤尾正夫, 《경성상업회의소통계연보》, 경성상업회의소, 1928, 1929.

전라남도, 《災害地方ニ於ケル公有水面埋立免許ノ件》, 1935.

田中市之助, 《(躍進之朝鮮)全鮮商工會議所發達史》, 부산일보사, 1936.

조선식산은행, 《第五回朝鮮畓田賣買價格及收益調》, 1933.

조선총독부 농림국, 《朝鮮土地改良事業要覽》(1935, 1937년도판), 1937·1939.

조선총독부 식산국 편찬, 《조선공장명부》, 조선공업협회, 1932~1942년판.

조선총독부 토지개량부, 《土地改良事業補助 其2》, 1934.

조선총독부 토지개량부, 《朝鮮の干拓事業》, 연도미상.

조선총독부 토지개량부, 《朝鮮の土地改良事業》, 1927.

조선총독부 토지개량부, 《土地改良事業補助圖面 其3》, 1934.

조선총독부 토지개량부, 《土地改良事業補助ノ件 其1》, 1934.

조선총독부, 《경성인천상공업조사》, 1913.

조선총독부, 《施政二十五年史》, 1935.

조선총독부, 《朝鮮總督府時局對策調査會諮問答申書》, 1938.

조선총독부, 《조선총독부시국대책조사회회의록》, 1938.

조선총독부, 《朝鮮の窯業》(調査資料 18집), 1926.

조선토지개량주식회사, 〈제14회영업보고서〉, 1933년 6월, 〈제16회영업보고서〉 1934년 6월.

주식회사한일은행, 《貸出에 關하난 取締役會決議錄(一)》.

竹內錄之助, 《朝鮮商業總覽》, 내외상품신보사, 1915.

中村資良, 《조선은행회사조합요록》, 동아경제시보사, 1921~1943년판.

川合新一郎, 《京城府一筆每地形明細圖》, 京城都市地形圖刊行會, 1929.

河野司登, 《京城商工要鑑》, 조선경제연구회, 1926.

한국농촌경제연구원, 《농지개혁시 피분배지주 및 일제하대지주명부》, 1985.

한국농촌경제연구원, 《農地改革時被分配地主 및 日帝下大地主名簿》, 1985.

한국상업은행 행우회, 《大韓天一銀行公牒存案解說》, 1960.

한국정부재정고문부, 《한국재정정리보고》 1회, 1905.

인명록·족보

《日本人物情報大系 朝鮮篇》 1~10, 皓星社, 2001.

康晉和, 《大韓民國人事錄》, 내외홍보사, 1949.

高橋猛, 《조선인명록》, 경성일보사, 1939, 1940.

國分弘二, 《京城商工名錄》, 경성상업회의소, 1923.

국사편찬위원회, 《대한제국관원이력서》, 탐구당, 1971.

大垣丈夫 편, 《朝鮮紳士大同譜》, 경성일보사인쇄부, 1913.

牧山耕藏, 《朝鮮紳士名鑑》, 일한인쇄주식회사, 1911.

민족문제연구소, 《일제협력단체사전》 국내 중앙편, 2004.

부산상업회의소, 《會員名簿》, 1928.

水原白氏中央花樹會, 《水原白氏大同譜》 12, 1997.

阿部薰, 《朝鮮功勞者名鑑》, 조선공로자명감간행회, 1935.

안용식, 《대한제국관료사연구》I~V, 연세대학교 사회과학연구소, 1994~1996.

驪興閔氏三房派譜刊行委員會, 《驪興閔氏三房派譜》, 1988.

原口虎雄 편, 《光榮錄》, 조선신문사, 1941.

伊藤隆 季武嘉也 共編, 《近現代日本人物史料情報辭典》, 吉川弘文館, 2004.

伊藤正慤, 《京城商工名錄》, 경성상공회의소, 1938.

일본외무성 아시아국, 《北朝鮮人名錄》, 1967.

赤尾正夫, 《京城商工名錄》, 경성상공회의소, 1935.

田中正剛, 《朝鮮紳士寶鑑》, 朝鮮文友會, 1913.

조선신문사 편, 《朝鮮人事興信錄》, 1935.

조선신사록간행회, 《朝鮮紳士錄》, 1931.

조선총독부 중추원, 《各道議員推薦ノ件》, 1921.

조선총독부 총무관방총무과 편, 《光榮錄》, 1928.

川端源太郎, 《(朝鮮在住內地人)實業家人名辭典》 1, 조선실업신문사, 1913.

친일반민족행위진상규명위원회, 《친일반민족행위진상규명보고서》, 2009.

해평윤씨대동보간행위원회, 《해평윤씨대동보》 3, 2005.

홍순권, 《일제시기 재부산일본인사회 주요인물 조사보고》, 선인, 2006.

지방 지리지·안내서·조사서

〈各道資産家分布圖〉, 1920.

《부산항경제통계요람》 1922년판.

《부산항경제통계요람》, 부산상업회의소, 1927·1928.

《평양부사정요람》, 평양부, 1923.

《평양부사정요람》, 평양상업회의소, 1919.

《평양상공안내》, 평양상업회의소, 1917.

《平壤全誌》, 평양상업회의소, 1927.

間城益次, 《평양안내》, 평양상업회의소, 1920.

부산부, 《부산부세요람》, 1921, 1932.

부산부, 《釜山府勢要覽》, 1921·1923·1924·1927·1928·1930·1931·1932·1934.

부산부, 《부산상공안내》, 1934.

부산일본영사관, 《경상도사정》, 1904.

三浦虎平, 《京城協贊會報告》, 京城協贊會殘務取扱所, 1916.

森幸次郎, 《平壤の發展策》, 平壤毎日新聞社, 1932.

上田耕一郎, 《釜山商工案內》, 부산상공회의소, 1932, 1935.

石原留吉, 《京城案內》, 경성협찬회, 1915.

松本源作, 《평양상업회의소통계연보》(1920년판), 평양상업회의소, 1921.

守永新三, 《全羅北道案內》, 전북일일신문사, 1914.

有賀信一郎, 《大京城》, 조선매일신문사 출판부, 1933.

이리시, 《내 고장 솜리》, 1982.

宇津木初三郎, 《全羅北道發展史》, 1928.

釘本藤次郎, 《조선박람회경성협찬회보고서》, 조선박람회경성협찬회, 1930.

陳內六助, 《京城府管內地籍目錄》, 대림도서출판사, 1917, 1927년판.

青柳綱太郎, 《最近京城案內記》, 1915.

青柳南冥, 《(新撰)京城案內》, 1913.

八木朝久, 《평양상공인명록》, 평양상공회의소, 1940.

八木朝久, 《平壤のメリヤス工業と平南の農村機業》, 평양상공회의소, 1942.

평안남도, 《평안남도대관》, 1928.

평양부, 《산업조사서》, 1925.

평양실업신보사, 《평양부요람》, 東京: 秀英舍, 1909.

회고록·전기

김상태 편역, 《윤치호 일기》, 역사비평사, 2001.

손정연, 《撫松 玄俊鎬》, 전남매일신문사, 1977.

松本重威, 《男爵目賀田種太郎》, 동경인쇄주식회사, 1938.

윤치영, 《윤치영의 20세기》, 삼성출판사, 1991.

이경남, 《설산 장덕수》, 동아일보사, 1981.

조선일보사,《秘錄: 한국의 대통령》, 조선일보사출판부, 1993.

한국일보사 편,《재계회고 2: 원로기업인 편, 金龍周 朴興植 외》, 한국일보사출판국, 1984.

韓翼敎,《韓相龍君を語る 1》, 韓相龍氏還曆記念會, 1941.

독립운동 관계 자료

《한민족독립운동사자료집 1: 105인사건공판시말서 1》, 국사편찬위원회, 1993.

《한민족독립운동사자료집 2: 105인사건공판시말서 2》, 국사편찬위원회, 1993.

《한민족독립운동사자료집 3: 105인사건신문조서 1》, 국사편찬위원회, 1986.

《한민족독립운동사자료집 7: 국권회복단 Ⅰ》, 국사편찬위원회, 1987.

《한민족독립운동사자료집 8: 국권회복단 Ⅱ》, 국사편찬위원회, 1988.

《현대사자료》25권(3·1운동)

경상북도 경찰부 편,《고등경찰요사》, 1934.

국가보훈처,《공훈록》8권, 1990.

김정명 편,《조선독립운동》1권 분책 민족주의운동 편, 국학자료원, 1999.

김정명 편,《조선독립운동》2권 민족주의운동 편, 국학자료원, 1999.

김준엽·김창순,《한국공산주의운동사》5권, 청계출판사, 1986.

독립운동사편찬위원회,《독립운동사자료집 5: 3·1운동사재판기록》, 1978.

山縣五十雄 편,〈尹致昊外百二十一名判決書〉,《조선음모사건》, 1912(고려서림 영인본).

동양척식주식회사 관련 자료

《東洋拓殖株式會社·京城支店扱貸付金關係》(표지: 永保合名會社外), 일본국립공문서관 분관 소장
  (청구기호: 分館-09-040-00·財001502319100).

《東洋拓殖株式會社·京城支店扱貸付金關係》(8册)·(簿册番号 8番 17号)(표지: 永保合名會社), 일본국립
  공문서관 분관 소장(청구기호: 分館-09-040-00·財001502326100).

《東洋拓殖株式會社·京城支店扱貸付金關係》(2/7)(표지: 李達宰), 일본국립공문서관 분관 소장(청구
  기호: 分館-09-040-00·財001502372100).

《東洋拓殖株式會社·大田支店扱貸付金關係》(표지: 閔大植氏貸), 일본국립공문서관 분관 소장(청구
  기호: 分館-09-040-00·財001502295100).

《東洋拓殖株式會社·京城支店扱貸付金關係》(簿册番号 前17C番218号)(표지: 桂成株式會社貸出謝絕關

係), 일본국립공문서관 분관 소장(청구기호: 分館-09-040-00·財001502320100).

《東洋拓殖株式會社·京城支店扱貸付金關係》(표지: 桂成株式會社貸), 일본국립공문서관 분관 소장
(청구기호: 分館-09-040-00·財0015023331003).

《東洋拓殖株式會社·京城支店扱貸付金關係》(표지: 閔潤植氏貸), 일본국립공문서관 분관 소장(청구
기호: 分館-09-040-00·財001502363100).

《東洋拓殖株式會社·京城支店扱貸付金關係》(표지: 鶴坡農場), 일본국립공문서관 분관 소장(청구기
호: 分館-09-040-00·財001502311100).

《東洋拓殖株式會社·木浦支店扱貸付金關係》(표지: 玄俊鎬), 일본국립공문서관 분관 소장(청구기호:
分館-09-040-00·財001502194100).

《東洋拓殖株式會社·京城支店扱貸付金關係》(표지: 尹致昭氏貸), 일본국립공문서관 분관 소장(청구
기호: 分館-09-040-00·財001502347100).

《東洋拓殖株式會社·貸付金利關係》(簿册番號 前17C番290号), 일본국립공문서관 분관 소장(청구기
호: 分館-09-041-00·財001502636100).

《東洋拓殖株式会社·朝鮮支社扱貸付金関係》(簿册番号 前17C番179号), 일본국립공문서관 분관 소
장(청구기호: 分館-09-040-00·財001502136100).

《本邦會社關係雜件·東洋拓殖株式會社會計綴洩文書》(묘가타니문서).

《本邦會社關係雜件·東洋拓殖株式會社會計關係公文書》(묘가타니문서).

《本邦會社關係雜件·東洋拓殖株式會社株式引受關係》(묘가타니문서).

기타

〈백산 안희제선생 해적이〉, 《나라사랑》 19호, 1975.

《반민특위재판기록 5: 박흥식》, 다락방, 1993.

《반민특위재판기록 17: 玄俊鎬·洪淳福·洪鍾轍》, 다락방, 1993.

近藤康男, 《協同組合原論》, 東京: 高陽書院, 1934.

金相万 편, 《東亞日報社史》, 동아일보사, 1972.

朴境洪, 《無等山》, 전남매일출판국, 1976.

부산상공회의소 부산경제연구원, 《부산경제사》, 1989.

샤브쉬나 파냐 이사악꼬브나, 김명호 옮김, 《식민지 조선에서》, 한울, 1996.

安國善, 〈白山 公家狀及遺事略錄〉, 《나라사랑》 19호, 1975(원본은 백산기념관 소장).

전북대학교 전라문화연구소, 《全北文化의 脈과 全北人物》, 1990.

황현, 임형택 외 옮김, 《매천야록》, 문학과지성사, 2005.

2. 논저

고승제, 《한국금융사연구》, 일조각, 1970.

고승제, 《한국경영사연구》, 한국능률협회, 1975.

김근배, 《한국 근대 과학기술인력의 출현》, 문학과지성사, 2005.

김동운, 《박승직상점, 1882~1952》, 혜안, 2001.

김명구, 《(해위)윤보선―생애와 사상》, 고려대학교출판부, 2011.

金炳喆, 《人物銀行史》 상, 은행계사, 1978.

김삼근 편저, 《부산출신독립투사집》, 태화인쇄사, 1982.

김승, 《근대 부산의 일본인 사회와 문화변용》, 선인, 2014.

김용섭, 《한국근대농업사연구》 1~3, 지식산업사, 2001~2004.

남강문화재단, 《남강 이승훈과 민족운동》, 남강문화재단출판부, 1988.

박석두, 《민간소유 대규모 간척농지의 소유 및 이용실태에 관한 조사연구》, 한국농촌경제연
　　구원, 1989.

백산안희제선생순국70주년추모위원회, 《백산안희제의 생애와 민족운동》, 선인, 2013.

서울경제신문 편저, 《財閥과 家閥》, 지식산업사, 1969.

오미일, 《한국근대자본가연구》, 한울, 2002.

오미일, 《경제운동―한국독립운동의 역사 36》, 한국독립운동사연구소, 2008.

윤경로, 《105인 사건과 신민회 연구》, 일지사, 1990.

윤석범·홍성찬·우대형·김동욱, 《한국근대금융사연구》, 세경사, 1996.

이동언, 《독립운동 자금의 젖줄 안희제》, 한국독립운동사연구소, 2010.

李鐮善, 《거부실록》 9, 良友堂, 1982.

전우용, 《한국회사의 탄생》, 서울대학교출판문화원, 2012.

정근식·김민영·김철홍·정호기, 《근현대의 형성과 지역 엘리트》, 새길, 1995.

정태헌, 《일제의 경제정책과 조선사회》, 역사비평사, 1996.

조기준, 《한국기업가사》, 박영사, 1973.

조기준, 《한국자본주의성립사론》, 고려대학교 아세아문제연구소, 1973.

주봉규·소순열, 《근대 지역농업사 연구》, 서울대학교출판부, 1996.

주익종, 《대군의 척후》, 푸른역사, 2008.

허수열, 《개발 없는 개발─일제 하 조선경제 개발의 현상과 본질》, 은행나무, 2011.

홍성찬, 《한국근대농촌사회의 변동과 지주층─20세기 전반기 전남 화순군 동복면 일대의 사례》, 지식산업사, 1992.

楫西光速, 《政商》, 筑摩書房, 1963.

大石嘉一郎 編, 《日本産業革命の研究》上, 東京大學出版會, 1975.

Carter J. Eckert, *Offspring of Empire—The Kochang Kims and the Colonial Origins of Korean Capitalism 1876–1945*(University of Washington Press, 1991)(주익종 옮김, 《제국의 후예: 고창김씨가와 한국 자본주의의 식민지 기원, 1876~1945》, 푸른역사, 2008).

DENNIS L. McNAMARA, *The Colonial Origins of Korean Enterprise, 1910–1945*(New York: Cambridge University Press, 1990).

강명숙, 〈日本人資本家들에 대한 朝鮮人資本家들의 저항─평양상업회의소를 중심으로〉, 《국사관논총》90, 2000.

권대웅, 〈1910년대 경상도지방의 독립운동단체연구〉, 영남대 국사학과 박사논문, 1993.

권태억, 〈京城織紐株式會社의 設立과 經營〉, 《韓國史論》6, 서울대 국사학과, 1980.

김명수, 〈한말·일제하 韓相龍의 기업 활동 연구〉, 《연세경제연구》7-2, 2000.

김병하, 〈매헌 박승직의 생애와 경영사상〉, 《한국근대경제사연구의 성과》, 秋堰權丙卓博士 화갑기념논총간행위원회, 1989.

김성보, 〈日帝下 朝鮮人 地主의 資本轉換 事例─禮山의 成氏家〉, 《한국사연구》76, 1992.

김용섭, 〈고종조의 均田收賭問題〉, 《동아문화》8, 서울대 동아문화연구소, 1968.

김재순, 〈로일전쟁 직후 일제의 화폐금융정책과 조선 상인층의 대응〉, 《한국사연구》69, 1990.

김준헌, 〈白山 安熙濟의 事跡年譜〉, 《민족문화논총》5집, 영남대, 1983.

김준헌, 〈日本植民地下 朝鮮人 商事會社의 一類型: 白山貿易株式會社의 경우〉, 《사회과학연구》4-2, 1984.

김혜수, 〈일제하 朝鮮人 中小資本의 동향연구(1920~1945)—忠南製絲(株)의 경영변동을 중심으로〉, 《역사문제연구》 창간호, 1996.

남금자, 〈대한제국기 민영휘의 충주 일대 토지 소유와 경영 사례〉, 《한국근현대사연구》 65, 2013.

박이준, 〈현준호의 자본형성 과정과 친일행위〉, 《한국근현대사연구》 40집, 한국근현대사학회, 2007.

朴載錄, 〈무송 현준호의 호남은행 창업과 기업 활동〉, 林園金柄夏敎授停年紀念論文集刊行委員會 편, 《한국경제의 역사적 기반과 경영이념》, 1995.

박현, 〈한말·일제하 한일은행의 설립과 경영〉, 《동방학지》 128, 2004.

배석만, 〈일제 말 조선인자본가의 경영 활동 분석—白樂承과 李鍾會의 군수회사 경영을 중심으로〉, 《경제사학》 45, 2008.

서문석, 〈일제하 대규모 면방직공장의 조선인 고급기술자 연구〉, 《경영사학》 32, 2003.

서중석, 〈韓末·日帝侵略下의 資本主義 近代化論의 性格: 島山 安昌浩思想을 중심으로〉, 《孫寶基博士 停年紀念 韓國史學論叢》, 1988.

서영희, 〈가렴주구로 이룬 조선 최고의 재산가〉, 《친일파 99인》 1, 돌베개, 1993.

신용하, 〈신민회 창건과 그 국권회복운동〉 上·下, 《한국학보》 8·9, 1977.

오미일, 〈1910~1920년대 공업발전단계와 조선인 자본가층의 존재양상—평양지역을 중심으로〉, 《한국사연구》 87, 1994.

오미일, 〈1910~1920년대 평양지역 민족운동과 조선인 자본가층〉, 《역사비평》 28, 1995.

오미일, 〈開港(場)과 移住商人〉, 《한국근현대사연구》 47, 2008.

오진석, 〈일제하 朴興植의 기업가 활동과 경영이념〉, 《동방학지》 118, 2002.

윤경로, 〈신민회와 남강의 경제 활동 연구〉, 《남강 이승훈과 민족운동》, 남강문화재단출판부, 1988.

이귀원, 〈1920년대 전반기 부산지역 민족해방운동의 전개와 노동자계급의 항쟁〉, 역사문제연구소 편, 《한국근현대지역운동사 I—영남편》, 여강, 1993.

이귀원, 〈백산 안희제의 삶과 '백산정신'〉, 《문화전통논집》 14, 2007.

이동언, 〈白山 安熙濟研究〉, 《한국독립운동사연구》 8, 1994.

이순욱, 〈백산 안희제의 매체투쟁과 《自力》〉, 백산상회설립100주년학술대회(2014.10.23) 발표논문, 2014.

이승렬, 〈한말 일제하 경성의 은행가 趙鎭泰·白完爀 硏究—전통적 상인의 부르주아지로의 전환에 관한 고찰〉, 《한국근현대사연구》 36, 2006.

이한구, 〈染織界의 始祖, 金德昌 硏究—東洋染織株式會社를 중심으로〉, 《경영사학》 8, 1993.

장시원, 〈일제하 '경영형지주' 범주의 설정을 위한 문제제기〉, 《논문집》 1, 한국방송통신대학, 1983.

장시원, 〈일제하 대지주의 존재형태에 관한 연구〉, 서울대학교 박사학위논문, 1989.

전우용, 〈개항기 韓人資本家의 형성과 성격〉, 《국사관논총》 41, 국사편찬위원회, 1993.

전우용, 〈한말 일제 초의 廣藏株式會社와 廣藏市場〉, 《典農史論》 7, 서울시립대 국사학과, 2001.

주익종, 〈평양 조선인 기업가의 경영이념〉, 《경제사학》 19, 1995.

최원규, 〈韓末·日帝下의 農業經營에 관한 硏究; 海南 尹氏家의 事例〉, 《한국사연구》 50·51합집, 한국사연구회, 1985.

홍성찬, 〈한말 일제하 전남지역 한국인의 은행 설립과 경영—光州農工銀行, 湖南銀行의 사례를 중심으로〉, 《성곡논총》 30, 성곡학술문화재단, 1999.

홍성찬, 〈韓末·日帝下의 서울 鐘路商人 硏究—布木商 金泰熙家의 '壽南商會' 運營을 중심으로〉, 《동방학지》 116, 2002.

홍성찬, 〈韓末·日帝下의 地主制 硏究—서울 鐘路 布木商店 壽南商會의 農地投資 사례〉, 《동방학지》 122, 2003.

홍성찬, 〈한말 일제초 서울 鐘路商人의 일상 활동—布木商 金泰熙家의 사례를 중심으로〉, 《동방학지》 133, 2006.

홍성찬, 〈일제하 사상범보호단체 '昭道會'의 성립과 활동〉, 《동방학지》 135, 2006.

홍성찬, 〈한말 서울 東幕의 미곡객주 연구—彰熙組合, 西署東幕合資商會의 사례〉, 《경제사학》 42, 2007.

宮嶋博史, 〈植民地下朝鮮人大地主の存在形態に關する試論〉, 《朝鮮史叢》 5·6 합병호, 朝鮮史叢編輯委員會, 1982.

梶村秀樹, 〈日帝時代平壤メリヤス工業の展開過程—植民地經濟體制下の朝鮮人ブルジョアジの對應の一例〉, 《朝鮮史硏究會論文集》 3·5, 1967·1968.

표 목록

그림 목록

찾아보기

근대 한국의 자본가들 민영휘에서 안희제까지, 부산에서 평양까지

⊙ 2015년 9월 19일 개정판 1쇄 발행
⊙ 2016년 8월 30일 개정판 2쇄 발행
⊙ 글쓴이   오미일
⊙ 펴낸이   박혜숙
⊙ 책임편집   정호영
⊙ 디자인   이보용
⊙ 영업·제작   변재원
⊙ 종이   화인페이퍼
⊙ 펴낸곳   도서출판 푸른역사
 우) 03044 서울시 종로구 자하문로8길 13
 전화: 02) 720-8921(편집부) 02) 720-8920(영업부)
 팩스: 02) 720-9887
 전자우편: 2013history@naver.com
 등록: 1997년 2월 14일 제13-483호

ISBN   979-11-5612-054-4 93900

· 잘못 만들어진 책은 교환해드립니다.